高等院校物流管理专业系列教材 · 物流企业岗位培训系列教材

物流成本管理

郑秀恋　温卫娟 ◎ 主　编

清华大学出版社
北 京

内容简介

本书作为普通高等教育物流管理专业教材，紧密结合物流运营与成本管理发展的新形势和新特点，系统阐述：物流成本的内涵、物流成本计算、物流成本分析、物流成本预测与决策、物流成本预算与控制、运输成本管理、配送成本管理、仓储与库存持有成本管理、物流成本管理绩效评价、物流作业成本管理等物流成本管理的基础理论知识，并通过课后案例分析，提高读者分析问题和解决问题的能力。

本书既可作为普通高等院校本科物流管理专业的首选教材，同时兼顾高职高专、应用型大学的教学；也可作为物流和工商企业从业人员的培训教材，并为广大社会读者提供有益的参考和借鉴。

图书在版编目（CIP）数据

物流成本管理/郑秀恋，温卫娟主编. --北京：清华大学出版社，2013（2020.2重印）
（高等院校物流管理专业系列教材·物流企业岗位培训系列教材）
ISBN 978-7-302-31397-7

Ⅰ. ①物… Ⅱ. ①郑… ②温… Ⅲ. ①物流－成本管理－高等学校－教材 Ⅳ. ①F253.7

中国版本图书馆CIP数据核字（2013）第013912号

责任编辑：贺 岩
封面设计：汉风唐韵
责任校对：宋玉莲
责任印制：宋 林

出版发行：清华大学出版社
网 址：http://www.tup.com.cn，http://www.wqbook.com
地 址：北京清华大学学研大厦A座 邮 编：100084
社 总 机：010-62770175 邮 购：010-62786544
投稿与读者服务：010-62776969，c-service@tup.tsinghua.edu.cn
质 量 反 馈：010-62772015，zhiliang@tup.tsinghua.edu.cn

印 装 者：北京虎彩文化传播有限公司
经 销：全国新华书店
开 本：185mm×230mm **印 张**：20.75 **字 数**：442千字
版 次：2013年3月第1版 **印 次**：2020年2月第7次印刷
定 价：34.00元

产品编号：044986-01

高等院校物流管理专业系列教材 · 物流企业岗位培训系列教材

编审委员会

序言

Xuyan

物流是我国国民经济的重要组成部分和新的经济增长点。加快我国现代物流发展，对于优化资源配置、调整经济结构、改善投资环境、增强综合国力和企业竞争能力、提高经济运行质量与效益、实现可持续发展战略、推进我国经济体制与经济增长方式的根本性转变，具有非常重要而深远的意义。

我国现代物流正处于快速发展时期，与先进国家相比尚有很大差距，但市场潜力和发展前景十分广阔。为推动我国现代物流的发展，国务院正在有序实施《物流业调整和振兴规划》，以促进物流企业加大整合、改造、提升、转型的力度，并逐步实现转型发展、集约发展、联动发展、融合发展，通过物流的组织创新、技术创新、服务创新，在保证我国物流总量平稳较快增长的同时，加快供需结构、地区结构、行业结构、人力资源结构、企业组织结构的调整步伐，创新服务模式，提高服务能力，努力满足经济建设与社会发展的需要。

随着全球物流业的快速发展，以及物流战略、营销理念、运营方式、管理手段的不断创新与变化，对物流人才提出了新的要求。物流人才培养是制约我国物流大规模发展的“瓶颈”，也是当前我国教育界和物流业迫切需要攻克的难题。目前我国物流人力资源，尤其是物流高级管理人才十分稀缺，远不能满足现代物流发展的需求。物流从业人员急需更新观念、学习新知识、掌握新技术、提高服务技能、提升业务与道德素质。物流企业呼唤“有知识、懂管理、会操作、能执行”的专业实用型人才。加速物流经营管理专业高层次复合型人才的培养已成为我国当前亟待解决的问题。

针对我国高校物流教材内容陈旧，知识老化等问题，在中国物流技术协会的支持下，我们组织多年在一线从事物流教学和实践的知名专家、教授，以及物流企业的经营管理人员，共同精心编撰了此套教材，旨在迅速提高物流管理专业大学生和从业者的专业素质，更好地服务于我国已经形成规模化发展的物流产业。

本套教材作为普通高等教育物流管理专业教材，融入了物流运营与管理的最新教学理念，坚持以科学发展观为统领，注重与时俱进。在吸收国内外物流界权威专家学者最新科研成果的基础上，依照物流活动的基本过程和规律，根据物流业发展的新形势和新特点，全面贯彻国家“十二五”教育发展规划，按照物流企业对人才的需求模式，加强实践能力训练，贴近企业业务实际，强化理论与实践的紧密结合，注重管理方法、管理能力、实践技能与岗位应用的培养训练，并注重教学内容和教材结构的创新。

本套系列教材根据高等院校“物流管理”专业教学大纲和课程设置，包括《物流管理概论》、《物流电子商务》、《采购管理》、《供应链管理》、《物流市场营销》等20本教材。来自北京物资学院、大连工业大学、郑州大学、哈尔滨理工大学、燕山大学、浙江工业大学、河北理工大学、吉林工程技术师范学院、大连交通大学、华北水利水电学院、北京城市学院、江西财经大学、吉林财经大学等全国30多所高校的教师参加了教材编写，教材收录了物流企业的成功案例和管理经验，聘请了业内专家对教材进行审定。

本系列教材的出版对强化物流从业人员教育培训，提高经营管理能力；对帮助学生尽快熟悉物流操作规程与业务管理，毕业后能够顺利就业具有特殊意义。

中国物流技术协会理事长　牟惟仲

2011年8月于北京

前言

Qianyan

物流是流通的命脉，也是国家经济建设的重要支撑，已成为我国经济发展新的增长点。物流产业化进程在我国国民经济发展中占有重要的位置。物流成本管理是物流系统的重要组成部分，也是物流运营的关键环节。高效合理的物流成本管理，对规范经营、完善服务、强化成本控制、充分利用资源、降低成本、减少损失、提高经济效益、提升物流品质、增强企业竞争力、获取国内外客户满意度等各个方面具有积极意义，对物流企业经济运行的质量和效益产生重大影响，因而越来越受到我国物流行业主管部门和物流企业的高度重视。

当前，物流市场国际化的迅速发展与激烈竞争，对从事物流成本管理业务人员素质的要求越来越高。降低物流成本直接关系到企业的利润水平，能否有效控制物流成本决定了企业竞争力的高低，因而物流成本管理已经成为物流企业运营与管理的首要任务。有专家指出：物流是“第三利润源泉”，是“经济的黑大陆”等。

加强物流成本管理从业者的应用技能培训，提高其综合业务素质，增强企业核心竞争力，加速推进物流产业化进程，提高我国物流成本管理水平，更好地为我国物流经济和物流教学实践服务，这既是物流企业可持续快速发展的战略选择，也是本书出版的真正目的和意义。

本书作为普通高等教育物流管理专业教材，全书共 11 章，以学习者应用能力培养为主线，紧密结合物流成本控制与管理发展的新形势和新特点，依照物流运营与成本管理活动的基本过程和规律，围绕作业环节和具体业务流程，系统阐述物流成本的内涵、物流成本计算、物流成本分析、物流成本预测与决策、物流成本预算与控制、运输成本管理、配送成本管理、仓储与库存持有成本管理、物流成本管理绩效评价、物流作业成本管理等物流成本管理的基础理论知识，并通过课后案例分析，提高读者分析问题和解决问题的能力。

本书融入了物流成本管理最新的教学理念，力求严谨，注重与时俱进，具有内容丰富、案例鲜活、贴近实际、注重知识系统性和操作应用性等特点，集理论和实践于一体。因此本书既可以作为普通高等院校本科物流管理专业、物流成本管理课程的首选教材，同时兼顾高职高专、应用型大学的教学；也可作为物流和工商企业在职从业者和管理人员的培训教材，并为广大社会从业人员提供有益的参考和借鉴。

本书由李大军进行总体方案策划并具体组织实施，郑秀恋和温卫娟为主编，郑秀恋统改全稿，梁红霞和刘阳威为副主编，由具有丰富物流成本管理教学实践经验的黑岚教授审订。作者编写分工：牟惟仲（序言），郑秀恋（第一、二、六章），温卫娟（第三、四章），梁红霞（第五章），王爽（第七～九章），刘阳威（第十章），刘丽艳（第十一章），丁玉书、董铁、李秀华、李瑶、马瑞奇（附录）；华燕萍负责本书的修改和版式调整；李晓新制作教学课件。

在教材编著过程中，我们借鉴了国内外有关物流成本管理的最新资料，分析了国家颁布实施的相关法律、法规，并得到编审委员会及中国物流技术协会有关专家教授的具体指导，在此一并致谢。为了配合本书的使用，我们提供了配套的电子课件，读者可以从清华大学出版社网站（www.tup.com.cn）免费下载。

因作者水平有限，书中难免有疏漏和不足，恳请同行和读者批评指正。

编　者

2013 年 1 月

目录

Mulu

第一章

物流成本概述

本章结构图

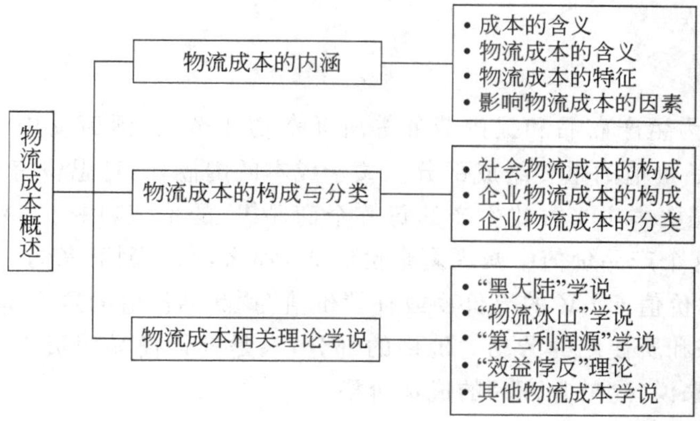

学习目标

- 掌握物流成本的含义、特征及影响物流成本的因素；
- 熟悉社会物流成本的构成及物流成本相关理论学说；
- 掌握企业物流成本的构成及分类。

引导案例

物流成本不降反升

物流成本过高助推物价上涨的现象在上半年仍然没有得到缓解。国家发改委近日发布的2011年上半年物流业运行情况相关数据显示，上半年，社会物流总费用3.7万亿元，同比增长18.5%，增幅同比提高0.7个百分点。社会物流总费用占GDP的18%，同比提高0.1个百分点。

长期以来,我国的物流成本远高于西方发达国家。据记者了解,在西方发达国家,物流总费用占GDP比重一般为8%～10%,但我国的物流成本一直在18%左右。在物价不断创新高的情况下,畸高的物流成本受到了各界的广泛关注。

据分析,物流成本居高不下主要有三大原因:一是原材料、燃料、动力价格和劳动力成本上升;二是资金成本上升;三是我国仍处在工业化和城市化加速发展阶段,物流需求旺盛。

资料来源:张牡霞.上半年的物流成本不降反升.上海证券报,2011-08-06.

第一节　物流成本的内涵

一、成本的含义

成本(cost)是企业为生产商品和提供劳务等所耗费物化劳动、活劳动中必要劳动的价值的货币表现,是商品价值的重要组成部分。关于成本的内涵,马克思曾有过深刻的描述。马克思认为:"按照资本主义方式生产的每一个商品 W 的价值,用公式来表示是 $W=C+V+M$。如果从这个产品价值中减去剩余价值 M,那么,商品剩下来的,只是一个在生产要素上耗费的资本价值 $C+V$ 的等价物或补偿价值";"商品价值的这个部分,即补偿所消耗的生产资料价格和所使用的劳动力价格的部分,只是补偿商品使资本家自身耗费的东西,所以对资本家来说,这就是商品的成本价格"。

马克思的这段话,第一,指出的只是产品成本的经济实质,并不是泛指一切成本;第二,从耗费角度指明了产品成本的经济实质是 $C+V$,由于 $C+V$ 的价值无法计量,人们所能计量和把握的成本,实际上是 $C+V$ 的价格即成本价格;第三,从补偿角度指明了成本补偿了商品生产中使资本自身消耗的东西,实际上是说明了成本对再生产的作用,也就是说产品成本是企业维持简单再生产的补偿尺度。

由此可见,在一定的产品销售量和销售价格的条件下,产品成本水平高低,不但制约着企业的生存,而且决定着剩余价值 M 即利润的多少,从而制约着企业扩大再生产的可能性。马克思对于成本的考察,既看到耗费,又重视补偿,这是对成本性质完整的理解。在商品生产条件下,耗费要求得到补偿是对立统一的。任何耗费总是个别生产者的事,而补偿则是社会的事。耗费要求得到补偿和能否得到补偿是两个不同的事情。这就迫使商品生产者不得不重视成本,努力加强管理,力求以较少的耗费来寻求补偿,并获取最大限度的利润。

由于我国允许多种所有制的生产主体并存,也有人认为成本的含义应与目前的经济体制相适应。在理论上可以采用如下的方式确定成本:第一,生产主体是小商品生产者的,只有生产资料需要购买并及时支付费用,所需要的劳动就是生产者本身,不需付给工资，可以用 C 作为理论成本；第二，生产主体是国有企业的，以社会作为主体，商品生产中物化劳动和活劳动的耗费都可看做社会的耗费，是社会生产成本，可用 $C+V+M$ 作为理论成本；第三，其他生产主体一般用 $C+V$ 作为理论成本。

小贴士

会计成本与管理成本

成本在不同的领域具有不同的含义，在现实中的应用也是多样化的。了解成本的内涵应从不同领域、不同角度观察成本，尤其要理解和区分会计成本和管理成本。

会计成本是指按照国家的会计法规核算出来的成本，通常指产品成本或劳务成本。产品成本或劳务成本是归属于产品或劳务的支出，即按产品或劳务对象化的支出。

管理成本是出于管理目的而产生的成本概念。假如说，会计成本必须严格遵循企业基本会计准则界定的含义，且原则性很强的话，那么，管理成本则可依据企业的管理实践动态地予以界定和调整，具有很强的灵活性。管理成本包括会计成本但又不限于会计成本，变动成本、固定成本、机会成本、可控成本、责任成本、作业成本、沉没成本、人力资源成本、产品质量成本都是管理成本的范畴。

二、物流成本的含义

根据 2001 年 8 月 1 日正式实施的《中华人民共和国国家标准 · 物流术语》(GB/T 18354—2001)，物流成本可以定义为“物流活动中所消耗的物化劳动和活劳动的货币表现”，即产品在实物运动过程中，如包装、运输、储存、流通加工、物流信息等各个环节所支出的人力、物力和财力的总和。物流成本是完成各种物流活动所需的全部费用。

人们可以从不同的角度来对物流成本进行观察和分析，观察和分析的角度不同，对物流成本的认识也就不同，物流成本的含义也就不同。

（一）宏观物流成本

宏观物流成本又可以称为社会物流成本。站在社会物流的角度，进行社会物流的优化，就要考虑物流成本问题。人们往往用物流成本占国内生产总值(GDP)的比例来衡量一个国家物流管理水平的高低，这种物流成本就是指社会物流成本。

按照 2004 年国家统计局、国家发改委发布的《社会物流统计制度及核算表式(试行)》中的定义，社会物流成本是指一定时期内，国民经济各方面用于社会物流活动的各项费用支出。包括：支付给运输、储存、装卸搬运、包装、流通加工、配送、信息处理等各个物流环节的费用；应承担的物品在物流期间发生的损耗责任赔偿；社会物流活动中因资金占用而承担的利息支出；社会物流活动中发生的管理费用等。

社会物流成本是核算一个国家在一定时期内发生的物流总成本，是不同性质企业微观物流成本的总和。国家和地方政府可以通过制定物流相关政策、进行区域物流规划、建设物流园区等措施来推动物流及相关产业的发展，从而降低宏观物流成本。目前，各国对宏观物流成本的测算方法也各不相同，我国于2005年建立了社会物流统计公报制度，根据统计，我国目前的社会物流成本与GDP的比例为18％～20％，这一比例高于发达国家一倍，只相当于美国等发达国家20世纪70年代的水平。

（二）中观物流成本

中观物流成本又称行业物流成本，是指采用标准管理的理念，研究某个行业的“平均物流成本”数据，从而建立分行业的物流成本参考标准。广义的中观物流成本，甚至包括某个产品、某项服务的“平均物流成本”。行业物流成本的确定，其数据来源于对企业的抽样调查或问卷调查，进而通过统计学的分析方法来推断经验性的物流成本参考标准。因此，它的可行性依赖于微观企业物流成本核算的准确程度。

行业物流成本作为一项基准型指标，通常要求一定数量的样本数量和时间跨度，而我国统一微观企业物流成本计算的工作刚刚起步，行业物流成本的确定还需要相当一段时间跨度的积累和大量的微观企业物流成本数据的收集。

（三）微观物流成本

微观物流成本又称为企业物流成本。按照2006年发布实施的国家标准《企业物流成本构成与计算》(GB/T 20523—2006)，企业物流成本是指物流活动中所消耗的物化劳动和活劳动的货币表现，即产品在包装、运输、储存、装卸搬运、流通加工、物流信息、物流管理等过程中所耗费的人力、物力和财力的总和以及与存货有关的资金占用成本、物品损耗成本、保险和税收成本。这里与存货有关的资金占用成本包括负债融资所发生的利息支出（显性成本）和占用自有资金所产生的机会成本（隐性成本）两部分内容。

三、物流成本的特征

（一）悖反性

悖反性又叫交替损益性，是指系统中一个要素改变，会影响到另一个或几个要素的变化，要素之间处于相互联系和影响的关系之中。美国营销专家菲利普·科特勒指出：物流必须引进投入与产出的系统效率概念，即把物流看成由多个效益悖反的要素构成的系统。悖反性要求必须将各功能要素有机联系起来，从整体上理解和管理物流，追求总成本最低。在企业物流系统中，与成本相关的交替损益性有着非常广泛的表现。典型的有物流成本与物流服务水平之间的交替损益关系和各功能物流成本之间的交替损益关系。

（二）系统性

企业物流成本虽然是各个功能活动成本的总和，产生于企业从事物流活动所耗费的资源，但物流总成本不是各子系统成本的简单相加，而是一个相互联系、相互影响的整体，具有系统性，贯穿于企业的整个核心制造业务的始终。从系统观点看，物流成本虽然分布于企业的各个职能部门活动之中，但实际上是采购、生产、销售等子系统的物流成本相互制约、博弈均衡的结果。由于存在效益悖反性，因此从系统的角度看，单独强调单个职能子系统成本的降低，只能带来局部效益，并不一定能保证系统运行总成本的降低。因此，对物流成本的管理必须站在整体的角度，通过系统运行的协调与配合，才能降低总成本，达到优化的目的。

（三）分散性

物流成本的产生并不单纯集中在某个或几个职能部门，而是涉及全部经营活动，包括采购、生产、销售、配送等有关部门，呈现出比较分散的态势。正是由于这种分散性，导致人们对其认识比较模糊，也不全面。另一方面，企业在以产品为中心的财务会计处理中，往往将涉及物流活动所发生的支出作为企业的期间费用进行处理，并进一步分散了企业物流成本的构成，同时也掩盖了物流活动所发生的成本之间的相互关系及其实质，造成人们对物流成本的认识偏差。

（四）隐蔽性

物流成本的隐蔽性是指物流成本的费用项目未单独列支，而是隐含在其他费用项目中，使企业难以正确把握实际物流成本。物流成本产生隐蔽性主要有三个原因。

一是由于物流活动分散在企业的各个功能部门之中，物流成本的计算范围太大，计算环节、对象和种类多，不易被人们清楚地认识和理解。

二是由于现存的会计制度都是以产品为核心进行成本核算，将物流活动发生的成本归入各职能部门，如采购物流成本被计入原材料成本、生产物流成本被计入加工费用等，没有专门的物流成本归集项目，导致人们认识不全面。而现行企业财务会计中所记载的运输、保管等相关物流费用，只是物流成本中很小的一部分。因而在损益表中所能看到的企业物流成本在整个销售额中只占极小的比重，还有大量的企业物流成本被现存的会计记账方法所掩盖，这就给人们全面认识企业物流成本带来很大的难度。

三是由于迄今为止还没有找到被普遍接受的物流成本核算方法，用不同的核算方法核算同一企业的物流成本差别很大，对物流成本的统计有分歧、不完整，这也模糊了人们的认识。

（五）核算标准不统一

从成本核算角度看，企业物流系统成本的计算要素难以确定，标准不统一，如物流基础设施建设费和企业自营物流费用项目目前都没有列入物流会计科目内。其原因首先是企业物流系统成本的计算范围太大，涉及的部门多，牵涉的面广；其次，由于企业物流系统成本的计算对象和内容难以确定，特别是本企业内部发生的物流费用不易全面归集，而混合在生产等其他系统中的物流成本更是难以分离；再次，有些成本具有隐性成本的性质，不易发现和识别，不同类型的企业对物流隐性成本的核算标准也不一样，要素的权重也不同。最后，在物流成本的分配方面，也没有统一的标准，有按工时分配的，有按作业分配的，差别很大，缺乏可比性。

（六）战略性

物流成本的大小往往与企业所实施的战略有关，受企业战略影响很大。例如，零库存战略的实施将极大地影响企业物流成本。尽管这样消灭了不必要的库存，但订单处理、配送运输等环节的支出将明显改变。同时，物流成本又反作用于企业的经营战略，企业在制定有关战略时必须考虑物流成本的制约因素。如小批量生产、个性化需求的满足必须以增加物流成本为前提，如果该战略带来的收益抵不上物流成本的增加，则不宜实施。市场营销战略与物流成本更是密切相关，营销模式的选择、营销区域的划分都要充分考虑物流成本的影响。

（七）行业相关性

物流成本的产生主要是由于物质资料的物理流动引起的，而不同行业的物资流动方式、特点等都不一样，因而产生的成本也就存在较大的差异。如工业制成品与农产品物流相比，无论运输、仓储，还是装卸、加工等都存在很大的区别，其成本的发生也就相去甚远。另外隐性物流成本与行业联系更加紧密，特别是现代市场的竞争激烈，往往要求物流步伐加快，时间缩短。如电子数码类产品物流，稍有疏忽就可能产生贬值等隐性物流成本，甚至由于物流不及时而导致企业市场的全面损失。所以，物流成本与企业所处的行业密切相关，不同行业的企业在制定战略时要充分考虑物流成本可能带来的影响。

（八）独特性

由于每个企业在战略规划、经营理念、所处行业及区域、资源结构、产品特点、市场范围等方面存在一定的差异性，因此企业的物流运作差别很大，物流服务能力有别，物流成本大小及构成也就不一样。如物流战略方面，有的企业注重降低库存，有的企业却关注供应链协调；在物流运作方面，有大批量作业，有柔性制造等。因此，即便是两个企业的物流成本总额相等，其总成本的具体构成也必然存在着差异性。

（九）削减的乘数效应

所谓乘数效应，是指由于自变量改变而导致因变量最终呈倍数剧烈变动的各种现象。企业物流系统成本削减的乘数效应是指物流系统成本的节约，等价于企业总收入的倍数增加。如某企业的年销售额为 5 000 万元，利润率为 8%，即利润为 400 万元，总成本为 4 600 万元。现假定企业改进了企业物流系统的运作，使得物流成本降低了 40 万元，这就意味着企业直接增加了 40 万元利润。按照该企业 8%利润率水平，企业需增加 500 万元的销售额才能够获得同等的利润增加额。因此，对企业的利润增长来说，该企业物流系统成本降低 40 万元，等于企业销售额增加 500 万元。

四、影响物流成本的因素

（一）竞争性因素

企业所处的市场环境充满了竞争，企业之间的竞争除了产品的价格、性能、质量的竞争外，从某种意义上讲，优质的客户服务是决定竞争成败的关键。而高效物流系统是提高客户服务的重要途径。如果企业能够及时可靠地提供产品和服务，则可以有效地提高客户服务水平，这都依赖于物流系统的合理化。而客户的服务水平又直接决定物流成本的高低，因此物流成本在很大程度上是由于日趋激烈的竞争而不断发生变化的，企业必须对竞争做出反应。影响客户服务水平主要有以下几个因素。

1. 订货周期

企业物流系统的高效必然可以缩短企业的订货周期，降低客户的库存，从而降低客户的库存成本，提高企业的客户服务水平，提高企业的竞争力。

2. 库存水平

存货的成本提高，可以减少缺货成本，即缺货成本与存货成本成反比。库存水平过低，会导致缺货成本增加；但库存水平过高，虽然会降低缺货成本，但是存货成本会显著增加。因此，合理的库存应保持在总成本最小的水平上。

3. 运输

企业采用更快捷的运输方式，虽然会增加运输成本，却可以缩短运输时间，降低库存成本，提高企业的快速反应能力。

（二）产品因素

产品的特性不同也会影响物流成本，主要有以下几个因素。

1. 产品价值

产品价值的高低会直接影响物流成本的高低。随着产品价值的增加，每一物流活动的成本都会增加，运费在一定程度上反映货物移动的风险。一般来讲，产品的价值越大，对其所需使用的运输工具要求越高，仓储和库存成本也随着产品的价值的增加而增加，高价值意味着存货中的高成本，以及包装成本的增加。

2. 产品密度

产品密度越大，相同运输单位所装的货物越多，运输成本就越低。同理，仓库中一定空间领域存放的货物也越多，库存成本就会降低。

3. 产品废品率

影响物流成本的一个重要方面还在于产品的质量，也即产品废品率的高低。生产高质量的产品可以杜绝因次品、废品等回收、退货而发生的各种物流成本。

4. 产品破损率

产品破损率较高的物品即易损性物品，对物流成本的影响是显而易见的，易损性的产品对物流各环节如运输、包装、仓储等提出了更高的要求。

5. 特殊搬运

有些物品对搬运提出了特殊的要求。如对特长特大物品的搬运，需要特殊的装运工具；有些物品在搬运过程中需要加热或制冷等，这些都会增加物流成本。

（三）环境因素

环境因素包括空间因素、地理位置及交通状况等。空间因素主要指物流系统中企业制造中心或仓库相对于目标市场或供货点的位置关系等。若企业距离目标市场太远，交通状况较差，则必然会增加运输及包装等成本。若在目标市场建立或租用仓库，也会增加库存成本。因此环境因素对物流成本的影响是很大的。

（四）管理因素

管理成本与生产和流通没有直接的数量依存关系，但却直接影响着物流成本的高低，节约办公费、水电费、差旅费等管理成本相应可以降低物流成本总水平。另外，企业利用贷款开展物流活动，必然要支付一定的利息（如果是自有资金，则存在机会成本问题），资金利用率的高低，影响着利息支出的高低，从而影响着物流成本的高低。

第二节 物流成本的构成与分类

了解物流成本的构成,首先要明确是哪个层次的物流成本。宏观物流成本不能用微观物流成本数据简单相加而得,需要有独立的构成与核算体系,而中观物流成本即通常意义上的行业物流成本,其计算依赖于微观物流成本构成与核算体系的健全。所以,探讨物流成本的构成,应按照宏观与微观,即社会与企业物流成本两个体系进行。

一、社会物流成本的构成

社会物流成本是一个国家一定时期内发生的物流总成本。各国通常使用物流成本总额占 GDP 的比例来衡量一国物流发展水平。目前,美国、欧洲、日本等国家和地区已经形成了一套非常完整的社会物流成本核算体系,随时掌握国家物流总成本情况。

根据我国社会物流业发展现状,在借鉴发达国家经验的基础上,积极探索进一步完善社会物流成本统计计算体系,并对社会物流业发展做科学分析,对于制定科学合理的物流政策,提高国民经济运行质量和效率具有重要意义。

目前,各国物流学术界和实业界普遍认同的一个社会物流成本计算的概念性公式为

物流总成本=运输成本+存货持有成本+物流行政管理成本

基于这个概念性公式,可以认为,社会物流成本由三部分构成:运输成本(transport cost)、存货持有成本(inventory carrying cost)和物流行政管理成本(logistics administration cost)。

(一)美国社会物流成本的构成

1. 存货持有成本

存货持有成本除了包括仓储成本、残损、人力费用及保险和税收费用,还包括库存占用资金的利息。其中利息是当年美国商业利率乘以全国商业库存总金额得到的。把库存占用资金的利息计入物流成本,是现代物流成本与传统物流成本的最大区别。有关资料显示,美国库存占用资金的利息在美国平均流动资金周转次数达到 10 次的条件下,约为库存成本的 1/4,物流总成本的 1/10。仓储成本测算时包括公共仓库和企业自有仓库两类。公共仓库的仓储成本数据可以从美国商务部普查局的《服务业年度调查报告》中获取,企业自有仓库的仓储成本数据则是根据相关资料统计测算的。

此外,全国商业存货总额涵盖了农业、采矿业、建筑业、服务业、制造业、批发零售业等所有行业门类的数据,其数据来源于美国商务部的《国民收入和生产核算报告》(*National Income and Product Account*)、《当前商业状况调查》(*Survey of Current Business*)和《美国统计摘要》(*U. S. Stasticial Abstract*)等,美国存货持有成本约占存货价值的 25%。

2. 运输成本

运输成本是直接从美国ENO运输基金会(ENO Transportation Foundation)出版的《美国运输年度报告》中得到的货运数据,分为公路运输、其他运输方式和货主费用三个类别。公路运输包括本地卡车运输费用和城际卡车运输费用。其他运输方式包括铁路运输费用、水路运输费用、油料管道运输费用、航空运输费用、货运代理费用。货主费用包括运输管理部门的运营费用和货物装卸费用。近十年来,美国的运输费用占GDP的比重约为6%,并且一直保持着这一比重,说明运输费用与经济增加基本上是同步的。

3. 物流行政管理成本

物流行政管理成本包括订单处理、IT成本以及市场预测、计划制定和相关人员发生的管理费用。由于这项费用的实际发生额很难准确统计,因此,在计算物流行政管理成本时,是按照美国的历史情况由专家确定一个固定比例,乘以存货持有成本和运输成本的总和得出的。从第一篇《美国物流年度报告》于1973年出版时起,就一直用4%乘以存货持有成本和运输成本之和作为物流行政管理成本数据。

(二)日本社会物流成本的构成

日本是物流业发展很快的国家,其社会物流成本核算主要借鉴了赫斯凯特最早提出的方法,即由每年公布的就业统计和库存统计等各种数据来推算总体物流费用;此外也参考了德兰尼的推估法,站在货主的立场来推算部分国内物流成本。日本的社会物流成本计算方法与美国略有不同,但整体上看,也包括运输费、保管费和管理费三部分内容。

1. 运输费

运输费分为企业内部运输费和货主企业支付给各种运输机构的营业运输费两种。企业内部运输费是以营业车平均行走一千米的原价为基础,将企业内部卡车的行走里程数、实际平均一日一车行走里程数比、企业内部用卡车装载比率相乘而得出的。营业运输费又包括卡车货运费、铁路货运费、内海航运货运费、国内航空货运费以及货运站收入等内容。

2. 保管费

保管费是将日本经济企划厅编制的《国民经济计算年报》中的国民资产、负债余额中原材料库存余额、产品库存余额及流通库存余额的合计数乘以日本资材管理协会(Japan Materials Management Association, JMMA)调查所得的库存费用比例和原价率得出的。这项保管费用不是狭义的保管费,它不仅包括仓储业者的保管费或企业自有仓库的保管费,还包括仓库、物流中心的库内作业费用和库存所发生的利息、损耗费用等。用公式表示为

$$\text{保管费}=(\text{原材料库存余额}+\text{产品库存余额}+\text{流通库存余额})\times\text{原价率}\times\text{库存费用比例}$$

式中的库存费用比例的计算公式所示：

库存费用比例＝利率除外的库存费用比例＋利率

3. 管理费

由于物流管理费用无法用总体估计的方法求得，所以根据日本《国民经济计划年报》中的《国内各项经济活动生产要素所得分类统计》，将制造业、批发和零售业的产出总额乘以日本物流系统协会(Japan Institute of Logistics Systems，JILS)根据行业分类调查出来的各行业物流管理费用比例0.5％计算得出，即：

管理费＝(制造业＋批发零售业产出额)×物流管理费用比例

(三) 我国社会物流成本的构成

根据中华人民共和国国家标准《社会物流统计指标体系》(GB/T 24361—2009)，我国社会物流总成本是指我国全部常驻单位因社会物流经济活动而发生的总费用，具体包括运输费用、保管费用和管理费用。

1. 运输费用

运输费用是指社会物流经济活动中，国民经济各部门由于物品运输而支付的全部费用。包括支付给物品承运方的运费(承运方的货运收入)，支付给装卸搬运、保管、代理等辅助服务提供方的费用(辅助服务提供方的货运业务收入)，以及支付给运输管理与投资部门的、由货主方承担的各种交通设施基金、过路费、过桥费、过闸费等运输附加费用。

运输费用的计算公式是

运输费用＝运费＋装卸搬运等辅助费＋运输附加费

具体计算时，根据铁路运输、道路运输、水上运输、航空运输和管道运输不同的运输方式及对应的业务核算办法分别计算。

2. 保管费用

保管费用是指社会物流经济活动中，物品从最初的资源供应地(生产环节、海关关境)向最终消费地流动过程中所发生的运输费用和管理费用除外的全部费用。包括物流过程中因流动资金的占用而需承担的利息费用，仓储保管方面的费用，流通中配送、加工、包装、信息及相关服务方面的费用，以及物流过程中发生的保险费用和物品损耗费用等。

保管费用的计算公式是

保管费用＝利息费用＋仓储费用＋保险费用＋货物损耗费用＋信息及相关服务费用
＋配送费用＋流通加工费用＋包装费用＋其他保管费用

3. 管理费用

管理费用是指社会物流经济活动中，物品供需双方的管理部门因组织和管理各项物流活动所发生的费用。主要包括管理人员报酬和福利、办公费用、教育培训、劳动保险、车船使用等各种属于管理费用科目的费用。

管理费用的基本计算公式是

管理费用＝社会物流总额＋社会物流平均管理费用率

式中，社会物流平均管理费用率，是指报告期内，各物品最初供给部门完成全部物品从供给地流向最终需求地的社会物流活动中，管理费用额占各部门物流总额比例的综合平均数。

小贴士

国与国之间物流成本的可比性

一些学者在文章中曾提到各国之间的物流成本不可比，主要原因在于各国之间经济结构不同，发展阶段不同，物流成本测算指标不尽一致，各个指标的统计口径也无法完全统一。然而很多学者认为物流成本占一国国内生产总值(GDP)的比例虽然确实会因为经济结构、发展阶段、测算指标和统计口径等差异存在，不能生硬比较，但是，该指标仍然具有很大的参考价值。为什么这样说呢?

首先，该指标是一个相对量指标，而不是总额指标，可以大体上说明一国的物流发展水平。

其次，很多国家都对指标进行测算，每一个国家都可以与经济结构和经济发展水平相当的国家进行比较，以便明确自身的物流发展水平。而与经济和物流发展水平高的国家比较可以明确自身的差距，通过学习，不断提升自身的物流水平。

再次，各国当前测算指标和指标统计口径不一致，给当前国与国之间的物流成本横向比较造成了障碍，但是也给各国今后宏观物流成本测算和统计提出了一个发展方向。当然，统一测算指标和指标口径是一个漫长的过程，基本上是发展落后的国家向发达国家的测算口径和统计指标靠拢。

最后，在各国统计指标中，有很大一部分是对物流成本各组成部分甚至各行业物流成本总额和发展变化指标的比较分析，这些指标中很大一部分是可以进行国与国之间比较的。

通过以上分析，我们明确了这样一个观念：国与国之间物流成本是可比的。

二、企业物流成本的构成

按照国家标准《企业物流成本构成与计算》(GB/T 20523—2006)，企业物流成本的构成包括企业物流成本项目构成、企业物流成本范围构成和企业物流成本支付形态构成三种类型，如图 1-1 所示。

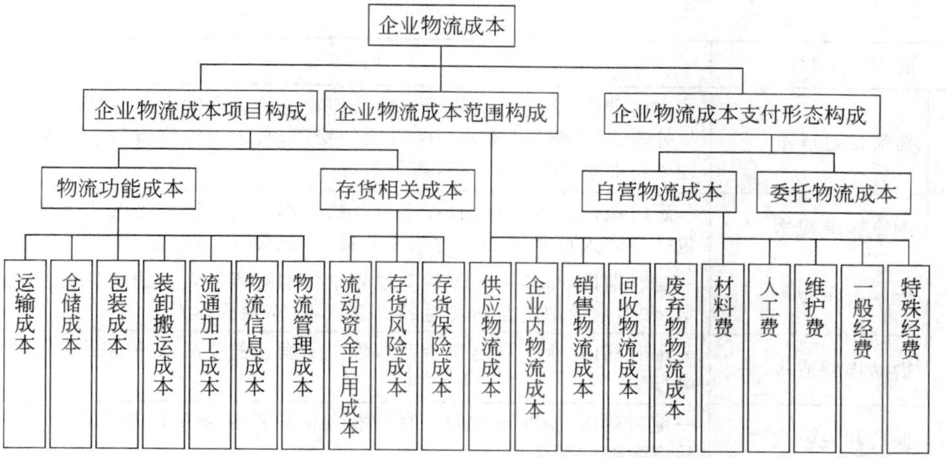

图 1-1 企业物流成本构成

（一）企业物流成本项目构成

按成本项目划分，物流成本由物流功能成本和存货相关成本构成。其中，物流功能成本包括物流活动过程中所发生的运输成本、仓储成本、包装成本、装卸搬运成本、流通加工成本、物流信息成本和物流管理成本，存货相关成本包括企业在物流活动过程中所发生的与存货有关的资金占用成本、物品损耗成本、保险和税收成本。具体内容见企业物流成本项目构成表（表 1-1）。

表 1-1 企业物流成本项目构成表

成本项目		内容说明
物流功能成本	运输成本	一定时期内，企业为完成货物运输业务而发生的全部费用，包括从事货物运输业务的人员费用、车辆（包括其他运输工具）的燃料费、折旧费、维修保养费、租赁费、养路费、过路费、年检费、事故损失费、相关税金等
	仓储成本	一定时期内，企业为完成货物储存业务而发生的全部费用，包括仓储业务人员费用，仓储设施的折旧费、维修保养费、水电费、燃料与动力消耗等
	包装成本	一定时期内，企业为完成货物包装业务而发生的全部费用，包括包装业务人员费用，包装材料消耗，包装设施折旧费、维修保养费，包装技术设计、实施费用以及包装标记的设计、印刷等辅助费用
	装卸搬运成本	一定时期内，企业为完成装卸搬运业务而发生的全部费用，包括装卸搬运业务人员费用，装卸搬运设施折旧费、维修保养费、燃料与动力消耗等
	流通加工成本	一定时期内，企业为完成货物流通加工业务而发生的全部费用，包括流通加工业务人员费用，流通加工材料消耗，加工设施折旧费、维修保养费，燃料与动力消耗费等

续表

成本项目		内容说明
物流功能成本	物流信息成本	一定时期内,企业为采集、传输、处理物流信息而发生的全部费用,指与订货处理、储存管理、客户服务有关的费用,具体包括物流信息人员费用,软硬件折旧费、维护保养费,通信费等
	物流管理成本	一定时期内,企业物流管理部门及物流作业现场所发生的管理费用,具体包括管理人员费用、差旅费、办公费、会议费等
存货相关成本	资金占用成本	一定时期内,企业在物流活动过程中负债融资所发生的利息支出(显性成本)和占用内部资金所发生的机会成本(隐性成本)
	物品损耗成本	一定时期内,企业在物流活动过程中所发生的物品跌价、损耗、毁损、盘亏等损失
	保险和税收成本	一定时期内,企业支付的与存货相关的财产保险费以及因购进和销售物品应缴纳的税金支出

（二）企业物流成本范围构成

按物流成本产生的范围划分,物流成本分为供应物流成本、企业内物流成本、销售物流成本、回收物流成本以及废弃物物流成本。具体内容见企业物流成本范围构成(表 1-2)。

表 1-2 企业物流成本范围构成表

成本范围	内容说明
供应物流成本	指经过采购活动,将企业所需原材料(生产资料)从供给者的仓库运回企业仓库为止的物流过程中所发生的物流费用
企业内物流成本	指从原材料进入企业仓库开始,经过出库、制造形成产品以及产品进入成品库,直到产品从成品库出库为止的物流过程中所发生的物流费用
销售物流成本	指为了进行销售,产品从成品仓库运出开始,经过流通环节的加工制造,直到运输至中间商的仓库或消费者手中的物流活动过程中所发生的物流费用
回收物流成本	指退货、返修物品和周转使用的包装容器等从需求方返回供给方的物流活动过程中所发生的物流费用
废弃物物流成本	指将经济活动中失去原有使用价值的物品,根据实际需要进行收集、分类、加工、包装、搬运、储存等,并分送到专门处理场所的物流活动过程中所发生的物流费用

（三）企业物流成本支付形态构成

按物流成本支付形态划分,企业物流总成本由委托物流成本和企业内部物流成本构成。其中,企业内部物流成本按支付形态分为材料费、人工费、维护费、一般经费和特别经费。具体内容见企业物流成本支付形态构成表(表 1-3)。

表 1-3 企业物流成本支付形态构成表

成本支付形态		内容说明
企业内部物流成本	材料费	资材费、工具费、器具费等
	人工费	工资、福利、奖金、津贴、补贴、住房公积金等
	维护费	土地、建筑物及各类物流设施设备的折旧费、维护维修费、租赁费、保险费、税金、燃料与动力消耗费等
	一般经费	办公费、差旅费、会议费、通信费、水电费、煤气费等
	特别经费	存货资金占用费、物品损耗费、存货保险费和税费
委托物流成本		企业向外部物流机构所支付的各项费用

（四）各成本项目构成内容分析

对于不同的成本项目，其支付形态各异，且存在于不同的物流阶段。以国家标准《企业物流成本构成与计算》(GB/T 20523—2006)中企业物流成本项目构成为主线，结合物流范围和物流成本支付形态的内容，对各成本项目构成内容进行如下具体分析。

1. 物流功能成本

物流功能成本包括物流运作成本、物流管理成本和物流信息成本。

1）物流运作成本

物流运作成本包括运输成本、仓储成本、包装成本、装卸搬运成本、流通加工成本和配送成本。物流运作成本包括企业本身的费用支出和委托外单位进行物流运作支付的费用。下面介绍的各项物流运作成本构成内容仅指企业本身发生的物流成本支出。

（1）运输成本

中华人民共和国国家标准《物流术语》(GB/T 18354—2006)对运输的概念做了如下界定：“用专用运输设备将物品从一个地点向另一个地点运送。其中包括集货、分配、搬运、中转、装入、卸下、分散等一系列操作。”这里运输专指“物”的载运与输送，它是不同地域范围内，以改变“物”的空间位置为目的的活动，对“物”进行空间位移。目前，我国的运输方式主要包括铁路运输、道路运输、水上运输、航空运输和管道运输五种方式。

在现代企业物流中，运输在企业经营中占有主导地位。仅以生产制造企业为例，运输贯穿于供应、生产、销售、回收和废弃物物流全程，运输费用在物流总成本中占有很大比重。因此，物流合理化很大程度上依赖于运输合理化，运输合理与否直接影响着运输成本的高低，进而影响着企业物流总成本的水平。

运输成本是指一定时期内，企业为完成货物运输业务而发生的全部费用。包括支付外部运输费和自有车辆运输费。具体包括以下三部分。

① 人工费，主要指从事运输业务人员费用。具体包括运输业务人员工资、福利、奖金、津贴、补贴、住房公积金、职工劳动保护费、人员保险费、按规定提取的福利费、职工教育培训费和其他一切用于运输业务人员的费用等。

② 维护费，主要指与运输工具及其运营有关的费用。具体包括车辆(含其他运输工具)的燃料费、折旧费、维修保养费、保险费、租赁费、养路费、过路过桥费、年检费等。

③ 一般经费，指在企业运输业务过程中，除了人工费和维护费之外的其他与运输工具或运输业务有关的费用，如事故损失费等。

就物流范围而言，运输成本存在于供应物流、企业内物流、销售物流、回收物流和废弃物物流全过程。

(2) 仓储成本

中华人民共和国国家标准《物流术语》(GB/T 18354—2006)对仓储的概念做了界定："利用仓库及相关设施设备进行物品的入库、存储、出库的活动。"仓储的概念和运输相对应。仓储是以改变"物"的时间状态为目的的活动，以克服产需之间的时间差异，从而获得更好的效用。仓储管理的主要任务是以最低的费用在适当的时间和适当的地点取得适当数量的存货。

仓储成本是指一定时期内，企业为完成货物存储业务而发生的全部费用。包括支付外部仓储费和使用自有仓库仓储费。具体包括以下三部分。

① 人工费，主要指从事仓储业务人员费用。具体包括仓储业务人员工资、福利、奖金、津贴、补贴、住房公积金、职工劳动保护费、人员保险费、按规定提取的福利费、职工教育培训费和其他一切用于仓储业务人员的费用等。

② 维护费，主要是与仓库及保管货物有关的费用。具体包括仓储设施的折旧费、设施设备维修保养费、水电费、燃料与动力消耗费等。

③ 一般经费，指在企业仓储业务过程中，除了人工费和维护费之外的其他与仓库或仓储业务有关的费用，如仓库业务人员办公费、差旅费等。

目前，许多教材中，仓储成本的含义较为广泛，通常包括仓储持有成本、订货或生产准备成本、缺货成本和在途库存持有成本等，资金占用成本、存货风险成本和存货保险成本等均包括在其中。这里的仓储成本是指狭义的仓储成本，仅指为完成货物储存业务而发生的全部费用。另外，就物流范围而言，仓储成本通常发生于企业内物流阶段。

(3) 包装成本

中华人民共和国国家标准《物流术语》(GB/T 18354—2006)对包装的概念做了界定："为在流通过程中保护产品、方便储运、促进销售，按一定技术方法而采用的容器、材料及辅助物等的总体名称。也指为了达到上述目的而采用容器、材料和辅助物的过程中施加一定技术方法等的操作活动。"包装作为物流活动的功能之一，与运输、仓储、装卸搬运、流通加工均有十分密切的关系。

包装成本是指一定时期内，企业为完成货物包装运输业务而发生的全部费用，包括运输包装费和集装、分装包装费。具体包括材料费、人工费、维护费和一般经费四部分内容。

① 材料费，主要指包装业务所耗用的材料费。企业的包装材料除少数自制，大部分通过采购取得的。根据财政部颁布的《企业会计准则》和《工业企业会计制度》的规定，外购材料成本包括买价和购买材料的运杂费、运输途中的合理损耗、入库前的挑选整理费用以及购入材料负担的不能抵扣的税收等。

② 人工费，主要指从事包装业务人员费用。具体包括包装业务人员工资、福利、奖金、津贴、补贴、住房公积金、职工劳动保护费、人员保险费、按规定提取的福利费、职工教育培训费和其他一切用于包装业务人员的费用等。

③ 维护费，主要指与包装机械有关的费用。包装过程中使用包装机械，可以极大地提高包装水平和劳动效率。包装机械有关费用主要包括设备折旧费、维修费、能源消耗费和低值易耗品摊销等。

④ 一般经费。在包装过程中，除了人工费、材料费和与包装机械有关的费用，还发生了一些诸如包装技术费用和辅助费用等其他杂费，这部分费用通常列入一般经费。例如，为了发挥包装的功能，达到最佳的包装效果，需要实施缓冲、防潮、防霉技术所发生的设计和实施费用，以及包装标记标志的设计费、印刷费、辅助材料费等。

传统上，实施包装作业的单位一般为生产制造企业，但随着物流活动过程中"流通加工"活动存在的客观性和必要性得到了越来越多的认可，包装作业的实施单位也由生产制造企业扩展到包括流通企业和物流企业在内的所有类型企业。无论何种包装，都需要耗用一定的人力、物力、财力。大多数商品只有经过包装，才能进入流通，也有部分商品是进入流通后，实施初次或再次包装，因此，就物流范围而言，包装成本存在于供应物流、企业内物流和销售物流阶段。

(4) 装卸搬运成本

中华人民共和国国家标准《物流术语》(GB/T 18354—2006)对装卸和搬运的概念做了界定："装卸是物品在指定地点以人力或机械载入或卸出运输工具的作业过程"；"搬运是在同一场所内，对物品进行空间移动的作业过程"。装卸一般指上下方向的移动；搬运则是物体横向或斜向的移动。

装卸搬运活动是物流各项活动中出现频率最高的一项作业活动，仅就场所而言，就包括车间、站台、仓库等装卸搬运，因此，装卸搬运活动效率的高低直接影响物流整体效率。由于装卸搬运活动对劳动力的需求量大，且需要使用装卸设备，因此其成本在整个物流成本中占有较大比重。

装卸搬运成本指一定时期内企业完成货物装卸搬运业务而发生的全部费用。具体包括人工费、维护费和一般经费三部分内容。

① 人工费，主要指从事装卸搬运业务人员费用。具体包括装卸搬运业务人员工资、

福利、奖金、津贴、补贴、住房公积金、职工劳动保护费、人员保险费、按规定提取的福利费、职工教育培训费和其他一切用于装卸搬运业务人员的费用等。

② 维护费。在装卸搬运过程中需要使用一些起重装卸搬运设备和输送设备等，维护费是指这些装卸搬运设备的折旧费、维修费以及能源消耗费等。

③ 一般经费，指在物品装卸搬运过程中，除了上述人工费和设备维护费，发生的其他与装卸搬运业务有关的费用，如分拣费、整理费等。

就装卸搬运业务发生的场所而言，包括车间装卸搬运、站台装卸搬运和仓库装卸搬运等。因此，装卸搬运成本存在于供应物流、企业内物流、销售物流、回收物流和废弃物物流整个物流活动全程。

(5) 流通加工成本

中华人民共和国国家标准《物流术语》(GB/T 18354—2006)对流通加工的概念做了界定："物品在从生产地到使用地的过程中，根据需要对其实施包装、分割、计量、分拣、刷标志、贴标签、组装等作业的总称。"

流通加工是现代物流系统的重要组成部分。一般来说，生产是通过改变物质形式和性质，进而创造商品价值和使用价值的一种活动，而流通是保持商品原有形式和性质，以完成所有权转移和空间位移的一种活动。流通加工能够促进销售，维护商品质量，提高物流效率，同时对物流活动具有增值作用。

流通加工成本是指一定时期内，企业为完成货物流通加工业务而发生的全部费用。包括支付外部的流通加工费和自有设备流通加工费。具体包括人工费、材料费、维护费和一般经费四部分内容。

① 人工费，主要指从事流通加工业务人员费用。具体包括流通加工业务人员工资、福利、奖金、津贴、补贴、住房公积金、职工劳动保护费、人员保险费、按规定提取的福利费、职工教育培训费和其他一切用于流通加工业务人员的费用等。

② 材料费，主要指货物流通加工过程中所耗用的辅助材料、包装材料等材料费。材料成本的计算方式同包装作业中材料成本的计算方式。

③ 维护费。流通加工过程中需要使用一定的设备，例如电锯、剪板机等，维护费指与这些流通加工设备有关的折旧费、摊销费、维修保养费以及电力、燃料、油料等能源消耗费。

④ 一般经费，指货物在流通加工过程中，除了上述人工费、材料费和维护费，所发生的与流通加工有关的其他费用支出，例如流通加工作业应分摊的车间经费以及其他管理费用支出。

流通加工对象是进入流通领域的商品，具有商品的属性。从这一意义上说，流通加工成本仅存在于销售物流阶段。

(6) 配送成本

中华人民共和国国家标准《物流术语》(GB/T 18354—2006)对配送的概念做了界定：

"配送是指在经济合理区域范围内,根据客户要求,对物品进行拣选、加工、包装、分割、组配等作业,并按时送达指定地点的物流活动。"

配送是物流系统中一种特殊的、综合的活动形式。从物流角度来说,配送几乎包含所有的物流功能要素,是物流的一个缩影或在较小范围内物流全部活动的体现。一般的配送集运输、仓储、包装和装卸搬运于一身,特殊的配送还包括流通加工。

正因为配送是一个"小物流"的概念,集若干物流功能于一身,所以配送成本分散在运输、仓储、包装、装卸搬运和流通加工成本中,具体的费用支付形态包括人工费、材料费、维护费和一般经费。就物流范围而言,配送成本存在于供应、企业内容物流和销售物流阶段。

这里,配送成本不作为物流功能成本的构成内容,而将与配送成本有关的费用支出在其他各项物流功能成本中进行分配。

2)物流管理成本

随着现代物流业的发展,物流及其本身所蕴含的巨大效益为越来越多的企业所了解和重视。加强物流管理,整合物流流程,以最低的支出获取最大的物流收益被提到重要的议事日程,很多企业纷纷设立了专门的物流管理部门或在业务部门中指定专门人员从事物流管理工作,物流作业现场也配有专门人员从事物流作业的协调和管理。在物流作业分工日益精细的今天,物流管理工作逐渐从其他物流功能作业中分离出来,成为独立存在的作业形式。

物流管理成本指一定时期内,企业为完成物流管理活动所发生的全部费用,包括物流管理部门及物流作业现场所发生的管理费用,具体包括人工费、维护费和一般经费三部分内容。

① 人工费,主要指从事物流管理工作人员费用。具体包括物流管理人员工资、福利、奖金、津贴、补贴、住房公积金、职工劳动保护费、人员保险费、按规定提取的福利费、职工教育培训费和其他一切用于物流管理人员的费用等。

② 维护费,指物流管理过程使用的软硬件系统及设施的折旧费、摊销费、修理费等。

③ 一般经费,指物流管理活动中,除了人工费、维护费外的其他费用支出。如物流管理部门、物流作业现场及专门的物流管理人员应分摊的办公费、会议费、水电费、差旅费等,还包括物流企业的物流营销费,国际贸易中发生的报关费、检验费、理货费等。

物流管理活动贯穿于企业物流活动全过程,因此,就物流范围而言,物流管理成本存在于供应物流、企业内物流、销售物流、回收物流和废弃物物流全程。

3)物流信息成本

畅通信息渠道,及时、充分地获取各类信息,是物流系统高效运行的保证。随着物流业的发展,信息在物流管理中的地位越来越重要,物流信息管理已经成为物流管理的重要手段之一。目前,企业物流管理活动中的信息流既包括企业内部信息流,如企业内存货流转以及与之相关的物流成本核算所产生的信息流动,也包括企业间的信息流,如企业间订货、收货、发货、中转、代理以及结算等活动所产生的物流信息。无论何种形式的信息流,都要以物流及信息技术为载体,通过与物流活动的高度融合,最终推动和促进物流管理水平的提升。

物流信息成本指一定时期内,企业为完成物流信息的采集、传输、处理等活动所发生的全部费用,具体包括人工费、维护费和一般经费三部分内容。

① 人工费,主要指从事物流信息管理工作人员的费用。具体包括物流信息人员工资、福利、奖金、津贴、补贴、住房公积金、职工劳动保护费、人员保险费、按规定提取的福利费、职工教育培训费和其他一切用于物流信息管理人员的费用等。

② 维护费。在物流信息管理过程中,开发物流信息软件系统,投入信息硬件设施,已经成为物流信息管理的重要手段和必备条件。物流信息成本的维护费主要是指与物流休息软硬件系统及设备有关的费用,包括物流信息系统开发摊销费、信息设施折旧费以及物流信息软硬件系统维护费等。

③ 一般经费,指在物流信息活动过程中,除了人工费和与物流信息软硬件系统有关的维护费,所发生的其他与物流信息有关的费用,例如在采购、生产、销售过程中发生的通信费、咨询费等。

在企业运营过程中,有物流就有相关的信息客观存在,因此,就物流范围而言,物流信息成本存在于供应物流、企业内物流、销售物流、回收物流和废弃物物流全程。将物流信息与其他信息区别开来,将物流信息费用从其他费用中分离出来都是极其困难的,但同时又是极为必要和重要的。

2. 存货相关成本

物流成本除了包括上述物流功能成本,还包括与存货有关的流动资金占用成本、存货风险成本和存货保险成本。

1) 流动资金占用成本

流动资金占用成本是指一定时期内,企业在物流活动过程中因持有存货占用流动资金所发生的成本,包括存货占用银行贷款所支付的利息(显性成本)和存货占用自有资金所发生的机会成本,前者属显性成本,后者属隐性成本。

隐性成本是指没有实际发生,会计核算中没有反映,但在物流管理和决策过程中应予考虑的机会成本。目前,理论界探讨的隐性物流成本包括库存积压降价处理、库存呆滞产品、回程空载、产品损耗、退货、缺货损失等。这里仅将流动资金占用成本纳入隐性物流成本范畴,主要基于以下三个方面考虑:一是企业在加快存货周转速度,减少资金占用,从而提高利润率方面有巨大的潜力可挖;二是国内有关统计资料表明,存货资金占用成本在整个物流成本中占有相当大比重;三是统计存货相关数值简便易行,具有可操作性。

就物流范围而言,因流动资金占用成本主要是指产品被锁闭在物流环节,从而导致事实上为企业所占用的资金成本,因此流动资金占用成本主要存在于供应物流、企业内物流和销售物流阶段。

从各国社会物流成本的构成看,均包括因为流动资金的占用而需要承担的利息费用,且这部分利息费用在整个保管费用中占有相当大的比重。有学者认为,加快资金周转速度,减少资金占用成本,已经成为降低物流成本最重要的渠道之一。因此,从微观角度看,企业存货流动资金占用成本也纳入物流成本范畴,并作为独立的内容重点管理和控制。将流动资金占用成本计入物流成本,指明了成本改善的取向是减少原材料、产成品等存货在物流环节的耽搁及时滞,降低资金占用成本,从而降低物流总成本。

2) 存货风险成本

在物流活动过程中,由于多种不确定因素的存在,原材料、半成品、产成品等存货通常面临风险损失,例如,产品在运输过程中可能发生破损或完全损毁导致价值丧失,在装卸搬运过程中可能发生货物破损、散失和损耗,在保管过程中可能会发生货物的毁损、丢失等,因保管时间长,还会发生货物的跌价损失等。

存货风险成本指一定时期内企业在物流活动过程中所发生的物品损耗、毁损、盘亏以及跌价损失等。广义上说,无论会计核算体系是否反映,只要存货发生了风险损失,都应计入存货风险成本。但从可操作性和重要性角度考虑,这里仅将显性成本即会计核算体系中反映的存货损失计入存货风险成本,会计核算体系中没有反映的贬值、过时损失等则不计入存货风险成本。

就物流范围而言,因存货风险损失在运输、仓储、装卸搬运等环节都可能发生,因此,存货风险成本存在于供应物流、企业内物流和销售物流阶段。

3) 存货保险成本

近年来,为分担风险,很多企业开始对货物采取投保的方式来减少风险损失。保险费支出的高低与产品价值和类型以及产品丢失或损坏的风险程度等因素相关。存货保险成本指一定时期内企业在物流活动过程中,为预防和减少因物流丢失、损毁造成的损失,而向社会保险部门支付的物品财产保险费用。

就物流范围而言,物品丢失、损耗主要发生于采购、保管和销售过程中;就存货实物形态而言,既包括在途存货,也包括库存存货。因此,存货保险成本存在于供应物流、企业内物流和销售物流阶段。

各项物流功能成本,其支付形态主要包括人工费、材料费、维护费和一般经费。与物流功能成本不同,存货相关成本包括流动资金占用成本、存货风险成本和存货保险成本,其支付形态在“特别经费”中反映。

三、企业物流成本的分类

（一）基于成本计算的企业物流成本分类

1. 按物流成本计入成本对象的方式分类

物流成本按其计入成本对象的方式，分为直接物流成本和间接物流成本。这种分类是为了经济、合理地将物流成本归属于不同的物流成本对象。

成本对象是指需要对成本进行单独测定的活动，可以分为中间成本对象和最终成本对象。最终成本对象是指累积的成本不能再进一步分配的成本归集点，是物流成本的最终分配结果。中间成本对象是指累积的成本还应进一步分配的成本归集点，有时也称为成本中心，是将共同成本按某个分配基础进一步分配给最终成本对象之前的一个成本归集点。设置多少中间对象以及中间对象之间的联系，取决于企业物流成本管理的要求。

1）直接物流成本

直接物流成本是直接计入物流范围、物流功能和物流支付形态等成本对象的成本。一种成本是否属于直接物流成本，取决于它与成本对象是否存在直接关系，以及是否便于直接计入。因此，直接物流成本也可以说是与物流成本对象直接相关的成本中可以以经济、合理的方式追溯到成本对象的那部分成本。

2）间接物流成本

间接物流成本是指与物流成本对象相关联的成本中不能用一种经济、合理的方式追溯到物流成本对象的那部分成本。例如若以物流范围作为成本计算对象，不能直接计入特定物流范围的物流管理成本、物流信息成本都属于间接成本。“不能用经济、合理的方式追溯”有两种情况：一种是不能经济地追溯物流成本对象，另一种是不能合理地追溯到物流成本对象。

例如，不单设物流信息部的信息人员兼做物流信息工作，从这部分人员的工资中很难分辨出物流信息成本应分担的数额，属于不能合理地追溯到物流成本对象的成本；对于不能经济地追溯到物流成本对象，例如，办公用品的成本可以单独计量追溯到特定部门及人员，但是单独计量的成本较高，而其本身数额不大，更准确地分配实际意义有限，不如将其按一定的分配标准统一进行分摊。

2. 按物流活动的成本项目分类

1）物流功能成本

物流功能成本可分为物流运作成本、物流信息成本和物流管理成本。其中，物流运作成本是指完成商品、物资的流通而发生的费用，可进一步细分为运输成本、仓储成本、包装成本、装卸搬运成本、流通加工成本；物流信息成本是指为完成物流信息的收集、传递和处理等发生的费用支出；物流管理成本是实施物流管理发生的费用支出，既包括物流管理部门，也包括物流作业现场的管理支出。

2）存货相关成本

存货相关成本是指物流活动过程中发生的与持有存货有关的成本支出，具体分为流动资金占用成本、存货风险成本和存货保险成本。

物流成本按物流活动的成本项目分类，可以了解在物流总成本中，物流功能成本和存货相关成本各自所占的比重，明确物流成本改善的取向；同时还可以了解物流功能内部不同功能成本的结构，了解各自所承担的物流费用，在纵向和横向的比较分析后，明确降低物流成本的功能环节；另外还可以了解存货相关成本中流动资金占用成本及存货其他成本所占的比重，促进企业加快存货资金周转速度，减少存货风险损失，探索物流功能活动之外的物流成本降低渠道。

3. 按物流活动发生的范围分类

物流活动范围对于物流成本的计算而言，是对物流起点和终点的界定。现代物流，其范围包括从原材料采购开始，经过企业内的生产周转，到产品的销售乃至退货以及废弃物的处理等这样一个宽泛的领域。截取其中一部分，将不同部分还是将整个领域作为物流成本计算对象，都能引起物流成本的巨大差异。物流成本按物流活动的范围，可分为供应物流成本、企业内物流成本、销售物流成本、回收物流成本和废弃物物流成本。

4. 按物流成本的支付形态分类

按支付形态的不同对物流成本进行分类，是以财务会计中发生费用为基础，首先将物流成本分为企业本身发生的物流费和物流业务外包支出的委托物流费，其中，企业本身发生的物流费又有不同的支付形态，包括材料费、人工费、折旧费、修理费、办公费、差旅费、水电费等。虽然物流成本计算属于管理会计的范畴，但计算物流成本必须以会计核算资料为基础，从基本的费用支付形态出发，逐一提取和分离物流成本信息，这是物流成本计算的难点，同时也是物流成本计算的起点。

财务会计上，费用支付形态多种多样，非常繁杂，鉴于物流成本计算更多地服务于管理，这就需要将形式多样的费用支付形态予以抽象的归类，从而可以从大类上了解物流成本的支付形态构成。日本将企业内部物流成本支付形态分为材料费、人工费、维护费、公益费、一般经费和特别经费。

（二）基于成本管理的企业物流成本分类

1. 按物流成本是否具有可控性分类

物流成本按是否具有可控性，分为可控物流成本与不可控物流成本。在谈可控成本与不可控成本之前，首先要明确责任成本的概念。

责任成本是以具体的责任单位（部门、单位或个人）为对象，以其承担的责任为范围所归集的成本。

可控物流成本是指在特定时期内，特定责任中心能够直接控制其发生的物流成本。其对称概念是不可控物流成本。

可控物流成本总是针对特定责任中心而言的。一项物流成本，对某个责任中心来说是可控的，对另外的责任中心则是不可控的。例如，物流管理部门所发生的管理费，物流管理部门可以控制，但物流信息部门则不能控制；有些物流成本对下级单位来说是不可控的，而对上级单位来说则是可控的，例如从事运输业务的司机不能控制自己的薪金收入，但他的上级则可以控制。从整个企业的空间范围和很长的时间范围来观察，所有成本都是某种决策或行为的结果，都是可控的，但是对于特定的责任中心或时间来说，则有些是可控的有些是不可控的。

从管理的角度看，将物流成本分为可控物流成本和不可控物流成本，对于加强物流成本管理、持续降低物流成本具有重要意义。可控物流成本对于特定责任中心而言既然是可以控制的，该责任中心就理应成为控制和降低这部分成本支出的责任单位。同时，从整个企业看，既然所有成本都是可控成本，就应调动企业经营者或物流管理人员，发挥其主观能动性，进一步降低物流成本。

2. 按物流成本习性分类

物流成本习性是指物流成本总额与物流业务量之间的依存关系。物流成本总额与物流业务总量之间的关系是客观存在的，而且具有一定的规律性。企业的物流业务量水平提高或降低时，会影响到各项物流活动，进而影响到各项物流成本。在一定范围内，一项特定的物流成本可能随着业务量的变化而增加、减少或不变，这就是不同的物流成本所表现出的不同的成本习性。

物流成本按成本习性，可分为变动物流成本、固定物流成本和混合物流成本。

1）变动物流成本

变动物流成本指其发生总额随物流业务量的增减变化而近似成比例增减变化的成本，例如材料消耗、燃料消耗、与业务量挂钩的物流业务人员工资支出等。这类成本的最大特点是成本总额随业务量的变动而变动，但单位成本保持原有水平。变动物流成本根据其发生的原因，又可进一步划分为技术性变动物流成本和酌量性变动物流成本两大类。

(1) 技术性变动物流成本。技术性变动物流成本指其单位物流成本受客观因素影响，消耗量由技术因素决定的变动物流成本。例如，物流设施设备的燃料动力消耗支出，在一定条件下，其成本就属于受设计影响的、与物流作业量成正比例关系的技术性变动成本。若要降低这类成本，一般应当通过改进技术设计方案等措施从而降低单位消耗量来实现。

(2) 酌量性变动物流成本。酌量性变动物流成本指受主观因素决定，其单位物流成本主要受企业管理部门决策影响的变动物流成本。例如，按物流作业量计算工资的各项物流作业人员费用。其主要特点是单位变动物流成本的发生额可由企业管理层来决定。要想降低这类成本,应通过提高管理人员的素质,来提高决策的合理水平。

2）固定物流成本

固定物流成本指物流成本总额不随物流作业量的变化而变化,其主要特点是物流成本总额保持不变,但单位物流成本与物流作业量成反比关系。固定物流成本按其支出数额是否受管理层短期决策行为的影响,又可细分为酌量性固定物流成本和约束性固定物流成本。

（1）酌量性固定物流成本。酌量性固定物流成本指通过管理层的短期决策行为可以改变其支出数额的成本项目,例如物流管理人员的培训费等。这里费用支出与管理层的短期决策密切相关,即管理层可以根据企业的实际情况和财务状况,考虑这部分费用的支出数额。

（2）约束性固定物流成本。约束性固定物流成本指通过管理层的短期决策行为不能改变其支出数额的成本项目,例如仓库、设备的折旧费、租赁费、税金、存货保险费等。这部分费用与管理层的长期决策密切相关,具有很大的约束性,一经形成,长期存在,短期内难以改变。

3）混合物流成本

混合物流成本指全部物流成本介于固定物流成本和变动物流成本之间,既随物流作业量变动又不与其成正比例变动的那部分成本。在实务中,有很多物流成本项目不能简单地归类为固定物流成本或变动物流成本,它们兼有变动物流成本和固定物流成本两种不同特性。按照其随物流作业量变动趋势的不同特点,混合物流成本又可分为半变动物流成本、半固定物流成本和延期变动物流成本。

将企业的全部物流成本根据成本习性分为固定物流成本、变动物流成本和混合物流成本,是管理会计规划与控制企业物流成本的前提条件。通过上述成本类型的划分,可以明确不同类型物流成本改善的最佳途径。

对于变动物流成本,其成本总额随物流作业量的变动而成倍数变动,降低这种成本的途径应是采取多种举措,包括改进技术工艺设计、改善成本效益关系等,在一定物流作业量下,努力降低成本;对于固定物流成本,其成本总额在一定范围内保持相对稳定,这类成本的降低途径主要在于改善管理层的决策水平,提高固定成本支出项目的使用效率,合理利用生产能力,取得相对节约;对于混合物流成本,因其性质的特殊性,首先应根据其与作业量之间的变动关系,将其划分为半变动物流成本、半固定物流成本和延期变动物流成本,然后再结合变动和固定物流成本的特征,对其逐一进行分析,寻找成本改善的取向。

3. 按物流成本是否在会计核算中反映分类

物流成本是管理会计意义上的“大成本”概念,既包括会计核算中实际发生的、计入企业实际成本费用的各项支出，也包括会计核算中没有实际发生，但在物流管理决策中应该考虑的成本支出。物流成本按在会计核算中是否反映，分为显性物流成本和隐性物流成本。

1）显性物流成本

显性物流成本是物流成本在管理会计和财务会计两大领域中的共性成本，这部分成本支出是企业实际发生的，既在财务会计核算中反映，又在物流成本管理决策中有所体现。在物流活动过程中实际发生的人工费、材料费、水电费、折旧费、保险费等都属于显性成本。这部分物流成本的计算是以会计核算资料为依据，对会计核算资料分析和信息提取的过程。所有显性物流成本数据均来源于财务会计资料。

2）隐性物流成本

隐性物流成本是财务会计核算中没有反映，但在物流成本管理决策中需要考虑的成本支出，它是管理会计领域的成本。隐性物流成本的含义较为宽泛，例如，存货占用自有资金所产生的机会成本，由于物流服务不到位所造成的缺货损失，存货的贬值损失，回程空载损失等，这些成本支出和损失确实客观存在，但由于不符合会计核算的确认原则，难以准确量化和缺少科学的计量规则等原因，没有在财务会计中反映。

但是在管理会计领域，为了保证管理决策的科学合理，又要求将这部分成本支出纳入物流总成本范围予以考虑。实践中，从物流成本计算的适度准确和可操作性的要求出发，一般仅将存货占用自有资金所发生的机会成本作为隐性成本纳入物流总成本范围，在管理决策中予以考虑。

将物流成本划分为显性成本和隐性成本，是现代物流成本管理的必然要求。加强显性物流成本管理，可以减少实际发生的成本支出，这是一种绝对成本管理理念；而加强隐性成本管理，可以减少未实际记录的成本损失，是考虑了资金时间和风险价值的成本管理，是一种相对的成本节约理念。

4. 按物流成本管理对象分类

物流成本按管理对象的不同，可以分为事业部物流成本、营业网点物流成本、部门物流成本和作业物流成本等。企业根据物流成本管理实践，选择成本管理对象，通过计算和分析管理对象的物流成本，寻找物流成本管理的薄弱环节，制定相应措施，改进成本管理。

例如，企业若想通过对各区域分公司物流成本的绩效考核来进行物流成本管理和控制，就应该以区域作为物流成本管理对象；若想完善事业部制度，加强事业部的内部利润考核，就应该以各事业部作为成本管理对象；若要完善物流作业系统，则应以各物流作业作为物流成本管理对象。总之，成本管理的选择应密切配合物流成本管理工作。根据工作需要和管理目标，不同时期物流成本管理对象可以有不同的选择。

第三节　物流成本相关理论学说

一、"黑大陆"学说

"黑大陆"学说是由著名的管理学大师彼得·德鲁克提出的。"黑大陆"说法主要是指人们尚未认识、尚未了解的领域。1962 年,彼得·德鲁克在《财富》杂志上发表了题为《经济的黑色大陆》一文,他将物流比作"一块未开垦的处女地",强调应高度重视流通及流通过程中的物流管理。他曾经指出"流通是经济领域的黑暗大陆",虽然泛指的是流通,但由于流通领域中物流活动的模糊性特别突出,它是流通领域中人们认识不清的领域,因此"黑大陆"学说主要是针对物流而言的。

在财务会计中把生产经营费用大致划分为生产成本、管理费用、营业费用、财务费用,然后再把营业费用按各种支付形态进行分类。这样,在利润表中所能看到的物流成本在整个销售额中只占极少的比重。因此物流的重要性当然不会被认识到,这就是物流被称为"黑大陆"的一个原因。

"黑大陆"学说主要是指人们尚未认识、尚未了解的事物。如果理论研究和实践探索照亮了这块黑大陆,那么摆在人们面前的可能是一片不毛之地,也可能是一片宝藏之地。"黑大陆"学说是对物流本身的正确评价:这个领域未知的东西还很多,理论与实践皆不成熟。

从某种意义上看,"黑大陆"学说是一种未来学的研究结论,是战略分析的结论,带有较强的哲学抽象性,这一学说对于研究物流成本管理领域起到了启迪和动员作用。

二、"物流冰山"学说

"物流冰山"学说是由日本早稻田大学西泽修教授提出来的。他在潜心研究物流成本时发现,现行的财务会计制度和会计核算方法都不可能掌握物流费用的实际情况,因而人们对物流费用的了解是一片空白,甚至有很大的虚假性,他把这种情况比做"物流冰山"。

"物流冰山"学说和"第三利润源"学说都是由日本早稻田大学教授、权威物流成本研究专家西泽修提出来的。他在《主要社会的物流战》中提出"现在的物流费用犹如冰山,大部分潜在海底,可见费用只是露在海面的一小部分"。冰山的特点是大部分沉在水面以下,是我们看不到的黑色区域,而我们看到的不过是它的一部分。一般情况下,企业会计科目中,只把支付给外部运输企业、仓库企业的费用列入成本,实际这些费用在整个物流费用中犹如冰山的一角。因为物流基础设施建设费,企业利用自己的车辆运输,利用自己的库存保管货物,由自己的工人进行包装,装卸等费用都没计入物流费用科目内。物流冰山如图 1-2 所示。

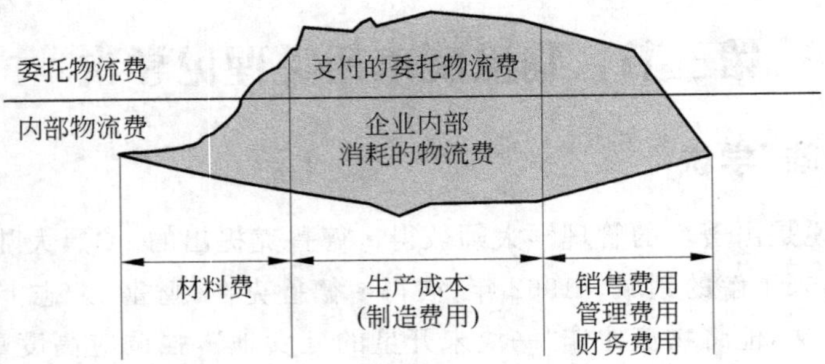

图 1-2 “物流冰山”学说图解

从图中可以看出，物流冰山图代表物流总成本，冰山轮廓线包含的部分为物流成本计算费用，它又可以分为两部分：水平线上部分为委托物流费用，即用现金对外支付的物流费用；水平线以下部分，为企业内部消耗的物流费用。

西泽修用“物流冰山”形象地分析了彼得·德鲁克的“黑大陆”学说，沉浸在“水下”部分的“冰山”正是急需物流企业开发的领域，也是物流行业的潜力所在。

在企业财务会计中，向企业外部支付的物流成本能体现出来，而企业内部消耗的物流成本一般是不能体现出来的。如果把决算表中记载的物流成本误解为“冰山全貌”，企业就会面临险境。只有对物流成本进行全面计算，才能够解释清楚掺混在有关费用中的物流部分成本。

西泽修指出在企业内部占压倒多数的物流成本掺混在其他费用之中，如果不把这些费用核算清楚，很难看出物流成本的全貌。传统物流成本核算是对企业外部物流服务业者所支付的运输费、仓储费等的核算。企业内与物流中心的人员费、设备折旧费等各种费用则与企业其他经营费用统一计算，从而很难正确把握实际的企业物流成本。

具体来讲，企业生产的产品从工厂运到商业部门的物流成本是计算在物流成本中的；购买原材料所支付的物流成本是计算在原材料成本中的；自运运输费和自用保管费是计入营业费用中的；另外与物流有关的利息和其他利息一起是计入财务费用之中的。如果把这些来自生产成本、原材料、营业费用和财务费用之中的有关物流部分费用划分出来，并单独加以汇总计算，就会对物流成本的全部有进一步的了解，并会为其巨大的金额而感到惊讶。实践表明，实际发生的物流成本往往要超过外部支付金额的 3 倍以上。

实际上，物流成本中有不少是承担物流工作的部门无法控制的。例如物流成本往往包含促销费用。根据物流冰山理论，要把隐藏在水面以下的物流成本全部核算出来是不可能的。传统的会计体系不仅不能提供足够的物流成本分摊数据，而且从根本上认为没有这个必要。

理论研究和实际管理毕竟是有所区别的。在企业管理中，不可能为了建立物流独立核算体系而破坏其他若干成熟的财务会计核算体系，实际上真正需要纳入管理的是有影响的物流成本数据。

三、"第三利润源"学说

物流是企业"第三利润源"是西泽修教授于 1970 年提出的，是指通过物流合理化降低物流成本，成为企业继降低物质资源和劳动力资源消耗之后获取利润的第三种途径。

第一利润源，是物质资源领域。即企业通过扩大生产能力、进行规模生产、降低以原材料消耗为主的生产成本来扩大利润，称为企业的"第一利润源"。

第二利润源，是人力资源领域。在竞争的市场环境下，产品供大于求，企业通过促销、提高产品和服务的质量、按客户要求进行生产等方式扩大销售是明智之举。当降低物质资源消耗已接近极限，进一步降低成本的重点就落在了人力资源成本上。在人力资源领域，最初是使用廉价劳动力，其后则是依靠科技进步提高劳动生产率或采用机械化、自动化来降低人力资源消耗，从而降低成本，增加利润，称为企业的"第二利润源"。

第三利润源，即物流领域。随着市场竞争日益激烈，前两个利润源可供挖掘的潜力越来越小，物流领域开始被人们重视，如果能有效降低在企业经营成本中占据相当高比例的物流费用，可以增加企业的利润。通过改善物流管理，降低物流成本，称为企业的"第三利润源"。

这三个利润源着重开发生产力中的三个不同要素：第一利润源挖掘对象是生产力中的劳动对象；第二利润源挖掘对象是生产力中的劳动者；第三利润源主要挖掘对象则是生产力中劳动工具的潜力，同时注重劳动对象和劳动者的潜力，因而更具全面性。

对第三利润源的理论认识最初是基于以下几个方面。

(1) 物流是可以完全从流通中分化出来，自成体系，有目标地进行管理的，因而能进行独立的总体判断。

(2) 物流和其他独立的经济领域一样，它不是总体的成本构成因素，而是单独盈亏因素。物流可以成为"利润中心"。

(3) 从物流服务角度来说，通过有效的物流服务，可以给接受物流服务的生产企业创造更好的赢利机会，使物流成为生产企业的"第三利润源"。

(4) 通过有效的物流活动，可以优化社会经济系统和整个国民经济的运行，降低整个社会的运行成本，提高国民经济的总效益。

经济学界的一般理解，是从物流可以创造微观经济效益这一视角来看待"第三利润源"的。

四、"效益悖反"理论

物流成本具有"效益悖反"的特征。所谓"效益悖反"，又称为"二律悖反"，是指要使系统中某一个要素的利益增加，必然会使系统中另一个或几个要素的利益损失，反之亦然，此消彼长、此盈彼亏。"效益悖反"是物流领域中很常见、很普遍的现象。物流系统的效益悖反包括物流成本与服务水平的效益悖反和物流各功能活动的效益悖反。

（一）物流成本与服务水平的效益悖反

高水平的物流服务是以高水平的物流成本为前提的，在技术没有显著进步的条件下，物流企业很难在"服务水平显著提高"与"物流成本降低"之间"鱼与熊掌兼得"。提高物流服务水平，成本必然上升，两者之间存在效益悖反关系。同时，它们之间的悖反关系是非线性的，具体如图 1-3 所示。

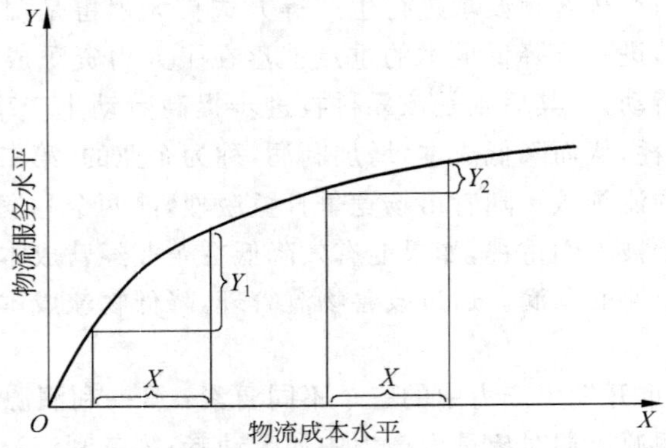

图 1-3　物流服务水平与物流成本的交替损益关系

在物流服务水平较低的阶段，一个成本提高量 X 会带来服务水平提高一个 Y_1 量，而随着服务水平的不断提高，当其达到一个比较高的水平，同样的一个成本提高量 X 带来的服务水平提高量 Y_2 要显著小于之前的 Y_1 量。服务水平越高，想进一步提高服务水平的难度就越大，付出的成本代价也相对越高。

一般在对物流服务和物流成本做决策时，可以以价值工程理论为指导，考虑以下四种方法。

(1) 保持服务水平不变，尽量降低物流成本。在不改变物流服务水平的情况下，通过改进物流系统来降低物流成本，提高物流价值。这种通过优化系统结构降低物流成本来维持一定物流服务水平的方法称为追求效益法。

(2) 提高物流服务水平，增加物流成本。这是许多企业提高物流服务水平的做法，是企业物流面对特定客户或面对竞争对手时所采取的具有战略意义的做法。

(3) 保持物流成本不变，提高物流服务水平。这是一种积极的物流成本对策，是一种追求效益的方法，也是一种有效的利用物流成本性能的方法。

(4) 用较低的物流成本，实现较高的物流服务。这是一种增加效益、具有战略意义的方法。企业物流只有合理运用自身的资源，才能获得这样的成果。

企业采取哪种物流成本策略，要综合考虑各方面的因素，包括商品战略、流通战略、物流系统所处的环境及竞争对手的情况等。

在与竞争对手的比较过程中，企业应根据以下四种情况，分别采取不同的策略。

(1) 如果本企业物流服务水平低于竞争对手，但物流成本却高于竞争对手，这是最差的情况。在这种情况下，企业应尽快改进物流系统，提高服务水平，降低物流成本。

(2) 如果本企业物流服务和物流成本处于双高水平，企业应在保持物流服务水平的情况下，不断降低物流成本，从而改善物流系统。

(3) 如果本企业物流服务和物流成本处于双低水平，企业应在保持低水平物流成本的前提下，追求物流服务水平的提高，改进物流服务。

(4) 如果本企业物流成本水平低于竞争对手，但服务水平却高于竞争对手，说明物流管理水平较高，成本控制较好。

在现实中，由于受多种因素的影响，尤其在资源有限的情况下，决策远非理论描述的那么简单，可能存在很多复杂因素交织在一起的情形。这时，企业须根据自身的总体经营战略，在成本和服务水平的定位上做出选择。

(二) 物流各功能活动的效益悖反

现代物流是由运输、包装、仓储、装卸及配送等物流活动组成的集合。在构成物流系统的各个环节(即活动)直接存在着“效益悖反”状态，要想较多地达到某个方面的目的，必然会使另一方面的目的受到一定的损失，也就是一方成本降低，而另一方成本升高，这便是物流活动的效益悖反。

物流系统是以成本为核心，按最低成本的要求，使整个物流系统化。它强调的是调整各要素之间的矛盾，强调要素之间的有机结合。这要求必须从总成本的角度出发，以系统的角度研究问题，追求整个物流系统总成本的最低。

企业物流成本的效益悖反关系实质上是研究企业物流的经营管理问题，即将管理目标定位于降低物流成本的投入并取得较大的经营效益。在物流成本管理中，管理对象是物流活动本身，物流成本是作为一种管理手段而存在的。一方面成本能真实地反映物流活动的实际情况；另一方面成本可以成为评价所有物流活动的共同尺度。

企业物流管理肩负着“降低企业物流成本”和“提高服务水平”两大任务，这是一对相互矛盾的对立关系。整个物流合理化，需要用总成本评价，这反映出企业物流成本管理的效益悖反特征及企业物流整体概念的重要性。

在认识物流效益悖反的规律之后，物流学科也就迈出了认识物流功能要素这一步，寻求解决和克服各功能要素效益悖反现象。当然，或许也曾有过追求各个功能要素全面优化的企图，但在系统科学已在其他领域形成和普及的时代，科学的思维必将导致人们寻求物流的总体最优化。不但将物流这一块"黑大陆"细分成若干功能要素来认识，而且将包装、运输、仓储等功能要素有机结合起来，连成一个整体来认识物流，进而有效解决效益悖反规律，追求整体的效益，这是物流学科的一大发展。

小贴士

"效益悖反"的不同表述

"效益悖反"思想在不同国家、不同学科中表述方法是不同的。如美国学者用"物流森林"的结构概念来表述物流的整体观念，指出物流是一种结构，对物流不能只见功能要素而不见结构，即不能只见树木不见森林。物流的总体效果是森林的效果，这可以归纳成一句话："物流是一片森林而非一棵棵树木。"

对这种总体观念的描述还有许许多多的提法，诸如物流系统观念、多维结构观念、物流一体化观念、综合物流观念和物流的供应链管理等，都是这种思想的另一种提法或是同一思想的延伸和发展。

五、其他物流成本学说

除了上述比较有影响的物流理论学说之外，还有一些物流成本学说在物流学界广为流传。

（一）成本中心说

成本中心说理论认为，物流在整个企业战略中，只对企业营销的成本发生影响。物流是企业成本的重要产生点，因而解决物流的问题，并不只要合理化、现代化，不只为了支持保障其他活动，重要的是通过物流管理降低成本。所以，成本中心既是指物流是主要成本的产生点，又是指物流是降低成本的关注点，物流是"降低成本的宝库"等说法正是这种认识的形象表述。

成本中心说虽然认识到物流活动是企业经营成本发生的重要环节，但认为物流活动对产品的增值以至创造利润没有多大影响。因此，该理论的局限性在于没有认识到物流在企业整体战略中的重要性，更没有认识到物流的增值效应。一味地强调物流成本的降低，势必影响到企业整体战略的实施。

（二）利润中心说

利润中心说理论认为，物流可以为企业提供大量直接和间接利润，是形成企业经营利润的主要活动。非但如此，对国民经济而言，物流也是国民经济中创利的主要活动。物流的这一作用,被表述为“第三利润源”。

(三) 服务中心说

服务中心说代表了美国和欧洲等一些国家学者对物流的认识。这种认识认为,物流活动最大的作用,并不在于为企业节约了消耗,降低了成本或增加了利润,而是在于提高企业对用户的服务水平进而提高企业的竞争能力。因此,他们在使用描述物流词汇上选择了 logistics 一词,特别强调其服务保障的职能。通过物流的服务保障,企业以其整体能力来压缩成本,增加利润。

(四) 系统说

1973 年,美国哈佛大学教授詹姆斯·海斯凯特在著作《企业物流》中,用系统论的方法对企业物流活动进行了深入的阐述。其主要观点是:企业各物流活动之间,物流与其他经营活动之间,物流与客户服务之间普遍存在着内在联系。所以,在考察个别物流活动变化时,应尽可能从总体和系统的角度进行比较,分析要素间的互动关系。他认为,对物流活动应当进行系统管理,要对各种物流活动成本及其相互关系,在既定的客户服务水平约束下,进行有效协调和权衡。也就是说,所有的物流活动和结构都可以换算成物流成本,不管是显性成本还是隐性成本。该理论通过物流成本对物流活动进行管理,成为研究物流管理的切入点。

(五) 价值链说

随着信息技术的发展,全球采购的兴起,企业间竞争日益加剧,企业物流战略的制定与成本管理必须摒弃狭隘的内部成本观念,要着眼于产业链的构成与变化,将企业内部的物流系统延伸到整个价值链。该理论采用系统的、整体的观点与方法对企业的物流实行管理,认为企业竞争成败的关键在于企业所处价值链的整体运转效率,而不是企业自身单方面成本高低。

因而物流成本管理必须摒弃单个企业物流成本最小化的观点,从整个价值链的角度出发,寻求价值链总成本的最小化,提升价值链的整体竞争力,这需要价值链上所有企业共同努力。只有价值链物流成本降低了,企业物流成本才能真正、持续地降低。

(六) 战略说

学术界和产业界越来越多的人已逐渐认识到,物流更具有战略性,是企业发展的战略,而不是一项具体的操作任务。

复习思考题

1. 如何理解物流成本的含义？
2. 试分析影响物流成本的因素。
3. 美国、日本和中国关于物流成本的定义有何不同？
4. 试分析企业物流成本的构成。
5. 哪些成本属于隐性物流成本？
6. 与物流成本相关的理论学说有哪些？如何理解？

案例分析

物流成本超高已成产业升级最大障碍

美国《商业周刊》日前发表一篇题为“低廉的‘中国价格’到此为止”的文章，判断中国的产业成本优势在金融危机的冲击下已基本消失。的确，全球产业回流和近邻效应，加大了中国产业升级的压力。

随着中国劳动力成本的逐步提高，以及能源、水等资源价格的上升，低成本竞争面临越来越大的压力。但是，影响国际产业转移的最主要原因，并非劳动力成本，而是在新的环境下，供应链管理成本。正如《商业周刊》那篇文章所说的那样，供应链成本成为中国目前承接国际产业转移的一个最大的劣势。由于过去我们把大量的精力投入到工业生产等生产领域，忽视了流通领域，使得我国的物流服务业无法满足经济迅速发展的需求，流通领域的服务滞后成为我国承接世界产业转移的一块短板。

与西方发达国家相比，我国物流业的发展慢、起点低，存在着较大差距。

首先，我国缺少优良的物流企业，特别是第三方现代物流企业的缺乏，导致物流成本巨大。现代物流理论认为，现代物流服务的核心目标是全过程中以最小的综合成本来满足顾客的需求。因此，加快培育一批具有国际竞争力的现代物流企业是我们无法回避的急迫问题。

其次，物流设施的建设与发展滞后，未形成一条完整的供应链。目前我国专业化的配送中心不多，且条块分割，在物流量大的地方，拥挤、阻塞现象不断，既导致了运输费用、存储费用和商品破损率的增加，又延迟了交货时间。保管涉及的问题也很多，如质量的维护、货物的堆放、库存的控制，以及仓库的设置等。

再次，物流服务信息化程度低，物流配送建设与现代经济发展不相适应。目前我国网络技术发展很快，但物流配送系统建设相对滞后，很多物流企业还没有实现网上作业，它们的信息流主要是建立在书面基础上，因而信息滞后、失实。

最后，物流专业人才奇缺，各企业只能靠经验来制定物流服务标准，或是仿效他人，使物流服务老套成规，不具新颖性，缺乏活力与竞争。

据相关报告披露，中国物流业成本占国内生产总值的18%以上，且自2001年起，一直维持在这个水平上。其他发达国家一般低于10%，我国这个比例相对较高。庞大的支出数字，意味着中国物流业的营运普遍缺乏效率。虽然中国的国内生产总值比大部分发达国家更依赖于制造业，但运输瓶颈、监管限制及营运问题等障碍，给物流经营商造成了较高的成本。

虽然国家已出台了物流业产业振兴计划，但由于国内各个物流公司各自为政，且经营活动受所在区域制约，因此，中国的运输和物流业务非常分散。据统计，2006年，中国前20大运输物流公司的总收入约为2 600亿元，不足同年物流总成本的7%。这使得我国要改善供应链环境就需要更长的时间。相反，许多跨国企业凭借发达国家在这方面的优势，选择了回流，而由于中国的运输成本不断地上升并保持在高位，那些有运输成本优势的发展中国家更能够吸引国际产业转移目的地。

在金融危机的冲击下，国际产业的回流和近邻效应，将会是近两年的一个显著的变化趋势。如果无法在供应链管理上得到根本改善，中国承接世界产业转移的优势将彻底消失，我国最终将失去产业升级的机遇。

资料来源：周子勋.物流成本超高已成产业升级最大障碍.上海证券报，2009-06-16.

思考题：

1. 结合案例分析中国物流成本超高的原因。
2. 分析物流业与产业升级的关系。

第二章

物流成本管理概述

本章结构图

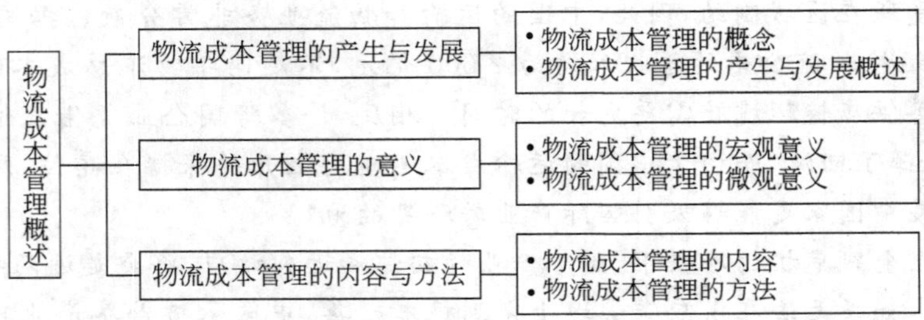

学习目标

- 掌握物流成本管理的概念、内容及方法；
- 熟悉物流成本管理的产生与发展；
- 了解物流成本管理的宏观意义和微观意义。

引导案例

企业物流成本管理现状

随着社会经济的飞速发展，物流的重要性日益凸显，成为了不少社会经济分析中曝光率超高的名词，被称为“第三利润源”。

社会竞争的激烈化迫使企业要通过压缩成本以实现利润的上升。对于中国的制造企业而言，物流成本更是总成本中不可忽略的一部分。然而2008年，在众所周知的原材料价格上升的局势下，不少制造企业显得束手无策，其中一大原因是因为它们忽略了这样重要的一个“利润源”。

社会大经济环境下，部分制造企业开始尝试在正常的产品成本核算体系之外，建立物流成本的计算体系，来获取物流成本数据，为物流管理决策提供数据依据，但对于大多数制造企业而言，系统科学的物流成本计算体系尚未建立，物流管理决策更多地依赖于定性分析。具体来说，目前我国制造企业物流成本管理方面主要存在以下问题。

(1) 物流成本核算的范围不明确而且比较片面。从计算内容上看，在我国现行的企业会计制度中没有单独的物流项目，习惯把一些杂七杂八的成本都列在费用一栏中，物流成本的界定非常不明确，因而较难对企业发生的各项物流费用做出准确、全面的计算与分析。相当一部分企业只把企业支付给外部运输、仓储企业的费用列入物流专项成本，而企业内部发生的物流费用则是与企业的其他经营费用混在一起计算的。

(2) 物流是"第三利润源"这一观念并未在制造企业中"深入民心"。企业没有将物流看成优化生产过程、强化市场经营的关键，而将物流活动置于附属地位，大多数企业将仓储、运输、装卸搬运、采购、包装、配送等物流活动分散在不同部门，没有确定一个部门对物流活动进行系统规划和统一运作与管理。因此我们可以发现在制造企业中出现的一种现象，就是物流成本信息的披露与其他成本费用的披露互相混杂。

(3) 在一般的物流成本中，物流部门无法完全掌握的成本很多，例如，过量进货、过量生产、销售残留品的在库维持以及紧急输送等产生的费用都是纳入保管费中的，从而增加了物流成本管理的难度。

对于制造企业而言，要实现现代化的物流管理，首要的是全面正确地把握包括企业内外发生的所有物流成本在内的企业整体物流成本。总而言之，削减物流成本必须以企业整体成本为对象。

在我国制造企业中加强物流成本管理是社会经济发展的必然要求，具体来说，要加强物流成本管理，首先要加强物流成本核算，核算清晰后通过分析，才能有效控制物流成本。

目前我国制造企业的物流成本管理水平与发达国家相距甚远，然而随着物流成本管理的日益受重视，我们有理由相信我国制造企业物流成本管理的前景是一片光明的，它等待着的是人们对先进物流成本管理理论的深入研究与应用。

资料来源：中国物流与采购网. http://www.chinawuliu.com.cn.

第一节　物流成本管理的产生与发展

一、物流成本管理的概念

经济的发展使得科学技术与生产经营日益结合，企业一方面靠科学技术积极开拓市场；另一方面注重管理，挖掘内部潜力，控制和降低成本，以低成本高质量求生存。因而，成本管理是企业管理的一个重要组成部分。成本管理是根据会计及其他有关资料，采用会计的、数学的和统计的方法，对企业成本进行预测、决策、预算、核算，以及控制和分析，以达到成本最低的一项综合性的管理活动。

随着成本管理实践深入和物流管理在当今社会的快速发展，使人们深刻认识到，成本管理不能仅停留在原有的模式和内容上，要想大幅度降低成本提高质量，必须注重物流这个“第三利润源”的管理。而人们对物流管理的关心首先是从关心物流成本开始的，因此要完善成本管理体系，推动成本管理发展，以及加强物流在企业经营中的职能，就必须加强物流成本管理。

由于物流管理还是一个新兴事物，对物流成本管理的研究还处于起步阶段，因此物流成本管理至今没有一个确切的定义。从物流成本管理的内容看，物流成本管理是以物流成本信息的产生和利用为基础，按照物流成本最优化的要求有组织地进行预测、决策、计划、控制、分析和考核等一系列科学管理的活动。它是一种价值管理，涉及企业物流价值活动的各方面。但是这种说法并没有真正解释物流成本管理的内涵。

因为许多人一提到物流成本管理，就认为是“管理物流成本”。人们把注意力单纯地集中在掌控物流成本上，所要达到的目的是物流成本计算本身。实际上，常听到“虽然计算了物流成本，但不知道怎样利用”的反映。这类情况，是把物流成本管理误解为管理物流成本的典型例子。在大多数情况下，一味地注意“怎样计算”，却忘了“为什么计算”，完全是本末倒置。

学术界有一种观点认为：物流成本管理不单是一项具体的可操作的任务，一般普遍认为物流成本管理不仅仅是管理物流成本，而是通过成本去管理物流，可以说是以成本为手段的物流管理方法，通过对物流活动的管理，从而在既定的服务水平下达到降低物流成本的目的。

二、物流成本管理的产生与发展概述

（一）物流成本管理的产生

物流管理起源于军事后勤。第二次世界大战中，美国海军基于巨额军用物资的调拨而首创物流管理，而后被美国陆军所推崇并实施运用。由于在军事上的应用注重的是保证军用物资供应的可达性和及时性，是不怎么考虑成本的，这时物流成本管理没有得到重视。第二次世界大战后，西方发达国家各大公司效益普遍下滑，一方面是由于市场的激烈竞争；另一方面则是物价上涨及人工成本的提高使利润率降低。

企业在平均利润率的杠杆作用下，已难以靠提高产品售价增加利润，要进一步降低产品生产成本也困难重重。在这种情况下，使得企业千方百计寻找降低成本的新途径，于是物流管理便进入商业领域，成为继生产资料、劳动力后的第三利润源。企业注重成本管理，追求利润最大化，于是物流成本管理便应运而生，成为一种降低成本，提高服务水平的手段。

（二）物流成本管理的发展

物流成本管理的发展与经济的发展有着密切的关系，物流的发展取决于社会经济和生产力的发展水平，也取决于科学技术发展的水平。在经济发展的初级阶段，企业的经营思想是以生产制造为中心，根本无暇顾及流通领域中的物流问题。当经济快速发展，竞争加剧，企业开始向降低生产成本以外的领域寻求出路，开始意识到物流对企业降低成本的作用，物流总成本概念就开始被引入。

由于经济的不断发展，外部环境的变化一方面给企业自身带来了改善物流系统的推动力，同时也促使政府修改高物流成本温床的管理政策，物流成本管理逐渐得到了发展，出现了物流管理部门，使得物流成本管理开始组织化，并出现了外包制这种新的管理形式来降低物流成本和提高竞争力。同时物流总成本的概念也为物流管理的发展产生了推动作用。物流成本管理是随着物流管理的发展而兴起的成本管理的一个新的发展方面。物流成本管理的发展同成本管理一样，也是沿着事后管理到事中管理，再到事前管理的逻辑演进过程而不断向前发展的。

1. 国外物流成本管理发展情况

从国外企业物流成本管理一般的发展过程来看，大致可以分为以下几个阶段。

1）物流成本认识阶段

物流成本管理在物流管理中占有重要的位置，“物流是经济的黑暗大陆”、“物流是第三利润源”等观点都说明了物流成本问题是物流管理初期人们关心的主要问题。所谓“物流是第三利润源”，是指通过物流合理化，降低物流成本，成为在降低制造成本和扩大销售之后企业获取利润的第三种途径。正是由于在物流领域存在着广阔的降低成本的空间、物流问题才引起企业经营管理者的重视。企业物流管理可以说是从对物流成本的管理开始的。但是，在这个阶段，人们对于物流成本的认识只是停留在概念认识的层次上，还没有依照管理的步骤对物流成本实施全面管理。

2）物流项目成本管理阶段

在这个阶段，在对物流成本认识的基础上，根据不同部门、不同领域或不同产品出现的特定物流问题，组织专门的人员研究解决。但是，对于物流成本管理的组织化程度以及对物流成本的持久把握方面仍存在不足。到了这个阶段，物流管理组织开始出现。

3）引入物流预算管理制度的阶段

随着物流管理组织的设置，对物流成本有了一个统一、系统的把握，开始引入物流预算管理制度。也就是说，通过物流预算的编制、预算与实际的比较对物流成本进行差异分析，从而达到控制物流成本的目的。

但是，这个阶段编制的物流预算缺乏准确性，对于成本变动的分析也缺乏全面性，而且对物流成本的把握仅限于运费和对外支付的费用。

4）物流预算管理制度确立阶段

在这个阶段推出了物流成本的计算标准，物流预算及其管理有了比较客观准确的依据，物流部门成为独立的成本中心或利润中心。

5）物流业绩评价制度确立阶段

物流预算制度确立后，进一步发展的结果是形成物流业绩评价制度。通过物流部门对企业业绩贡献度的把握，准确评价物流部门的工作。物流部门的业绩评价离不开其对于降低物流成本的贡献度，降低物流成本是物流部门的永恒目标。

2. 日本的物流成本管理发展情况

在不同的国家，物流发展程度不同，对物流的研究程度也各异，对物流成本管理的发展也存在着不同的看法。在日本，物流技术兴起于20世纪50年代，发展至今已形成了一套完整的体系，由重视功能变为重视成本，进而变为重视服务。物流成本管理一直受到日本物流界的重视，在长期的发展中逐步向物流成本与财务结算制度相连接的方向发展。

在日本，物流成本管理的发展阶段问题存在着两种不同的学术观点。一种是以神奈川大学的唐泽丰教授为代表，认为日本的物流成本管理的发展可以分为下述四个阶段。

（1）明确物流成本，从物流成本与销售金额比率的角度进行管理的阶段，即主要是定量地掌握物流费用的阶段。

（2）采用物流预算制度，可以对物流费用的差异进行分析的阶段。

（3）正式确定物流成本的基准值或标准值，使物流预算的提出和物流的管理有一个客观的、恰当的标准。

（4）建立物流管理会计制度的阶段，使物流成本管理与财务会计在系统上连接起来，其是对物流成本进行成本模拟的阶段。

具体过程如图2-1所示。

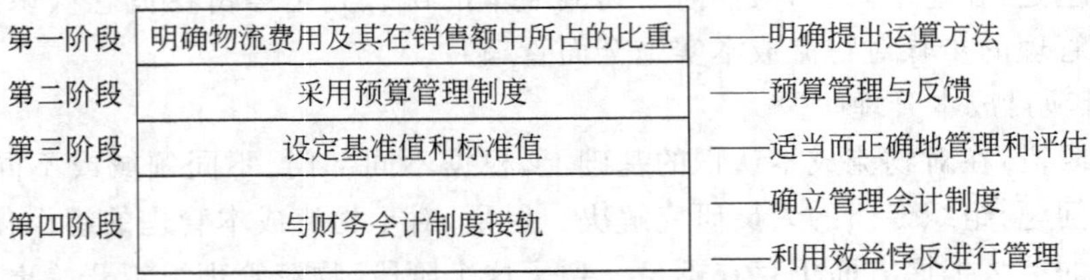

图2-1　日本物流成本管理的发展历程

唐泽丰教授认为目前日本企业物流成本核算与管理基本停留在第三阶段。

另一种是以菊池康也教授为代表，他在《物流管理》（清华大学出版社）一书中阐明了自己的观点，他认为日本物流成本管理发展可分为下述五个阶段。

（1）了解物流成本的实际状况（对物流活动的重要性提高认识）。

(2) 物流成本核算(了解并解决物流活动中存在的问题)。

(3) 物流成本管理(物流成本的标准成本管理和预算管理)。

(4) 物流收益评估(评估物流对企业效益的贡献程度)。

(5) 物流盈亏分析(对物流系统的变化或改革做出模拟模型)。

菊池康也教授认为现在日本多处于第三阶段,还没有达到第四阶段、第五阶段,物流部门的管理还落后于销售和生产部门的管理。

3. 我国的物流成本管理发展情况

我国的物流管理起步较晚。1979 年中国物资经济学会派代表团参加了在日本举行的第三届国际物流会议,第一次把"物流"这一概念从日本引入了国内。

20 世纪 80 年代初,我国流通领域还带有很浓重的计划经济的色彩,作为生产资料流通的主要承担者——国有物资部门开始从宏观角度研究物流。而此时的商业系统还无暇顾及物流领域,使当时的商业系统对物流的研究远远落后于物资系统。这时,我国物流管理的发展基本上处在概念的引进和初级的理论研究阶段,未能引起各方面重视,没有进行深入的研究和实际的操作,对物流成本的认识也只是停留在概念认识的层次上,更不用谈对物流成本进行管理了。

90 年代初,由于竞争的激烈,业态的多样化导致流通利润下降,商业系统才开始重视物流,特别是开始重视连锁经营与物流配送关系的研究,商业系统对物流的研究迈向了新的高度。1991 年,由中国物资流通学会组建的"工业企业物流合理化研究"课题组,对我国电子、石化、有色金属等八个行业的物流现状作了一次表格调查,发现企业现有统计报表中按物流概念统计的数据极少,大量数据需要通过估算得出。有些数据甚至无法填写。但这次活动已引起企业对物流的重视,有些企业对本单位的物流状况进行了全面的调查,对物流成本进行分析,对物流主要环节的某些指标定额进行探索(如物流费用、运输成本、仓储成本等)。物流成本开始进入初步的研究和试验性管理阶段,但还只局限于个别的企业和部门,并没有引起全社会对物流成本的关注。

进入 90 年代后期,随着中国经济体制的改革,企业产权关系的明确,生产企业及其他流通企业开始认识到物流的事要性。国内一些企业的内部开始设立专门的物流部门,也开始出现了不同形式的物流企业(大多物流企业是由原运输企业、仓储企业、商业企业或工业企业等改造重组而来),已有少数物流企业开始建立在物流理论上,根据物流运作规律进行组织与管理。此时,物流这个"第三利润源"引起了社会和企业的极大兴趣,大家纷纷参照国外的先进经验和技术,来加强物流管理,组织专门的人员研究降低物流成本的理论和方法,物流成本管理开始组织化。

进入 21 世纪,我国的物流业又有了新的发展,特别是近几年网络经济发展,新兴电子商务对物流提出了新的要求,加强了我国物流业与世界物流业的合作与交流,使我国物流业发展开始走向国际化。物流管理理论和方法的研究进入了一个新的阶段,出现了一些物流成本管理的专著和论文。一些企业开始引入物流成本预算制度，作为物流环节的运输、储存、装卸搬运等，都有了一些行业的定额指标。但是物流成本的预算缺乏准确性，国内尚无物流成本的定额指标，许多物流成本都隐藏在传统的会计统计中，没有完整列入物流成本的范畴，对于变动成本的分析更是缺乏全面性，所以对物流成本的把握仅限于运费等一些常见的基本指标以及对外支付的费用。

目前，物流成本管理的研究工作在我国尚处于起步阶段，还没有建立专门的物流成本核算体系，缺乏规范的核算，但是近几年来有不少企业已在探讨和摸索，取得了一些积极的成果。理论界也在积极探讨关于建立统一的物流成本计算标准的问题。通过对物流成本的管理来改善物流流程，降低成本，提高效益，已经成为我国物流业的核心问题。

第二节　物流成本管理的意义

专家认为："物流既是主要成本的产生点，又是降低成本的关注点"，"物流是降低成本的宝库"。物流管理对于降低资源消耗、提高生产效率、增进企业经营效果、降低总体费用的作用已经引起了企业的普遍关注，物流管理正在成为企业的经营职能之一。物流成本管理是企业物流管理的核心，为此，所有企业都在谋求降低物流成本的途径。同样，我国也开始致力于这方面的研究。实行物流成本管理，降低物流成本，提高效益，对国家与企业都具有重要的现实和长远意义。

一、物流成本管理的宏观意义

2010 年全国社会物流总费用占 GDP 的比例为 17.8%，这意味着我国每实现 100 元 GDP 的产值，就需付出 17.8 元的物流成本。而目前美国、日本、德国等发达国家的这一比率在 8%左右。这说明了我国全社会物流成本有很大的下降空间，也说明了我国物流管理水平还处于比较低的水平。

从宏观角度讲，进行物流成本管理，给行业和社会带来的经济效益体现在以下几个方面。

（一）有利于提高经济运行质量和总体竞争能力

随着经济全球化和信息技术的迅猛发展，企业生产资料的获取与产品营销范围日益扩大，社会生产、物资流通、商品交易及其管理正在不断发生深刻的变革。物流成本管理水平的高低，将直接影响物流成本水平，进而影响产品成本。对于我国工商企业而言，在各国企业都追求客户服务的差异化或成本最小化战略之时，可以利用高质量的现代物流系统，降低物流成本，改进物流管理，提高企业及其产品参与国际市场活动的竞争力。如果全行业的物流效率普遍提高，物流成本平均水平降低到一个新水平，那么，该行业在国际上的竞争力将会增强。对于一个地区的行业来说，可以提高其在全国市场的竞争力。

降低物品在运输、装卸、仓储等流通环节的损耗，对于全社会而言，意味着创造同等数量的财富。在物流领域所消耗的物化劳动和活劳动得到节约，实现以尽可能少的资源投入，创造出尽可能多的物质财富，是全社会的共同目标。物流成本的节约，不但为社会节约大量的物质财富，同时亦可增加在生产领域的投入，从而创造更多的物质财富，并且还可以增加企业为国家上缴的利税，增加国家资金积累，扩大社会再生产的基础。

全行业物流成本的普遍下降，将会对产品的价格产生影响，导致物价的相对下降，减轻消费者的经济负担，这有利于保持消费物价的稳定，相对提高国民的购买力，刺激消费，提高经济运行的整体效率。

物流业越发展、物流成本越低，物流总成本占 GDP 的比例就越低。物流业水平是一个国家综合实力、竞争力、经济效率与宏观调控力的重要标志。物流成本管理对于优化资源配置，提高经济运行效率，具有十分重要的意义。

（二）有利于加速产业结构的调整，支撑新型工业化

区域经济是一种聚集经济，是人流、商流、资金流等各种生产要素聚集在一起的规模化生产，以生产的批量化和连续性为特征。在区域经济的发展进程中，合理的物流系统起着基础性的作用。

加强物流成本管理，促进现代物流的发展，可改变区域经济的增长方式。我国传统的工业化道路有明显特点：一方面追求高速度；另一方面是粗放型运作。反映在物流上，就是物流成本占 GDP 的比重过高，物流成本在产成品中的比例过高，库存过大。到 2002 年历年库存产品积累占用资金大约有 4 万亿元，资金周转速度极慢。中国目前处于工业化中期，加强物流成本管理可以促进区域经济的增长方式的转变，引导企业走新型工业化之路，实现用集约式经营来提高效益和效率。发展物流成本管理是实现新型工业化的强大支撑。

加强以管理物流成本为手段的物流管理，可以促进新的产业形态的形成，优化区域产业结构。现代物流产业本质上是第三产业，是现代经济分工和专业化高度发展的产物，其发展将对第三产业的发展起到促进作用。实践表明，现代物流的发展，促进了当地的经济发展，既解决了当地的就业问题，又增加了税收，促进了其他行业的发展。此外，还能进一步带来商流、资金流、信息流、技术流的集聚，以及交通运输业、商贸业、金融业、信息业和旅游业等多种产业的发展，这些产业都是第三产业发展的新的增长点，是第三产业的重要组成部分。加强物流成本管理还有利于对分散的物流进行集中管理，量的集约必然要求利用现代化的物流设施、先进的信息网络进行协调和管理。

相对于分散经营、功能单一、技术原始的储运业务，现代物流属于技术密集型和高附加值的高科技产业，具有资产结构高度化、技术结构高度化、劳动力高度化等特征。从这个角度来说，加强物流成本管理有利于区域产业结构向高度化方向发展。

加强物流成本管理还可以促进以城市为中心的区域市场的形成和发展。一般来说，城市是商品集散和加工的中心，而且物流设施和基础设施齐全，消费集中而且需求量大，交通与信息发达，与周围地区存在不对称性，以其为核心枢纽，辐射周边地区，可带动其他地域共同形成一个商品流通整体。现代物流可以促进以城市为中心的区域经济形成，促进以城市为中心的区域经济结构的合理布局和协调发展，有利于以城市为中心的经济区吸引外资，有利于以城市为中心的网络化的大区域市场体系的建立，有利于解决城市的交通问题，有利于城市的整体规划，有利于减少物流对城市环境的种种不利影响。

总之，加强物流成本管理，降低物流成本，从微观角度上看，可以提高企业的物流管理水平，加强企业的经营管理，促进经济效益的提高，增强竞争力；从宏观角度上看，降低物流成本对提高国民经济的总体运行质量和竞争力，促进产业结构的调整，支撑新型工业化，发展国民经济，提高人民生活水平都具有重要意义。

（三）有利于进一步调整商品价格

加强物流成本管理是保持物价稳定的重要举措。物流成本是商品价格的重要组成部分，通过物流成本管理，使用于物流管理的领域的人力、物力、财力的耗费不断下降，将对商品价格产生积极的影响，导致社会物价相对下降，从而起到平抑通货膨胀，进而相对提高国民的购买力的作用。

（四）有利于节约大量社会财富

对于全社会而言，物流成本的下降意味着创造同等数量的财富；意味着在物流领域所消耗的物化劳动和活劳动得到节约；意味着以尽可能少的资源投入创造出尽可能多的物质财富，减少资源消耗。此外，加强物流成本管理，还可以降低物品在运输、装卸、仓储等流通环节的损耗，为企业带来利润，为国家创造财富，增加资金积累，这也是社会扩大再生产的基础。

近年来，我国提出了建设资源节约、环境友好型社会的目标和要求，而加强物流成本管理工作，不断降低物流管理领域的各类耗费，节约各类资源，以最少的耗费换取最大的利益则是建设节约型社会的具体举措。

二、物流成本管理的微观意义

物流成本管理的微观意义体现在对企业的影响。

（一）降低物流成本可增加企业利润

物流成本在企业总成本中占有比较高的比重，对于每个企业来讲都不是一个小数目，据中国物流与采购联合会 2007 年的调查数据显示，尽管经过一直以来的努力，我国企业物流成本有了显著改善，但物流总成本占企业生产总成本比重依然高达 18.3%。显然，物流成本下降的空间是巨大的，根据测算，我国企业的物流成本下降 1%，就可以节省成本 2 000 多亿元。

（二）提高物流运作效率可全面提高企业服务质量

物流成本的降低需要系统化的物流管理，要求企业各物流活动环节（如运输、仓储、包装、装卸搬运等）实现作业的无缝连接，减少各种物流活动环节的一切浪费，避免待工、待料、设备闲置，尽量减少库存和运输的浪费，对客户的需求实施快速反应等。为了有效地降低物流成本，企业纷纷寻求降低成本的各种途径（如整合企业内部资源，优化作业流程等），从而全面提高了服务质量。

（三）降低库存可加速资金周转

加强物流成本管理，可以提高物流各活动环节的运作效率，降低库存，减少库存资金的占用，加速企业资金周转。我国企业库存量大、库存占用资金已超过了总资金的 20%，资金周转速度低，据有关统计分析，我国工业企业资金年周转速度为 1.2～1.3 次，商业流动资金年平均周转 2.3～2.4 次，与国外企业资金周转速度相差甚远。

由于建立了现代物流体系，日本制造业（包括批发、零售）流动资金平均周转 15～18 次，一些跨国连锁企业，如沃尔玛、麦德龙、家乐福等公司，做到了零库存，使企业的资金周转速度提高到一年 15 次。企业资金周转速度越快，赢利的空间就越大，1 元一年周转 2 次相当于 1 元可以当 2 元来使用，如果周转 20 次，相当于 20 元，如果 300 万元的流动资金，一年周转 20 次，就相当于 6 000 万元的资金拥有量，假设资金周转一次获利 10%，300 万元的资金周转 20 次就获利 600 万元，其效益是明显的。

（四）提高企业的物流管理水平可增强其竞争力

企业竞争优势之一是低成本，如果企业进行的所有生产经营活动的成本累计低于竞争对手的成本，企业就具有了低成本优势，成本优势就会带来超额收益。企业进行有效的物流成本管理，持续不断地降低物流成本，可以提高物流管理水平，为客户提供更好的服务，增强竞争力。沃尔玛“天天平价”的营销政策，就源于它所建立的物流系统的低成本。当然由于企业本身资源所限，企业物流系统的低成本，有赖于高效率的社会物流系统的支持。

第三节 物流成本管理的内容与方法

一、物流成本管理的内容

（一）物流成本分析模块

1. 物流成本核算

物流成本核算是根据企业确定的成本计算对象，采用相适应的成本计算方法，按规定的成本项目，通过一系列的物流费用汇集与分配，从而计算出各物流活动成本，计算对象的实际总成本和单位成本。物流成本核算过程，既是对实际发生的各项费用进行如实反映的过程，也是对费用支出信息进行反馈和控制的过程。

2. 物流成本分析

物流成本分析是根据物流成本核算及其他有关资料，按照一定的原则，运用一定的分析方法，对影响物流成本的各项因素及其影响程度进行分析，以揭示物流成本变动的原因，寻求降低物流成本的途径，采取有效的措施，合理地控制物流成本。

（二）物流成本决策模块

1. 物流成本预测

物流成本预测是根据现有的物流成本资料、顾客的服务要求及其他相关资料，结合企业具体的发展情况，运用专门方法，对未来的成本水平及其变动趋势所进行的科学预测。预测是决策、预算和控制的工作基础，可以提高物流成本管理的科学性和预见性。

物流成本管理许多环节都存在成本预测问题，如仓储环节的库存预测、流通环节的加工预测、运输环节的货物周转量预测、物流信息系统成本预测等。

2. 物流成本决策

物流成本决策是在物流成本预测的基础上，根据其他有关资料，运用决策理论和方法，从各种备选方案中选择最优方案，以便确定目标成本、制定成本计划的过程。它是实现成本计划的事前控制、提高经济效益的重要途径。

从整个物流流程来看，有库存、采购决策，配送中心新建、改建、扩建的决策，装卸搬运设备、设施购置的决策，流通加工合理下料的决策，物流信息系统软硬件投资、维护决策等。

3. 物流成本计划

物流成本计划是根据成本决策所确定的方案、计划期的生产任务、降低成本的要求以及有关资料，通过一定程序，运用一定的方法，以货币形式规定计划期物流各环节耗费水平和成本水平，并提出保证成本计划顺利完成所采取的措施。通过成本计划管理，可以在降低物流各环节成本方面给企业提出明确的目标，推动企业加强成本管理责任制，增强企业的成本意识，控制物流环节费用，挖掘降低成本的潜力，保证企业降低物流成本目标的实现。

物流成本有月度计划、季度计划、年度计划和短期计划（半年或一年）、中期计划（三年）、长期计划（五年或十年）等计划体系。

（三）物流成本控制模块

1. 物流成本预算

物流成本预算是根据物流成本决策所确定的物流目标成本、降低物流成本的要求以及有关资料，通过一定的程序，运用一定的方法，以货币形式规定预算期物流各环节耗费水平和成本水平，并提出保证成本计划顺利实施所采取的措施。

通过物流成本预算管理，可以在物流活动的全方位向企业员工提出明确的成本目标，实行管理责任制，增强企业全员的物流成本管理意识，控制物流环节费用，挖掘降低物流成本的潜力，保证企业物流成本目标的实现。

2. 物流成本控制

物流成本控制是根据物流成本计划目标，对成本形成和发生过程以及影响物流成本各种因素和条件加以引导和限制，以保证物流成本目标实现的一种管理活动。从物流活动过程来看，物流成本控制包括事前控制、事中控制和事后控制。

物流成本控制的基本内容有：运输费用控制（加强运输的经济核算，防止运输过程中的差错事故，做到安全运输等）；储存费用的控制；装卸搬运费用的控制（合理选择装卸搬运设备，防止机械设备的无效作业，合理规划装卸方式和装卸作业过程，减少装卸次数、缩短操作距离、提高被装卸物资纯度等）；包装费用控制（选择包装材料时进行经济分析，运用成本核算降低包装费用，包装的回收和旧包装的再利用，实现包装尺度的标准化、包装作业的机械化，有条件时组织散装物流等）；流通加工费用的控制（合理确定流通加工的方式，合理确定加工能力，加强流通加工的生产管理，制定反映流通加工特征的经济指标等）。通过成本控制，可以及时发现存在的问题，采取纠正措施，保证成本目标的实现。

3. 物流成本绩效评价

物流成本绩效评价是对考核对象的成本计划及有关指标的实际完成情况进行总结和评价。物流成本绩效评价首先要求明确考核对象的经济责任，制定责任成本，然后才能对其业绩进行考核。绩效评价的目的在于调动各责任者的积极性，促使其改进工作，降低成本，提高效率。为了发挥物流成本绩效评价的激励作用，绩效考核应与奖惩制度相结合。但需要指出的是，对责任单位的物流成本绩效评价应当建立在其可控的基础上。对不可控因素如不可预见的自然灾害以及在本责任中心发生的成本但属于其他责任中心的控制范围,应当予以剔除,使物流成本绩效更加合理。

上述三个模块和各项成本管理的内容是互相配合、相互依存的一个有机整体：成本分析与预测是成本决策的前提;成本计划是成本决策所确定目标的具体化;成本控制是对成本计划的实施进行监督,以保证目标的实现;成本核算与分析是对目标是否实现的检验和评估。

其中成本决策和成本控制主要是针对企业在已经确定的竞争战略下如何建立与竞争战略相适应的物流成本管理战略所必须实施的两个关键程序。物流成本管理的最后步骤是进行物流成本管理绩效的检验和评估,对物流成本决策的正确性和控制的有效性进行评估,发现问题,肯定成绩,以利于新的决策的制定和实施。

二、物流成本管理的方法

(一) 物流成本横向管理法

物流成本横向管理即对物流成本进行预测和计划编制。物流成本预测是在编制物流计划之前进行的。它是在对本年度物流成本进行分析,充分挖掘降低物流成本潜力的基础上,寻求降低物流成本的有关经济技术措施,以保证物流成本计划的先进性和可靠性。物流成本计划按时间标准进行划分,有短期计划(半年或一年)、中期计划和长期计划。

(二) 物流成本纵向管理法

物流成本纵向管理即对物流过程的优化管理。物流过程是一个创造时间性和空间性价值的经济活动过程。为使其能提供最佳的价值效能,就必须保证物流各个环节的合理化和物流过程的迅速、通畅。物流系统是一个庞大而复杂的系统,要对它进行优化,需要借助先进的管理方法和管理手段。

1. 用线性规划、非线性规划制定最优运输计划,实现物品运输优化

物流过程中遇到最多的是运输问题。例如,某产品现由某几个企业生产,又需供应几个客户,怎样才能使企业生产的产品运到客户所在地时总运费最小？假定这种产品在企业中的生产成本已知,从某企业到消费地的单位运费和运输距离,以及各企业的生产能力和消费量都已确定,则可用线性规划来解决;如企业的生产数量发生变化,生产费用函数是非线性的,就应使用非线性规划来解决。属于线性规划类型的运输问题,常用的方法有单纯型法和表上作业法。

2. 运用系统分析技术,实现货物配送优化

配送路线是指各送货车辆向各个客户送货时所要经过的路线,它的合理与否,对配送速度、车辆的利用率和配送费用都有直接影响。目前较成熟的优化配送线路的方法是节约里程法。

3. 运用存储论确定经济合理的库存量,实现物资存储优化

存储是物流系统的中心环节。物资从生产到客户之间需要经过几个阶段,几乎在每一个阶段都需要存储。究竟在每个阶段库存量保持多少为合理?为了保证供给,需隔多长时间补充库存?一次进货多少才能达到费用最省的目的?这些都是确定库存量的问题,也都可以在存储论中找到解决的方法。其中应用较广泛的方法是经济订购批量(EOQ)模型。

4. 运用模拟技术对整个物流系统进行研究,实现物流系统的最优化

例如,克莱顿·希尔模型,它是一种采用逐次逼近法的模拟模型。这个方法提出了物流系统的三项目标:最高的服务水平、最小的物流费用、最快的信息反馈。在模拟过程中采用逐次逼近的方法来解决下列决策变量:流通中心的数目、对客户的服务水平、流通中心收发货时间的长短、库存分布、系统整体的优化。

(三)计算机管理系统管理法

计算机管理系统管理法是将物流成本的横向和纵向连接起来,形成一个不断优化的物流系统的循环,通过一次次循环、计算、评价,使整个物流系统不断地优化,最终找出总成本最低的方案。

复习思考题

1. 日本的物流成本管理经历了哪几个阶段?
2. 日本物流成本管理发展历程对我国的物流成本管理有何借鉴意义?
3. 试分析物流成本管理的宏观意义和微观意义。
4. 物流成本管理的内容有哪些?

案例分析

物流成本大降让佛山制造更强

由21%降到15.2%,仅仅4年时间,佛山物流费用占当地GDP的比例下降了近6个百分点,低于全国平均水平2.9个百分点。而这四年来,佛山的工业发展却在不断优化的基础上保持强劲的增长态势。在“降”与“升”之间,透视这近6个百分点,凸显的是佛山物流业迈向现代化的步伐在不断加快,而且促使佛山制造的竞争力变得更强。

一、物流外包后成本降低30%左右

“经过内部管理的整合，以及物流的外包，公司的物流成本每年都在下降，去年效果更明显，物流成本整体下降10%左右。”谈起物流成本的下降，广东台日电梯有限公司董事李劲颇有感触。

李劲说，以前由于业务量不算大，企业一直采取自运的方式，但是随着市场网络的铺开和发货量的增大，公司开始聘请第三方物流公司承担货运。外包后，物流管理水平提升带来的成本优势明显体现出来。

台日电梯正是越来越多选择将物流外包的“佛山制造”中的一员。对于制造业大市佛山来说，物流成本的降低，就意味着在国内外竞争力的提升。近年来，越来越多的佛山制造业企业已经转变了观念，正把以前由自己“搞定”的物流，以合同方式委托给专业物流服务企业。

目前，第三方物流在佛山正迅猛发展，安得物流有限公司、广东欧浦钢铁物流股份有限公司、吉宝物流、佛山市汽车运输集团等一批第三方物流企业迅速成长。

二、物流服务成“链”，大大降低成本

现代物流意识的不断增强，使不少佛山企业纷纷通过服务外包模式以降低物流成本。而现代物流技术的不断创新、提升，则为佛山制造提供了更加便捷的物流服务和更加低廉的物流成本。

“与前店后仓的传统简单运输式物流经营模式不同，欧浦整合了加工、运输、金融质押、公共保税等供应服务链，变革了过往各环节严重脱节、程序繁复、信息不对称等弊端。”雷有为说。

据悉，通过不断推出电子现货交易平台、电子合同交易平台、自助办单系统、银行资金监管系统、商品重量偏差协商机制等现代化服务平台，欧浦的物流产业链正不断细化，直接促进了物流成本的降低。

广东志高空调有限公司负责人邝伟庭表示，志高从2006年年底全面将ERP管理系统运用于公司物流。该系统把企业的生产、进仓、发货、运输等一整条物流链条全部联系起来，确保信息流的共享和传递的及时准确。公司的物流效率整体提高了40%～50%。

三、佛山物流业迈向国际化

佛山物流成本下降，佛山物流业发展的环境越来越好，佛山物流整体水平在不断提升，是不少企业的感受。

据了解，2006年佛山就制定了《佛山市现代物流园区布局规划》，明确提出佛山发展现代物流业方向：以佛山市为基地、制造业为支撑，与广州互补协作，发展成为服务“广佛经济圈”泛珠三角，辐射大西南、面向全球的区域性物流中心，从多方面整体引导现代物流业的快速健康发展。

"佛山工业相当发达，物流的发展需求大，也希望有机会跟佛山合作第三方的物流服务，在佛山打造一些物流基地。"不久前，新加坡国际企业发展局国际业务部中国华南署区域署长饶忠明来佛山考察时说，新加坡与佛山将积极争取共建"中新现代物流园区"。该园区一旦落户，新加坡在国际物流方面的先进理念和经验将被带入佛山。

资料来源：李文波，纪可. 物流成本大降让佛山制造更强[N]. 佛山日报，2009-07-13.

思考题：

结合案例分析佛山物流成本大降的主要原因。

第三章

物流成本的计算

本章结构图

- 物流成本的计算
  - 物流成本计算概述
    - 物流成本计算的意义
    - 物流成本计算中存在的问题
    - 物流成本计算的要求
    - 物流成本计算的原则
  - 物流成本计算的对象
    - 物流成本计算的对象概述
    - 物流成本的归集与分配
  - 物流成本计算的方法与程序
    - 物流成本计算的方法
    - 物流成本计算的程序
  - 物流成本报表
    - 物流成本报表的作用
    - 企业物流成本主表
    - 企业自营物流成本支付形态表

学习目标

- 了解物流成本计算的意义及其计算中存在的问题；
- 熟悉物流成本计算的要求和原则；
- 掌握物流成本计算的对象、方法和程序；
- 掌握物流成本的归集与分配，掌握物流成本报表的编制。

引导案例

某家电企业的物流成本核算

某家电生产企业拥有 4 个产品事业部，分别是电视、冰箱、洗衣机和空调事业部。4 个事业部的产品统一由销售公司销售，销售公司的销售网络遍布全国，在全国按地域划分有 7 个销售分公司，分别是：在沈阳设有东北销售分公司，负责东北地区的产品销售；在北京设有华北销售分公司；在西安设有西北销售分公司；在重庆设有西南销售分公司；在广州设有华南销售分公司；在上海设有华东销售分公司；在武汉设有华中销售分公司。

销售公司不仅要负责4类产品的销售推广和销售组织，也全面负责销售物流的组织与管理。整个企业的销售物流成本也没有进行单独的核算，包括运输费用、仓储费用、物流管理费用等在内的销售物流成本大部分都分散在企业“营业费用”账户的各个费用项目中。

近日，为了加强物流管理，适应商流与物流分离的发展趋势，企业提出把销售物流职能从销售公司中分离出来，成立单独的物流公司，由物流公司以第三方物流的形式开展公司的销售物流业务。为了更好地进行决策，公司的决策层要求财务部门提供一份目前的物流成本实际发生额信息。由于过去没有对物流成本进行单独核算，财务人员只能统计出外包的运输和仓储业务的成本，而不能明确地提供整个销售物流成本的全面情况。企业决策层以及财务人员都非常重视物流成本的核算对于企业做出物流管理决策以及进行物流系统优化的重要性，准备在下一个会计期开始进行物流成本的核算。

为了更好地进行物流成本的核算，财务经理认真学习了有关物流管理和物流成本的书籍资料。他发现，物流成本一般可以将物流范围（供应物流成本、生产物流成本和销售物流成本等）、物流成本支付形式（材料费、人工费、公益费、维护费、一般经费等）或者物流的功能（运输费、保管费、包装费、装卸费、物流信息费等）等作为成本核算的对象进行核算。

考虑到销售物流与各个事业部以及销售公司都有关系，财务经理又就物流成本的核算对象问题征求了各事业部和销售公司有关领导的意见。各事业部领导的共同意见是：事业部管理的体制应该越来越完善，物流成本的核算也应该将各个事业部作为成本核算的对象，也就是说应该分别核算电视、冰箱、洗衣机和空调4类产品的物流成本，以利于各事业部的内部利润核算以及绩效考核。而销售公司的总经理认为，为了更好地对销售分公司进行管理控制，物流成本的核算应该以各个分公司（地域）作为物流成本核算的对象，分别核算各区域的物流成本。而负责营业费用会计核算的会计人员则认为，目前的营业费用是按照人工费、材料费、折旧费、差旅费、办公费等费用项目进行核算的，因此，物流成本的核算口径应该与之相对应，也就是按照费用项目来进行物流成本的核算，这样物流成本的核算才更有可操作性，否则，难度会比较大。

在这么多意见之中，财务经理一时也很难确定物流成本的核算对象和核算方式。于是，他拜访了一位物流成本管理专家，专家听了上述情况后，向财务经理说了一番话：“企业物流成本核算的最终目标肯定是降低物流成本，但是如何实现物流成本的降低呢？必然是通过各种手段来实现。物流成本核算对象的确定要根据你的企业管理的要求来确定。比如若企业想通过各区域分公司物流成本的绩效考核来进行物流成本的控制，那么就应该将区域作为物流成本核算对象；如果你的企业想完善事业部制度，加强事业部的内部利润考核，就应该将各事业部作为物流成本核算的对象；如果是要进行物流系统的完善，就最好将物流功能（运输、仓储、配送、装卸搬运等）作为成本核算的对象，等等。总而言之，物流成本核算对象的确定要根据你的企业自身的管理要求决定。确定了成本核算对象之后，物流成本核算方法的选择就简单了，你是财务专家，核算方法的选择对你来说不是难题。”

财务经理听完这番话之后，似乎明白了其中的道理，虽然一时还是不能决定到底应该如何选择成本核算对象，但是他相信，回去之后通过与公司相关人员的再次讨论以及征求管理决策层的意见之后，一定能够设计出一套完整的物流成本核算体系。

资料来源：http://wenku.baidu.com/view/e6d8368acc22bcd126ff0c32.html.

第一节 物流成本计算概述

一、物流成本计算的意义

（一）物流成本计算的微观意义

物流成本计算的微观意义表现在如下几个方面。

1. 为企业物流成本管理提供依据

随着物流重要性的日益突出，不少企业已经开始着手系统的物流管理。然而，科学管理物流的前提是了解物流现状的不足，明确物流过程中的成本损耗。在我国当前的企业财务会计制度中没有单独的物流成本项目，一般是将企业的物流成本列在费用一栏，因而，企业难以对发生的各种物流费用作出明确、全面的计算与分析。

通过建立企业物流成本计算制度，准确、及时计算物流成本，可以为企业提供详细、真实、及时、全面的物流成本数据，帮助企业了解其在物流管理方面的优势与不足，为企业建立物流成本预算制度，建立标准成本制度，明确物流成本责任单位，以及制定物流发展策略等提供参考。

2. 为企业自营或外包物流决策提供依据

随着现代经营理念的引入，很多企业更加专注于提高核心竞争力，而把不具备竞争优势的物流业务全部或部分外包出去，这其中往往要计算投入产出比，在此基础上做出有效决策。建立物流成本计算制度，准确、及时计算物流成本，可以使企业较详尽地了解自身物流成本支出情况，同时通过自身物流成本和委托物流成本二者的比较，在充分考虑其他相关因素的基础上，对自营或外包物流作出科学合理决策。

3. 为企业间物流成本水平的比较提供依据

由于竞争的需要，企业在物流管理过程中，既要了解自身的物流成本水平，也需要了解行业中其他企业物流成本水平以及行业平均物流成本水平。通过建立企业物流成本计算制度，准确及时地进行物流成本计算，不仅有可能使企业了解其他企业物流成本的水平，而且使行业平均物流成本水平数字的生成成为可能，为物流成本水平的横向比较提供依据。

（二）物流成本计算的宏观意义

物流成本计算的宏观意义表现在如下两个方面。

1. 为制定物流服务价格提供依据

成本是制定价格的依据，而物流成本是制定物流价格的主要依据。近几年来，随着市场竞争的加剧，越来越多的生产流通企业希望将物流外包以集中精力提高核心竞争力，然而，由于我国物流业发展时间短，市场不规范，物流服务价格及质量标准不一，恶性的价格竞争使物流企业要么以超载、违规运作等方式生存，要么以在降价的同时降低物流服务质量生存，使物流业及生产流通企业的利益同时受到损害。建立企业物流成本计算制度，通过物流成本统计为国家确定指导性的物流服务价格与质量标准提供依据，可以减少恶性竞争，促进我国物流业健康发展。

2. 为完善我国会计核算制度和社会物流统计制度奠定基础

建立企业物流成本计算制度，通过借鉴会计核算的思路计算物流成本，获取物流成本数据，可以弥补现行企业会计核算制度在物流成本计算方面的缺失，为我国企业会计制度与国际会计准则的接轨奠定基础；同时，建立企业物流成本计算制度，计算企业物流成本，可以更准确地获取物流统计数据，有助于推进社会物流统计制度的顺利实施。

二、物流成本计算中存在的问题

当前，随着物流重要性的日益突出，很多企业将物流管理工作提到了重要的议事日程，设立了专门的物流管理部门，不断提高物流管理的专业化水平。在这样的背景下，部分企业开始尝试在正常的产品成本核算体系之外，建立物流成本的计算体系，以获取物流成本数据，为物流管理决策提供依据。但目前多数企业尚未建立系统科学的物流成本计算体系，物流管理决策更多地依赖定性分析。具体来说，目前企业物流成本计算主要存在以下问题。

（一）物流成本计算目的不明确

进行物流成本计算的最终目的肯定是提高物流管理水平，降低物流成本。但是具体如何运用计算出来的物流成本信息，是一个十分重要的问题。目前，人们计算物流成本的目的，往往还只是单纯地想了解物流成本，没有达到如何充分有效利用物流成本的阶段。

因此，物流负责部门和会计部门花费很大精力计算物流成本，其用途却相对较小，使人们对物流成本计算的积极性不高。实际上，物流成本的计算必须以明确具体的计算目的为前提，有的放矢，才能达到真正的效果。

（二）计算要素难以确定

物流成本计算要素难以确定主要有以下四个原因。

1. 物流成本的计算范围太大

从供应链的角度看，物流包括原材料的物流、企业内部的物流、从企业生产线到仓库和配送中心的物流、从配送中心到商店的物流等，涉及的单位很多，应用范围很广，实践跨度大，在计算物流成本时难免有所遗漏，很难做到准确。

2. 以不同的对象计算物流成本的结果相差很大

按照国家标准规定的物流的定义，物流涉及的过程较多，在以物流的过程为对象计算物流成本时，哪些过程应该作为成本的计算对象，哪些过程不应该作为成本的计算对象，难以确定。只将运输和保管费用计入物流成本和将运输、保管、装卸、信息等各个物流过程以及物流过程间的协调费用全部计入物流成本，两者的计算结果相差极大。

3. 物流成本的计算内容难以归集

向外部支付的运输费、保管费、装卸费等费用，各企业一般都会计入物流成本，而且也比较容易计入物流成本。但是企业内部发生的物流费用，如与物流有关的人工费、设施建设费、设备购置费以及折旧费、维修费等，物流成本的归集难度很大。

4. 一些非物流费用与物流费用很难清楚界定

有些企业的物流部门对于一些物流成本无法掌握和控制。例如，物流成本中过量服务所发生的费用与标准服务所发生的费用混合在一起；很多企业将促销费用列在物流成本中；保管费用中的过量进货、过量生产等产生的库存维持费用，紧急送达等产生的费用，一般也是纳入物流成本的，这无疑增加了物流成本计算和管理的难度。

（三）按照现行会计核算制度计算物流成本难度很大

由于现行的财务会计制度和会计核算方法对物流成本没有分列记账，物流费用在企业财务会计制度中没有单独的科目，一般采用的方法是将企业所有的成本都列在不同的成本费用项目中，如将其分散到“材料采购”、“管理费用”、“销售费用”及“财务费用”等账户中进行混合核算，所以不能掌握物流费用的实际情况。按照现行会计核算制度，购买原材料所支付的物流费用是计算在原材料成本中的，自运运输费用和自用保管费是计入营业费用中的，另外与物流有关的利息是计入财务费用中的。

传统的会计体系不仅不能提供足够的物流成本分摊数据，如果把这些由“原材料”、

"主营业务成本"、"营业费用"、"财务费用"等科目核算的与物流有关的费用划分出来，并单独加以汇总计算，在操作上存在很大的难度，操作成本也会很高。

理论研究与实际工作毕竟有所区别，有所不同。实际上企业真正需要的是纳入管理的全部与成本有关的数据，在企业物流管理中，目前不可能为了建立物流独立核算体系，而破坏已经成熟的财务会计核算体系。

（四）物流成本计算标准不统一

目前，各企业物流成本的计算标准不统一，对物流成本内涵的理解、物流成本计算范围的确定以及物流成本计算方法的运用各不相同，这样计算出来的物流成本信息的真实性和可比性就值得商榷，使企业间物流成本比较的意义大打折扣，确定行业平均物流成本值的数据来源更是值得推敲。

2006年国家标准《企业物流成本构成与计算》的发布实施，统一了企业物流成本的构成与计算，为企业准确获取物流成本信息，促进企业开源节流，以及为相关部门科学制定物流政策，推进我国物流业健康发展奠定了坚实基础。但就国标实施情况看，很多企业并未执行上述国家标准，物流成本计算不统一的问题仍然存在。

（五）缺乏懂得物流知识的财务会计与管理会计人员

尽管国内财务会计和管理会计人员的水平在不断提高，但是，由于正规财务会计与管理会计教育中没有相关物流及物流成本的知识，使得在职的会计人员没有物流成本核算与控制的概念，这是当前我国物流成本的核算与运用中面临的最主要问题之一。加强会计人员对基本物流知识以及物流成本知识的培训是解决我国当前物流成本管理落后状况的一项有效措施。

三、物流成本计算的要求

物流成本计算的要求有如下几点。

（一）明确物流成本计算的目的

物流成本计算的目的可以是多方面的，如通过对企业物流成本的全面计算，掌握物流成本的高低，从而提高企业内部对物流重要性的认识；通过对某一具体物流活动的成本计算，分析物流活动中存在的问题，为物流运营决策提供依据；按不同的物流部门，计算各物流部门的责任成本，评估各物流部门的绩效等。不同的物流成本计算目的，物流成本计算对象、内容和方法都会有所不同。因此，只有明确了物流成本计算的目的才能更有针对性地进行物流成本计算，提高物流成本计算所带来的效益。

（二）了解企业物流成本内涵及形成机制

企业物流成本的形成和运作流程对物流管理人员而言并不陌生，但物流成本计算通常是由会计人员来完成。由于企业部门职责和人员分工的细化，会计人员往往只负责产品成本的核算以及其他财务管理工作，通常不能以系统和全局的观点来了解和掌握物流的运作过程，且由于传统产品成本计算思路的影响，对物流成本计算往往会产生抵制和畏难情绪。因此，准确计算物流成本，首先要求会计人员或其他成本计算人员深入了解物流、物流成本的内涵以及物流成本的形成过程。对企业会计人员而言，物流成本计算的准确程度取决于其对物流及物流成本内涵的理解程度。

（三）企业会计基础工作规范，各有关部门密切协作

物流成本计算可采用两种方式进行：一是与产品成本计算同步；二是于期末单独进行。无论哪种方式，均要求企业建立健全规范的会计工作流程，以及完整可靠的原始资料记录。物流成本计算是对会计数据提取和分离的过程，尤其是间接成本，当前主要是根据有关实物量的消耗进行分配和计算，因此，会计原始凭证中一定要有清晰、准确的相关实物数量的记录，从而为间接成本分配提供依据。

另外，作为分配基础的很多实物量数据来源于其他部门，包括采购、生产、销售、人事、物流管理和物流信息部门等，因此，财务部门必须加强与其他部门的沟通联络，才能及时取得所需要的业务数据，从而使物流成本计算的依据尤其是间接成本的分配依据更为可靠，物流成本计算工作才能顺利实施。

（四）物流成本计算过程中必须分清有关的费用界限

1. 分清应计入物流成本和不应计入物流成本的费用界限

企业的活动是多方面的，企业耗费和支出的用途也是多方面的，其中只有一部分费用可以计入物流成本。

一般来说，企业的全部经济活动可分为生产经营活动、投资活动和筹资活动。

首先，投资活动的耗费不能计入物流成本，只有生产经营活动和与流动资金有关的筹资活动的成本才能计入物流成本。筹资活动和投资活动不属于生产经营活动，在会计上，它们的耗费不能计入产品成本，属于筹资成本和投资成本。物流活动贯穿于企业经营活动，因此投资以及与流动资金筹资无关的筹资活动所发生的耗费不能计入物流成本，这部分耗费包括：对外投资的支出、耗费和损失，对内长期资产投资的支出、耗费和损失，包括有价证券的销售损失、固定资产出售损失和报废损失等；捐赠支出；各种筹资费用，包括流动资金之外的应计利息、贴现费用、证券发行费用等。

其次，物流成本包括正常生产经营活动成本和部分非正常生产经营活动成本。生产

经营活动的成本包括正常的成本和非正常的成本，在会计上，只有正常的生产经营活动成本才能计入产品成本，非正常的经营活动成本不计入产品成本而应计入营业外支出。非正常的经营活动成本包括：灾害损失、盗窃损失等非常损失；滞纳金、违约金、罚款、损害赔偿等赔偿支出；短期投资跌价损失、坏账损失、存货跌价损失、长期投资跌价损失、固定资产减值损失等不能预期的原因引起的资产减值损失，以及债务重组损失等。

物流成本就其范围而言，贯穿企业生产经营活动的始终，包括供应物流、企业内物流、销售物流、回收物流和废弃物物流；从其成本项目构成看，既包括与物流运作和管理有关的物流功能成本，也包括与存货有关的物流成本支出。因此，物流成本既包括计入产品成本的正常生产经营活动耗费，也包括部分不计入产品成本的非正常经营活动耗费，例如存货的非常损失、跌价损失等都应计入存货风险成本。

另外，企业正常的生产经营活动成本又分为产品成本和期间费用。这两部分成本费用支出正是物流成本的主要构成内容。所以，计算物流成本首先应从与产品成本和期间费用有关的会计科目出发，按物流成本的内涵，逐一归集和计算物流成本。

2. 分清不同会计期物流成本的费用界限

物流成本的计算期可为月度、季度和年度。一般要求每月计算一次。因此，应计入物流成本的费用，要在各月之间进行划分，以便分月计算物流成本。为了正确划分各会计期的物流成本费用界限，在会计核算上，要求企业不能提前结账，将本月费用作为下月费用处理，也不能延后结账，将下月费用作为本月费用处理；同时，还要求企业严格贯彻权责发生制原则，正确核算待摊费用和预提费用，本月已经支付但应由以后各月负担的费用应作为待摊费用处理，本月尚未支付但应由本月负担的费用应作为预提费用处理。

3. 分清不同物流成本对象的费用界限

对于应计入本会计期物流成本的费用还要在各成本对象之间进行划分：凡是能分清应由某个成本对象负担的直接成本，应直接计入该成本对象；各个成本对象共同发生、不易分清应由哪个成本对象负担的间接费用，应采用合理的方法分配计入有关的成本对象，并保持一贯性。

四、物流成本计算的原则

（一）合法性原则

合法性原则指计入成本的支出都必须符合国家法律、法令、制度等关于成本支出范围和标准的规定，不符合规定的支出不能计入成本。所谓成本费用开支范围，是指哪些支出可计入成本，哪些支出不可计入成本；所谓成本开支标准，是指可计入成本范围的支出的数据限制。

（二）可靠性原则

可靠性原则包括真实性和可核实性。真实性就是所提供的成本信息与客观的经济事项相一致，不应掺假，或人为地提高、降低成本。可核实性指成本核算资料按一定的原则由不同的会计人员加以核算，都能得到相同的结果。

真实性和可核实性是为了保证成本核算信息的正确可靠。

（三）相关性原则

相关性原则包括成本信息的有用性和及时性，有用性是指成本核算要为管理当局提供有用的信息，为成本管理、预测、决策服务。及时性是强调信息取得的时间性。及时的信息反馈，可及时地采取措施，改进工作，否则提供的成本核算信息往往成为徒劳无用的资料。

（四）分期核算原则

企业为了取得一定期间所发生的物流成本，必须将川流不息的生产经营活动按一定阶段（如月、季、年）划分为各个时期，分别计算各期的物流成本。成本核算的分期必须与会计年度的分月、分季、分年相一致，这样便于利润的计算。

（五）权责发生制原则

权责发生制原则是指成本核算应以权责发生阶段为基础，对于应由本期成本负担的支出，不论其是否在本期已经支出，都要计入本期物流成本；不应由本期物流成本负担的支出（即已计入以前各期的成本，或应由以后各期成本负担的支出），即使是在本期支付，也不应计入本期物流成本。凡应当由本期负担而尚未支出的费用，作为预提费用计入本期成本；凡已支出，应当由本期和以后各期负担的物流费用，应当作为待摊费用，分期摊入物流成本。

（六）按实际成本计价原则

物流成本核算应遵循按实际成本计价的原则。企业在生产经营过程中所发生的各项费用应当按实际发生数计入成本。生产经营所耗用的原材料、燃料、动力要按实际耗用数量和实际单价计算成本。已经完工的服务成本的计算要按实际发生的成本计算。虽然“原材料”、“燃料”、“产成本”等的账户可按计划成本（或定额成本、标准成本）记账，但计算物流成本时，应加、减成本差异，以调整到实际成本。总之，在成本发生的确认、分配、归集和结转的全过程中都应遵循按实际成本计价的原则，以保证成本信息的真实性。

（七）一致性原则

企业应当根据本企业的生产经营特点和管理要求，确定适合本企业的物流成本核算对象、物流成本项目和物流成本计算方法。物流成本核算对象、物流成本项目和物流成本计算方法一经确定，不得随意变更。如需变更，应当根据管理权限，经股东大会、董事会、经理（厂长）会议或类似机构批准，并在会计报表附注中予以说明。成本核算遵循一致性的原则，成本核算对象、成本项目和成本计算方法前后各期一致，其目的是使各期的成本资料有统一的口径，前后连贯，互相可比，以提高成本信息的利用程度。

（八）重要性原则

重要性原则是指在物流成本核算过程中，应基于管理要求，区分主次，对于那些对物流成本有重大影响的项目应作为管理重点，力求精确。而对于那些不太重要的琐碎项目，则可以从简处理。一般来讲，发生的经济业务是否重要，既取决于该项业务的金额的大小，还决定于各项业务的性质以及对信息使用者所产生的作用和影响的大小。成本核算遵循重要性原则，其目的是在满足管理要求的前提下，讲求成本核算工作本身的成本效益原则。

第二节　物流成本计算的对象

一、物流成本计算的对象概述

物流成本的计算取决于成本计算对象的选取。成本计算对象的选取方法不同，得出的物流成本的结果也就不同。因此，计算物流成本，明确物流成本计算对象是前提。

一般来说，物流成本计算对象的选取主要取决于物流成本项目、物流范围、物流成本支付形态以及企业物流成本控制的重点。其中前三项是计算物流成本的基础，是最基本的物流成本计算对象，各企业计算物流成本时一般应以物流成本项目、物流范围、物流成本支付形态这三维作为物流成本计算对象。

（一）以物流成本项目作为成本计算对象

物流成本项目是最基本的物流成本计算对象。以物流成本项目作为物流成本计算对象，是将物流成本首先按是否属于功能性成本分为物流功能成本和存货相关成本。物流功能成本包括运输成本、仓储成本、包装成本、装卸搬运成本、流通加工成本、物流信息成本和物流管理成本，存货相关成本指企业在物流活动过程中所发生的与存货有关的流动资金占用成本、风险成本和保险成本。

以成本项目作为物流成本计算对象具有重要意义。首先，有利于加强各物流功能环节的管理，促进各功能成本的降低；其次，直观地了解与存货有关的物流成本支出数额，有利于加速存货资金周转速度，减少资金风险损失；再次，通过掌握物流功能成本以及功能成本之外的成本支出在总成本中所占的份额及其具体构成，有利于提高物流成本控制和管理的针对性。

（二）以物流范围作为成本计算对象

点与点间的物流活动过程的选取，也就是对物流活动过程空间的截取，将物流活动分为供应物流、企业内物流、销售物流、回收物流和废弃物物流等不同阶段。从材料采购和管理费用等科目中分离出供应物流成本，如材料采购账户中的外地运输费、装卸搬运费，管理费用中的市内运杂费以及列入有关费用科目中的采购环节所发生的企业自行运输的人工费、燃料费，运输工具的折旧费、维修费等属于供应物流成本；从生产成本、制造费用、管理费用等账户中分离出企业内物流成本，例如与仓储有关的人工费、仓库的折旧费、维修费，企业内的运输成本，企业内的包装成本以及仓储存货的资金占用成本、风险损失等属于企业内物流成本。从销售费用中分离出销售物流成本，如销售过程中发生的运输、装卸搬运、流通加工等费用属于销售物流成本；若企业还发生退货、物品返修、包装容器的周转使用以及废弃物处理等业务，还应从销售费用、管理费用以及其他业务支出等账户中分离出回收物流成本和废弃物物流成本。通过上述数据分离和计算，可以得出不同范围物流成本以及物流成本总额，有利于管理者全面了解各范围物流成本的全貌，并据此进行比较分析。

（三）以物流成本支付形态作为成本计算对象

以物流成本的支付形态作为物流成本计算对象是将一定时期的物流成本从财务会计数据中予以分离，按照成本支付形态进行分类计算。它将企业的物流成本分为自营物流成本和委托物流成本。自营物流成本指企业在物流活动过程中发生的人工费、材料费、办公费、差旅费、折旧费、维修费、租赁费、利息费、保险费等；委托物流成本指企业委托外单位组织物流活动所支付的运输费、保管费、装卸搬运费等支出。

以支付形态表现的物流成本是企业物流成本发生的最原始状态，这里将上述形式多样的支付形态按其性质归为五类：材料费、人工费、维护费、一般经费和特别经费。其中，材料费和人工费意义较为明确；维护费指物流设施设备的折旧费、维修费、燃料动力消耗费等维护性支出；一般经费指物流功能成本中人工费、材料费和维护费以外的其他费用支出；特别经费仅用于计量与存货有关的费用支出。

以支付形态作为物流成本计算对象，可以得到不同形态的物流成本信息，掌握企业本身发生的物流成本和对外支付的物流成本；同时，可以获取较为详尽的内部支付形态信息，为企业制定标准物流成本和编制物流成本预算提供资料依据。

（四）其他物流成本计算对象

除了以上述物流成本项目、物流范围、物流成本支付形态作为物流成本计算对象，企业还可以根据物流成本管理和控制的重点选取其他物流成本计算对象。

1. 以客户作为成本计算对象

以客户作为物流成本计算对象主要是针对物流服务企业而言的。在物流服务业竞争日益激烈的今天，以客户作为成本计算对象，可以掌握为不同客户提供服务所发生的成本支出，对加强客户服务管理、确定有竞争力的服务价格以及为不同客户提供差别化的物流服务具有重要意义。

2. 以产品作为成本计算对象

以产品作为物流成本计算对象主要指生产企业及流通企业以产品品种作为成本计算对象。通过计算为组织不同产品购、产、销所发生的物流成本，掌握各产品的物流成本开支情况，明确管理和控制重点。同时，通过不同产品物流成本支出的比较和分析，明确目标产品物流成本改进的取向。但是，以产品作为物流成本计算对象，不同产品的成本计算会相对复杂，主要涉及间接成本在不同产品之间的分配以及在完工产品和在产品之间的分配，这需要借鉴产品成本分配的一些思路和规则。

3. 以部门作为成本计算对象

以部门作为物流成本计算对象获取物流成本信息，对于内部划分了运输、保管、装配等部门的企业而言，意义尤为重大。这种计算方式便于明确物流成本责任中心，有利于开展物流责任成本管理。通过不同责任部门物流成本的分析，了解各责任中心物流成本的升降趋势，可以进一步明确责任，为部门绩效考核提供依据。

4. 以营业网点作为成本计算对象

计算各营业网点组织物流活动所花费的物流成本，进而了解企业物流总成本以及各网点物流成本构成，是企业进行物流成本日常控制、对各网点实施绩效考核和物流系统优化决策的重要依据。

总之，企业可根据自身实际，选择成本计算对象进行成本计算和管理。从理论上说，企业可以以全部经营活动的任何一个管理对象作为物流成本计算对象，物流成本计算对象可以是一维、二维、三维、四维或更多维，维数越多，物流成本信息也就越详尽，但对物流成本计算来说，其难度和工作量也就越大。

二、物流成本的归集与分配

从一定意义上讲，物流成本的计算，就是成本归集和成本分配两大工作。首先是成本归集,然后是成本分配。两者是密切联系、交错进行的。正确的成本归集是保证成本计算质量的关键。要做到成本归集的正确,一是费用划分要正确,如果费用划分错误,应由甲对象负担的费用,误归入乙对象的成本,则成本计算就不可能正确;二是汇总要按一定的程序进行,如果汇总程序搞乱了,就会发生费用漏记或重记的情况,影响成本计算的正确性。

物流成本的分配包括物流成本位置分配和物流成本承担者分配。物流成本位置分配要回答的问题是:在某一核算期内,各个成本位置发生了哪些成本?各是多少?成本位置分配是在成本归集的基础上完成的。通过成本位置分配,还可将不能直接计入最终产品的成本分摊到最终产品上去。物流成本承担者分配要回答的问题是:在某一核算期内,企业发生了哪些成本?为谁发生的?各是多少?成本承担者具有双重任务,一是要对每个效益单位的成本进行评价;二是对核算期内总生产成本进行评价。前者称为单位产品成本核算,后者称为企业经济效益核算。

(一)物流成本归集

物流成本归集指对企业生产经营过程中所发生的各种物流费用,按一定的对象,如各种产品、作业、各个车间或部门所进行的成本数据的收集和汇总。收集某类成本的聚集环节,称为成本归集点。直接材料、直接人工,应按成本计算对象,如对物流服务的品种、批别、步骤进行归集。而对于间接费用,则应按发生地点或用途进行归集,然后再计入各成本对象的成本。

成本计算对象是企业或成本管理部门,为归集和分配各项成本费用而确定的,以一定时期和空间范围为条件而存在的成本计算实体。物流成本如何归集与计算,取决于对所评价与考核的成本计算对象的选定。物流成本计算对象的选取,主要决定于物流范围、物流功能范围、物流成本费用范围和物流成本控制等。物流成本计算对象的选取,不仅影响成本计算方法的选择,而且会直接影响物流成本的计算结果。因此,正确地确定成本计算对象,是进行成本计算的基础。

(二)物流成本分配

物流成本分配指在有多个物流成本计算对象的情况下,为求得各成本计算对象的成本,对不能直接计入成本对象的费用,在按照费用发生的地点和用途归集后,按一定分配标准所进行的分配。成本的分配,是指将归集的间接成本分配给成本对象的过程,也叫间接成本的分摊或分派。

成本分配要使用某种参数作为成本分配基础。成本分配基础是指能联系成本对象和成本的参数。可供选择的分配基础有许多:人工工时、机器台时、占用面积、直接人工工资、订货次数、采购价值、品种数、直接材料成本、直接材料数量等。

1. 成本分配的原则

为了合理地选择分配基础，正确分配间接物流成本，需要遵循以下原则：

1）因果原则

因果原则是说资源的使用导致成本发生，两者有因果关系，因此应当按使用资源的数量在对象间分摊成本。按此原则，要确定各对象使用资源的数量，例如耗用的材料、工时、机时等，按使用资源的数量比例分摊间接物流成本。

2）受益原则

成本分配受益原则可概况为两句话：谁受益、谁负担；负担多少，视受益程度而定。这一原则，要求选用的分配标准能够反映受益者受益的程度，谁受益多，谁多负担成本，应按受益比例分摊间接成本。按此原则，成本管理人员要确定间接物流成本的受益者，例如房屋维修成本按各部门的面积分摊，广告费按这种项目的业务额分摊等。因果原则是看“起因”，受益原则是看“后果”，两者是有区别的。

3）公平原则

公平原则是指物流成本分配要公平地对待涉及的各方。在根据成本确定对外销售价格和内部转移价格时，合理的成本是合理价格的基础，因此计算成本时要对供销双方公平合理。公平是个抽象概念，不具有可操作性，因此在实践中政府规范或有权威的标准成为公平性的具体尺度。

4）承受能力原则

承受能力原则，是假定利润高的部门耗用的间接成本大，应按成本对象的承受能力分摊较多的间接物流成本。例如，按部门的营业利润分配公司总部的费用，其依据是承受能力原则。

5）成本效益性原则

成本分配也要讲究成本效益比，即成本分配本身也是有成本的，而成本分配所带来的效益要远大于成本分配的成本才行。当然这种成本效益比不太好计算，这就要求在进行成本分配工作时，要注意适度，不要将大量的时间和精力放在一些意义不大的数据收集和计算上，而且要注意成本分配能带来何种效果。

6）及时性原则

及时性原则是指要及时将各项成本费用分配给受益对象，反对将本应在上期或下期分配的成本费用分配给本期。不及时分配成本费用必然会影响到成本的及时计算和计算结果的准确性，也必然会影响成本信息的质量，造成经济决策的失误。

7）基础性原则

成本分配要以完整的、准确的原始记录为依据，不能凭主观臆断乱分配，更不能故意搞乱成本分配秩序，制造虚假成本信息。如果各项基础工作做不好，必然使成本分配工作陷入被动局面。

8）管理性原则

成本分配要有利于企业加强成本管理。成本是一个综合性指标，既可以用它来进行经济预测和决策，又可以用它来编制成本计划，考核各部门的业绩，因此提高成本分配的科学性，对提高成本管理水平是极为有利的。

9）多元性原则

成本分配标准是多元的，成本分配方法是多样化的，成本分配的目的也是多元的。因此在进行成本分配时要灵活，不能固定不变地采用一个分配标准、一种分配方法。成本分配只有遵循多元性原则，才能逐步科学化，才能更好地发挥其应有的作用。

2. 成本分配的用途

成本分配对象的存在是成本分配得以发生的基础。目前大多数的成本分配，特别是那些间接费用的分配，都是建立在因果关系很不明确的分配标准上的。只有不断探索成本分配对象与所发生成本之间的因果关系，取得更有效的分配标准，采取更科学的分配方法，才能最终解决物流成本计算失真的问题。进行成本分配，主要是基于企业的经济决策、成本计算和财务评价的需要，也是基于财务报告和合理确定成本补偿标准的需要。

物流成本分配的首要目标是使物流成本信息精确合理；其次，成本分配在正确计算物流成本的基础上，要有助于经济决策，有利于激励员工提高效率，降低成本，提高企业经济效益。

1）成本分配用于分配变动成本

对于成本分配而言，区分变动成本和固定成本，可用于经济决策，也可用于业绩评价，具有特别重要的意义。它强调成本形态模型，强调某组织或个人对企业整体的贡献。变动成本的分配通常比较简单，固定成本在一般情况下可不予分配。但为了一些特殊目的，也可能要对固定成本进行分配，而这种成本分配有时比较复杂。

2）成本分配用于确定责任单位的业绩

许多成本可通过分配，直接追溯到各责任单位、各产品或各服务项目。为了确定各责任单位的业绩，需要进行成本分配。但有些成本分配到各责任单位是有一定难度的，特别是那些间接成本或约束性固定成本。因此，从成本分配的精确性角度分析，往往陷入困境。但如果通过成本分配，在确定责任单位业绩的同时起到了激励作用，则成本分配的主要目标就算达到了。有些成本本身是可以不分配的，要针对责任单位的性质作具体分析。

3）成本分配用于经济决策

企业的许多经济决策都与成本分配有密切关系，为了决定经营什么项目，必须预测总物流成本和单位物流成本，而总成本、单位成本的多少又受成本分配的影响。完全成本法之所以还被企业普遍接受，就与人们对成本分配的某种认识有关，即把全部成本在各项物流服务之间进行分配，作为各产品“真实的”或“实际的”成本近似值，借此来对付不确定因素，增强经济决策的稳健性。

4）成本分配用于资产计价和确定损益

企业中各项资产的计价一般是建立在历史成本基础上的，而各项资产历史成本的确定离不开成本分配。确定损益是企业的一项重要的会计工作，而损益的确定是在产品与劳务成本确定的基础上进行的，各产品和劳务成本的确定也离不开成本分配。

从现有的技术来看，成本分配又面临着诸多困难，如许多固定成本如何进行有效分配就是一道难题。这个问题的最终解决还有待时机成熟，目前主要取决于管理当局的认识程度及对特定决策的正确理解。在成本分配中主观随意性还很显著的今天，主要原因之一是成本效益比的问题。进行精确的成本分配的代价是昂贵的，而且几乎是办不到的，例行的成本分配，往往与会计人员的经验有关，而不是科学的成本分配。

5）成本分配用于培养员工的成本意识

管理当局为什么进行各种形式的成本分配，原因之一是通过成本分配使员工树立强烈的成本意识。把一些基本的费用在各经营部门之间进行分配，就会使各部门关心该项活动。相反如果不进行成本分配，就会使员工失去警觉与关心，最终造成成本上升。

第三节 物流成本计算的方法与程序

一、物流成本计算的方法

（一）会计式的物流成本计算方法

所谓会计式的物流成本计算方法，指通过凭证、账户、报表等对物流耗费予以连续、系统、全面的记录、计算和报告的方法。会计式的物流成本计算，具体包括两种形式。

1. 单轨制

单轨制，强调在现有成本核算基础上增设与物流成本相应的会计科目、凭证和账簿，具体如图 3-1 所示。

在这种情况下，要对现有的凭证、账户、报表体系进行较大的改革，需要对某些凭证、账户、报表内容进行调整，同时还要增加一些凭证、账户和报表，这种结合通常是比较困难的，但并不是不可能，而且单轨制比较符合节约原则，但对企业的内在条件有很高的要求：

（1）核算人员必须有较高的业务素质；

（2）企业基础管理工作必须比较健全；

（3）管理人员必须具备综合的现代化成本管理意识；

（4）企业的成本工作必须实现标准化和现代化，并具有基本的组织保证。

2. 双轨制

双轨制强调把物流成本计算与其他成本核算截然分开，单独建立物流成本计算的科

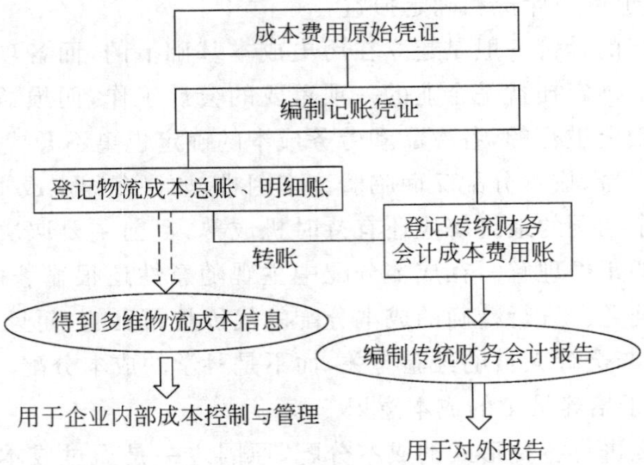

图 3-1 结合财务会计体系的单轨制物流成本核算模式

目、凭证和账簿。为提供详细的物流成本信息,物流成本计算应依赖于现有的会计信息系统。但是仅靠传统的会计方法难以取得足够的数据来计算物流成本,折中之举就是对其进行若干修正。具体做法如下。

首先,在财务会计制度的基础上明确物流成本项目。企业在进行物流成本计算时,首先要根据物流成本的会计核算对象确定本企业物流成本不同核算层级的具体项目。可以按照物流范围、支付形态、功能分类、对象等不同标准来确定,但要注意所确定的物流成本计算项目必须能全面反映本企业物流业务所发生的成本费用。

其次,根据物流成本项目和物流成本会计计算管理的需要,企业要进一步设置好相应的会计科目、凭证和会计账簿,这是物流成本会计计算的关键。企业可以选择采用单轨制或双轨制两种方式。企业应综合考虑自身的管理水平、员工素质、会计基础工作的高低等因素来选择相应的会计核算模式。

最后,根据物流成本的核算特点设置物流成本会计报表。编制物流成本会计报表,提供本企业物流成本信息,是企业进行物流成本核算的目的所在。企业应根据物流成本管理需要来设置物流成本会计报表的种类,根据企业物流活动的基本职能构成或物流成本的性质设计会计报表的内容,其具体内容应与物流成本项目保持一致。此外,还可以编制"物流成本明细表"反映物流成本的增减变动情况,具体如图 3-2 所示。

在实施物流成本的会计核算方法时,还应注意以下两点:

(1) 物流成本核算属于管理会计体制范畴,不能纳入一般的财务会计核算体制,以避免影响企业原有会计体制的正常运行;

(2) 个别物流成本科目的数据在原有会计科目中是无法获取的,也不能还原到会计科目中,如存货的机会成本损失必须在管理会计体制中进行核算。

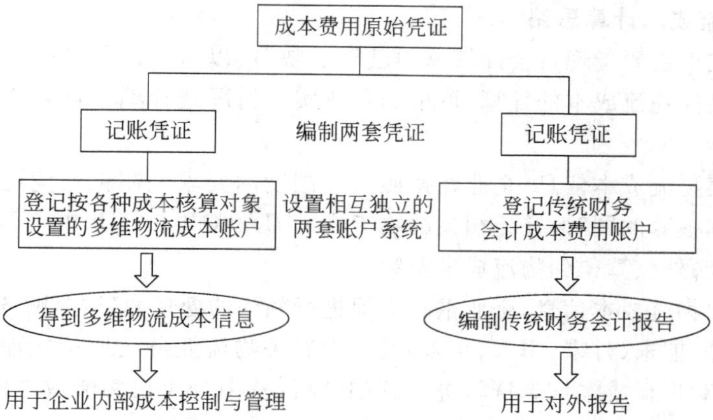

图 3-2　独立的物流成本会计核算双轨制模式

（二）统计式的物流成本计算方法

统计式的物流成本计算方法是一种简单、易用的计算方法。这种方法利用统计原理，以公司会计核算资料为基础，进行资料搜集、加工和处理，最后汇总出公司的物流成本资料。该种方法不要求设置完整的凭证、账户和报表体系，主要目的在于通过企业现行成本核算资料剖析抽出物流耗费部分(物流成本的主体部分)，再加上现行成本核算没有包括进去，但要归入物流成本的费用(如物流信息费、外企业支付的物流费等)，加工成物流管理所需要的成本信息。

该种计算方法与会计式的计算方法相比，没有对物流成本耗费进行连续、全面、系统的跟踪，所以据此得出的信息，其精确程度受到很大的影响，但正由于它不需要对物流耗费做全面、系统、连续的跟踪，因此运用起来比较简便。我国许多企业在还未建立物流成本的会计计算体制之前，一般都实施物流成本的统计计算体制，且许多企业不愿意改变其物流成本的统计计算方法。

随着会计电算化的发展和物流企业会计制度的完善，可以逐渐使用统计式的物流成本计算方法与会计式的物流成本计算方法相结合的计算方法，为企业提供更为一致、规范，更有利于决策的成本数据信息。

（三）会计和统计结合的方式计算物流成本

用会计和统计相结合的方式计算物流成本，其要点是将物流耗费的一部分内容通过会计方式予以计算，另一部分内容通过统计方式计算。由于企业物流成本包括显性成本和隐性成本两部分内容，显性成本主要取自会计核算数据，隐性成本主要通过统计方式进行计算，因此，实践中，计算企业物流成本通常要采用会计和统计相结合的方式。

1. 显性物流成本计算思路

显性物流成本主要指现行会计核算中已经反映,可以从会计信息中分离和计算的物流成本。对于显性物流成本的计算,可根据企业实际情况选择期中计算或期末计算两种方式进行。

若期中收集物流成本信息,企业在按照会计制度的要求编制记账凭证、登记账簿、进行正常产品成本核算的同时,登记相关的物流成本辅助账户,在不影响现行成本费用核算的基础上,通过账外核算得到物流成本资料。

若期末收集物流成本信息,企业平日无须进行额外的处理,只按照财务会计制度的要求进行会计核算,期末(月末、季末、年末)通过对有关物流业务的原始凭证和单据进行再次的归类整理,对现行成本核算资料进行解剖分析,从中分离出物流成本的部分,加工成所需的物流成本信息。

2. 隐性物流成本计算思路

隐性物流成本指现行会计核算中没有反映,需要在企业会计核算体系之外单独计算的那部分物流成本,主要指存货占用自有流动资金所发生的机会成本。这部分物流成本可在期末根据有关存货统计资料按一定的公式计算。

二、物流成本计算的程序

物流成本包括显性成本和隐性成本,它们有不同的计算方法和程序,下面将分别介绍显性成本和隐性成本的计算程序。

(一) 显性物流成本的计算程序

对于显性成本,即现行成本核算体系中已经反映但分散于各会计科目中的物流成本,按以下程序计算。

1. 选取会计科目

计算显性物流成本必须依赖于现行会计核算体系,完整、准确的会计核算资料尤其是成本核算资料是物流成本计算的基础。从纷繁复杂的会计信息中获取物流成本信息,无论是在期中与会计核算同步进行还是在期末单独进行,都需找到计算物流成本的切入点。实践中,是从原始凭证、会计报表入手还是从会计科目入手?哪个切入点计算物流成本更便捷?这是首先要考虑的问题。下面一一进行分析。

从原始凭证入手计算物流成本,理论上行得通,逐一分析每张原始凭证,通常不会遗漏相关物流成本信息,但与物流成本无关的信息太多,徒增工作量;从会计报表入手计算物流成本,会计信息高度概括,无法准确分析哪些内容包含物流成本信息,而且即使明确了包含物流成本信息的会计报表项目,物流成本的计算仍需向会计科目和原始凭证追溯;

从会计科目入手计算物流成本，方法相对折中，因为就物流成本的含义而言，由于其归属于成本费用类支出范畴，因此在计算物流成本时，只要从会计核算中所有的成本费用类会计科目入手，逐一分析其发生的明细项目，必要时追溯至原始凭证，逐一确认其是否属于物流成本的内容，就找到了计算物流成本的切入点。

基于上述思想，企业在计算物流成本时，应选取成本费用类会计科目计算。对生产制造企业而言，成本费用类会计科目主要包括管理费用、销售费用、财务费用、生产成本、制造费用、其他业务支出、营业外支出等科目。另外，我国会计核算中对于采购环节存货成本的确认通常包括运输费、装卸费等与物流成本有关的内容，而这部分内容连同存货本身的采购价格一并记入“材料采购”科目。所以，计算企业物流成本时，除了从上述成本费用类会计科目入手计算，还应考虑材料采购科目中所包含的物流成本信息。

2. 设置物流成本辅助账户

计算物流成本往往需要设置物流成本辅助账户，具体要设置哪些账户，主要取决于物流成本计算对象的选取和物流成本管理的要求。从物流成本构成的角度看，物流成本计算对象主要包括三维，即物流成本项目、物流范围和物流成本支付形态。

根据这三个维度，以“物流成本”作为一级账户；在“物流成本”账户下，按物流成本项目设置运输成本、仓储成本、包装成本、装卸搬运成本、流通加工成本、物流信息成本、物流管理成本、流动资金占用成本、存货风险成本、存货保险成本等二级账户；按物流范围设置供应物流、企业内物流、销售物流、回收物流和废弃物物流等三级账户；按支付形态设置自营和委托物流成本四级账户；对于自营物流成本，还应按费用支付形态设置材料费、人工费、维护费、一般经费、特别经费费用专栏。

例如，物流成本中自营运输成本可设置 15 个明细账户。

(1) 物流成本　运输成本　供应物流成本　人工费
(2) 物流成本　运输成本　供应物流成本　维护费
(3) 物流成本　运输成本　供应物流成本　一般经费
(4) 物流成本　运输成本　企业内物流成本　人工费
(5) 物流成本　运输成本　企业内物流成本　维护费
(6) 物流成本　运输成本　企业内物流成本　一般经费
(7) 物流成本　运输成本　销售物流成本　人工费
(8) 物流成本　运输成本　销售物流成本　维护费
(9) 物流成本　运输成本　销售物流成本　一般经费
(10) 物流成本　运输成本　回收物流成本　人工费
(11) 物流成本　运输成本　回收物流成本　维护费
(12) 物流成本　运输成本　回收物流成本　一般经费
(13) 物流成本　运输成本　废弃物物流成本　人工费

(14) 物流成本　运输成本　废弃物物流成本　维护费

(15) 物流成本　运输成本　废弃物物流成本　一般经费

其他物流成本明细账户的设置可参照上述物流运输成本账户的设置，这里不再一一列举。

关于物流成本账户的设置，需要注意以下五个方面的问题：一是前面介绍的物流成本明细账户的设置是“大而全”的概念，实践中，企业仅需对本会计期间实际发生的物流成本耗费设置相应的明细账户；二是物流成本二级、三级、四级账户及其费用专栏设置次序，可根据企业实际情况确定，不必拘泥于前述设置次序的安排；三是企业物流成本账户除了按物流成本项目、物流范围和物流成本支付形态设置，还可按产品、客户、部门等设置，具体取决于企业的物流成本管理要求；四是物流企业一般不划分具体的物流范围，其物流成本账户直接按物流成本项目和物流成本支付形态设置即可；五是无论期中还是期末计算物流成本，都需要设置明细账户，期中计算时需要实时登记各物流成本明细账户，期末进行汇总，期末计算时需要在各明细账户中逐一归集各项物流成本，然后再汇总计算。

3. 计算物流成本

在设置物流成本辅助账户，明确应选取会计科目的基础上，企业物流成本计算人员通过逐一分析各相关会计科目，明确哪些费用支出应计入物流成本，对于应记入物流成本的内容，可根据本企业实际情况，选择在期中与会计核算同步登记物流成本辅助账户，或在期末(月末、季末、年末)集中归集计算物流成本，分别反映出按物流成本项目、物流范围和物流成本支付形态作为归集动因的物流成本数额。

(二) 隐性物流成本的计算程序

隐性成本，即现行成本核算体系中没有反映但应计入物流成本的费用，本书主要指存货占用自有资金所发生的机会成本。其计算程序如下。

1. 统计存货占用的资金额

期末(月末、季末、年末)对存货按采购在途、在库和销售在途三种形态分别统计出账面余额。无论哪种状态统计，均以存货正在占用自有资金为统计标准，对于存货已购在途或在库但企业尚未支付货款以及企业已收到销售货款但存货仍在库或在途的，不进入统计范围。

2. 计算存货占用自有资金的机会成本

按照存货占用自有资金的账面金额，以行业基准收益率为机会成本率，计算出存货占用自有资金所发生的机会成本。其计算公式如下：

$$存货资金占用成本=存货账面余额\times行业基准收益率$$

对于生产制造和流通企业而言，若企业计算了存货跌价准备，则存货账面余额为扣除存货跌价准备后的余额；对于物流企业而言，由于不发生存货购销业务，只是在受托物流业务时需要垫付一定的备用金和押金，这部分备用金和押金可视同存货占用自有资金，也应计算其产生的机会成本。

企业若无法取得有关行业基准收益率的数值，也可用一年期银行贷款利率或企业内部收益率计算。当企业计算物流成本仅为内部管理所用时，则使用内部收益率计算物流成本对于其内部物流成本管理更有意义。

第四节 物流成本报表

为了反映、监督和考核企业物流成本计划的执行情况和结果，使日常物流成本计算取得的各种资料得到充分有效的利用，企业有必要编制物流成本报表。企业在编制完成物流成本报表后，还要利用成本计划、成本核算及其他相关资料，采取科学的分析方法，分析评价物流成本水平及其构成的变动情况，以揭示影响物流成本升降的各种因素及其变动的原因，寻找降低物流成本的措施。

一、物流成本报表的作用

物流成本报表具有以下作用。

1. 可以反映物流成本计划的执行情况

通过物流成本报表反映企业在一定时期内的物流资源实际耗费水平，将其与物流成本计划相比，可以反映物流成本计划的执行情况，揭示出企业为完成物流成本计划而取得的成绩和存在的问题，找出差距，进一步挖掘降低物流成本的潜力；将实际物流成本水平与上期相比，可以揭示出企业物流成本水平的变动趋势。

2. 为贯彻和完善经济责任制提供参考依据

通过物流成本报表的分析，可以考核物流成本计划的完成情况，落实奖惩措施，激励先进，鞭策落后，促进降低物流成本战略和措施的实施，为贯彻和完善经济责任制提供参考依据。

3. 有利于有针对性地编制下期的物流成本预算

根据物流成本报表反映的有关报告期成本降低任务完成情况的资料，结合下一物流成本计算期间有关物流系统成本控制和绩效考核的需要，有利于有针对性编制下一物流成本计算期的物流成本预算。

4. 促进和提高物流成本管理水平

对于有主管部门的企业，编制并报送物流成本报表给主管部门，有利于主管部门了解和监督企业对国家有关方针、政策以及法规的执行情况；还有利于组织企业间的交流，提高企业的物流成本管理水平。

二、企业物流成本主表

（一）企业物流成本主表格式

企业物流成本主表是按成本项目、成本范围和成本支付形态三维形式反映企业一定期间各项物流成本信息的报表。它是根据物流成本的三维构成，按一定的标准和顺序，把企业一定期间的项目物流成本、范围物流成本和支付形态物流成本予以适当的排列，并对在日常工作中形成的大量成本费用数据进行整理计算后编制而成的。

企业物流成本主表对企业物流成本计算对象的三个维度进行了整合，物流成本信息使用者可以从该表中了解到详尽的企业物流成本信息：既可以了解不同物流功能成本及存货相关成本的发生额，也可以了解不同物流范围的成本发生额；既可以了解单项物流成本项目在不同物流范围的成本明细额，也可以了解单一物流范围所发生的不同的成本项目明细额；既可以了解内部自营物流成本及其具体的成本项目和物流范围成本发生额，也可以了解委托物流成本及其支出明细。同时，企业物流成本主表还能够提供进行物流成本评价的基本资料，它是企业物流成本评价的基础。

企业物流成本主表的规范格式如表 3-1 所示。

表 3-1　企业物流成本主表

表号：企物流 A1 表

企业详细名称：　　企业法人代码：　　（计量单位：元）　　年　月

成本项目		代码	范围及支付形态																	
			供应物流成本			企业内物流成本			销售物流成本			回收物流成本			废弃物物流成本			物流总成本		
			自营	委托	小计	自营	委托	小计	自营	委托	小计	自营	委托	小计	自营	委托	小计	自营	委托	小计
	甲	乙	01	02	03	04	05	06	07	08	09	10	11	12	13	14	15	16	17	18
物流功能成本	运输成本	01																		
	仓储成本	02																		
	包装成本	03																		
	装卸搬运成本	04																		
	流通加工成本	05																		

续表

成本项目		代码	范围及支付形态																	
			供应物流成本			企业内物流成本			销售物流成本			回收物流成本			废弃物物流成本			物流总成本		
			自营	委托	小计	自营	委托	小计	自营	委托	小计	自营	委托	小计	自营	委托	小计	自营	委托	小计
甲		乙	01	02	03	04	05	06	07	08	09	10	11	12	13	14	15	16	17	18
物流功能成本	物流信息成本	06																		
	物流管理成本	07																		
	合计	08																		
存货相关成本	流动资金占用成本	09																		
	存货风险成本	10																		
	存货保险成本	11																		
	合计	12																		
其他成本		13																		
物流总成本		14																		

单位负责人：　　　　填表人：　　　　填表日期：　　年　月　日

（二）企业物流成本主表编制的具体要求

物流成本主表所反映的信息是否有效，取决于其所提供信息的质量。为了充分发挥物流成本主表的作用，企业编制的物流成本主表必须数字真实、内容完整、指标明晰、编报及时。此外，还必须符合以下六点具体要求。

(1) 企业物流成本主表的编报期为月报、季报和年报。

(2) 生产企业和流通企业一般应按供应物流、企业内物流、销售物流、回收物流和废弃物物流五个范围阶段逐一进行填列。

(3) 按范围形态填列时，若某阶段未发生物流成本或有关成本项目无法归属于特定阶段，则按实际发生阶段据实填列或填列横向合计数即可。

(4) 对于委托物流成本，若无法按物流范围进行划分但可以按成本项目分别付费的，填写“物流成本——委托——17”一列的有关内容即可；若采用不分成本项目的整体计费方式付费但可以划分物流范围的，则填写“物流总成本——14”一行中与委托有关的成本即可；若既采用整体计费方式又无法划分物流范围的，则填写“物流总成本——14”一行与“物流总成本——委托——17”一列交界位置的成本即可。

(5) 在上述第(3)和第(4)项具体要求中直接填写“物流总成本”有关内容的，应对其内容在后面做备注说明。

(6) 对于物流企业，不需按物流范围进行填列，按成本项目及成本支付形态填写物流成本即可。

（三）企业物流成本主表的编制方法

企业物流成本主表的编制，主要是对日常会计核算中的成本费用数据加以归集、整理和计算，使之成为有用的物流成本信息。企业物流成本主表中各项目的数据来源于会计核算资料和物流成本计算的结果。具体编制方法包括以下三种情况。

1. 根据会计明细账发生额汇总填列

企业物流成本主表中各项委托物流成本，一般可根据会计明细账发生额汇总填列。例如对于生产制造和流通企业而言，委托运输成本和委托装卸搬运成本，可根据会计明细账中的“销售费用——运费”、“销售费用——装卸费”分别汇总填列；对于物流企业而言，委托运输成本和委托装卸搬运成本，可根据会计明细账中的“主营业务成本——运费”、“主营业务成本——装卸费”分别汇总填列。

2. 根据会计明细账发生额分析汇总填列

企业物流成本主表中有些项目需要根据会计明细账发生额分析汇总填列。例如，对于生产制造企业来说，可根据会计明细账“制造费用——折旧费”来具体分析其中有哪几项、多少数额是用于包装设备折旧费的；根据会计明细账“制造费用——保险费”来具体分析其中有哪几项、多少数额是用于包装设备保险费的。从而获取和计算包装成本的有关信息，最后将与包装成本有关的信息汇总填列。

3. 根据会计明细账发生额分析计算汇总填列

企业物流成本主表中的多数项目都属于间接物流成本，其填列都需要根据会计明细账的有关资料进行分析，并采用一定的标准和方法进行分摊和计算，最后汇总为与某一成本项目有关的细目后加以填列。例如，在填列仓储成本时，首先要看企业仓储成本包括哪些内容，假设经查企业会计明细资料，得知企业仓储成本主要包括人工费和维护费两部分内容，就需要分别计算人工费和维护费的数额；经查“销售费用——工资”明细账，发现这部分工资费用支出既包括仓库管理人员的工资，也包括仓库运作人员的工资，这时，需要进一步分析和计算仓库运作人员的工资，以确定仓储成本中人工费的支出数额；经查“销售费用——折旧费”明细账，发现这部分内容既包括仓库也包括营业用房的折旧费用支出，这时需要进一步分析计算仓库的折旧费，以确定仓储成本中维护费的支出数额；然后再将“仓储成本——人工费”和“仓储成本——维护费”两部分内容相加，才能得到仓储成本的有关信息。

总之，企业物流成本主表的填列以物流成本的计算结果为主要依据，是在汇总各物流成本项目的基础上进行填列的，而物流成本的计算是以会计成本费用类账户明细资料为依据的。

（四）企业物流成本主表的编制程序

企业物流成本主表的编制大致遵循以下程序。

1. 分析各项成本费用是否属于物流成本

在获取成本费用类明细账资料的基础上，按明细账科目逐一分析该项费用是否属于物流成本的内容。

2. 设置物流成本四级明细账户

对于属于物流成本内容的，设置物流成本四级明细账户，即“物流成本——物流项目成本——物流范围成本——物流支付形态成本”账户。例如，“物流成本——运输成本——供应物流成本——人工费”。对于可直接计入物流成本明细账户的，直接计入；对于不能直接计入的，则分情况，按一定的标准对成本进行分摊，分析计算计入。

3. 汇总计算物流成本明细项目

按企业物流成本主表内容的要求，汇总同一物流成本明细项目。

4. 填列企业物流成本主表

按对同一物流成本明细项目汇总的结果，填列企业物流成本主表。

三、企业自营物流成本支付形态表

（一）企业自营物流成本支付形态表格式

企业自营物流成本支付形态表是按照成本项目和自营物流成本支付形态二维形式反映企业一定期间自营物流成本信息的报表。它是根据物流成本项目和自营物流成本支付形态之间的相互关系，按一定的标准和顺序，把企业一定期间的项目物流成本及其对应的自营支付形态物流成本予以适当排列，并对日常工作中形成的大量成本费用数据进行整理计算后编制而成的。

企业自营物流成本支付形态表是对企业物流成本主表的补充说明。物流成本按支付形态划分为自营物流成本和委托物流成本，自营物流成本又有其具体的支付形态。企业在物流成本管理过程中，除了要了解自营和委托物流成本的数额，还需要了解不同支付形态下的各项自营物流成本数额。企业自营物流成本支付形态表对企业物流成本主表中的自营物流成本做了进一步的诠释和细化，使相关信息使用者可以更详尽地了解企业内部不同支付形态下的物流成本发生额以及不同成本项目的支付形态构成。

企业自营物流成本支付形态表成本项目一维的构成内容与企业物流成本主表成本项目一维的构成内容完全一致，其支付形态一维主要包括材料费、人工费、维护费、一般经费和特别经费内容，基本格式如表 3-2 所示。

表 3-2 企业自营物流成本支付形态表

表号：企物流 A2 表

企业详细名称：　　企业法人代码：　　(计量单位:元)　　年　月

成本项目		代码	范围及支付形态					
			材料费	人工费	维护费	一般经费	特别经费	合计
	甲	乙	1	2	3	4	5	6
物流功能成本	运输成本	01						
	仓储成本	02						
	包装成本	03						
	装卸搬运成本	04						
	流通加工成本	05						
	物流信息成本	06						
	物流管理成本	07						
	合计	08						
存货相关成本	流动资金占用成本	09						
	存货风险成本	10						
	存货保险成本	11						
	合计	12						
其他成本		13						
物流总成本		14						

单位负责人：　　填表人：　　填表日期：　　年　月　日

（二）企业自营物流成本支付形态表编制的具体要求

企业自营物流成本支付形态表编制的具体要求如下。

(1) 企业自营物流成本支付形态表编报期为月报、季报和年报。

(2) 运输成本、仓储成本、装卸搬运成本、物流信息成本和物流管理成本，对应的支付形态一般为人工费、维护费和一般经费；包装成本、流通加工成本，对应的支付形态一般为材料费、人工费、维护费和一般经费；流动资金占用成本、存货风险成本、存货保险成本，对应的支付形态一般为特别经费。

(3) 凡成本项目中各明细项目有相应支付形态的，均需填写；无相应支付形态的，则不填写。

(4) 企业自营物流成本支付形态表中“合计——6”一列中各项成本数值应等于企业物流成本主表中“物流总成本——自营——16”一列中各项成本数值。

（三）企业自营物流成本支付形态表的编制方法

企业自营物流成本支付形态表的编制方法与企业物流成本主表的编制方法基本相同，各项目的数据也主要来源于会计核算资料和物流成本的计算结果。自营物流成本支付形态表主要依据会计明细账发生额分析汇总或分析计算汇总填列，一般不能直接汇总填列。

1. 根据会计明细账发生额分析汇总填列

企业物流成本支付形态表中有些项目需要根据会计明细账发生额分析汇总填列。例如，计算“仓储成本——人工费”时，需要对“销售费用——工资”明细账进行分析，分析在销售费用列支的工资额中，有多少数额或多大比例是仓储作业人员的工资支出。同时，还需要进一步搜集和分析与“仓储成本——人工费”有关的其他信息。例如，为仓储作业人员支付的奖金、福利费、保险费、住房公积金等。最后将与“仓储成本——人工费”有关的信息汇总填列。

2. 根据会计明细账发生额分析计算汇总填列

企业物流成本支付形态表中有些项目需要根据会计明细账发生额分析计算汇总填列。例如，在“销售费用——办公费”明细账中含有物流作业现场管理人员的办公费支出，由于办公费的列支没有按人员明细记账，通过查询明细资料无法直接获得物流管理人员的办公费支出资料，这时需要计算物流管理人员在全体人员中所占的人数比例，从而计算出物流管理人员所耗用的办公费，获得“物流管理成本——一般经费”的信息。在企业管理和经营过程中，应当列入“物流管理成本——一般经费”内容较多，因此，在填列该项内容之前，需要将属于“物流管理成本——一般经费”的内容进行汇总。

总之，企业自营物流成本支付形态表的填列离不开对有关的会计成本费用明细账资料进行分析计算，与企业物流成本主表的填列相同，也要获取成本费用类明细账资料，设物流成本四级辅助账户，分析、计算、汇总后填写表格。

事实上，只要设置了完整的企业物流成本明细账户，明确了企业物流成本的计算过程，根据企业物流成本表的内容设置，即可完成填写工作。填写企业物流成本主表和企业自营物流成本支付形态表目的是共享物流成本的计算结果。报表是对物流成本构成内容和物流成本计算结果的综合反映。

复习思考题

1. 试分析物流成本计算的意义。
2. 我国企业在物流成本计算中存在哪些问题？
3. 物流成本报表的作用有哪些？如何选择物流成本计算对象？
4. 物流成本的计算方法有哪些？试述物流成本的计算程序。
5. 如何编制物流成本主表？

案例分析

企业物流成本计算实例

这里分别以A公司、B公司和C公司为例，介绍生产制造企业、流通企业和物流企业物流成本计算的具体过程。

一、生产制造企业物流成本计算

A公司是一个以小麦加工为主业的中外合资面粉生产企业。2005年年底资产总额6 186万元，2005年全年实现销售收入1.23亿元，实现利润总额6 562万元。经查阅会计核算有关资料，得知A公司的成本费用类科目主要包括生产成本、制造费用、销售费用、管理费用、财务费用、营业外支出和其他业务支出。

下面根据上述成本费用类科目记载的有关信息，计算A公司2005年12月发生的部分物流成本（“营业外支出”科目2005年12月无发生额）。

【例3-1】 经查阅，2005年12月A公司“管理费用”科目余额为2 657 284.38元，经进一步分析相关资料得知，“管理费用”科目下的工资、折旧费、职工福利费、职工培训费、劳动保险费、待业保险费、住房公积金、统筹医疗费、照明电费等细目支出均与物流成本相关。这里仅计算与“管理费用——照明电费”有关的物流成本。经查阅，“管理费用——照明电费”科目余额为25 182.68元，其中有两项支出与物流成本相关：一是支付仓库照明电费1 399元；二是支付车间照明电费4 197.11元。车间共有生产工人60人，其中从事包装作业人数为15人。车间照明电费按从事物流作业人数进行分配。

根据上述资料，设置物流成本辅助账户，计算与“管理费用——照明电费”相关的物流成本：

包装作业人数占车间生产人数比例＝15÷60＝0.25

包装作业消耗的照明电费＝4 197.11×25＝1 049.28(元)

仓储作业消耗的照明电费＝1 399(元)

物流成本——包装成本——企业内物流成本——一般经费 1 049.28(元)

——仓储成本—— 企业内物流成本——一般经费 1 399(元)

【例 3-2】 经查阅，2005 年 12 月 A 公司“制造费用”科目余额为 168 676.53 元。经进一步分析相关明细资料得知，“制造费用”科目下的折旧费、修理费、保险费、劳动保护费、职工福利费、办公费等细目支出均与物流成本相关。这里仅计算与“制造费用——折旧费”和“制造费用——修理费”有关的物流成本。经查阅，“制造费用——折旧费”科目余额为 58 654.90 元，其中包含包装设备修理费 6 092 元。

根据上述资料，设置物流成本辅助账户，计算与“制造费用——折旧费”和“制造费用——修理费”有关的物流成本：

包装作业的维护费＝4 800＋6 092＝1 0892(元)

物流成本——包装成本——企业内物流成本——维护费 10 892(元)

【例 3-3】 经查阅，2005 年 12 月 A 公司“销售费用”科目余额为 504 892.97 元。经进一步分析相关明细资料得知，“销售费用”科目下的运输费、装卸费、保险费、邮电费、汽车、工资、办公费、劳保、低值易耗品摊销、折旧费、劳动保护费等细目支出均与物流成本相关。这里仅计算与“销售费用——汽车”有关的物流成本。经查阅，“销售费用——汽车”科目余额为 6 646.32 元，该项费用主要用于汽车维修维护及燃料动力消耗，其中有部分支出是从事零星物流运输业务所发生的费用。根据有关统计资料，该车辆 12 月共行驶里程数为 6 300 千米，用于零星物流业务运输里程数为 2 100 千米，其中采购阶段行驶 1 400 千米，销售阶段行驶 700 千米。

根据上述资料，设置物流成本辅助账户，计算与“销售费用——汽车”有关的物流成本：

供应阶段车辆行驶里程数占总行驶里程数的比例＝1 400÷6 300＝2/9

销售阶段车辆行驶里程数占总行驶里程数的比例＝700÷6 300＝1/9

供应阶段运输作业维护费＝6 646.32×2/9＝1 476.96(元)

销售阶段运输作业维护费＝6 646.32×1/9＝738.48(元)

物流成本——运输成本——供应物流成本——维护费 1 476.96(元)

——运输成本——销售物流成本——维护费 738.48(元)

【例 3-4】 经查阅，2005 年 12 月 A 公司“生产成本”科目余额为 8 096 789.04 元。经进一步分析相关明细资料得知，“生产成本”科目下的辅助材料、燃料及动力、工资等细目支出均与物流成本相关。这里仅计算与“生产成本——辅助材料”和“生产成本——燃料及动力”有关的物流成本。经查阅，“生产成本——辅助材料”科目余额为 309 402.24 元，其中包装材料215 000元;“生产成本——燃料及动力”科目余额为172 565.47元,按耗用电力度数分配,12月生产车间耗用电力总度数为3 000度,其中含包装设备耗用电力60度。

根据上述资料,设置物流成本辅助账户,计算与“生产成本——辅助材料”和“生产成本——燃料及动力”有关的物流成本:

包装设备耗用电力度数占耗用电力总度数的比例=60÷3 000=0.02

包装作业耗用电费=172 565.47×0.02=3 451.31(元)

物流成本——包装成本——企业内物流成本——材料费 215 000(元)

——包装成本——企业内物流成本——维护费 3 451.31(元)

【例3-5】 经查阅,2005年12月A公司“财务费用”科目余额为-30 486.63元。经进一步分析相关明细资料得知,“财务费用”科目下细目支出只有“利息支出”与物流成本相关。这里仅计算与“财务费用——利息支出”有关的物流成本。经查阅,“财务费用——利息支出”科目余额为7 975.00元,主要为购买原材料所发生的借款利息支出。

根据上述资料,设置物流成本辅助账户,计算与“财务费用——利息支出”有关的物流成本:

物流成本——流动资金占用成本——供应物流成本——特别经费 7 975(元)

【例3-6】 经查阅,2005年12月A公司出售下脚料等取得收入35 000元,同时发生装卸搬运及运输费分别为500元和1 500元(外包给装卸队承担),该项支出列入“其他业务支出”科目。

根据上述资料,设置物流成本辅助账户,计算与“其他业务支出”有关的物流成本:

物流成本——装卸搬运成本——废弃物物流成本——委托 500(元)

——运输成本——废弃物物流成本——委托 1 500(元)

【例3-7】 经查阅,2005年12月底A公司仓库存货结余明细如下:小麦结余12 175 658千克,面粉结余4 040 611.58千克,副产品结余1 482 200.20千克,结余价值总额29 683 691.69元,月初结余价值总额为29 342 314.40元(1年期银行贷款利率为5.85%)。

根据上述资料,设置物流成本辅助账户,计算有关物流成本:

存货占用自有资金所产生的机会成本=(29 683 691.69+29 342 314.40)÷2×5.85%÷12=137 235.46(元)

物流成本——流动资金占用成本——企业内物流成本——特别经费 137 235.46(元)

二、流通企业物流成本计算

B公司是某集团下设分公司,主要负责啤酒的销售工作。截至2006年3月底,资产总额8 900万元,负债总额2 200万元。该公司的主要工作流程如下:根据客户订单从集团下设另一啤酒生产公司采购啤酒,其中有关的物流运作包括运输和装卸搬运等工作均外包给专业的物流公司,采购环节无运费和装卸费,这部分费用体现在采购价格中,分别占采购价格的6%和1.5%,销售价格按离岸价格确定。为了满足临时订货和销售的需要,在采购总额中约有15%的货物储存于仓库以备市内周转和应急所需。经查阅会计核算有关资料,得知B公司的成本费用类科目主要包括销售费用、管理费用、主营业务成本和财务费用。

下面根据上述成本费用类科目记载的有关信息,计算B公司2006年3月发生的部分物流成本(财务费用为银行手续费支出,与物流成本无关)。

【例3-8】 经查阅,2006年3月B公司"销售费用"科目余额为52 945 400元。经进一步分析相关明细资料得知,"销售费用"科目下的工资、职工福利费、折旧费、修理费、低值易耗品摊销、邮电费、办公费、运费、装卸费、租赁费、保险费、盘盈盘亏及报废损失等细目支出均与物流成本相关。这里仅计算与"销售费用——折旧费——运输车辆折旧"、"销售费用——运费"、"销售费用——装卸费"、"销售费用——破损费"、"销售费用——保险费"和"销售费用——盘盈盘亏及报废损失"有关的物流成本。

【例3-9】 对于"销售费用——折旧费——运输车辆折旧"566 200元,经查明细资料得知,主要为业务用156辆车辆折旧费,该156辆车辆也零星用于各地市内的周转运输(包括仓库之间以及仓库与港口码头之间的运输)。3月运输总里程数为343 200千米,其中物流业务运输里程数约为27 456千米(啤酒采购环节运输里程数为5 491千米,仓库之间调拨发生的运输里程为13 728千米,啤酒销售环节运输里程数为8 237千米)。物流运输成本按运输里程数进行分配。

根据上述资料,设置物流成本辅助账户,计算与"销售费用——折旧费——运输车辆折旧"有关的物流成本:

采购环节运输里程数占运输总里程数比例=5 491÷343 200=0.016

企业内物流阶段运输里程数占运输总里程数比例=13 728÷343 200=0.04

销售环节运输里程数占运输总里程数比例=8 237÷343 200=0.024(元)

运输作业在供应阶段负担的折旧费=566 200×0.016=9 059.2(元)

运输作业在企业内物流阶段负担的折旧费=566 200×0.04=22 648(元)

运输作业在销售阶段负担的折旧费=566 200×0.024=13 588.8(元)

物流成本——运输成本——供应物流成本——维护费 9 059.2(元)

——运输成本——企业内物流成本——维护费 22 648(元)

——运输成本——销售物流成本——维护费 13 588.8(元)

【例3-10】 "销售费用——运费"12 285 400元和"销售费用——装卸费"2 378 800元,经查明细资料得知,为对外支付的运费和装卸费。该两项费用均在销售环节发生费用。

根据上述资料,设置物流成本辅助账户,计算与"销售费用——运费"和"销售费用——装卸费"有关的物流成本:

物流成本——运输成本——销售物流成本——委托 12 285 400(元)

——装卸搬运成本——销售物流成本——委托 2 378 800(元)

【例 3-11】 “销售费用——破损费”186 200 元和“销售费用——保险费”106 400 元，经查明细资料得知，分别为啤酒在销售过程中发生的破损费和向保险部门缴纳的财产保险费。

根据上述资料，设置物流成本辅助账户，计算与“销售费用——破损费”和“销售费用——保险费”有关的物流成本：

物流成本——存货风险成本——销售物流成本——特别经费 186 200(元)

——存货保险成本——销售物流成本——特别经费 106 400(元)

【例 3-12】 “销售费用——盘盈盘亏及报废损失”19 000 元，经查明细资料得知，为期末仓库货物盘点损失。

根据上述资料，设置物流成本辅助账户，计算与“销售费用——盘盈盘亏及报废损失”有关的物流成本：

物流成本——存货风险成本——企业内物流成本——特别经费 19 000(元)

【例 3-13】 经查阅，2006 年 3 月 B 公司“管理费用”科目余额为 1 779 100 元。经进一步分析相关明细资料得知，“管理费用”科目下的职工教育经费、无形资产摊销、住房公积金、住房增量补贴等细目支出均与物流成本相关。这里仅计算与“管理费用——无形资产摊销”有关的物流成本支出。“管理费用——无形资产摊销”科目余额为 31 938.06 元，主要为物流信息软件摊销费，物流信息成本按工作时数比例进行分配(物流管理人员 2006 年 3 月用于啤酒采购环节的工作时数为 422 小时，用于企业内仓库之间啤酒调拨环节的工作时数为 634 小时，用于啤酒销售环节的工作时数为 1 056 小时)。

根据上述资料，设置物流成本辅助账户，计算与“管理费用——无形资产摊销”有关的物流成本：

物流管理人员采购环节工作时数占总工作时数的比例

$=422\div(422+634+1\,056)=422\div2\,112=0.2$

物流管理人员企业内工作时数占总工作时数的比例

$=634\div(422+634+1\,056)=634\div2\,112=0.3$

物流管理人员销售环节工作时数占总工作时数的比例

$=1\,056\div(422+634+1\,056)=1\,056\div2\,112=0.5$

物流信息作业在供应阶段负担的软件摊销费

$=31\,938.06\times0.2=6\,387.61$(元)

物流信息作业在企业内物流阶段负担的软件摊销费

$=31\,938.06\times0.3=9\,581.42$(元)

物流管理信息在销售阶段负担的软件摊销费

=31 938.06×0.5=15 969.03(元)

物流成本——物流信息成本——供应物流成本——维护费 6 387.61(元)

——物流信息成本——企业内物流成本——维护费 9 581.42(元)

——物流信息成本——销售物流成本——维护费 15 969.03(元)

【例 3-14】 经查阅,2006 年 3 月 B 公司"主营业务成本"科目余额为 123 000 000 元,主要为啤酒采购成本,其中运费和装卸费分别占采购价格的 6%和 1.5%。

根据上述资料,设置物流成本辅助账户,计算与"主营业务成本"有关的物流成本:

运输作业物流成本=123 000 000×6%=7 380 000(元)

装卸搬运作业物流成本=123 000 000×1.5%=1 845 000(元)

物流成本——运输成本——委托 7 380 000(元)

——装卸搬运成本——委托 1 845 000(元)

【例 3-15】 经了解,B 公司为了满足临时订货和销售的需要,在采购总额中约有 15%的货物存于仓库用于市内周转和应急所需。2006 年 3 月主营业务成本为 123 000 000 元,1 年期银行贷款利率为 5.31%。

根据上述资料,设置物流成本辅助账号,计算存货占用自有资金所产生的机会成本:

存货占用自有资金产生的机会成本

=123 000 000×15%×5.31%×÷12=81 641.25(元)

物流成本——流动资金占用成本——企业内物流成本——特别经费 81 641.25(元)

三、物流企业物流成本计算

C 公司是一家专业物流公司,截至 2002 年 12 月底,资产总额 1 531 万元,负债总额 765 万元。公司主要从事受托物流业务的组织运营工作,运输业务由外部有运输资格的车队负责,装卸搬运业务雇用外部搬运工完成。公司除有 1 个自有仓库,还在其他地区租赁了 4 个仓库,另有 1 辆 10t 叉车和 2 辆卡车,供内部零星装卸和运输使用。经查阅会计核算有关资料,得知 C 公司的成本费用类科目主要包括主营业务成本、销售费用、管理费用、财务费用和营业外支出。

下面根据上述成本费用类科目记载的有关信息,计算 C 公司 2002 年 12 月发生的部分物流成本(营业外支出 2002 年 12 月无发生额;管理费用科目相关支出主要为办公室、人事部等部门发生的支出,均与物流成本支出无关)。

【例 3-16】 经查阅,2002 年 12 月 C 公司"主营业务成本"科目余额为 35 255.19 元。经进一步分析相关明细资料得知,"主营业务成本"科目下的搬运费和营运费细目支出均与物流成本相关,其中"主营业务成本——搬运费"29 360.23 元,"主营业务成本——营运费"5 894.96 元,分别为对外支付的搬运费和运输费。

根据上述资料,设置物流成本辅助账户,计算与"主营业务成本——搬运费"和"主营业务成本——营运费”有关的物流成本：

物流成本——装卸搬运成本——委托 29 360.23(元)

——运输成本——委托 5 894.96(元)

【例 3-17】 经查阅，2002 年 12 月 C 公司“销售费用”科目余额为 168 027.73 元，经进一步分析相关明细资料得知，“销售费用”科目下的工资、劳动保护费、通信费、办公费、差旅费、保险费、摊销费、折旧、修理费等细目支出均与物流成本相关。这里仅计算与“销售费用——折旧”有关的物流成本。经查阅，“销售费用——折旧”科目余额为 7 171.01 元，是为卡车、叉车、自有仓库及物流管理部门计算的折旧费，卡车、叉车、自有仓库和物流管理部门折旧费数额分别为 1 303.82、1 501.73、3 911.46 和 454 元。

根据上述资料，设置物流成本辅助账户，计算与“销售费用——折旧”有关的物流成本：

物流成本——运输成本——维护费 1 303.82(元)

——装卸搬运成本——维护费 1 501.73(元)

——仓储成本——维护费 3 911.46(元)

——物流信息成本——维护费 454(元)

【例 3-18】 经查阅，2002 年 12 月 C 公司在物流服务过程中，向委托方支付的备用金及押金在“其他应收款”科目中得到反映，“其他应收款——备用金”该月初余额为 1 456 683.35 元，该月末余额为 1 449 683.35 元；“其他应收款——押金”该月初余额为 273 800，该月末余额为 923 800 元(2002 年 12 月 1 年期银行贷款利率为 5.31%)。

根据上述资料，设置物流成本辅助账户，计算有关物流成本：

存货占用自有资金所产生的机会成本

=[(1 456 683.35+1 449 683.35)÷2+(273 800+923 800)÷2]×5.31%÷12

=(1 453 183.35+598 800)×5.31%÷12=9 080.03(元)

物流成本——流动资金占用成本——特别经费 9 080.03(元)

资料来源：冯耕中，李雪燕，汪寿阳. 物流成本管理. 北京：中国人民大学出版社，2010.

第四章

物流成本的分析

本章结构图

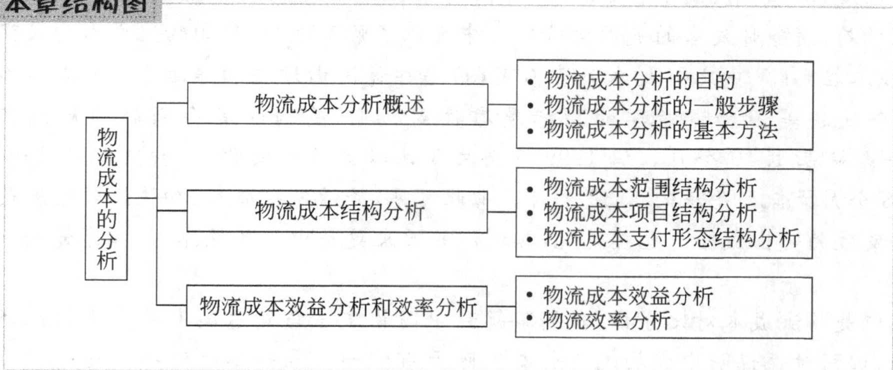

学习目标

- 了解物流成本分析的目的、原则及应注意的问题；
- 熟悉物流成本分析的一般步骤和基本方法；
- 掌握物流成本结构分析、效益和效率分析。

引导案例

中美两国物流成本对比

一、 中国的物流成本现状分析

有资料显示，中国物流业成本占整个运营成本的20%以上。如果以2002年中国的GDP(102 398亿元)作为基数，可以测算出，全社会物流费用支出在20 479.6亿元左右，也就是说全社会物流成本每降低1个百分点，就可以节约204.796亿元。

从库存情况来看，中国企业产品的周转周期为35～45天。另外，中国企业更愿意用自己的车队，但货车空载率达37%以上，同时因包装问题而造成的货物损失每年达150亿元，货物运输每年损失500亿元人民币。

二、 美国物流成本现状分析

美国物流成本占国内生产总值（GDP）的比重在20世纪90年代前保持在11.4%～11.7%范围内，而进入20世纪最后10年，这一比重有了显著下降，由11%下降到10%左右甚至达到9.9%。虽然物流成本的绝对数量一直在上升，但是由于上升的幅度低于国民经济的增长幅度，所以物流成本占GDP的比例在缩小，物流成为经济效益提高的源泉。

从美国统计局、商务部发布的美国运输报告中可以了解到近20年的物流成本构成变化情况，运输成本在GDP中比例大体保持不变，而库存费用由过去的接近5%下降到不足4%。另一个反映美国物流效率的指标是库存周转期，美国的库存周转的周期在1996—1998年保持在1.40个月。但1999年发生了比较显著的变化，库存周期从1999年1月的1.38个月降低到年底的1.32个月。由此可见，降低库存成本、加快周转速度是美国现代物流发展的突出成绩。也就是说，其利润的源泉更集中在降低库存、加速资金周转方面。

通过以上中美物流成本对比分析，我们了解到中国物流业与发达国家的水平相比还有较大的差距，但同时也说明中国物流业成本下降大有空间。在世界经济一体化逐步推进及跨国物流企业纷纷抢滩中国市场的背景下，我国物流企业面临巨大的、全方位的国际竞争压力，中国物流业要取得成功，必须有效地把物流成本降下来。

各物流企业应加强物流成本的管理：通过对物流成本现状的分析，发现物流活动中存在的主要问题；对各个物流相关部门进行比较和评价；依据物流成本计算结果，制定物流规划，确立物流成本管理战略；通过物流成本分析，发现降低物流成本的环节，强化总体物流成本管理，提高企业竞争力。

资料来源：黄世一.物流成本核算与分析.北京：清华大学出版社，2010.

第一节 物流成本分析概述

物流成本分析是以企业物流成本表和其他相关资料为依据，采用专门的方法，系统分析和评价企业物流成本构成及其增减变动，以便为企业物流成本管理和决策提供依据。

一、物流成本分析的目的

企业物流成本分析的基本功能是将大量的物流成本报表数据转换成对特定物流成本管理决策有用的信息，减少决策的不确定性。从本质上说，物流成本计算的目的就是为物流成本分析提供数据依据，物流成本计算结果是物流成本分析的基础。一般来说，物流成本分析的目的包括以下几方面。

（一）分析企业物流成本计划执行情况

健全的物流成本管理通常会事先按物流成本构成内容制定企业物流成本计划，期末计算出各项物流成本后，通过物流成本的实际消耗与计划水平的比较，分析实际成本脱离计划的水平，进而评价企业物流成本计划执行的好坏。同时，根据实际成本脱离计划的偏差，还可进一步分析计划制定是否科学合理，计划执行环节是否存在疏漏，从而为提高计划制定水平和计划执行力度提供依据。

（二）分析企业物流成本升降的原因

通过对物流成本进行横向比较，例如不同企业间的比较，以及纵向比较例如不同时期的比较，可以明确企业物流成本比其他企业和以前年度是高或低，并通过企业物流成本内部结构的分析，进一步明确影响物流成本升降的具体成本项目有哪些，从更深层次探寻企业物流成本升降的原因，为企业控制和降低物流成本提供依据。

（三）寻求进一步降低企业物流成本的途径和方法

企业的经营管理和物流活动总是处于动态变化中，对物流成本进行分析和评价，可以了解企业与上年度、与其他企业比较的情况，以及企业物流总成本和具体物流成本的增减情况。对增幅较大的物流成本项目，进一步做深层次的分析，从而明确增幅较大的物流成本是否带来了较多的物流收益或提供了较高水平的物流服务，如果没有，则应详细分析物流成本增长的原因，并针对增幅较大的物流成本，采取降低成本的方法和措施。同时，对于没增长的物流成本，也并不意味着物流成本没有下降的潜力，对于这部分成本，同样需要分析物流成本和物流收益及物流服务水平之间的关系，并在此基础上采取相应的举措。

总之，物流成本的分析绝不仅仅是表面层次的分析和评价，做趋势比较分析时，无论物流成本不变、上升或下降，其背后都可能隐藏着物流成本进一步降低的潜力，都应做进一步的分析，积极寻求进一步降低物流成本的方法和途径。

二、物流成本分析的一般步骤

（一）选择物流成本分析指标的分析标准

针对物流成本分析指标，要判断其数据优劣，必须有对比判断的基准。可选择如下几个标准。

1. 同行业其他企业的状况或本行业的平均值

这是竞争的比较。一般来讲,竞争对象清楚的企业,如果能够和同行业其他企业的状况做比较,就能判断本身的好坏。

在物流业中,性质相仿的企业不少,即使不是直接竞争的企业,只要规模、物流过程性质差不多,也可作为比较学习的对象。但这种竞争性的比较资料的收集并不容易,除了一些属于一般性的财务资料可由评鉴之类的刊物中获得外,比较详细的资料则需要通过参观、沟通来取得,在目前国内各企业资料不全与极端保密的情况下,要做到此点并不容易。

2. 企业过去的状况

这是演进趋势的比较。除与同行业其他企业比较以了解别人怎样做、做得如何外,将企业本身前后期的物流过程情况做比较,可清楚地知道企业当前是处于成长还是衰退的状态。

3. 目标或计划

企业物流成本的分析,除注意趋势的变化外,若企业已经针对营运状况设定好目标或计划,则应进一步与目标或计划值进行比较,以判断企业是否达到预期的目标,其结果可作为管理者今后计划修改的方向或设定新目标值的参考。

(二) 收集资料

收集资料就是收集与物流成本有关的各种计划资料、定额资料、核算资料等。

(三) 指标的具体分析

在得到物流成本分析指标及相关资料之后,采用科学的方法,对成本指标进行分析,找出差距,查明原因。

(四) 总结与改善

对分析的结果进行综合概括,写出书面分析报告,提出问题改善措施并实施改善。

(1) 问题的评估,就是要找出问题中那些最亟待解决的问题,分析每一问题对企业未来的影响程度,并依程度的不同安排解决的时机。

(2) 收集有关事实,调查比较各个事实间的相互关系,制定改善目标。

(3) 分析事实,通过全体员工集思广益寻求改善方法。

(4) 拟定改善计划并将构想出的改善方案向上报告,同时做好实施的准备。

(5) 试行改善,并且详细追踪记录实施结果。

(6) 讨论分析试行的实施结果,并使之标准化。这是将改善后与改善前的情况做比较，检查是否确实进步，若是，则考虑将改善后的方式标准化，以作为往后的依据。

(7) 设定管理标准，并在实践中贯彻实施，严格管理。

三、物流成本分析的基本方法

物流成本分析总的来说有定性分析和定量分析两种方法。定性分析是为了揭示影响成本费用各因素的性质、内在联系及其变动趋势而对物流成本变动性质的分析；定量分析是为了确定物流成本指标变动幅度及其各因素影响程度而对物流成本变动数量的分析。两者相辅相成，互为补充。物流成本定量分析采用的技术方法是多种多样的，它可以采用会计的方法、统计的方法或数学的方法。在实际的物流成本分析工作中，有指标对比分析法、因素分析法和比率分析法。

(一) 指标对比分析法

1. 指标对比分析法的含义

指标对比分析法又称比较法，这是实际工作中广泛应用的分析方法，它是通过相互关联的物流成本指标在时间上和空间上进行对比来确定数量差异的一种方法。

通过对比，可以确定差异、发现问题、分析原因并评价业绩、掌握动态，为进一步降低物流成本、提高物流成本效益指明方向。

2. 指标对比分析法的形式

物流成本指标的对比分析可采取以下几种形式。

(1) 实际指标与计划指标对比

进行物流成本分析时，可以将实际成本指标与计划成本指标进行比较，通过对比，主要了解计划完成情况，找出与计划的差距及差距产生的原因，为进一步分析指明方向。

(2) 本期实际指标与前期(如上年同期或历史最好水平)实际指标对比

通过本期实际与上期或历史先进水平的实际数据对比，主要了解企业物流成本动态和变化趋势，有助于吸取历史经验，不断改进成本管理工作，降低物流成本。

(3) 本期实际指标与同行业先进水平对比

通过本企业实际指标与国内外同类先进企业的相同指标对比，主要了解本企业与国内外先进企业之间的差距，以便扬长避短，努力挖掘降低物流成本的潜力，提高竞争能力，不断提高企业的经济效益。

【例 4-1】

某企业物流中心加工作业有关资料，如表 4-1 所示。

表 4-1　某企业物流中心加工作业有关资料　　元

成本项目	本期		上期	上年同期	历史最高水平	同行业水平	国外同行业水平
	计划	实际					
直接材料	42	40	41	44	37	35	32
直接人工	5	5	5	7	5	5	3
制造费用	7	6	6	9	5	6	4
合计	54	51	52	60	47	46	39

根据以上数据资料，将本期的实际单位成本与各有关单位成本指标进行对比分析，编制单位成本对比分析表，如表 4-2 所示。

表 4-2　单位成本对比分析表

成本项目	与本期计划		上期		与上年同期		与历史最高水平		与同行业水平		与国外同行业水平	
	差距/元	差距比例/%	差距/元	差距比例/%	差距/元	差距比例/%	差距/元	差距比例/%	差距/元	差距比例/%	差距/元	差距比例/%
直接材料	−2	−4.76	−1	−2.44	−4	−9.09	3	8.11	5	14.29	8	25.00
直接人工	0	0.00	0	0.00	−2	−28.57	0	0.00	0	0.00	2	66.67
制造费用	1	−14.29	0	0.00	−3	−33.33	1	20.00	0	0.00	2	50.00
合计	−3	−5.56	−1	−1.92	−9	15.00	4	8.51	5	10.87	12	30.77

通过表中的数据，可以看出企业实际成本水平有所下降，已完成成本计划。直接材料成本实际比计划降低 2 元，比上期降低 1 元，比上年同期降低 4 元，但仍未达到历史最高水平，与国内同行业和国外同行业相比，还有很大的差距。因此应进一步查明原因，采取措施，挖掘潜力，赶上或超过国内外同行业水平。

（二）因素分析法

1. 因素分析法的含义

因素分析法是将某一综合指标分解为若干个相互联系的因素，并分别计算、分析每个因素影响程度的一种方法。

企业物流成本是一个综合性的价值指标，各方面工作都会影响物流成本水平。物流成本升降是由许多因素造成的，概括起来有两类：一类为外部因素，一类为内部因素。外部因素来自社会，是外部经济环境和条件造成的；内部因素是由企业本身经营管理造成的。这样分类有利于评价企业各方面的工作质量。

2. 因素分析法的计算方法

因素分析法的计算方法如下。

(1) 指标分解。将综合性指标分解为相互联系的各个因素,并按一定顺序排列,使其成为能用数学公式表达的因素分解式。

(2) 依次替代。以计划指标体系为基础,依次将每个因素的计划数替换为实际数,一直替换到指标全部为实际数为止。

(3) 比较替代结果。将每次替代的结果与替代前的指标数据相比较,差额即为该因素变动对综合性指标影响的数值。

(4) 综合影响数值。将各个因素变动对综合性指标影响的数值相加,其代数和应等于综合性指标实际数与计划数的总差异。

【例 4-2】

某企业物流中心 2010—2011 年仓储业务资料,如表 4-3 所示。

表 4-3 某企业物流中心 2010—2011 年仓储业务资料

	计量单位	收费单价/元		业务量/t	
		2010 年	2011 年	2010 年	2011 年
1 号库	t	12	15	5 000	6 000
2 号库	箱	10	12	8 000	7 200
3 号库	m^2	8	20	5 000	7 500
4 号库	件	16	12	6 000	6 000

分析:

2011 年仓储业务收入=15×6 000+12×7 200+20×7 500+12×6 000=398 400 元

2010 年仓储业务收入=12×5 000+10×8 000+8×5 000+16×6 000=27 600 元

收入指数=398 400/27 600=144.35%

增加额=398 400-27 600=122 400(元)

其中,

单位成本变化的影响结果为

单位成本指数=(15×6 000+12×7 200+20×7 500+12×6 000)/(12×6 000+10×7 200+8×7 500+12×6 000)

=398 400/300 000=132.8%

增加额=398 400-30 000=98 400 元

业务量变化的影响结果为

业务量指数＝(12×6 000＋10×72 00＋8×7 500＋16×6 000)/(12×5 000＋10×8 000＋8×5 000＋16×6 000)＝300 000/27 600＝108.7%

增加额＝300 000－27 600＝24 000(元)

可见

$$144.35\% = 132.8\% \times 108.7\%$$

$$122\,400 \text{ 元} = 98\,400 \text{ 元} + 24\,000 \text{ 元}$$

计算结果表明，仓储业务收入 2011 年比 2010 年增长了 44.35%，增加了 122 400 元，是仓储收费水平上升 32.8%，增加了 98 400 元，以及仓储业务量增长导致收入增长 8.7%，增加了 24 000 元这两个因素共同作用的结果。

有时指标的变动可能受到三个或三个以上因素变动的影响，就需要多因素分析。

假设物流成本指标 Q 是 A、B、C 三因素乘积，其计划成本指标与实际成本指标分别列示如下：

计划成本 $Q_1 = A_1 \times B_1 \times C_1$

实际成本指标 $Q_2 = A_2 \times B_2 \times C_2$

差异额 $E = Q_2 - Q_1$

计算程序是：计划成本指标 $A_1 \times B_1 \times C_1 = Q_1$

第一次替换：$A_2 \times B_1 \times C_1 = Q_3$　$Q_3 - Q_1$ 是 A 因素变动的影响，

第二次替换：$A_2 \times B_2 \times C_1 = Q_4$　$Q_4 - Q_3$ 是 B 因素变动的影响，

第三次替换：$A_2 \times B_2 \times C_2 = Q_2$　$Q_2 - Q_4$ 是 C 因素变动的影响。

以上三个因素变动影响的总和为

$$(Q_3 - Q_1) + (Q_4 - Q_3) + (Q_2 - Q_4) = E$$

从上式可知，三个因素变动的差异之和与前面计算的实际物流成本指标脱离计划成本指标的总差异是相符的，这就确定了各个因素对成本指标升降的影响程度，并可以确定各个因素所占差异的比重程度，为物流成本决策提供可靠的依据。从上例可以看出，因素分析法是在指标对比法的基础上发展的，是对比法的补充。

【例 4-3】

某企业物流中心包装作业直接材料消耗情况，如表 4-4 所示。

表 4-4　某物流中心包装作业直接材料消耗表

项　目	计 划 数	实 际 数
包装产品数量/件	300	350
单位产品材料消耗/kg	10	8
材料单价/元	5	5.5
材料费用/元	15 000	15 400

根据表 4-4 中的材料，利用连环替代法分析如下。

分析对象：

直接材料费用增加＝15 400－15 000＝400(元)

指标分解：

材料费用＝包装产品数量×单位产品材料消耗×材料单价

实际材料费用＝350×8×5.5＝15 400(元)

计划材料费用＝300×10×5＝15 000(元)

因素分析：

第一次替换：350×10×5＝17 500(元)

包装产品数量变化带来的影响额为：17 500－15 000＝2 500(元)

第二次替换：350×8×5＝14 000(元)

单位产品材料消耗变化带来的影响额为：14 000－17 500＝－3 500(元)

第三次替换：350×8×5.5＝15 400(元)

材料单价变化带来的影响额为：15 400－14 000＝1 400(元)

各因素变动综合影响合计＝2 500－3 500＋1 400＝400(元)

通过上述计算分析可知，包装作业材料费用超支 400 元的原因是以下三个因素的共同影响：产量增加 50 件使材料费用增加 2 500 元；单位产品材料消耗量下降，使材料费用减少 3 500 元；材料价格提高，使材料费用增加 1 400 元。

（三）比率分析法

比率是两数相比所得的数值。在物流成本分析中，比率分析法是指在物流成本表的不同项目之间，或在物流成本表与其他财务报表的有关项目之间进行对比分析，以计算出的比率反映各项目之间的相互关系，据此分析评价企业的物流成本水平。

由于比率是由密切关联的两个或两个以上的相关数字计算出来的，是相对数，排除了规模的影响，因此比率分析，往往可以更好地揭示企业的物流成本水平。例如，物流成本与销售收入的比率，可以反映出单位销售额的物流成本水平，便于不同规模企业物流成本水平的比较；物流成本与销售数量的比率，可以反映出单位产品的物流成本水平，便于企业不同年份不同销售数量的比较；物流成本与企业总成本的比较，可以反映出物流成本在企业总成本中所占的比重，便于分析评价企业的物流成本水平；等等。

但是，与对比分析法一样，比率分析法只适用于某些方面，其揭示信息的范围也有一定的局限。在实际运用比率分析法时，必须以比率所揭示的信息为起点，结合其他有关资料和实际情况进行更深层次的探究，才能做出正确的判断和评价。因此，在物流成本分析过程中，既要重视比率分析法的运用，又要与其他分析方法紧密结合，以优化物流成本分析的效果。

第二节　物流成本结构分析

物流成本结构分析是以共同比物流成本表和比较共同比物流成本表的形式，反映不同物流成本项目、物流范围和支付形态，物流成本在物流总成本中所占的百分比，以及该百分比在企业不同时期的比较，与其他企业之间的比较，进而明确企业物流成本结构是否合理，了解物流成本结构的变化趋势，明确企业降低物流成本的取向。

一、物流成本范围结构分析

物流活动的范围成本主要包括供应物流成本、企业内物流成本、销售物流成本、回收物流成本和废弃物物流成本这几个部分。本章物流活动的范围成本结构分析主要从这几个方面进行，对各部分的结构比率作横向和纵向比较分析，找出物流活动成本结构不合理的地方，对其进行调整，追求整体成本支出最小。

（一）物流范围成本结构的总体分析

在物流成本范围结构中，首先应该分析物流活动各部分成本在物流活动总成本中所占的比重。例如A、B两个公司是同类型、同规模的公司，通过调查研究得到A公司和B公司2009年度和2010年度物流活动的范围成本结构资料，如表4-5所示。

表4-5　A、B公司的物流活动范围成本结构明细表　　万元

物流范围成本	A公司2009年度	A公司2010年度	B公司2010年度
供应物流成本	42	50	55
企业内物流成本	10	13	15
销售物流成本	45	47	49
回收物流成本	1	3	1
废弃物物流成本	0.5	2	0.5
合　计	98.5	115	120.5

通过这两个公司的物流成本明细表，可以把各个物流成本所占的比重计算出来，以此来编制A、B两个公司在2009年度和2010年度的物流活动共同比成本表，具体情况如表4-6所示。

表 4-6　A、B 公司的物流活动共同比成本明细表　%

物流范围成本	A 公司 2009 年度	A 公司 2010 年度	B 公司 2010 年度
供应物流成本	42.64	43.48	45.64
企业内物流成本	10.15	11.30	12.45
销售物流成本	45.69	40.87	40.67
回收物流成本	1.02	2.61	0.83
废弃物物流成本	0.50	1.74	0.41
合　计	100.00	100.00	100.00

通过表 4-6 可知，对于 A 公司而言，在 2009 年度的物流范围成本结构中，销售物流成本所占的比重最大，占总成本的 45.69%，其次是公司的供应物流成本，占总成本的 42.64%，这两部分累加起来高达总成本的 88.33%。从这个信息中可以看出，企业物流活动的范围成本结构主要包括销售物流成本和供应物流成本这两部分。如果把这两部分的成本降下来，则企业的物流活动的总成本也会随之下降。

从表 4-5 中可以看出，2010 年度企业的销售物流成本由 2009 年的 45 万元上升到 47 万元，增长了 2 万元，但是由于 2010 年度企业物流活动总成本有较大幅度的增长，因此销售物流成本在范围成本中的比例反而下降了，由 2009 年度的 45.69%下降到 40.87%。除了销售物流成本，A 公司其他物流活动的范围成本比例基本没有多大的变化，说明这两年物流活动的范围成本支出结构变动趋势不明显。

上面的分析是从纵向比较 A 公司 2009 年度和 2010 年度的物流活动范围成本结构。下面从同行业角度来分析 A 公司与 B 公司在行业竞争中所处的地位，进行横向比较分析。由表 4-5 可以看出，2010 年度 A 公司与 B 公司相比较，A 公司物流活动的范围成本比 B 公司低，竞争力相对来说较强。B 公司回收物流成本和废弃物物流成本比 A 公司低 2.5 万元，说明 B 公司在绿色物流和环保物流方面做得比较好，值得 A 公司学习和借鉴。

（二）物流范围成本结构的具体分析

企业物流活动的范围成本结构中，销售物流成本和供应物流成本所占比重较大，而企业内物流成本、回收物流成本和废弃物物流成本所占比重过小，所以，在这里主要对销售物流成本和供应物流成本作进一步分析。

企业销售物流成本主要包括自营成本和委托成本。通过调查可得出 A、B 两公司销售物流成本中自营成本和委托成本的具体数据，根据这些数据可以推算出自营成本和委托成本在销售物流成本中所占的比重，详情如表 4-7 所示。

表 4-7 A、B 公司销售物流成本明细及比重表

销售物流成本	A 公司 2009 年度	A 公司 2010 年度	B 公司 2010 年度
自营成本/万元	35	47	49
委托成本/万元	10	0	0
销售物流成本合计/万元	45	47	49
自营成本所占比重/%	77.78	100	100
委托成本所占比重/%	22.22	0	0
合计/%	100	100	100

从表 4-7 可以看出，A 公司 2009 年度销售物流成本由自营成本和委托成本两部分构成，其中委托成本所占比例超过了 20%。而在 2010 年度，公司改变了原有的销售策略，销售物流成本都是自营物流成本，这样有利于增强企业自身的销售能力。通过 A、B 两公司在 2010 年度的横向比较来看，两个公司都没有委托其他单位进行销售，所发生的销售物流成本都是自营成本，A 公司较 B 公司有微弱优势。

除了销售物流成本外，企业的物流活动范围成本结构主要还有供应物流成本。根据调查的数据资料可以把 A 公司和 B 公司供应物流成本进行归类，如表 4-8 所示。

表 4-8 A、B 公司供应物流成本明细及比重表 万元

供应物流成本	A 公司 2009 年度	A 公司 2010 年度	B 公司 2010 年度
自营成本/万元	34	40	42
委托成本/万元	8	10	13
供应物流成本合计/万元	42	50	55
自营成本所占比重/%	80.95	80	76.39
委托成本所占比重/%	19.05	20	23.64
合计/%	100	100	100

通过表 4-8 可以看出，A 公司在 2010 年度的自营成本增长了 6 万元，增幅达到了 17.65%，原因主要是一些基础材料的成本较 2009 年度有所增长；委托成本也比 2009 年度增长了 2 万元；供应物流成本总体情况较 2009 年度增长了 8 万元，涨幅为 19.05%。由于受 2010 年度的一些行业因素的影响，从纵向上分析，A 公司这两年的供应物流成本变动不大，在可接受的范围内。从横向比较，供应物流成本方面 A 和 B 公司差距在 10% 左右，说明 A 公司在竞争中还是微占优势的。综合来看，A 公司的自营成本要比 B 公司的自营成本所占的比例稍微大一点。

（三）物流范围成本结构的进一步分析

企业物流活动的自营物流成本主要包括供应物流成本和销售物流成本，下面逐个进行分析。

1. 物流活动的自营物流成本结构分析

1）自营物流成本中的供应物流成本分析

自营物流成本中的供应物流成本结构分析主要是对供应物流成本所包含的具体成本项目进行比较分析。下面根据调查数据列出一个明细及比重表，见表 4-9。

表 4-9 A、B 公司自营物流成本的供应物流成本明细及比重表

自营物流成本		A 公司 2009 年度	A 公司 2010 年度	B 公司 2010 年度
供应物流	运输成本/万元	19	21	20
	装卸搬运成本/万元	9	10	11
	物流信息成本/万元	2	4	5
	物流管理成本/万元	4	5	6
	合计/万元	34	40	42
各成本比重	运输成本/%	55.88	52.50	47.62
	装卸搬运成本/%	26.47	25	26.19
	物流信息成本/%	5.88	10	11.91
	物流管理成本/%	11.77	12.50	14.28
	合计/%	100	100	100

通过表 4-9 可以得出以下结论：自营物流成本中的供应物流成本主要包括运输成本、装卸搬运成本、物流信息成本和物流管理成本。

根据表 4-9 的资料，可做如下分析。

（1）从总体数据上看，A 公司 2010 年度的自营物流成本中供应物流各项成本比 2009 年均有所增加，但从比例上看，物流的运输成本和装卸成本都有所下降。2010 年度的总运输成本要比 2009 年度多，有一部分原因在于物流信息成本和物流管理成本的增长，主要是物流信息成本的增长，成本增长了 2 万元，物流信息成本所占比重也由 2009 年度的 5.88%增长到 2010 年度的 10%，增幅达到 4.12%。

在这里可以看出，在其他外界条件不变的情况下，如何有效地降低物流信息成本和物流管理成本应是公司相关领导关注的重点。同时，科学合理地安排运输路线也可以有效地降低物流运输成本，这也是一个降低成本的焦点。

(2) 2010 年度，A 公司和 B 公司相差不大，基本上保持一个持平的状态，B 公司的运输成本所占的比重相对较少，比 A 公司少 6%左右，但是 B 公司的物流管理成本高于 A 公司 1 万元，总体来说 B 公司和 A 公司基本保持在同一个水平。通过横向比较可以看出，A 和 B 公司应该在物流管理成本上进行调整，通过科学合理地安排物流程序和有效监督物流管理人员的工作效率，降低物流的管理成本。

2) 自营物流成本中的销售物流成本分析

自营物流成本中的销售物流成本主要指销售过程中产生的物流成本。具体包括运输成本、装卸搬运成本、流通加工成本、物流信息成本和物流管理成本。根据调查资料可以编制一个销售物流成本明细及比重表，见表 4-10。

表 4-10　A、B 公司自营物流成本的销售物流成本明细及比重表

自营物流成本		A 公司 2009 年度	A 公司 2010 年度	B 公司 2010 年度
销售物流	运输成本/万元	22	20	25
	装卸搬运成本/万元	10	7	9
	流通加工成本/万元	3	4	
	物流信息成本/万元	4	7	6
	物流管理成本/万元	6	9	9
	合计/万元	45	47	49
各成本比重	运输成本/%	48.89	42.55	51.02
	装卸搬运成本/%	22.22	14.89	18.36
	流通加工成本/%	6.67	8.52	
	物流信息成本/%	8.89	14.89	12.25
	物流管理成本/%	13.33	19.15	18.37
	合计/%	100	100	100

根据表 4-10 的资料，可做如下分析。

(1) A 公司 2010 年度的销售物流成本比 2009 年度增长了 2 万元，主要增长点在物流信息成本和物流管理成本两部分，增长幅度均为 3 万元。在销售环节上，物流的运输成本和装卸搬运成本降幅较大，分别为 2 万元和 3 万元，主要是企业在产品仓储和摆放方面做了一些改进，使销售过程中的运输费用和搬运费用节省了不少。从各成本所占的比重可以看出，运输成本在销售成本中的比重也由 2009 年的 48.89%下降到 2010 年的 42.55%，装卸搬运成本降幅更大，由 2009 年的 22.22%下降到 2010 年的 14.89%。物流信息成本和物流管理成本增幅较大，说明企业现在开始重视在物流信息和物流管理方面的工作，加大了投入力度。

(2) 2010 年 A 公司和 B 公司总体上花费的费用相差不多，B 公司销售物流总成本高于 A 公司 2 万元。但是，B 公司没有流通加工费用，这是 B 公司较 A 公司优越的地方，也是 A 公司应该注意改进的地方。两个公司其余的成本相差无几，在此不进行讨论。

2. 物流活动的委托物流成本结构分析

在供应物流成本和销售物流成本结构中，除了自营成本之外，最主要的就是委托成本。它主要是指把一些活动委托给第三方公司运作，节省自己的人力和物力，但是需要支付一定的费用。委托物流成本也分为在供应物流环节发生的成本和在销售物流环节发生的成本。根据前面所提供的关于 A 公司和 B 公司的数据资料，对 A、B 公司委托物流成本进行分析，A 公司和 B 公司在 2010 年度销售物流成本中没有发生委托成本，所以主要是对其供应物流发生的委托成本进行归类整理，并对这些数据进行分析，以此来调整企业在这部分的经营策略。在这里通过表格的形式把它展现出来，如表 4-11 所示。

表 4-11 A、B 公司 2009、2010 年度委托物流成本信息明细表

委托物流成本		运输成本	装卸搬运成本	合计
销售物流	A 公司 2009 年度/万元	6.5	3.5	10
	成本所占比重/%	65	35	100
	完成同样任务预计花费自营物流成本/万元	7.5	2.8	10.3
	预计自营比委托成本高	1	−0.7	0.3
供应物流	A 公司 2009 年度/万元	5.6	2.4	8
	成本所占比重/%	70	30	100
	完成同样任务预计花费自营物流成本/万元	6.4	2.2	8.6
	预计自营比委托成本高	0.8	−0.2	0.6
	A 公司 2010 年度/万元	6	4	10
	成本所占比重/%	60	40	100
	完成同样任务预计花费自营物流成本/万元	7.2	3.5	10.7
	预计自营比委托成本高	1.2	−0.5	0.7
	B 公司 2010 年度/万元	9.5	3.5	13
	成本所占比重/%	71.54	28.46	100
	完成同样任务预计花费自营物流成本/万元	11	3	14
	预计自营比委托成本高	1.5	−0.5	1

从销售物流委托成本分析，A 公司在 2009 年度委托成本总计为 10 万元，但是这部分由企业自主经营来完成，估计要花费 10.3 万元，和委托成本相差不大，这也是公司在

2010 年度没有委托其他公司帮助完成销售物流这个环节的工作的主要原因。但是在供应物流成本这部分，委托第三方物流能够帮助企业节省较多成本。从表 4-11 可以看出，在 2009 年度 A 公司委托第三方完成一部分供应物流工作，节省了大约 6 000 元，委托第三方进行工作，运输成本节省 8 000 元，但是搬运成本上升 2 000 元，综合起来，值得委托第三方提供供应物流服务。

二、物流成本项目结构分析

物流成本按成本项目划分，可以分为物流功能成本和存货相关成本，其中物流功能成本又包括运输成本、仓储成本、装卸搬运成本、流通加工成本、物流信息成本和物流管理成本；存货相关成本包括流动资金占用成本、存货风险成本和存货保险成本。物流成本项目结构分析就是要分析上述各具体成本项目在物流总成本中所占的比重，以便对物流成本管理工作进行分析评价。

（一）物流成本项目结构的总体分析

分析物流成本项目结构，首先应分析在物流总成本中物流功能成本和存货相关成本所占的比重。在这里，我们获取了 C 企业和 D 企业的有关资料，具体如表 4-12 所示。

表 4-12 C 企业、D 企业物流成本信息表 万元

成本项目		C 企业 2010 年度	C 企业 2009 年度	D 企业 2010 年度
物流功能成本	运输成本	20	18	16
	仓储成本	10	11	12
	包装成本	6	6	7
	装卸搬运成本	11	9	12
	流通加工成本	8	7	8
	物流信息成本	9	8	11
	物流管理成本	12	10	10
	合计	76	69	76
存货相关成本	流动资金占用成本	6	7	5
	存货风险成本	2	3	2
	存货保险成本	3	3	2
	合计	11	13	9
其他成本				
物流成本合计		87	82	85

根据上述资料，编制C企业2010年度、2009年度及D企业2010年度物流成本项目结构总体分析表(表4-13)。

表4-13 C企业、D企业比较共同比物流成本表 %

成本项目	C企业2010年度比重	C企业2009年度比重	D企业2010年度比重
物流功能成本	87.36	84.15	89.41
存货相关成本	12.64	15.85	10.59
物流总成本	100	100	100

根据表4-13的资料，可做如下分析。

(1) C企业2010年度物流成本的总体构成结构是物流功能成本占87.36%，存货相关成本占12.64%。从上述数据看，物流功能成本在物流总成本中占有相当大的比重，是今后降低和控制物流成本的主要取向，但存货相关成本是否有下降潜力，仍需做进一步的细化分析才能确定。

(2) C企业2010年度物流功能成本和存货相关成本在物流总成本中所占的比重与2009年度相比差异不大，物流功能成本比重上升了3.21个百分点，存货相关成本比重下降了3.21个百分点，具体原因需做进一步分析。

(3) 2010年C企业与D企业相比，物流功能成本和存货相关成本分别在物流总成本中所占的比重分别差异也不大，物流功能成本比重比D企业低2.05个百分点，存货相关成本比重比D企业高2.05个百分点。与D企业相比，C企业存货相关成本比重上升，初步分析有可能是C企业期末存货余额加大，导致流动资金占用成本率上升，但具体原因仍需做进一步分析。

(二) 物流成本项目结构的具体分析

1. 物流功能成本结构分析

仍以表4-12的有关资料为依据，编制C企业2010年度、2009年度及D企业2010年度物流功能成本项目结构分析表(表4-14)。

表4-14 C企业、D企业比较共同比物流功能成本表 %

成本项目	C企业2010年度比重	C企业2009年度比重	D企业2010年度比重
运输成本	26.32	26.09	21.05
仓储成本	13.16	15.94	15.79
包装成本	7.89	8.70	9.21
装卸搬运成本	14.47	13.04	15.79

续表

成本项目	C企业2010年度比重	C企业2009年度比重	D企业2010年度比重
流通加工成本	10.53	10.14	10.53
物流信息成本	11.84	11.59	14.47
物流管理成本	15.79	14.50	13.16
物流功能成本合计	100	100	100

根据表4-14的资料,可做如下分析。

(1) C企业2010年度物流功能成本中运输成本所占比重最大,为26.32%,其次为物流管理成本、装卸搬运成本和仓储成本,其比重分别为15.79%、14.47%、13.16%,上述四项成本合计占物流功能成本的69.74%,因此有必要对上述四项成本从物流范围和支付形态方面做进一步的分析。

(2) 与2009年相比,C企业2010年各成本项目占物流功能成本的比重变动不大,说明物流功能成本构成结构相对稳定,比重变化不明显。

(3) 2010年C企业与D企业相比,除运输成本和物流信息成本分别在物流功能成本中所占比重有一定差异,其他各项成本所占比重变动不大,其中C企业运输成本所占比重比D企业高5.27个百分点,C企业物流信息成本所占比重比D企业低2.63个百分点,说明进一步分析C企业运输成本的构成及产生原因极为必要。C企业物流信息成本所占比重比D企业低,可能有两个原因:一是C企业物流信息成本控制较好;二是C企业运用信息化手段进行物流成本管理程度低。需要结合企业实际情况做具体分析。

2. 存货相关成本结构分析

仍以表4-12的相关资料为依据,编制C企业2010年度、2009年度及D企业2010年度存货相关成本项目结构分析表(表4-15)。

表4-15 C企业、D企业比较共同比存货相关成本表 %

成本项目	C企业2010年度比重	C企业2009年度比重	D企业2010年度比重
流动资金占用成本	54.55	53.85	55.56
存货风险成本	18.18	23.08	22.22
存货保险成本	27.27	23.07	22.22
存货相关成本合计	100	100	100

根据表4-15的资料,可做如下分析。

(1) C企业2010年存货相关成本中,流动资金占用成本所占比重最大,达54.55%,

所以，要想降低存货相关成本进而降低物流总成本，应首先从降低流动资金占用成本入手，详细分析影响流动资金占用成本的各个因素及影响程度。

(2) 2010 年 C 企业与 D 企业相比，流动资金占用成本在存货相关成本中所占的比重差异不大，说明流动资金占用成本水平相对合理，存货风险成本和存货保险成本在存货相关成本中所占的比重分别有一定差异，这种差异反映了企业存货保管水平和风险控制能力的差异。

3. 物流功能成本范围结构分析

我们对物流功能成本初步分析后认为，需要对物流功能成本中占比重较大的运输成本、物流管理成本、装卸搬运成本和仓储成本做进一步分析，下面进一步分析上述四个成本项目的物流范围结构和支付形态结构。仍以 C、D 企业有关物流成本信息作为分析依据，具体资料如表 4-16、表 4-17 所示。

表 4-16　C、D 企业有关物流成本信息一览表(1)　　万元

项目		C 企业 2010 年度	C 企业 2009 年度	D 企业 2010 年度
运输成本	供应物流	10	10	10
	企业内物流	1	2	
	销售物流	7.5	6	6
	回收物流	1		
	废弃物物流	0.5		
	小计	20	18	16
物流管理成本	供应物流	4	3	4
	企业内物流	3	3	2
	销售物流	4	4	4
	回收物流	0.5		
	废弃物物流	0.5		
	小计	12	10	10
装卸搬运成本	供应物流	4	4	6
	企业内物流	2	1	2
	销售物流	4	4	4
	回收物流	0.5		

续表

项目		C企业2010年度	C企业2009年度	D企业2010年度
装卸搬运成本	废弃物物流	0.5		
	小计	11	9	12
仓储成本	企业内物流	10	11	12
合计		53	48	50

表 4-17 C、D企业有关物流成本信息一览表(2)　　万元

项目		C企业2010年度	C企业2009年度	D企业2010年度
运输成本	人工费	13	10	8
	维护费	5	6	6
	一般经费	2	2	2
	小计	20	18	16
物流管理成本	人工费	7	5	4
	维护费	1	0.5	1
	一般经费	4	4.5	5
	小计	12	10	10
装卸搬运成本	人工费	5	4	5
	维护费	4.5	4	5
	一般经费	1.5	1	2
	小计	11	9	12
仓储成本	人工费	3.5	4	4
	维护费	5	6	6
	一般经费	1.5	1	2
	小计	10	11	12
合计		53	48	50

根据上述资料，分别对有关物流功能成本做进一步分析。

1）运输成本物流范围结构分析

根据表 4-16 的有关资料，编制 C 企业 2010 和 2009 年度及 D 企业 2010 年度运输成本物流范围结构分析表(表 4-18)。

表 4-18 C、D 企业运输成本物流范围结构一览表 %

项	目	C 企业 2010 年度比重	C 企业 2009 年度比重	D 企业 2010 年度比重
运输成本	供应物流	50	55.56	62.5
	企业内物流	5	11.11	
	销售物流	37.5	33.33	37.5
	回收物流	5		
	废弃物物流	2.5		
	小计	100	100	100

根据表 4-18 的资料，可做如下分析。

(1) C 企业 2010 年运输成本中，供应物流成本和销售物流成本所占比重最大，分别为 50%和 37.5%，合计达 87.5%，同时，由于企业内部发生一部分短途运输业务，因此企业内运输成本在运输成本总额中也占有一定比重。另外，从表中也可看出，2010 年企业发生了退货、返修以及废旧物品处理等运输业务。不过，就比重而言，供应和销售阶段运输成本所占比重最大，应成为成本降低的方向。

(2) 与 2009 年相比，C 企业 2010 年各物流范围运输成本占总运输成本的比重变动不大，2009 年供应物流和销售物流运输成本占总运输成本的比重达 88.89%。

(3) 2010 年 C 企业与 D 企业相比，供应物流运输成本占总运输成本的比重有一定差异，C 企业比 D 企业低 12.5 个百分点；但 D 企业 2010 年度在企业内物流、回收物流和废弃物物流阶段未发生运输成本；另外，C、D 两企业销售物流运输成本占总运输成本的比重持平，均为 37.5%。

2) 物流管理成本物流范围结构分析

根据表 4-16 的有关资料，编制 C 企业 2010 年度、2009 年度及 D 企业 2010 年度物流管理成本物流范围结构分析表(表 4-19)。

表 4-19 C 企业、D 企业物流管理成本物流范围结构一览表 %

项	目	C 企业 2010 年度比重	C 企业 2009 年度比重	D 企业 2010 年度比重
物流管理成本	供应物流	33.33	30	40
	企业内物流	25	30	20
	销售物流	33.33	40	40
	回收物流	4.17		
	废弃物物流	4.17		
	小计	100	100	100

根据表 4-19 的资料，可做如下分析。

(1) C 企业 2010 年物流管理成本中，供应物流、销售物流和企业内物流成本所占比重最大，分别为 33.33%、33.33%和 25%，合计达 91.66%，同时，C 企业 2010 年发生了退货、返修以及废旧物品处理等业务，所以物流管理成本在回收物流和废弃物物流阶段也发生了一定支出。

(2) 与 2009 年相比，2010 年 C 企业销售物流范围管理成本占物流管理总成本的比重下降 6.67 个百分点，下降原因有可能与销售物流业务减少有关，也可能与成本控制有关，详细原因应做进一步分析。

(3) 2010 年 C 企业与 D 企业相比，各物流范围成本占物流管理总成本的比重差异不大。该表同时说明企业物流管理工作集中体现在供应物流、企业内物流和销售物流三个阶段。

3) 装卸搬运成本物流范围结构分析

根据表 4-16 的有关资料，编制 C 企业 2010 年度、2009 年度及 D 企业 2010 年度装卸搬运成本物流范围结构分析表(表 4-20)。

表 4-20　C、D 企业装卸搬运成本物流范围结构一览表

%

项目		C 企业 2010 年度比重	C 企业 2009 年度比重	D 企业 2010 年度比重
装卸搬运成本	供应物流	36.36	44	50
	企业内物流	18	11	17
	销售物流	36.36	44	33
	回收物流	4.55		
	废弃物物流	4.55		
	小计	100	100	100

根据表 4-20 的资料，可做如下分析。

(1) C 企业 2010 年装卸搬运成本中，供应物流和销售物流所占比重最大，均为 36.36%，合计达 72.72%；同时，C 企业 2010 年发生了退货、返修以及废旧物品处理等业务，所以装卸搬运成本在回收物流和废弃物物流阶段也发生了一定支出。

(2) 与 2009 年相比，C 企业 2010 年在扣除回收物流和废弃物物流的影响因素后，各物流范围成本占装卸搬运总成本的比重大致相当。装卸搬运业务主要集中在供应物流和销售物流阶段。

(3) 2010 年 C 企业与 D 企业相比，C 企业供应物流成本占装卸搬运总成本的比重低 13.64 个百分点，从表 4-20 的数据可看出，低的比重基本由回收物流和废弃物物流所占比重抵补。

4. 物流功能成本支付形态结构分析

1）运输成本支付形态结构分析

根据表 4-17 的有关资料，编制 C 企业 2010 年度、2009 年度及 D 企业 2010 年度运输成本支付形态结构分析表（表 4-21）。

表 4-21　C 企业、D 企业运输成本支付形态结构一览表　　%

项　目		C 企业 2010 年度比重	C 企业 2009 年度比重	D 企业 2010 年度比重
运输成本	人工费	65	56	50
	维护费	25	33.33	37.5
	一般经费	10	11.11	12.5
	小计	100	100	100

根据表 4-21 的资料，可做如下分析。

（1）C 企业 2010 年运输成本中，人工费和维护费所占比重最大，分别为 65%和 25%，合计达 90%，所以，要想降低运输成本，应首先从降低人工费和维护费入手，详细分析人工费和维护费的支出明细，寻找成本降低点。

（2）与 2009 年相比，C 企业 2010 年人工费支出占运输成本的比重高出接近 10 个百分点，应进一步分析人工费支出的原因，明确是由于增加了司机，导致了人工费支出增加，还是由于人工费列支和控制方面存在问题，应将 2010 年人工费支出明细与 2009 年做详细比较，寻找原因。

（3）2010 年 C 企业与 D 企业相比，人工费占运输成本的比重有一定差异，C 企业比 D 企业高 15 个百分点，进一步说明了 2010 年 C 企业人工费支出可能存在一定问题，应做进一步分析。

2）物流管理成本支付形态结构分析

根据表 4-17 的有关资料，编制 C 企业 2010 年度、2009 年度及 D 企业 2010 年度物流管理成本支付形态结构分析表（表 4-22）。

表 4-22　C 企业、D 企业物流管理成本支付形态结构一览表　　%

项　目		C 企业 2010 年度比重	C 企业 2009 年度比重	D 企业 2010 年度比重
物流管理成本	人工费	58.33	50	40
	维护费	8.33	5	10
	一般经费	33.34	45	50
	合计	100	100	100

根据表 4-17 的资料，可做如下分析。

(1) C 企业 2010 年物流管理成本中，人工费和一般经费所占比重最大，分别为 58.33% 和 33.34%，合计达 91.67%，所以，要想降低物流管理成本，首先应从降低人工费和一般经费入手，详细分析人工费和一般经费的支出明细，逐一查明各明细支出是否合理。

(2) 与 2009 年相比，C 企业 2010 年一般经费支出占物流管理成本的比重低近 12 个百分点，说明企业 2010 年一般经费支出的控制较好。

(3) 2010 年 C 企业与 D 企业相比，各支付形态成本占物流管理成本的比重有一定差异。就人工费支出比重而言，C 企业比 D 企业高 18.33 个百分点；就一般经费支出而言，C 企业比 D 企业低 16.66 个百分点。应进一步分析这种支付形态结构是否合理。

3) 装卸搬运成本支付形态结构分析

根据表 4-17 的有关资料，编制 C 企业 2010 年度、2009 年度及 D 企业 2010 年度装卸搬运成本支付形态结构分析表(表 4-23)。

表 4-23　C 企业、D 企业装卸搬运成本支付形态结构一览表

项　目		C 企业 2010 年度比重	C 企业 2009 年度比重	D 企业 2010 年度比重
装卸搬运成本	人工费	45.45	44.44	41.67
	维护费	40.91	44.44	41.67
	一般经费	13.64	11.12	16.66
	小计	100	100	100

根据表 4-23 的资料，可做如下分析。

(1) C 企业 2010 年装卸搬运成本中，人工费和维护费所占比重最大，分别为 45.45% 和 40.91%，合计达 86.36%，所以，要想降低装卸搬运成本，应首先从降低人工费和维护费入手，要详细分析人工费和维护费的支出明细，逐一查明各明细支出是否合理。当然，还应考虑是否由于业务需要，增加了装卸搬运设施和人员等。

(2) 与 2009 年相比，C 企业 2010 年各支付形态支出占装卸搬运成本的比重大致相当，说明比重变化较平稳。

(3) 2010 年 C 企业与 D 企业相比，各支付形态成本占装卸搬运成本的比重大致相当，说明各结构支出较合理。

4) 仓储成本支付形态结构分析

根据表 4-17 的有关资料，编制 C 企业 2010 年度、2009 年度及 D 企业 2010 年度仓储成本支付形态结构分析表(表 4-24)。

根据表 4-24 的资料，可做如下分析。

(1) C 企业 2010 年仓储成本中，人工费和维护费所占比重最大，分别为 35% 和 50%，合计达 85%。维护费所占比重较大，可能是由于仓储折旧费和维修费支出较多，具体原因应详细分析。

表 4-24　C企业、D企业仓储成本支付形态结构一览表　%

项　　目		C企业 2010 年度比重	C企业 2009 年度比重	D企业 2010 年度比重
仓储成本	人工费	35	36.36	33.33
	维护费	50	54.55	50
	一般经费	15	9.09	16.67
	小计	100	100	100

(2) 与 2009 年相比,C企业 2010 年各支付形态支出占仓储成本的比重大致相当,说明比重变化较平稳。

(3) 2010 年 C企业与 D企业相比,各支付形态成本占仓储成本的比重大致相当,说明各结构支出较合理。

三、物流成本支付形态结构分析

物流成本按支付形态可划分为自营物流成本和委托物流成本,其中自营物流成本又可以分为材料费、人工费、维护费、一般经费和特别经费。物流成本支付形态结构分析就是分析各支付形态成本在物流总成本中所占的比重,了解各支付形态成本支出结构,为降低物流成本提供依据。

(一) 物流成本支付形态结构的总体分析

分析物流成本支付形态结构,首先应分析在物流总成本中,自营物流成本和委托物流成本分别所占的比重。在这里,我们获取了 E企业和 F企业的有关资料,具体如表 4-25 所示。

表 4-25　E企业、F企业物流成本信息表　万元

物流范围成本		E企业 2010 年度	E企业 2009 年度	F企业 2010 年度
自营物流成本	材料费	1.5	1	1
	人工费	13	12	10
	维护费	17	18	15
	一般经费	5.5	5	6
	特殊经费	3	2	3
	小计	40	38	35
委托物流成本		15	10	13
合　　计		55	48	48

根据上述资料，编制E企业2010年度、2009年度及F企业2010年度物流成本支付形态结构总体分析表(表4-26)。

表4-26 E企业、F企业物流成本支付形态结构一览表 %

物流支付形态成本	E企业2010年度比重	E企业2009年度比重	F企业2010年度比重
自营物流成本	72.73	79.17	72.92
委托物流成本	27.27	20.83	27.08
合　计	100	100	100

根据表4-26的资料，可做如下分析。

(1) E企业2010年度物流成本总体构成中自营物流成本和委托物流成本所占比重分别为72.73%和27.27%，说明E企业已将一部分物流业务进行了外包，且该部分业务占有相当比重，应对委托物流成本与完成同等物流业务量的预计自营物流成本进行比较，以确定外包物流业务是否合理。对占比重较大的自营物流成本也应进一步分析其具体的支付形态，从而确定物流成本降低的取向。

(2) 与2009年度相比，E企业2010年自营物流成本支出下降6.44个百分点，委托物流成本支付比重上升6.44个百分点，说明企业2010年物流业务外包程度加大，这种运作策略是否合理，还应进一步分析。

(3) 2010年E企业和F企业相比，各物流支付形态成本在物流总成本中所占的比重大致相当，说明E企业物流成本支付形态结构相对合理。

(二) 物流成本支付形态结构的具体分析

1. 自营物流成本支付形态结构分析

根据表4-25的资料，编制E企业2010年度、2009年度及F企业2010年度自营物流成本支付形态结构表(表4-27)。

表4-27 E企业、F企业自营物流成本支付形态结构一览表 %

自营物流支付形态成本	E企业2010年度比重	E企业2009年度比重	F企业2010年度比重
材料费	3.75	2.63	2.86
人工费	32.5	31.58	28.57
维护费	42.5	47.37	42.86
一般经费	13.75	13.16	17.14
特殊经费	7.5	5.26	8.57
合　计	100	100	100

根据表 4-27 的资料，可做如下分析。

(1) E 企业 2010 年自营物流成本中，维护费和人工费支出比重最大，分别为 42.5% 和 32.5%；其次为一般经费和特别经费，其支出比重分别为 13.75% 和 7.5%。企业可根据实际情况，选择对其中一部分或全部支付形态成本做进一步分析。在本书中，我们选择对维护费、人工费和特别经费做进一步分析。

(2) 与 2009 年度相比 E 企业 2010 年除了维护费支出比重有所下降，其他支付形态成本比重变化不大，说明自营物流成本各支付形态结构相对稳定。

(3) 与 F 企业相比，E 企业 2010 年人工费支出比重略高，一般经费支出比重略低，这两种形态费用支出此消彼长是否合理，还需做进一步分析。但总体来说，2010 年 E 企业和 F 企业的支付形态比重差异不大，说明 E 企业 2010 年支付形态结构相对合理。

2. 委托物流成本支付形态结构分析

根据表 4-26 的资料可知，E 企业 2010 年与 2009 年相比以及与 F 企业 2010 年相比，委托物流成本在自营物流成本中所占比重基本相当，说明这种支出结构相对稳定和合理。由于委托物流成本的支付有时是不分具体成本项目的整体支付方式，有时按具体成本项目来支付，且分析委托物流成本中各成本项目所占比重意义不大，因此应当将委托物流成本与完成同等业务量的预计自营物流成本做比较。这部分内容在前面已经阐述过，这里不再多述。

(三) 物流成本支付形态结构的进一步分析

物流成本支付形态结构的进一步分析主要是对维护费、人工费和特别经费做进一步分析。E 企业 2010 年、2009 年及 F 企业 2010 年维护费、人工费和特别经费的具体成本项目资料如表 4-28 所示。

表 4-28 E 企业、F 企业自营物流成本支付形态及项目成本一览表 万元

物流支付形态项目成本		E 企业 2010 年度	E 企业 2009 年度	F 企业 2010 年度
维护费	运输成本	4	4	4
	仓储成本	8	10	7
	包装成本	0.5	1	0.5
	装卸搬运成本	1.5	1	1
	流通加工成本	1	1	0.5
	物流信息成本	2	1	2
	小计	17	18	15

续表

物流支付形态项目成本		E企业2010年度	E企业2009年度	F企业2010年度
人工费	运输成本	3	2	2
	仓储成本	1.5	2	1.5
	包装成本	2	2	1.5
	装卸搬运成本	3	2.5	2.5
	流通加工成本	1	1	0.5
	物流信息成本	1.5	1.5	1
	物流管理成本	1	1	1
	小计	13	12	10
特别经费	流动资金占用成本	2	1	2
	存货风险成本	0.4	0.3	0.5
	存货保险成本	0.6	0.7	0.5
	小计	3	2	3
合　计		33	32	28

1. 维护费成本项目结构分析

根据表4-28的有关资料，编制E企业及F企业维护费成本项目结构一览表，如表4-29所示。

表4-29　E企业、F企业维护费成本项目结构一览表

%

维护费项目成本	E企业2010年度比重	E企业2009年度比重	F企业2010年度比重
运输成本	23.53	22.22	26.67
仓储成本	47.06	55.56	46.67
包装成本	2.94	5.56	3.33
装卸搬运成本	8.82	5.56	6.67
流通加工成本	5.88	5.56	3.33
物流信息成本	11.77	5.54	13.33
合　计	100	100	100

根据表4-29的资料，可做如下分析。

(1) E企业2010年维护费总额中，仓储成本和运输成本所占比重最大，分别为

47.06%和23.53%，其次依次为物流信息成本、装卸搬运成本、流通加工成本和包装成本。因维护费的具体构成又包括维修费、折旧费、租赁费等内容，所以有必要对支出比重较大的仓储及运输成本按维护费的支出细目逐一进行分析，明确各项支出是否合理。

(2) 与2009年相比，E企业2010年各项目成本占维护费的比重中，仓储成本比重下降了8.5个百分点，应进一步分析企业2009年是否对仓库进行了大修；物流信息成本比重上升了6.23个百分点，应进一步分析企业2010年是否投入了新的物流信息软件及设施；其他项目成本占维护费的比重差异不大，支出结构相对稳定。

(3) 与F企业相比，E企业2010年维护费中各项目成本所占比重变化不大，说明这种支出结构相对合理。

2. 人工费成本项目结构分析

根据表4-28的有关资料，编制E企业及F企业人工费成本项目结构一览表(表4-30)。

表4-30 E企业、F企业人工费成本项目结构一览表 %

人工费项目成本	E企业2010年度比重	E企业2009年度比重	F企业2010年度比重
运输成本	23.08	16.67	20
仓储成本	11.54	16.67	15
包装成本	15.38	16.67	15
装卸搬运成本	23.08	20.83	25
流通加工成本	7.69	8.33	5
物流信息成本	11.54	12.5	10
物流管理成本	7.69	8.33	10
合计	100	100	100

根据表4-30，可做如下分析。

(1) E企业2010年人工费支出总额中，运输成本和装卸搬运成本所占比重最大，均为23.08%；另外，包装成本、仓储成本、物流信息成本所占比重均在10%以上。就整个支出结构而言，各成本项目支出较为均衡。当然，不同项目成本中，人工费对应的人数相差较大，人均人工费支出也有较大差异。各项支出是否合理，还应结合以前年度和其他企业的支出情况做进一步分析。

(2) 与2009年相比，E企业2010年人工费支出中，运输成本比重上升了6.41个百分点，仓储成本比重下降了5.13个百分点，其他项目成本比重变化不大。初步分析，E企业2005年可能增加了司机人数或提高了司机人工费支出，同时减少了仓库保管人员或降低了仓储人员人工费支出。这种调整是否合理，应做进一步分析。

(3) 与F企业相比，E企业2010年人工费支出中，各成本项目结构差异不大，说明这种支出结构相对合理。

3. 特别经费成本项目结构分析

根据表 4-28 的有关资料，编制 E 企业及 F 企业特别经费成本项目结构一览表(表 4-31)。

表 4-31　E 企业、F 企业特别经费成本项目结构一览表　%

特别经费项目成本	E 企业 2010 年度比重	E 企业 2009 年度比重	F 企业 2010 年度比重
流动资金占用成本	66.67	50	66.67
存货风险成本	13.33	15	16.67
存货保险成本	20	35	16.66
合　计	100	100	100

根据表 4-31，可做如下分析。

(1) E 企业 2010 年特别经费支出中，流动资金占用成本所占比重最大，达 66.67%，所以应对流动资金占用成本做进一步分析。流动资金占用水平又受资金占用水平和利率的影响，所以，有必要运用因素分析法分别分析资金占用水平和利率水平对流动资金占用成本的影响，以便为存货成本管理提供依据。

(2) 与 2009 年相比，E 企业 2010 年流动资金占用成本所占比重高 16.67 个百分点，初步说明 E 企业 2009 年存货管理水平好于 2010 年。

(3) 与 F 企业相比，E 企业 2010 年特别经费中各项目成本所占比重大致相当，说明这种支出结构较合理。

第三节　物流成本效益分析和效率分析

一、物流成本效益分析

(一) 物流成本效益分析的意义

在核算出物流成本之后，我们就可以计算出各种比率，采用前面所述的指标比较分析法，对物流成本的效益进行分析，帮助企业掌握物流成本的效益状况与存在的问题，为企业进行相关物流成本决策，改进物流系统，实现总体物流成本的降低，提高物流效益提供依据。

(二) 物流成本效益指标

1. 物流成本率

物流成本率的计算公式为

$$物流成本率=(物流成本/销售额)\times 100\%$$

这个指标可以用来说明每单位销售额需要支付的物流成本。

这个比率越高，则说明百元销售额中所含物流成本越高。从本企业历年的数据中，大体可以了解其动向。另外，通过与同行业和外行业进行比较，可以进一步了解企业的物流成本水平。

2. 单位物流成本率

单位物流成本率的计算公式为

单位物流成本率＝(物流成本/企业总成本)×100％

这个指标可以用来评价企业物流成本占企业总成本的比重。

该指标一般作为考核企业内部的物流合理化程度或检查企业是否达到合理化目标的标准来使用，这个比率受原材料价格变动、设备折旧及企业业务量的多少的影响较大。该指标越大，说明物流成本占企业总支出的比重越大，就应该找出原因，提出改进方法。

3. 单位营业费用物流成本率

单位营业费用物流成本率的计算公式为

单位营业费用物流成本率＝[物流成本/(销售费用＋一般管理费用)＝×100％

这个指标可以用来分析物流成本占营业费用的比重。

通过物流成本占营业费用(销售费用＋一般管理费用)的比率，可以判断企业物流成本占营业费用的比重。而且，这个比率不受制造成本变动的影响，得出的数值比较稳定，因此，适合作为企业物流过程合理化的评价标准。

4. 物流功能成本率

物流功能成本率的计算公式为

物流功能成本率＝(各项物流功能成本/物流总成本)×100％

这个指标可以用来分析物流各项功能成本占物流总成本的比重。

该指标可以明确包装费、运输费、保管费、装卸费、流通加工费、信息流通费、物流管理费等各物流职能成本占物流总成本的比重。企业应合理计算各项物流功能成本，为企业控制物流成本和提高物流过程的管理水平提供依据。

5. 产值物流成本率

产值物流成本率的计算公式为

产值物流成本率＝(物流成本/企业总产值)×100％

这个指标可以用来分析企业创造单位产值需要支出的物流成本。

该指标是一定时期生产一定数量产品过程中物流成本与总产值的比率。一定时期的产值物流成本率反映了该时期物流过程耗费的经济效果。通过与不同时期或计划指标的对比，可以说明企业物流过程耗费经济效果的变动情况。

6. 物流效用增长率

物流效用增长率的计算公式为

物流效用增长率=(物流成本本年比上年增长率/销售额本年比上年增长率)×100%

这个指标可以用来分析企业物流成本变化和销售额变化的关系。

7. 物流成本利润率

物流成本利润率的计算公式为

物流成本利润率=(利润总额/物流成本)×100%

这个指标是一定时期获得利润总额与生产和销售一定数量产品所发生的物流成本的总额的比率。

该指标说明物流活动耗费一定量的资金可以获得经济利益的能力。物流效率高,市场竞争能力强,产品成本水平低,赢利能力强,该指标也会相应高。通过与不同时期或与计划指标的对比,可以说明企业物流资金耗费经济效益的变动情况。

二、物流效率分析

(一)物流效率分析的意义

如前所述,物流成本管理的最终目的是提高物流效益,为企业创造更多利润。上节所介绍的成本效益分析是从价值量的角度来考虑的,另外还可以通过分析物流过程中的生产效率来找到提高效益的途径。

从前面的案例来看,国内企业物流与欧、美、日等国家的水平仍有一段差距,其落后的原因很多,其中物流过程效率不佳是个重要的原因,因而应对物流过程深入研究,切入关键点评估其效率,找出病因或发现企业物流较弱的环节,以便达到进一步提高企业物流效益的目标。

物流业界,如今已进入强者生存、弱者淘汰的高竞争时期,要实行削减固定费用、提高附加值,或提升物流过程效率的办法来降低公司的损益平衡点比率,才能独得先机。因此,企业物流效率的分析是不可忽视的,也是企业实现提高经济效益目标的手段之一。

(二)物流效率分析的基本原则

进行物流效率分析,首先要建立起物流效率分析的基本原则,为进行物流效率分析打好理论基础。这些基本原则主要是以下几方面。

(1)以各部门或各物流过程为单位来评价物流营运过程的实绩,以提高其责任意识及完成企业下达的任务的意识,提高公司整体的业绩。

(2)通过公正的效率分析,整合企业目标与员工个人的目标,以便提高员工的工作积极性。

(3) 必须明确企业的经营方针及计划目标，以便从公司的发展方向来判断物流效率的高低。

(4) 要建立完善的评估制度，设定各部门考核的评估项目或基准值；同时，在实施分析前，要向有关人员说明分析的内容及目的，征询他们的意见，以建立上下层之间的信赖关系，并让员工了解对实绩资料的分析结果及分析方式。

(5) 应以分析结果评价实绩，并迅速采取对策来提高效率。

（三）物流效率分析指标

在明确了物流分析的原则后，就可以依据进出货物流过程、储存物流过程、盘点物流过程、拣货物流过程、配送物流过程及整体物流过程的顺序分析，设置进行效率分析的指标并给出评价标准。

1. 进出货物流过程效率指标

进出货物流过程效率指标主要有每小时处理进出货物量及进出货时间率、每台进出货设备每天的装卸量等。进货是货物进入物流中心的第一阶段，而出货则是货物准备移出物流或配送中心的最后阶段。一进一出的动作是否正确有效率，严重关系到其他物流过程。

2. 储存物流过程效率指标

储存物流过程效率指标主要有储区面积率、可供保管面积率、储位容积使用率和单位面积保管量、库存周转率、库存管理费率、库存掌握程度等。

3. 盘点物流过程效率指标

盘点物流过程效率指标主要有盘点数量误差率、盘点品种误差率等。

4. 拣货物流过程效率指标

拣货物流过程效率指标主要有拣货人员装备率、拣货设备成本产出率、每订单投入拣货成本、每取货次数投入拣货成本、单位体积投入拣货成本等。

5. 配送物流过程效率指标

配送物流过程效率指标主要有每人每天负责的配送量、每人每天负责的配送距离、每人每天负责的配送车次、平均每车的吨公里、单位配送成本、每车配送成本等。

6. 整体物流过程效率指标

整体物流过程效率指标主要有人员生产量、人员生产率、固定资产周转率、营业成本占营业额比率等。

【例 4-4】

某企业 2010 年 6 月初 3 种主要原材料实际库存及储备标准情况，如表 4-32 所示。

表 4-32 某企业库存情况表

原材料	实际库存	储备定额	
		最高	最低
甲	180	160	0
乙	60	380	80
丙	300	520	0

可见甲、丙材料库存过高，占用了流动资金；乙材料有缺口，要找原因，可能是标准库存量定得太高，也可能是组织进货不力等。

复习思考题

1. 企业进行物流成本分析的目的是什么？
2. 物流成本分析的基本方法有哪些？
3. 物流成本结构分析的基本思路是什么？
4. 物流成本效益指标有哪些？
5. 物流效率分析的意义是什么？

实训题

1. 访问一家物流公司，调查其成本的计划执行情况，并分析其成本的变动情况，了解其降低成本的措施及存在的问题。

2. 某企业物流中心主营业务资料如表 4-33 所示。

表 4-33 某企业物流中心主营业务情况表

项 目	业务量/t		单位业务量成本/元/t		单价/元/t	
	2009 年	2010 年	2009 年	2010 年	2009 年	2010 年
1	1 000	1 200	56	60	63	68
2	1 800	2 000	45	53	50	60
3	3 200	3 000	90	85	96	94

要求：(1) 对物流中心主营业务量、成本及收入做对比分析；

(2) 对物流中心主营业务收入变动做因素分析。

3. 根据表 4-34 的资料，分析说明某企业物流中心计划完成情况及其利润动态和变化趋势。

表 4-34　某企业物流中心利润资料　　元

	本期计划	本期实际	上期实际
主营业务收入	1 796 000	2 113 000	1 643 000
主营业务利润	685 000	754 000	652 000
营业利润	574 000	649 000	546 000
利润总额	499 000	614 000	458 000

案例分析

建设既有效益又有效率的物流系统

医药零售连锁企业的物流管理主要是对医药商品流通的管理，包括配送中心和连锁门店的设置、商品在时间和空间变化过程的管理以及物流信息系统的管理。

合理化物流是对物流系统的设备配置和一切活动进行调整改进，使其趋于提高效率、保证效益的优化过程，最终目的是使企业实现尽可能低的物流成本（效益），获得尽可能高的物流服务水平（效率），从而确保企业利润最大化。

如何解决好降低物流成本和提高服务水平的关系呢？“金象”认为，合理化的物流最终就是要寻找一个既能让终端客户满意的服务水平，又能兼顾连锁企业利益的平衡点，使企业得到最佳的综合经济效益和有效率的系统，即“物流系统的投入与产出之比”。物流系统的产出是物流服务，产出的多少可以用服务水平和能力高低来衡量与评价；物流系统的投入是为提高物流服务所消耗的活劳动与物化劳动的总和，体现为物流成本。因此，以最低的物流成本达到可接受的物流服务水平，或以可接受的物流成本达到最高的服务水平，这样的系统就是既有效益又有效率的合理化物流系统。

一、整合配送中心子系统使物流合理化

配送中心作为连锁企业这个大系统中的一个子系统，必须首先保证连锁企业整体的赢利性，这就要求配送中心将服务放在首位。金象连锁配送中心是企业自己的、是不赢利的，它的合理化是以保证整个连锁系统的利润最大化为前提的。这种合理化首先必须保证为整个连锁企业赢利提供所需的物流服务，如连锁门店订货的准确性、配送的高效性和信息交流的通畅性，从而实现整个连锁企业的规模效益。在此基础上，对配送中心的物流子系统进行优化，使各环节之间相互协调，减少浪费，提高作业效率；引入适当的科技手段，选择合适的运输方式，使子系统的总成本最低。

(1) 物流中心非核心性工作以"外包"的形式进行管理。将装箱、运输等业务委托"第三方物流"负责，其根本目的是提高作业效率，降低、明晰物流成本，转移经营风险。实现专业化物流配送服务，提高了服务质量和水平，配送的破损率和商品的及时到达率得到了明确的保证。

(2) 通过协调整体供应链，采取集团公司批发与连锁零售共同实行大批量的统一联合采购，在较大范围内选择有利资源，获得较大的价格优惠。同时，规模运输与合理配送的实现，可降低物流成本，从而实现连锁企业的价格优势。

(3) 对物流系统进行整体优化、合并，减少不必要的物流活动。首先，高频率配送的商品采取同一层整零合并，减少商品分拣中的作业浪费、时间浪费；其次，根据各门店实际销售额的不同，明确门店的配送频率，提高设施、运输工具使用效率，解决连锁门店在库存调节、商品养护等非销售业务上的负担，从而可以提高连锁门店的销售专业化水平，实现连锁企业资源的优化配置。另外，合理化物流规划了运送时间和路线，在某一成本范围内，最快地送达药品，减少各连锁门店订货的前置时间，有效地减少了连锁门店的库存量，不仅降低了库存费用，而且减少了对库存商品的管理作业，提高了各连锁门店的销售专业化水平。

(4) 由于医药零售连锁业的规模和商品种类数量的约束，并非具有较高的机械化、自动化程度和较先进的专业技术经验的物流系统，才能保持一定的服务水平和较大限度地保障配送商品的质量。金象物流中心的机械化和自动化程度并不高，但在限定成本的基础上有效地提高物流效率，同样可实现连锁经营高效、节约、优质的服务。它所提供的高效物流服务，对于企业规范化、规模化和现代化建设起着至关重要的作用。

二、连锁合理化物流方式探讨

提高服务水平，同时降低物流成本的合理化物流方式，是一种动态渐进的整合过程，是可以实现的，也是合理化物流的最高标准。金象在这方面进行了尝试。

(1) 保持原服务水平或适当降低服务，使成本下降的程度远远大于销售额的下降。这可能是许多连锁企业普遍采用的降低成本式合理化物流的方式。

(2) 建立高效完善的信息化、自动化和现代化的配送中心，这样虽然成本增加了，但如果能对连锁企业长远利益起作用的话，也不失为一种高效率的合理化物流方式。

总之，"金象"认为，在保证连锁企业整体利润最大化的前提下，充分利用连锁企业现有的资源，对物流系统进行再造，使系统中成本最小、效率最高的方式，都是合理化物流的方式。

资料来源：http://www.233.com/wuliu/anli/20070911/084513191.html.

思考题：

1. "金象"是如何定义"既有效益又有效率"的物流系统？
2. "金象"通过什么途径建设这种物流系统？

第五章

物流成本的预测与决策

本章结构图

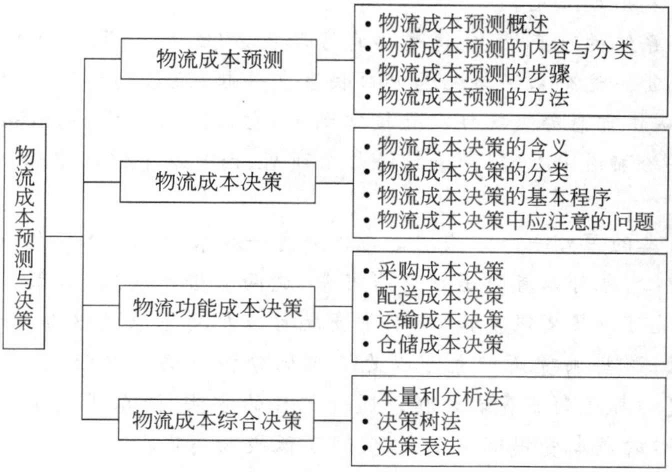

学习目标

- 了解物流成本预测的意义、内容和分类；
- 掌握物流成本预测的定性和定量预测分析法；
- 熟悉物流成本决策的含义、分类和基本程序；
- 掌握物流功能成本决策的方法，掌握物流成本综合决策的方法。

引导案例

沃尔玛的决策效率

沃尔玛的年销售额连续三年在福布斯排名第一，相对于汽车制造、IT、高科技电子等高利润行业，它是一个利润率极低的零售商，能连续三年排名第一，堪称奇迹。沃尔玛能够迅速增长，并且成为世界500强之首，与它在物流运送、配送系统方面的正确投资决策是分不开的。沃尔玛把注意力放在物流运输和配送系统方面，使其成为沃尔玛公司的焦点业务。

沃尔玛2003年在物流方面的投资是1 600亿美元，2004年增长到1 900亿美元。2004年仅用于物流配送中心建设的资金就高达250亿美元，而上海联华这个国内数一数二的零售商该方面投资仅100多亿元。沃尔玛早在20世纪80年代初就花了7亿美元发射了一颗卫星，专门用于物流工作，它能通过卫星在两小时内把全球商场内的货物通通盘点一次，这项投资极大地提高了沃尔玛的工作效率，节约了信息传递沟通成本。到现在还没有其他哪家零售商曾发射过卫星。

沃尔玛的物流循环系统的可变性，使得这些卖方和买方(工厂与商场)可以根据顾客所买东西的订单及时补货。这个系统与配送中心联系在一起，沃尔玛的配送中心实际上是一个中枢，配送中心从供货商那里就可以直接拿到货，它拿到供货方的产品，然后提供给商场。供货商只提供给配送中心，不用直接给每个商店，因此这个配送中心可以为供货商减少很多成本。

沃尔玛降低配送成本的另外一个方法就是与供应商一起来分担成本。供货商们可以送货到沃尔玛的配送中心，也可以直接送到商店当中，这两者进行比较，如果供货商们采用集中式的配送方式，就可以节省很多钱，而供货商就可以把省下来的这部分利润，让利于消费者。而且这样做，这些供货商们也可以为沃尔玛分担一些建立配送中心的费用。所有这些做法的最终目的都是向消费者让利。通过这样的方法，沃尔玛就从整个供应链中，将这笔建立配送中心的成本费用节省下来，实现了低投入高产出。

沃尔玛上述投资决策极大提高了沃尔玛的物流效率，相应地降低了成本，提高了竞争能力，所以能在2007年美国次贷危机中继续创造良好的业绩，再一次成为耀眼的明星。由此可见物流成本的决策不仅仅和一个时期有关，它可以影响得更长久。沃尔玛的做法足见决策者的精明。

资料来源：http://www.docin.com/p-548519537.html.

第一节　物流成本预测

预测是企业制定战略规划、生产安排计划、销售计划，尤其是物流管理计划的重要依据，是企业物流管理中最重要的环节，也是物流工作的龙头。准确的预测可以提高决策的准确性，提高客户满意度，提高企业的竞争力。

所谓预测是指对未来不确定事项的推断和测定，是研究未来不确定事项的理性表述，是对事物未来发展变化的趋向以及人类实践活动的后果事先做的估计和测定。客观世界中许多事物的发展具有不确定性，它们在一定的时间和空间范围内能否发生、如何演变、产生何种影响，往往是不确定的，人们很难预先完全肯定。

一、物流成本预测概述

（一）物流成本预测的含义

物流成本预测是依据所掌握的历史物流成本信息以及物流成本与各种技术经济因素的相互依存关系，采用科学的方法，做出合乎客观发展规律的定量描述和逻辑推断。物流成本预测是企业物流成本管理工作的首要环节，也是正确进行物流成本决策和编制物流成本计划的前提条件，实际工作中必须予以高度重视。

物流成本预测能使企业对未来的物流成本水平及其变化趋势做到"心中有数"，并能与物流成本分析一起为企业的物流成本决策提供科学的依据，以减少物流成本决策中的主观性和盲目性。

（二）物流成本预测的意义

物流成本预测具有以下意义。

1. 准确的预测可以减少企业的库存

它可以表现在三个方面：

(1) 对于任何一个企业而言，其流动资金都是有限的，无论是生产企业安排生产，还是贸易公司安排采购，他们都是在一定资金许可范围内进行的。

(2) 如果预测准确，可以降低对安全库存的要求。

(3) 可以减少因库存时间长而产生的产品过时、过期带来的损失。产品过时，往往会折价处理，而产品过期只能销毁，这样给企业造成大量的损失。只有提高预测的准确性，才能有效地提高库存周转率。

2. 准确的预测可以有效地安排生产

任何生产企业生产能力都是有限的。对于跨国贸易公司而言，如果可以提供给供应商准确的预测，不仅可以提高其采购订单的满足率，而且也有利于与供应商的长期合作；如果预测不准确，对该类公司而言，根本不可能按时得到要求的订单。

3. 准确的预测可以改善运输管理

根据预测进行运输安排，对于距离较近的经销商或客户，可以采用集中运输的方式，既可以节约运输成本，还可以减少运输时间，减少破损率。

4. 准确的预测可以做出信息含量更高的定价、促销决策

往往促销或者价格调整都是为了使销售数量增加，准确的预测可以使这些决策更有针对性，提高决策的效率。

二、物流成本预测的内容与分类

（一）物流成本预测的内容

1. 采购成本的预测

采购成本是指向外部的供应商发出采购订单的成本或内部的生产准备成本，是企业为了完成一次采购而进行的各种活动的费用，如办公费、差旅费、电话费等。采购成本中一部分与采购次数有关，随采购次数的增加而增加，如差旅费；也有一部分采购成本与采购次数无关，固定不变，如采购人员的工资、管理费等。进行采购成本的预测有助于采购成本预算的编制和采购成本的控制。

2. 运输成本的预测

运输成本的预测是企业在编制运输成本计划之前，根据企业现有的经济、技术条件和发展前景，通过对影响运输成本变动的有关因素的分析、测算，运用科学的方法对企业未来的成本变化趋势进行估计和推测，规划未来一定时期的运输成本水平和成本目标。对运输成本的预测可以提高企业成本管理的科学性和预见性；同时为企业进行目标成本管理，成本决策提供科学的依据。

3. 仓储成本的预测

仓储成本是指在储存、管理、保养、维护物品的相关物流活动中发生的各种费用，即伴随着物流仓储活动消耗的物化劳动和活劳动的货币表现。仓储成本随仓储面积、仓储存货水平的变动而变动。仓储面积大，仓储成本随即提高。仓储成本主要包括存货持有成本、订货成本、缺货成本、在途存货持有成本和库存风险成本。仓储成本的预测为企业编制资金计划、合理调整库存提供依据。

4. 配送成本的预测

配送成本也称为配送费用，是指在配送活动的备货、储存、分拣、配装、送货、送达服务及配送加工环节发生的各项费用的总和。主要由运费，保管、包装及流通加工费等组成。

在配送成本中运费的比重最大，可以根据运输成本的预测方法科学地预测。储存保管费、包装费和流通加工费等配送成本的预测，可以为资金的筹措、配送中心的布局、库存决策等奠定基础。

（二）物流成本预测的分类

1. 按对象的范围分类

按对象的范围可分为宏观预测和微观预测。

宏观预测是指对整个行业的综合的、总体的预测，例如对整个流通领域物流成本的预测，它要求对整个流通领域在物资流通的整个过程中所消耗的成本进行预测。而微观预测是对个别具体的物流企业物资流通过程中所支付的成本进行预测，例如每个企业所作的生产成本、运输成本、仓储成本、配送成本的预测等。

2. 按时间的长短分类

按时间的长短可分为短期预测和长期预测。

短期预测是指一年或一年以内的预测。短期预测由于预测的时间短，不确定因素的影响较少，所以预测结果比较准确。一般把一年以上的预测统称为长期预测。长期预测由于预测的时间比较长，受许多不确定因素的影响，所以预测结果一般不很精确，需要经常搜集新的信息或数据对预测方案和预测结果不断地进行完善和修补。

3. 按预测所用方法不同分类

按预测所用方法不同可分为定性预测和定量预测。

定性预测是指预测者依靠熟悉业务知识、具有丰富经验和综合分析能力的人员与专家，根据已掌握的历史资料和直观材料，运用个人的经验和分析判断能力，对事物的未来发展做出性质和程度上的判断，然后，再通过一定的形式综合各方面的意见，作为预测未来的主要依据。定性预测法主要有集合意见法、德尔菲法、主观概率法、历史类比法、经济指标法、调查预测法等。定量预测是根据过去和现在的资料，运用一定的数学方法，建立预测模型，对现象未来的变化数值做出预测。定量预测法包括时间序列分析预测法、回归分析预测法等。

三、物流成本预测的步骤

预测分析是一项细致复杂的工作，必须有计划、按步骤地进行。企业进行预测分析的一般程序，大体可分为以下七个步骤。

（一）确定预测目标

预测目标是进行物流成本预测首先要解决的问题，它是制定预测工作计划、确定资料来源、选择预测方法、组织预测人力的重要依据，是预测工作的出发点。进行物流成本预测首先要弄清楚预测什么，是预测物流运输成本，还是预测配送成本；是预测采购成本，还是预测包装成本等。然后根据预测的具体对象和内容，确定预测的范围，并规定时间期限及数量单位等。预测目标一般应根据企业不同时期的总体目标来设计和选择，以避免脱离企业实际的盲目性。

（二）搜集整理资料

预测目标确定以后，广泛地、系统地搜集相关信息及其他相关的原始资料和数据，它是预测工作的起点，是展开预测的必要的前提条件，资料的搜集应紧紧围绕预测目标。搜集的信息是否准确、可信、全面，对预测的准确性起着决定性的作用。因此，对所收集的信息的来源是否可靠、真实、全面要认真进行审查，同时有些信息还需进行加工、整理、归纳、鉴别，找出各因素之间相互依存、相互制约的关系，并从中发现事物发展的规律，作为预测的依据。

（三）选择预测模型并进行预测

在进行预测时，必须对已收集到的有关资料进行分析研究，了解预测对象的特性，同时根据预测的目标和各种预测方法的适用条件及性能，选择出合适的预测模型，借以揭示有关变量之间的规律性联系。每种预测方法都有其特定的用途，预测方法的选择决定物流成本预测的质量高低，应根据预测目标、内容、要求以及所掌握的资料，选择相应的预测方法。需要进行定量预测分析的，要选择预测分析的专门方法，建立数学模型；需要进行定性预测的，也要选定方法，建立设想的逻辑思维模型，并拟订预测的调查提纲。

（四）实际进行分析预测

分析评价就是对预测结果的准确性和可靠性进行验证，预测结果受到资料的质量、预测人员的分析判断能力、预测方法本身的局限性等因素的影响，未必能确切地估计预测对象的来来状态。此外，各种影响预测对象的外部因素在预测期限内也可能出现新的变化。要分析内、外部各种影响因素，应用选定的预测方法和建立的模型，分别进行定性分析和定量分析，并提出实事求是的预测结果。

（五）对预测结果进行验证评价

经过一段时间，对上一阶段的预测结果，必须进行验证和分析评价。即以实际数与预测数进行比较，检查过去预测的结果是否准确，并找出误差原因，以便及时对原先选择的预测方法加以修正。这是个反复进行信息数据处理和选择判断的过程，也是多次进行反馈的过程。

（六）修正预测结果

原来用定量方法进行预测的结果，常常由于某些数据不充分或无法定量而不精确，这就需要用定性方法考虑这些因素，并修正定量预测的结果。原来用定性方法预测的结果，往往也需应用定量方法加以修正、补充，使预测结果更接近实际。总之，这个过程是定量分析与定性分析相结合的过程。

（七）输出最后预测结论

根据上一阶段的修正、补充，把最后的预测结论传输给有关管理部门。

四、物流成本预测的方法

预测分析基本方法大体上可以分为定量预测分析法和定性预测分析法两大类。

（一）定量预测分析法

定量预测分析法亦称“数量分析法”，是指在充分掌握与预测对象有关的各要素定量资料的基础上，应用现代数学方法（包括运筹学、概率论和微积分等）和各种现代计算工具（包括电脑）对与预测对象有关的各种经济信息进行科学的加工处理，并建立预测分析的数学模型，充分揭示各有关变量之间的规律性联系，最终对计算结果做出结论。定量预测分析法最常用的方法是趋势预测分析法。

趋势预测分析法，是把预测对象过去的变化趋势作为预测的依据，对预测对象过去的、按时间顺序排列的一系列数据，应用一定的数学方法进行加工、计算，借以预测其未来发展趋势的分析方法，亦称“时间序列分析法”或“外推分析法”，预测分析中所应用的算术平均法、移动加权平均法、指数平滑法、直线回归分析法等都属于趋势预测分析法。

1. 算术平均法

算术平均法是用物流企业在过去若干期间实际物流成本的算术平均值对计划期成本水平进行预测的方法。计算公式为

计划期物流成本预测数＝过去各期物流成本总和÷期数

【例 5-1】

某物流运输公司 2010 年 1—6 月运输成本情况如表 5-1 所示。

要求：结合资料对 2010 年 7 月的运输成本进行预测。

表 5-1 运输成本表

元

月 份	1	2	3	4	5	6	合计
运输成本	24 000	23 000	28 000	32 000	30 000	28 000	165 000

解 7 月的运输成本＝165 000÷6＝27 500（元）

用算术平均法预测未来成本水平，计算比较简单，但它没有考虑不同时期成本水平变化对预测值的影响，把成本差异平均化了，因此它只适用于物流成本基本稳定的情形。

2. 移动加权平均法

移动加权平均法是建立在移动平均值计算基础之上的物流成本预测方法，是假定未

来时期的成本是相接近时期成本的直接继续，与较远时期的成本关系较小。

移动平均值的计算是对原时间序列按一定的时间跨度逐项移动，计算一系列的时间序列平均值，形成一个新的时间序列，以消除短期的、偶然的因素引起的变动，显现出长期趋势。在移动平均值的计算中包括的过去观察值的实际个数，必须从一开始就明确规定，每出现一个新的观察值，就要从移动平均值中减去一个最早的观察值，再加上一个最新的观察值，计算移动平均值。因而，移动平均值从数列中所取数据点数一直不变，只是包括最新的观察值。移动加权平均法预测公式为：

某期预测值＝最后一期移动平均数＋推后期数×最后一期趋势移动平均数

【例 5-2】

物流公司 2010 年全年的采购成本如表 5-2 所示。

要求：根据资料预测 2011 年 1 月份的采购成本。

表 5-2　采购成本数据表　万元

月　份	实际采购成本	5月平均	变动趋势	三期趋势平均数
1	200			
2	220			
3	230	232		
4	260	238	6	
5	250	246	8	9.3
6	230	260	14	8.7
7	260	264	4	8.7
8	300	272	8	8.7
9	280	286	14	11.3
10	290	298	12	
11	300			
12	320			

解　1 月份的采购成本＝286＋4×11.3＝331.3(万元)

移动加权平均法计算简单，但它把各期数据对将要发生的数据的影响视为同等的，预测精度较低，只适合数据变化趋势明显的近期预测。

3. 指数平滑法

指数平滑法是布朗(Robert G. Brown)提出的，布朗认为时间序列的态势具有稳定性或规则性，所以时间序列可被合理地顺势推延；他认为最近的过去态势，在某种程度上会持续到最近的未来，所以将较大的权数放在最近的资料。

指数平滑法的基本公式是：

$$S_t = \alpha y_{t-1} + (1-\alpha)S_{t-1}$$

式中：S_t 为时间 t 的平滑值；y_{t-1} 为时间 $t-1$ 的实际值；S_{t-1} 为时间 $t-1$ 的预测值；α 为平滑常数，其取值范围为[0,1]。

由该公式可知：

指数平滑常数取值至关重要。平滑常数决定了平滑水平以及对预测值与实际结果之间差异的响应速度。平滑常数 α 越接近于 1，远期实际值对本期平滑值影响程度的下降越迅速；平滑常数 α 越接近于 0，远期实际值对本期平滑值影响程度的下降越缓慢。由此，当时间数列相对平稳时，可取较大的 α；当时间数列波动较大时，应取较小的 α，以不忽略远期实际值的影响。α 的取值通常在 0.3～0.7 之间。

【例 5-3】

沿用表 5-2 的资料，假设 α＝0.4。2010 年 1 月的预测值为 190 万元。

要求：计算 2011 年 1 月的预测值。

$S_2 = \alpha y_1 + (1-\alpha)S_1 = 0.4 \times 200 + (1-0.4) \times 190 = 194$(万元)

$S_3 = \alpha y_2 + (1-\alpha)S_2 = 0.4 \times 220 + (1-0.4) \times 194 = 204.4$(万元)

$S_4 = \alpha y_3 + (1-\alpha)S_3 = 0.4 \times 230 + (1-0.4) \times 204.4 = 214.64$(万元)

$S_5 = \alpha y_4 + (1-\alpha)S_4 = 0.4 \times 260 + (1-0.4) \times 214.64 = 232.78$(万元)

$S_6 = \alpha y_5 + (1-\alpha)S_5 = 0.4 \times 250 + (1-0.4) \times 232.78 = 239.67$(万元)

$S_7 = \alpha y_6 + (1-\alpha)S_6 = 0.4 \times 230 + (1-0.4) \times 239.67 = 235.80$(万元)

$S_8 = \alpha y_7 + (1-\alpha)S_7 = 0.4 \times 260 + (1-0.4) \times 235.80 = 245.48$(万元)

$S_9 = \alpha y_8 + (1-\alpha)S_8 = 0.4 \times 300 + (1-0.4) \times 245.48 = 267.29$(万元)

$S_{10} = \alpha y_9 + (1-\alpha)S_9 = 0.4 \times 280 + (1-0.4) \times 267.29 = 272.37$(万元)

$S_{11} = \alpha y_{10} + (1-\alpha)S_{10} = 0.4 \times 290 + (1-0.4) \times 272.37 = 279.42$(万元)

$S_{12} = \alpha y_{11} + (1-\alpha)S_{11} = 0.4 \times 300 + (1-0.4) \times 279.42 = 287.65$(万元)

2011 年 1 月的预测值＝0.4×320＋(1－0.4)×287.65＝300.59(万元)

通过上述方法计算分析更符合客观实际，但 α 的取值具有较大的主观因素。

指数平滑法适用于不但实际值对预测值有影响，而且上一期预测值对下一期预测值也有影响的情况。

4. 直线回归分析法

直线回归分析法一般是运用直线回归方程，根据自变量的变动，来预测因变量发展变动趋势的方法。

应用回归预测法时应首先确定变量之间是否存在相关关系。如果变量之间不存在相关关系，对这些变量应用回归预测法分析就会得出错误的结果。

运用直线回归模型进行预测时，首先应将过去一定时期的历史资料按时间序列在坐标上画图，观察散点图的分布情况，判断自变量和因变量之间基本上存在着线性联系后，可建立直线回归方程：

$$y = a + bx$$

式中：$a = (\sum y - b\sum x)/n, b = (n\sum xy - \sum x \sum y)/(n\sum x^2 - \sum x \sum x)$

【例 5-4】

某物流公司 2011 年 1—5 月的运输量和运输成本的资料如表 5-3 所示。

要求：预测当运输量为 450t・km 时的运输成本是多少？

表 5-3 运输数据表

月份	运输量(x)/(t・km)	运输成本(y)/(元)	xy	x^2
1	250	27 500	6 875 000	62 500
2	200	24 000	4 800 000	40 000
3	300	31 500	9 450 000	90 000
4	360	35 000	12 600 000	129 600
5	400	38 800	15 520 000	160 000
n=5	$\sum x = 1\ 510$	$\sum y = 156\ 800$	$\sum xy = 49\ 245\ 000$	$\sum x^2 = 482\ 100$

解 $b = (n\sum xy - \sum x \sum y)/(n\sum x^5 - \sum x \sum x)$

$= (5 \times 49\ 245\ 000 - 1\ 510 \times 156\ 800)/(5 \times 482\ 100 - 1\ 510 \times 1\ 510)$

$= 9\ 457\ 000/130\ 400 = 72.52$(元 /t・km)

$a = (\sum y - b\sum x)/n$

$= (156\ 800 - 72.52 \times 1\ 510)/5 = 9\ 458.96$(元)

运输成本的预测值 $y = a + bx = 9\ 458.96 + 72.52x$

当 x=450t・km 时，运输成本预测值=9 458.96+72.52×450=42 092.96(元)

直线回归分析法利用了“回归直线的误差平方和最小”的原理，预测结果最准确。

（二）定性预测分析法

定性预测分析法亦称“非数量分析法”。它是一种直观性的预测方法，主要依靠预测人员的丰富的实践经验以及主观的判断和分析能力（它必须建立在预测者的智慧和广博的科学知识的基础之上)，在不用或少量应用计算的情况下，推断事物的性质和发展趋势。

1. 专家判断法

专家判断法是指向学有专长、见识广博的经济专家进行咨询，并根据他们多年来的实践经验和判断能力对计划期物流成本做出预测的方法。这里的所谓“专家”，一般包括本企业或同行企业的高级领导人(例如总经理)、销售部门经理、经销商和其他外界专家，但不包括顾客和推销人员。汲取专家意见的方式多种多样，最主要的有以下三种。

(1) 个人意见综合判断法

先向各位专家征求意见，要求他们对本企业物流成本的未来趋势和当前的状况做出个人判断，然后把各种不同意见加以综合归纳，形成一个成本预测值。

(2) 专家会议综合判断法

先把各位专家分成若干预测小组，然后分别召开各种形式的会议共同商讨。最后把各小组意见加以综合，形成一个集体判断的成本预测值。

(3) 采用国际流行的“德尔斐法”

即先分别通过函询调查的方式向专家征求意见，然后把各专家的判断汇集在一起，并采用匿名方式反馈给各位专家，请他们参考别人意见修正本人原来的判断。如此反复3～5次，最后集各家之所长，对成本的预测值做出综合判断。

专家判断法的三种方式的共同优点是：在缺乏历史资料的条件下，能比较迅速地做出预测，成本低廉，考虑比较周到。但这类预测往往会因为缺乏事实根据，主观片面性较强。

2. 员工意见综合判断法

员工意见综合判断法是由本企业的员工根据他们的主观判断，把各个环节的成本预测值填入卡片或表格，然后由各部门经理加以综合来预测企业未来期间的各种物流成本。

这种方法优点是：员工最接近、最了解本企业的情况，而且他们的预测数据大多是直接向客户调查后填列的。

但是，由于员工对待预测成本问题的态度各异，往往会出现预测过程中过于高估或过于低估成本。

3. 经理人员意见综合判断法

经理人员意见综合判断法是先由企业经理人员，特别是那些最熟悉业务、能预测成本发展趋势的主管人员，以及各地经销商的负责人，根据他们多年的实践经验和判断能力，对计划期成本进行预估，然后再通过集思广益，博采众长，并应用加权平均法做出综合判断。

这方法的优点是快捷、实用。其缺点是主观因素较多，所做出的估计和判断，易受人们乐观或悲观心理状态相互感染的影响。因此在应用这种方法之前，必须向预测人员提供近期政治经济形势和市场情况的调查分析资料，并组织他们座谈讨论，然后把各种意见综合平衡，做出预测结论。

第二节 物流成本决策

一、物流成本决策的含义

物流成本决策是在物流成本预测的基础上，结合其他有关资料，运用一定的科学方法，从若干个方案中选择一个满意的方案的过程。

从物流整个流程来说，有配送中心新建、改建、扩建的决策，装卸搬运设备、设施购置的决策，流通加工合理下料的决策等。进行成本决策、确定目标成本是编制成本预算的前提，也是实现成本的事前控制、提高经济效益的重要途径。

管理的中心在于经营，经营的中心在于决策，决策构成整个企业经营管理的核心。一个完整的决策要先确定应达到的明确的目标；有若干个可供选择的方案，有关方案有可计量的预期值。属于不确定情况下的决策，各种自然状态出现的概率应基本上可以预计。

二、物流成本决策的分类

（一）按物流决策分析的时间长短分类

按物流决策分析的时间长短进行分类，可以将决策分为短期经营决策和长期投资决策两类。

短期经营决策是指只涉及一年以内的一次性专门的，并仅对该时期内的合理利用经济资源，以期取得最佳经济效益而进行的决策。短期经营决策的支出属于“收益性支出”。

长期投资决策是指对那些产生收益的时间超过一年，并对较长期间内的收支盈亏产生影响的问题所进行的决策。其特点是投资金额大，属于“资本性支出”，并将对企业多个生产经营周期产生影响。

长期投资决策主要涉及改变或扩大企业的现有生产能力或服务能力。诸如，企业厂房、设备的改建、扩建、更新；资源的开发利用；固定资产是举债购置还是通过租赁解决等。这些涉及企业发展方向和规模的重大问题，都属于长期投资决策。

（二）按决策所依据的环境、条件的状况分类

按决策所依据的环境、条件的状况分类，决策可分为确定型、风险型和不确定型决策。

确定型决策是指与决策相关的那些客观条件或自然状况是肯定的、明确的，并且可用具体的数字表示出来，决策者可直接根据完全确定的情况，选择最有利的方案的决策。

风险型决策是指对与决策有关的因素的未来状况不能完全肯定，只能预计其大概情况，无论选择哪一种方案都带有一定的风险的决策。这类决策一般用概率表示其可能性的大小，尽可能做到符合实际情况。

非确定型决策是指影响决策的因素不仅不能肯定，而且连出现各种结果的概率也无法确切地进行预计分析的决策。

三、物流成本决策的基本程序

物流成本决策的基本程序如下。

（一）提出决策问题，确定决策的目标

决策目标是决策分析的出发点和归宿，决策是为了解决问题，确定决策目标就是要弄清这项决策究竟要解决什么问题。例如，采购哪家的产品，选择什么样的运输方式，利用哪种生产工具生产等。

决策目标一般具有以下特点：

（1）目标成果可以计量；

（2）目标的实现在主客观上具有现实性和可能性。

（二）广泛收集信息

决策目标确定以后，就要针对决策目标，广泛收集尽可能多的、对决策目标有影响的各种定量与定性的信息。为了正确进行决策，所搜集的信息必须符合决策所需的质量要求，必要时，应对相关信息进行加工延伸。

（三）提出各种备选方案

在获取了大量的信息以后，针对预定的决策目标，提出若干可行性的备选方案。每个备选方案都必须在技术上合理，经济上适宜；同时要充分考虑企业各种资源的合理配置。

（四）对各种备选方案做出初步评价

对各种备选方案做出初步评价主要是通过定量进行的。首先把各备选方案的可计量资料归类、系统排列，据以选择适当的专门方法和建立相应的数学模型，对各方案的预期收益进行计算、比较和分析，做出初步判断和评价。

（五）确定最优方案

确定最优方案，是决策的关键环节，选优的标准是在一定的条件下，经济效益最佳。在定量分析的基础上，还需要考虑计划期间国际、国内政治经济形势以及市场变化等因素，例如，企业的资源条件、市场的需求、国家的有关方针政策等，还可以听取一些专家的意见，把定量分析与定性分析有机地结合起来。最后筛选出最优方案。

（六）评估决策的执行情况和信息反馈

在方案实施过程中，要建立信息反馈系统。决策者要根据反馈信息，采取各种措施，针对变化的情况及时对原有方案进行必要的修正，以确保决策目标的实现。

四、物流成本决策中应注意的问题

物流成本决策中应注意的问题。

（一）物流成本决策要有明确的目的

物流成本决策的难点来自目标不清，目标不清往往造成在方案选择上摇摆不定，一方面认为这个方案好，想选择这个方案；另一方面又认为那个方案好，想选择那个方案。如果物流成本决策目标明确，按照目标的要求，哪个方案更好一些，物流成本决策者就会毫不犹豫地选择哪个方案。

（二）多方案抉择是科学物流成本决策的重要原则

物流成本决策要有若干个可行的备选方案，一个方案不能比较优劣，也没有选择的余地，所以多方案选择是科学物流成本决策的一个重要原则。

（三）物流成本决策要进行方案的分析比较

物流成本决策时应进行方案的分析比较，对每个方案进行综合分析与评价，比较各方案的优劣，做到心中有数。

（四）物流成本决策的最终目的是选择满意的方案

在完全掌握信息的基础之上，选择既经济又可行的方案，是物流成本决策的最终目的。

（五）物流成本决策是一个分析判断过程

物流成本决策是一个理性的、主观分析判断的过程，也就是说，物流成本决策过程受到各种主观因素的影响。所以对于同一个问题，不同的人会有不同的物流成本决策结果。管理者应能够在听取各方意见的基础之上，分析判断并做出正确的物流成本决策。

第三节　物流功能成本决策

一、采购成本决策

（一）影响采购成本的因素

1. 产品价格

在商品的采购过程中，价格是各种成本中最明显的，在很多情况下，它也是成本中最大的组成部分。

2. 产品规格

一个好的产品规格，能使得这个产品不仅易于销售，便于生产，而且还易于提供售后服务，便于购买到经济的原材料或部件，反过来又使它具有足够的吸引力，能促使供应商进行生产和供应。

3. 采购数量和时机

物流总成本同样受到库存水平的影响，采购数量多，占用企业的资金相应地多，就增加了企业资金的机会成本；采购数量少可能会对生产和销售产生不利的影响。同时采购部门也应当判断供货市场状况，不失时机地购进物资以避免物价上涨或下降给企业带来不利影响。

4. 市场因素

原材料市场的可持续性、可购买性对企业的采购成本有着重大影响。市场供给充足，供应商竞争激烈，则材料的采购成本就会比较稳定或许还会有所下降；若市场供给短缺，供应商垄断市场，则材料采购成本就会上涨。

（二）采购成本的组成

采购成本主要由价格成本和相关成本组成。

1. 价格成本

价格成本主要是指采购物资的买价，其总额取决于采购数量和单位成本。由于单位成本一般不会随采购数量的变动而变动，因此在采购决策中，存货的采购成本通常属于无关成本；但当供应商为扩大销售而采取数量折扣优惠时，存货的采购成本就成为与决策相关的成本了。

2. 其他相关成本

1）运杂费

采购过程中的运杂费主要有运输费、包装费、保险费等。运输费一般占总物流成本的50%。不同的商品、不同的运输方式采用不同的包装形式，决定了不同的包装费用。

2）损耗的费用

由于自然原因和人为原因造成采购物资的损耗，如一些散装运输的货物，在装卸和运输过程中必然会有一定的损失。

（三）与存货决策相关的概念

1. 订货成本

订货成本是指从发出订单到收到存货整个过程中所付出的成本。包括采购人员的工资、采购部门的一般性费用（如办公费、水电费、折旧费等）和采购业务费（如订单处理成本、运输费、保险费以及装卸费等）。订货成本按其与订货次数之间的依存关系分为固定订货成本和变动订货成本。固定订货成本主要包括采购部门的管理费、采购人员的工资等，其发生数额与订货次数的多少无关。与订货次数有关的订货成本称为变动订货成本，主要包括差旅费、邮电费、文件处理费等。每次订货的变动成本用 K 表示。订货次数等于存货年需求量 D 与每次进货量 Q 之商。

就生产型的物流公司来说，如生产本企业所需要的包装物、模型模具、半成品等，此时订货成本就是一种生产准备成本。生产准备成本是指组织一批存货生产所发生的全部费用，包括每次生产前的设备的准备与调整、准备工具模具、清理作业场所、布置生产线和准备生产作业记录等工作发生的成本。这类成本是固定的，不以每批的产量多少为转移。

2. 储存成本

储存成本是指企业为持有存货而发生的成本，通常包括两大类：一是付现成本，包括支付的仓储费、按存货价值计算的保险费、陈旧报废损失、检查费用以及企业自行设立仓库发生的所有费用；二是资金成本，即由于投资于存货而不能投资于其他赢利方面所形成的机会成本。

储存成本按其与储存量的关系分为固定储存成本和变动储存成本。固定储存成本主要包括仓储房屋及设备的折旧费、维修费，仓库职工的工资等；变动储存成本主要包括存货资金占用的机会成本、仓储费用、保险费用、存货残损损失等。单位存货年储存成本用 C 表示。

3. 缺货成本

缺货成本是由库存供应中断造成的损失，包括原材料供应中断造成的停工损失、产成品库存缺货造成的延迟发货损失和丧失销售机会的损失（还应包括商誉损失）。如果生产企业以紧急采购代用材料来解决库存材料的中断之急，那么缺货成本表现为紧急额外购入成本(紧急采购成本大于正常采购成本部分)。当一种产品缺货时,客户就会购买竞争对手的产品,这就会对企业产生直接利益损失,如果失去客户,还可能为企业造成间接长期成本。供应物流企业,原材料、半成品或零配件的缺货,意味着机器空闲甚至停产。

缺货成本大多数属于机会成本。在允许缺货的情况下,缺货成本是与决策有关的成本;在不允许缺货的情况下,缺货成本就是与决策无关的成本了。

4. 平均库存量

平均库存量是指一个企业库存量的平均数。其计算公式为:

平均库存量=订货量/2

5. 经济订货批量

经济订货批量是指能够使一定时期存货的相关总成本达到最低点的每次订货数量。其计算公式为:

$$Q=\sqrt{2DK/C}$$

6. 存货相关总成本

存货相关总成本的计算公式为:

存货相关总成本=变动订货成本总额+变动储存成本总额

$T=(KD/Q)+(CQ/2)$

在经济订货批量下的最低年存货相关总成本为

$$T^{*}=\sqrt{2DKC}$$

7. 安全存货量

为了防止生产量增加、提前领货、当月耗用量超计划或因故延迟交货等特殊原因,必须保持一定数量的保险储备量,称为安全存货量。其计算公式为

安全存货量 =(预计每日最大消耗量 − 预计平均每日正常耗用量)× 提前日数

再订货点是指企业确定在什么时候订货,如果订货过早,就会增加储存成本和机会成本;如果订货过迟,会影响生产和销售,严重的会出现缺货成本。

影响订货点的因素主要有经济订货批量、正常消耗量、提前期和安全存货量。正常消耗量是为了满足每天正常需要的量;提前期是指从提出订货到收到订货的时间间隔。

订货点的计算公式为:

订货点 = 提前期 × 正常消耗量 + 安全储备量

(四)采购成本决策案例

【例 5-5】

华鑫公司每年需要外购某种存货 3 600kg,每次订货成本为 200 元,单位年平均储存

成本中付现成本为 3 元，单位采购成本为 50 元，该公司的资金成本为 20%。

要求：确定经济订货批量、经济订货次数和最低年存货相关总成本。

解 该问题的决策可以直接用经济订货批量模型分析。

$$单位年平均储存成本 = 3 + 50 \times 20\% = 4(元)$$

$$Q = \sqrt{2DK/C} = \sqrt{2 \times 3\,600 \times 200/4} = 600(\text{kg})$$

$$经济订货次数 = 3\,600/600 = 6(次)$$

$$T^* = \sqrt{2DKC} = \sqrt{2 \times 3\,600 \times 200 \times 4} = 2\,400(元)$$

假定华鑫公司每次订货提前期为 6 天，预计每天最大出库量为 20kg，平均每天正常出库 3 600/360=10kg。则该存货的安全储备量=(20－10)×6=60kg，再订货点=6×10+60=120kg。这意味着当库存降到 120kg 时即发出采购信息。

结论：进货批量越多，批次越少，有关的订货成本越低，而仓储成本就越高；反之，进货批量越少，进货批次越多，订货成本越高，仓储成本越低。因此，要确定合理的进货批量和批次，以求既保证生产与流通的需要，又达到物流成本最低。

在有数量折扣的决策中，订货成本、储存成本以及采购成本都是订购决策中的相关成本，三种成本的年成本合计最低的方案，就是最优方案。

【例 5-6】

某企业全年需要外购某存货 15 000 箱，用于分装后再销售。每箱年储存成本 5 元，每次订货成本 60 元。供应商规定：每次订货量达 750 箱时，可获得 5%的折扣，不足 750 箱时单价为 50 元。

要求：做出是否接受折扣的采购决策。

解 (1) 计算没有数量折扣的经济订货批量：

$$Q = \sqrt{\frac{2 \times 15\,000 \times 60}{5}} = 600(箱)$$

(2) 计算不考虑折扣时的年成本合计：

$$采购成本 = 15\,000 \times 50 = 750\,000(元)$$

$$订货成本 = 15\,000/600 \times 60 = 1\,500(元)$$

$$储存成本 = 600/2 \times 5 = 1\,500(元)$$

$$年成本合计 = 750\,000 + 1\,500 + 1\,500 = 753\,000(元)$$

(3) 计算考虑数量折扣时的年成本合计：

$$采购成本 = 15\,000 \times 50 \times (1 - 5\%) = 712\,500(元)$$

$$订货成本 = 15\,000/750 \times 60 = 1\,200(元)$$

$$储存成本 = 750/2 \times 5 = 1\,875(元)$$

$$年成本合计 = 712\,500 + 1\,200 + 1\,875 = 715\,575(元)$$

(4) 比较两种情况的年成本合计：

$$753\,000 - 715\,575 = 37\,425(\text{元})$$

通过比较可以得知，接受数量折扣，可使企业年成本降低37 425元。因此，应该做出接受数量折扣采购决策。

二、配送成本决策

配送成本总额是由各个环节的总成本组成的，其计算公式为：

配送成本＝配送运输成本＋分拣成本＋储存保管费用＋配装成本＋流通加工成本

1. 配送运输成本

配送运输成本是指配送车辆在完成配送货物过程中所发生的各种车辆费用和配送间接费用。具体内容见运输成本决策。

2. 分拣成本

分拣成本是指分拣机械及工人在完成货物分拣过程中所发生的各种费用。分拣机械费用主要有机械设备的折旧费及修理费，分拣人工费用是指从事分拣工作的人员以及有关人员的工资、奖金、补贴等费用。

3. 储存保管费用

储存保管费用主要包括仓储费、进出库费和其他费用。

4. 配装成本

配装成本是指在完成配装过程中所发生的各种费用。主要有配装员工的工资和福利费、配装所耗用的材料费和其他间接费用。

5. 流通加工成本

流通加工成本主要包括流通加工设备费用、流通加工材料费以及流通加工人工费用等。

在物流配送成本的决策中，配送运输成本、分拣成本、配装成本、流通加工成本和储存保管费用都是相关成本。

物流配送成本决策通常使用的方法有差量成本法和成本无差别点法。

差量成本法是通过比较两个被选方案的成本之差，以成本低的方案为优的一种决策方法。

成本无差别点法是在各个被选方案的收益值相等或无收益值，且被选方案的业务量未知的情况下，根据两个被选方案成本相等时的业务量，进行决策的一种方法。成本无差别点法的业务量的计算公式为

$$\text{成本无差别点法的业务量} = \frac{\text{两个方案的固定成本之差}}{\text{两个方案的单位变动成本之差}}$$

【例 5-7】

宏大物流公司需要某种零件，每个月需要10 000个，可以用现有设备自己生产，若自产，每个零件的单位变动生产成本为20元，应负担的设备的折旧和相关间接费用共10 000元；这种零件也可以从市场上购买，买价21元/个，但需要自提，自提的运费折合每个零件1元。请判断该种零件应自制还是外购？

首先，计算自制和外购的总成本。

$$自制的总成本 = 20 \times 10\,000 + 10\,000 = 210\,000(元)$$

$$外购的总成本 = (21 + 1) \times 10\,000 = 220\,000(元)$$

其次，计算自制与外购的成本差异。

$$自制比外购节约的成本 = 220\,000 - 210\,000 = 10\,000(元)$$

因此，自制更合理。

【例 5-8】

宏大物流公司为了扩大仓储规模，现在有两个方案可供选择。

(1) 自行建造一间仓库，建造成本为50万元，可用10年，使用期满估计可收回残值为1万元。这间仓库建成后，每天的运转费(分拣成本和配装成本)为40元，每年还要支付维修费3 000元。

(2) 向其他公司租赁仓库使用，每天的租金300元，每天的运转费也为40元。

要求：确定该厂在不同情况下，采取哪个方案为优？

解 在这两个方案中，自行建造仓库的总成本包括仓库的折旧费、修理费和运转费，其中仓库的折旧费和修理费为固定成本，运转费为变动成本；租赁仓库的成本中每天的租金和运转费均为变动成本。

在这两个方案中，应采用哪一种方案，同该公司每年的仓库使用天数有直接关系。因此有必要计算自行建造方案和租赁方案成本相等时的使用天数，即成本无差别点。

设两个方案的年使用天数为 x，

$$自行建造仓库的年折旧成本 = (500\,000 - 10\,000)/10 = 49\,000(元)$$

$$自行建造仓库的年使用总成本 = (49\,000 + 3\,000) + 40x = 52\,000 + 40x$$

$$租赁的年使用成本 = (300 + 40)x = 340x(元)$$

当自行建造仓库和租赁仓库的年使用成本相等时：

$$52\,000 + 40x = 340x$$

$$x = 173(天)$$

根据上述计算可见，当每年的使用天数在173天时自行建造一间仓库和租赁仓库的总成本相等，两个方案均可选择。若该企业的业务量越来越大，每年使用天数在173天以上，就应该自行建造仓库；若企业的业务每年需要使用173天以下，就应该选择租赁方案。

三、运输成本决策

运输是物流中最重要的功能之一，运输成本在物流成本中约占 1/2。运输成本包括营运成本、管理费用和财务费用。

（一）营运成本

营运成本主要指与营运生产直接有关的各项支出。

1. 工资与职工福利费

工资是指支付给配送车辆司机的基本工资及工资性津贴等；职工福利费，是指按规定的工资总数及规定比例计提的职工福利费。

2. 燃料费与轮胎费用

燃料费是指配送车辆运行耗用燃料（如汽油、柴油等）费用；轮胎费用是指运送车辆耗用的外胎、内胎、垫带等费用支出以及轮胎的翻新费用和维修费用。

3. 修理费与大修费

修理费是指配送车辆进行各种保养和修理时发生的工料费和行车耗用的机油费用；大修费是指运输车辆计提的大修理基金以及大修理竣工后调整的费用差异和车辆超过大修理定额差异应调整增减的费用。

4. 折旧费

折旧费是指运输车辆按规定计提的折旧费。

5. 养路费

养路费是指按规定向公路管理部门缴纳的运营车辆养路费。

6. 公路管理费

公路管理费是指按规定向运输管理部门缴纳的运营车辆管理费。

7. 车船使用税费

车船使用税费是指企业按规定向税务部门缴纳的运营车辆使用税。

8. 行车事故损失

行车事故损失是指运输车辆在运输过程中，因行车肇事发生的事故损失。

9. 其他费用

其他费用是指不属于以上各项的车辆费用，如行车杂费、随车工具费、防滑链条费、中途故障救济费、司机和助手劳动保护用品费、车辆清洗费、冬季预热费以及由运输方负担的过路过桥费用等。

（二）管理费用

管理费用是指运输企业行政管理部门为管理和组织营运生产活动而发生的各项费用之和。主要包括公司经费、董事会会费、行政管理人员工资和福利费、职工教育经费、劳动保护费、印花税、房产税、车船使用税、土地使用税、技术转让费、诉讼费、排污费等。

（三）财务费用

财务费用是指运输企业为了筹集资金而发生的各项费用。包括筹资的利息支出、汇兑损益、金融机构的手续费等。

决策物流运输成本通常使用的方法是差量成本法和成本无差别点法。

【例 5-9】

某物流运输公司承运某大型企业的货物，有两套运输方案可供选择。其一，采用公路运输方式，单位运输成本为 0.5 元/t · km，每年的运输车辆的折旧费、修理费、养路费和人工成本等共计 80 000 元。采用该运输方式时，闲置的船舶可以减少费用支出 10 000 元。

其二，采用船舶运输方式，单位运输成本为 0.3 元/t · km，每年的船舶固定费用、集装箱固定费用和营运间接费用等共计 100 000 元。同时闲置的汽车可以出租，每年可获租金约 20 000 元。

要求：(1) 做出采用公路运输方式还是船舶运输方式的决策。

(2) 若该公司今年承运货物 180 000t · km，应该选择哪种运输方案。

解 该问题中的采用第一个方案可以减少的船舶的固定费用 10 000 元，作为采用这个方案的机会成本。

该问题中的第二个方案所涉及的采用船舶运输时，可将闲置的汽车出租而获取的租金收入，作为第二个方案的机会成本。

在进行第一个问题：采用公路还是船舶的决策中，主要涉及该公司的运输吨公里的多少，可以设两种方案成本无差别点处的业务量为 x t · km，

$$\text{采用公路运输的总成本} = (80\,000 + 10\,000) + 0.5x$$

$$\text{采用船舶运输的总成本} = (100\,000 + 20\,000) + 0.3x$$

当公路运输的总成本＝船舶运输的总成本时，

$$(80\,000 + 10\,000) + 0.5x = (100\,000 + 20\,000) + 0.3x$$

$$x = 150\,000\text{t} \cdot \text{km}$$

通过计算，当该公司每年承运的货物为 150 000t · km 时，两种方案都可行；若每年承运货物高于 150 000t · km，应该采用船舶运输方式；若每年的承运货物低于 150 000t · km，应该采用公路运输方式。该公司今年承运的货物为 180 000t · km，应该

采用公路运输方式。

【例 5-10】

华鑫公司要从位于 A 市的工厂直接装运 1 000 件货物送往位于 B 市的一个批发中心。这批货物价值为 150 万元。B 市的批发中心指定这批货物的标准运输时间为 3 天，如果超出标准时间，每件货物的每天的机会成本是 20 元。华鑫公司的物流经理设计了下述三个物流方案。

(1) 力帆公司是一家长途货物运输企业，可以按照优惠费率每公里 0.05 元/件来运送这批货物，装卸费为每件 0.10 元。已知 A 市到 B 市的公路运输里程为 1 200km，估计需要 3.5 天的时间才可以运到(因为货物装卸也需要时间)。

(2) 宏伟公司是一家水运企业，可以提供水陆联运服务，即先用汽车从华鑫公司的仓库将货物运至 A 市的码头(30km)，再用船运至 B 市的码头(1 300km)，然后再用汽车从码头运至批发中心(20km)。由于中转的过程中需要多次装卸，因此整个运输时间大约为 5 天。询价后得知，陆运运费为每公里 0.06 元/件，装卸费为每件 0.10 元，水运运费为每百件 0.6 元。

(3) 科星公司是一家物流企业，可以提供全方位的物流服务，报价为 40 000 元。它承诺在标准时间内运到，但是准点的百分率为 80%。

要求：从成本角度评价这些运输方案的优劣。

解 不同地域、空间和不同物资的物流活动，需要不同的运输工具，存在不同的成本，由于各物流成本之间存在悖反关系，在决策时应该以物流总成本最低作为方案的取舍依据。

方案一：

$$总成本=(0.05\times1\,200+0.1\times2+20\times0.5)\times1\,000=70\,200(元)$$

方案二：

$$总成本=(0.06\times50+0.1\times6+0.006\times1\,300+20\times2)\times1\,000=51\,400(元)$$

方案三：

$$报价=40\,000元，可能追加成本=(30.8-3)\times20\times1\,000=15\,000(元)$$

总成本为 55 000 元。

通过各方案总成本的比较，方案二的成本最低，所以方案二为最优方案。

四、仓储成本决策

仓储成本决策中主要涉及的成本包括存货持有成本、订货成本、缺货成本、在途存货持有成本和库存风险成本。存货持有成本包括资本成本、储存空间成本、库存服务成本和存货风险成本。在途存货成本一般包括资本占用成本、仓储运作成本、仓储维护成本、保险和其他成本。库存风险成本是由与产品变质、短少(偷窃)、破损或报废相关的费用构成,在库存的过程中,存货会被污染、损坏、腐烂、被盗或由于其他原因不能销售,与之相关的成本可用产品价值的直接损失来估算,也可用重新生产产品或备用仓库供货的成本来计算。

在仓储成本决策中,存货持有成本、订货成本、在途存货持有成本为相关成本。而缺货成本和库存风险成本虽然也是相关成本,但是在决策中应该不允许出现缺货成本和库存风险成本。

在仓储成本决策中,存货持有成本所占的比重大,其他几种成本所占的比重相对较小,因此,应该重点关注在存货中价值大、数量相对较少的存货的决策。对这类存货的决策重点是把握经济订货批量(或最优生产批量)和再订货点。

经济订货批量在采购成本决策中已经进行了分析,在此重点讲述最优生产批量的决策。所谓最优生产批量,就是确定一个适当的生产批量,从而使其生产准备成本与储存成本之和达到最小。

最优生产批量的确定可以用公式法。

设:Q^* 为某产品成批生产一次投产的最优批量;D 为该产品全年的总产量;p 为生产周期内产品的每天生产量;d 为产品每天的领用量;K 为每批产品投产需花费的生产准备成本;C 为单位产品全年的储存成本;T 为年存货相关总成本;T^* 为最低年存货相关总成本。

(1) 在每批产品一次性集中完工入库的情况下

$$\text{最优生产批量 } Q^* = \sqrt{2DK/C}$$

$$\text{最低年相关总成本 } T^* = \sqrt{2DKC}$$

(2) 在每批产品陆续完工入库的情况下

$$\text{最优生产批量 } Q^* = \sqrt{\frac{2DK}{C}\left(1-\frac{d}{p}\right)}$$

$$\text{最低年相关总成本 } T* = \sqrt{2DKC\left(1-\frac{d}{p}\right)}$$

$$\text{年生产批次} = D/Q^*$$

【例 5-11】

宏达物流公司每年需要包装袋 10 000 个,全需要自己生产,现在每天能生产 200 个,每天领用 160 个,每次生产准备成本为 40 元,每个包装袋的年储存成本为 1 元。

要求:做出最优生产批量的决策。

解 最优生产批量

$$Q^* = \sqrt{\frac{2DK}{C}\left(1-\frac{d}{p}\right)} = \sqrt{2\times 10\,000\times 40\times 1\times\left(1-\frac{160}{200}\right)} = 400(\text{个})$$

最低年相关总成本

$$T^* = \sqrt{2DKC\left(1-\frac{d}{p}\right)} = \sqrt{2\times 10\,000\times 40\times 1\times\left(1-\frac{160}{200}\right)} = 400(\text{个})$$

年生产的批次 = 10 000/2 000 = 5(批)

在非生产的物流企业，订货以后若不会在某一个时刻全部入库，而是要在一次订货之后陆续入库，也可以用最优生产批量模型进行经济订货量的决策。

【例 5-12】

华鑫公司每年需要外购某种存货 12 000kg，每次订货成本为 100 元，单位年平均储存成本为 3 元，由于该企业库存面积比较紧张，遂与供应商协商每日到货 300kg，华鑫每日销售 240kg。

要求：确定经济订货批量、经济订货次数和最低年存货相关总成本。

解 由于该公司的存货是陆续到货的，根据最优生产批量模型，

经济订货批量

$$Q^* = \sqrt{\frac{2\times 12\,000\times 100}{3\times\left(1-\frac{240}{300}\right)}} = 2\,000(\text{kg})$$

经济订货次数 = 12 000/2 000 = 6(次)

最低年存货相关总成本

$$T^* = \sqrt{2\times 12\,000\times 100\times 3\times\left(1-\frac{240}{300}\right)} = 1\,200(\text{元})$$

第四节　物流成本综合决策

物流企业的成本是各功能成本的总和。在分析各功能成本的基础上，物流公司所进行的物流成本决策就应该是综合的决策。在综合决策中常用的方法有本量利分析法、决策树法和决策表法。

一、本量利分析法

本量利分析法就是分析物流成本、业务量(业务量、运输量)和利润之间相互关系的一种分析方法。本量利分析法能在变动成本计算的基础上，以数学模型与图形来揭示固定成本、变动成本、业务量、单价和利润之间的内在规律，为预测和决策提供必要的财务信息。本量利分析法主要应用于确定型决策。

本量利分析的主要内容有盈亏平衡分析和赢利分析。

（一）本量利分析的基本公式

本量利分析法的基本公式为：

利润 = 营业收入 − 变动成本 − 固定成本

= 单价 × 业务量 − 单位变动成本 × 业务量 − 固定成本

$$P = px - bx - a$$

式中：P 为利润；a 为固定成本；p 为单价；b 为单位变动成本；x 为业务量。

营业收入 − 变动成本 = 贡献毛益总额

$$px - bx = T\text{cm}$$

式中：$T\text{cm}$ 为贡献毛益总额

贡献毛益反映了一个项目(或产品)的赢利能力。贡献毛益首先用于补偿固定成本，补偿固定成本之后还有余额，才会为企业提供利润。否则，企业将发生亏损。贡献毛益是一个正指标，越大越好。

贡献毛益有三种表现形式：贡献毛益总额、单位贡献毛益(cm)、贡献毛益率(cm$R$)。前两个指标是用绝对数来反映产品的赢利能力，后一个指标是用相对数反映赢利能力。贡献毛益率是贡献毛益总额除以营业收入总额所得。

单位贡献毛益 = 单价 − 单位变动成本

$$\text{cm} = p - b$$

贡献毛益率 = 贡献毛益总额 / 营业收入总额

= 单位贡献毛益 / 单价

= 1 −(单位变动成本 / 单价)

$$\text{cm}R = 1 - b/p$$

变动成本率(bR) = 单位变动成本 / 单价

$$bR = b/p$$

变动成本率反映成本水平的高低，变动成本率是个反指标，越小越好。因此，

贡献毛益率 + 变动成本率 = 1

鉴于上述贡献毛益率和变动成本率的关系，要想提高企业的赢利能力，必须降低成本，降低变动成本率。

【例 5-13】

华鑫公司经营一种小包装产品，单价 5 元/袋，单位变动成本 3 元，固定成本总额为 35 000 元，本季度共销售 25 000 袋。

要求：计算贡献毛益总额、单位贡献毛益、贡献毛益率、变动成本率以及本季度的利润。

解 已知：$p=5, b=3, x=5\,000, a=35\,000$

贡献毛益总额 = 营业收入总额 − 变动成本 = $(5-3)\times 25\,000 = 50\,000$(元)

单位贡献毛益 = 单价 − 单位变动成本 = $5-3=2$(元)

贡献毛益率 = 贡献毛益总额 / 营业收入总额 = 单位贡献毛益 / 单价 = $2/5=0.4$

变动成本率 = 1 − 贡献毛益率 = $1-0.4=0.6$

利润 = $px-bx-a=T\text{cm}-a=50\,000-35\,000=15\,000$(元)

（二）盈亏平衡分析

1. 盈亏临界点

盈亏临界点又称保本点、损益平衡点，是指企业经营所得的营业收入等于营业成本，企业不盈不亏，利润为零时的状态。

2. 盈亏临界点的数学模型

盈亏临界点的数学模型为：

利润 = 营业收入 − 变动成本 − 固定成本

当利润 = 0 时，营业收入 = 变动成本 + 固定成本

盈亏临界点的业务量$(x_0)=a/(p-b)$

盈亏临界点的营业收入$(y_0)=px_0$

【例 5-14】

力帆物流公司年固定成本总额为 60 000 元，提供的物流运输服务每吨公里 0.5 元，每年的运输量为 200 000t·km。

要求：(1) 该公司盈亏临界点的业务量和营业额。

(2) 该公司的单位变动运输成本应该控制的上限。

(3) 近年来随着原油价格不断上升，该企业的单位运输成本最低能控制在每吨公里 0.3 元，试分析这时企业的每吨公里的定价最低是多少。

(4) 若市场的物流单位运输价格不能提高，只能维持每吨公里 0.5 元的价格，单位运输成本最低为 0.3 元，试分析该企业应该将固定成本控制在一个什么水平上。

(5) 若该公司只能将固定成本控制在 50 000 元，单位运价为 0.5 元，单位运输成本为 0.3 元/t·km，这种情况下，企业至少要取得多少吨公里的订单才行？

解 (1) 盈亏临界点的业务量$(x_0)=a/(p-b)=60\,000/(0.5-0.3)=300\,000(\text{t}\cdot\text{km})$

盈亏临界点的营业收入$(y_0)=px_0=0.5\times 300\,000=150\,000$(元)

(2) 由于成本对利润的影响是反方向变动的，即成本上升，利润就会下降。该公司控制的单位变动运输成本的上限就是使利润为零时的成本。即

$$200\,000(0.5-b)-60\,000=0$$

$$b = 0.2(\text{元}/\text{t} \cdot \text{km})$$

(3) 单价与利润是呈同方向变动的，即单价上升，利润也随之上升。因此，企业的最低定价就是使利润为零时的单价。即

$$200\,000(p-0.3)-60\,000=0$$

$$p=0.6(\text{元})$$

(4) 企业的固定成本与利润的变动方向是反方向的，在单价、单位变动成本不变的情况下，压缩固定成本，固定成本的最高上限是使利润为零时的固定成本水平。即

$$200\,000(0.5-0.3)-a=0$$

$$a=40\,000(\text{元})$$

(5) 企业运输订单的业务量和利润是呈同方向变动的，在成本和单价一定的情况下，业务量越多利润越大，因此，最低的业务量是在利润为零时的业务量水平。即

$$(0.5-0.3)x-50\,000=0$$

$$x=250\,000(\text{t} \cdot \text{km})$$

3. 盈亏临界图分析

制作盈亏临界图是围绕盈亏临界点，将影响企业盈亏临界点和利润的有关因素及其相应关系，集中在一幅图上，形象而具体地显示各种因素的变动对利润发生怎样的影响，从而有助于决策者在经营管理工作中提高预见性和主动性。也有人称之为保本图、盈亏平衡图、损益平衡图等。其绘制方法如下。

(1) 在直角坐标系中，以横轴表示业务量，以纵轴表示成本和营业收入。

(2) 绘制固定成本线。在纵轴上确定固定成本的数值，并以此为起点，绘制一条平行于横轴的直线，即为固定成本线 $y=a$。

(3) 绘制总成本线。在横轴上取一业务量并计算其总成本，在坐标上标出该点，然后将坐标上的固定成本点与该点连接便可绘出总成本线 $y=a+bx$。

(4) 绘制营业收入线。以坐标原点为起点，在横轴上任取一个整数业务量，计算其营业收入，在坐标上找出与之相对应的纵轴交叉点，连接这两点就可画出总收入线 $y=px$。

(5) 营业收入线与总成本线的交点即为盈亏临界点，其对应的横坐标 x_0 为盈亏临界点的业务量，其对应的纵坐标 y_0 为盈亏临界点的营业收入。

图 5-1 从动态上集中而又形象地反映了业务量、成本与利润之间的相互关系，从中可以得出以下几条基本规律。

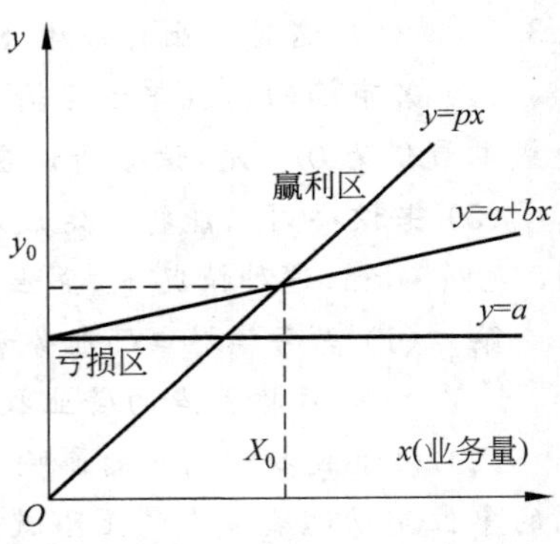

图 5-1 动态业务量

(1) 盈亏临界点不变,业务量越大,能实现的利润越多,或亏损越少,如产品业务量超过盈亏临界点一个单位的业务量,即可获得一个单位贡献毛益的赢利;反之,业务量越小,能实现的利润越少,或亏损越多。若产品业务量低于盈亏临界点一个单位的业务量,即亏损一个单位贡献毛益。

(2) 业务量不变,盈亏临界点越低,赢利区的三角形面积就越大,亏损区的三角形面积就越小,它反映了产品的赢利性有所提高,即能实现更多的利润或更少的亏损;反之,盈亏平衡点越高,赢利区的三角形面积就越小,亏损区的三角形面积就越大,它反映了产品的赢利性有所降低,即能实现的利润更少,或亏损更多。

(3) 在营业成本既定的条件下,盈亏临界点的高低受单位售价变动的影响。产品单价越高,表现为营业收入线的斜率越大,盈亏临界点就越低;反之,产品单价越低,表现为营业收入线的斜率越小,盈亏临界点就越高。

(4) 在营业收入既定的条件下,盈亏临界点的高低取决于固定成本和单位变动成本的多少。固定成本越多,或单位产品的变动成本越多,盈亏临界点就越高;反之,盈亏临界点就越低。其中,单位变动成本的变动对盈亏临界点的影响,是通过变动成本线的斜率的变动表现出来的。

明确了以上基本规律,对于企业根据主客观条件有预见地采取相应的措施,实现扭亏为盈,将有较大的帮助。

4. 盈亏临界点作业率

盈亏临界点作业率是用盈亏临界点的业务量除以现有的业务量得到的。它表明了在保本状态下企业的生产经营能力的利用程度。该指标的大小反映经营安全性的大小,该指标越大,经营越不安全,因为企业开工生产的绝大部分产品用于满足保本,而不是赢利;反之,该指标越小,经营越安全,这说明开工生产的一小部分产品就可以保本,其余部分会给企业带来赢利。该指标是一个反指标,越小越好。其计算公式为:

盈亏临界点作业率(dR) = 盈亏临界点的业务量 / 正常的业务量

$$\mathrm{dR} = x_0 / x_1$$

(三) 赢利分析

企业的经营不仅仅是为了保本,还为了赢利。企业通常先制定出目标利润,然后再进行目标成本和目标业务量的决策。

1. 目标成本的决策

目标成本是指企业在经营活动中某一时期期望实现的成本目标。确定目标成本是为了降低经营成本,实现企业的目标利润,如果目标成本不能实现,则企业的目标利润就无法实现。

目标成本作为衡量企业经营支出的标准，在确定时既要注意其先进性，又要注意其可行性。通常有两种方法确定目标成本。

(1) 选择某一先进成本水平作为目标成本。先进成本可以是企业历史上的最好水平，也可以是国内外同行业中的先进水平，还可以是计划成本、定额成本或标准成本。

(2) 通过本量利分析的公式，倒挤出目标成本。即：

目标成本＝营业收入－利润

【例 5-15】

假设某物流公司 2010 年计划实现利润 100 000 元，计划完成 300 000t·km 的运输任务，预计可实现营业收入 300 000 元。

要求：确定 2010 年该公司应将成本控制在什么水平。

解 目标成本＝营业收入－利润＝300 000－100 000＝200 000(元)

该公司 2010 年应将成本总额控制在 200 000 元。

2. 安全边际

安全边际是指盈亏临界点以上的业务量(或营业收入)。意味着现有业务量超过盈亏临界点多少，这个差距说明现有的业务量再下降多少，企业就会亏损。这个差距越大，说明企业发生亏损的可能性越小，企业的经营越安全。该指标是一个正指标，越大越好。

安全边际可以用绝对数表示，也可以用相对数表示。用绝对数表示，其计算公式为：

安全边际量 = 现有的业务量 － 盈亏临界点的业务量

安全边际额 = 现有的营业收入 － 盈亏临界点的营业收入

用相对数表示，被称为安全边际率。其计算公式为：

安全边际率 =(现有的营业收入 － 盈亏临界点的收入)/ 现有的营业收入

其他相关的公式：

安全边际率 ＋ 盈亏临界点作业率 = 1

营业利润率是利润与营业收入的比率。

营业利润率 = 贡献毛益率 × 安全边际率

企业经营安全状态可如表 5-4 所示来判断。

表 5-4 企业经营安全状态表

安全边际率	＞30％	25％～30％	15％～25％	10％～15％	＜10％
经营安全状况	安全	较安全	不太好	要警惕	危险

【例 5-16】

力帆物流公司年固定成本总额为 60 000 元，提供的物流运输服务每吨公里 0.5 元，每年的运输量 300 000t·km，单位运输成本 0.2 元。

要求：判断该公司经营是否安全。

解 该公司的盈亏临界点的运输量＝固定成本/(单价－单位变动成本)

＝60 000/(0.5－0.2)

＝200 000(t·km)

安全边际＝现有的业务量－盈亏临界点的业务量

＝300 000－200 000

＝100 000(t·km)

安全边际率＝(现有的营业收入－盈亏临界点的收入)/现有的营业收入

＝[(300 000－200 000)×0.5]/300 000×0.5

＝33.3%

该公司的安全边际率为 33.3%，说明该公司经营是安全的。

3. 实现目标利润的业务量

根据本量利分析的基本公式，在目标利润一定的情况下，对业务量水平进行决策。

【例 5-17】

华鑫公司 2011 年度制定了实现目标利润 100 000 元的目标，由于该公司面临的市场竞争非常激烈，单位运价无法上调，只能维持在 0.5 元/t·km，近期油价不断上升，单位变动成本最多能控制在 0.35 元/t·km，全年固定成本可以控制在 50 000 元。

要求：确定实现目标利润的运输量。

解 利润＝营业收入－变动成本－固定成本

100 000＝(0.5－0.35)×运输量－50 000

运输量＝1 000 000(t·km)

即，实现目标利润 100 000 元的运输量是 1 000 000 吨公里。

若该公司的目标利润为税后利润 100 000 元，其他条件不变的情况下，假设企业的所得税税率为 20%。

要求：确定实现目标利润的运输量。

解 税前利润＝税后利润/(1－所得税税率)

税前利润＝100 000/(1－20%)＝125 000(元)

实现目标利润的运输量＝(125 000＋50 000)/(0.5－0.35)＝1 166 666.67(t·km)

(四) 使用本量利分析法应注意的事项

本量利分析法是建立在成本与业务量的依存关系的基础之上的，即基于在一定时期、一定业务量水平下，固定成本不随业务量的增加而增加，变动成本随业务量的增加成正比例增加的关系。在应用该方法时,应该注意这一特点。

由于物流公司的成本种类较多,不同的成本有其不同的固定成本和变动成本,在使用时应该注意进行成本分类,并按类别分别进行成本的决策。

二、决策树法

风险型决策的特点是决策者对即将出现的两个或两个以上相互排斥的可能状态,不能完全肯定。一般可以根据过去的经验和调查研究资料,对各种可能状态出现的可能性做出估计。

风险型决策的标准是期望值。所谓期望值是指各种状态下,以概率为权数的加权平均值。当决策指标为收益时,应以期望值最大的方案为优;当决策指标为成本时,应以期望值最小的方案为优。

决策树法是风险性决策中常用的方法之一。

所谓决策树法是指在决策过程中,把各种方案以及可能出现的状态、后果,用树枝状的图形表示出来,这种利用决策树进行分析的方法,称为决策树法。

决策树是由决策节点、方案枝、状态节点和概率枝四个要素组成的树枝状图,如图 5-2 所示。

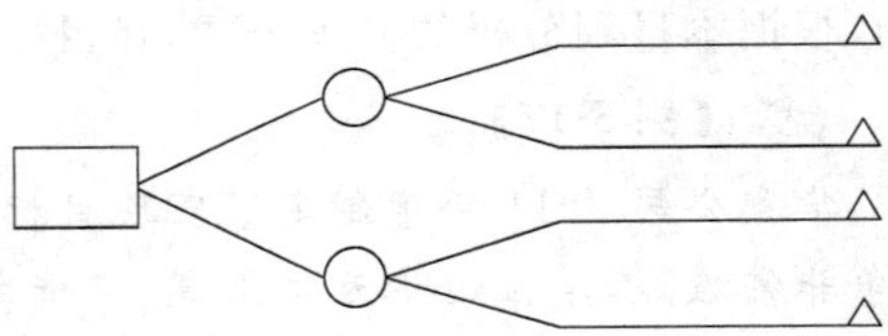

图 5-2 决策树

图中,□表示决策节点,从它引出若干条直线,每条直线代表一个方案,称为方案枝。

○表示可能出现的状态点,从它引出若干条直线,代表不同的自然状态,也把它称为概率枝。

△表示结果节点,它反映各个方案在不同自然状态下的效益值。

决策树法的决策程序如下。

(1) 绘制树形图。图形自左而右层层展开,根据已知条件排列出各方案和每一个方案的各种自然状态。

(2) 将各种状态概率及损益值标于概率枝上。

(3) 计算各方案的期望值并将其标于该方案对应的状态节点上。

(4) 进行剪枝。比较各个方案的期望值,按照决策原则,将放弃的方案剪掉。

(5) 剪枝后最后所剩的方案为最佳方案。

【例 5-18】

力帆公司想添置一辆运输车,现在拟定了两个方案:一个方案是购置新车,另一个方案是购买另一家公司已经用了两年的旧车。两个方案的有关资料如下。

（1）如购买旧车，购买价为30 000元，需要进行一次大修，预计大修理费为8 000元；预计在第四年年末再次大修的概率为0.6，预计大修理成本为8 000元；预计在第六年年末大修的概率为0.4，预计修理费为8 000元；该车每年的使用费用预计为12 000元，尚可用10年，期满残值5 000元。

（2）买新车需要一次性付款50 000元，使用时间也为10年；预计在第四年年末大修的概率为0.4，预计大修理成本为6 000元；预计在第六年年末大修的概率为0.6，预计修理费为8 000元；该车每年的使用费用预计11 000元，期满残值8 000元。

要求：根据上述资料做出购买旧车还是新车的决策。

解 对于这个问题的决策，由于维修的时间和概率不同，就每一个方案而言，又有两个状态，需要用决策树法分析，见图5-3。

$$\begin{aligned}E_1 &= 30\,000 + 8\,000 + 0.6 \times 8\,000 \\ &\quad + 0.4 \times 8\,000 + 12\,000 \times 10 - 5\,000 \\ &= 161\,000(\text{元})\end{aligned}$$

$$\begin{aligned}E_2 &= 50\,000 + 0.4 \times 6\,000 + 0.6 \times 8\,000 \\ &\quad + 11\,000 \times 10 - 8\,000 \\ &= 159\,200(\text{元})\end{aligned}$$

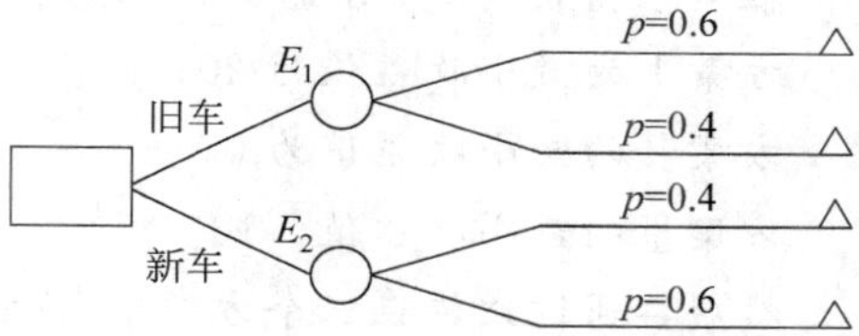

图5-3 决策树分析

由于$E_1 > E_2$，应该选择成本小的方案，即应该买新车。

三、决策表法

在风险型决策中，概率是计算期望值的必要前提，按照期望值才能进行决策。但是，在现实经济活动中很难知道某种状态发生的概率，因此也无法根据期望值进行决策，这时情况下的决策就属于不确定型决策。所以，进行方案选择时就依赖于决策者对待风险的态度。物流成本决策表法主要有小中取大法、大中取小法、大中取大法。

（一）小中取大法

小中取大法也称为悲观决策方法，其决策过程是：首先从每个方案中选出收益值最小的情况下的数据，然后再从中选出一个收益值最大的方案作为决策方案。以最小收益值中收益最大的方案为最优方案。

【例5-19】

合利公司准备开发新的物流营销渠道，有三种设计方案可供选择。因不同设计方案的采购成本、运输成本等各不相同，在不同的市场状态下的收益值也各不相同。有关资料如表 5-5 所示。

表 5-5 各方案收益值表 万元

设计方案	自然状态		
	销路好	销路一般	销路差
方案Ⅰ	50	40	20
方案Ⅱ	70	50	0
方案Ⅲ	100	30	−10

要求：运用小中取大法分析哪种方案为最优的决策方案。

解 根据表 5-5 所示的数据，首先选出各个方案的"最小收益值"：

方案Ⅰ的最小收益值为 20；

方案Ⅱ的最小收益值为 0；

方案Ⅲ的最小收益值−10。

然后再通过比较在三个方案中，方案Ⅰ是这些最小收益值方案中收益值最大的方案，所以应把方案Ⅰ作为最优的决策方案。

小中取大法是在最不利的情况下选择最有利的方案，所选的是极小值中的极大值。

（二）大中取小法

大中取小法也称为最小的最大后悔值决策法。所谓后悔值是指在某种状态下，因选择某方案而未选取该状态下的最佳方案而少得的收益值。例如在某种状态下，某方案的收益值为 1 000，而在这种状态下其他方案的最大收益值为 1 200，因选择该方案而比选择最佳方案少收益 200，即后悔值为 200。

用大中取小法进行决策的步骤如下。

(1) 找出在不同自然状态下各个方案的最大收益值。

(2) 计算在不同状态下的各个方案的后悔值：

方案的后悔值＝最大收益值－该方案的收益值

(3) 再比较各个方案的最大后悔值，选择最大后悔值最小的方案。

【例 5-20】

合利公司为了扩大营业额，拟订三种方案，各个方案在三种自然状态下可能造成的收益估计如表 5-6 所示。

表 5-6 方 案 表

t·km

设计方案	自然状态		
	需求量好	需求量一般	需求量差
方案 A	300	200	−75
方案 B	400	175	−150
方案 C	200	125	45

要求：运用大中取小法分析哪种方案为最优的决策方案。

解 (1) 找出三种状态下各个方案的最大收益值。

需求量好： 400t·km

需求量一般：200t·km

需求量差： 45t·km

(2) 计算在不同状态下的各个方案的后悔值。

在需求量好的情况，最大的收益值为 400t·km，所以

$$方案\ A\ 的后悔值 = 400 - 300 = 100$$
$$方案\ B\ 的后悔值 = 400 - 400 = 0$$
$$方案\ C\ 的后悔值 = 400 - 200 = 200$$

用同样的方法，可以求出其他两种状态下的各个方案的后悔值，如表 5-7 所示。

表 5-7 各方案后悔值

t·km

设计方案	自然状态			各方案中的最大后悔值
	需求量好	需求量一般	需求量差	
方案 A	100	0	120	120
方案 B	0	25	195	195
方案 C	200	75	0	200

(3) 比较各个方案的最大后悔值，选择最大后悔值最小的 120t·km 产生方案为最优方案，即方案 A 为最优方案。

（三）大中取大法

大中取大法也称为最大最大原则。这种方法是以乐观的态度，从最好的客观状态出发，去寻找预期结果最好的方案。大中取大法的决策步骤是：

(1) 从各种决策方案中选取一个最大的收益值；

(2) 比较各方案最大收益值,选取收益最大的方案作为决策方案。

【例 5-21】

资料如例 5-20。

要求:运用大中取大法分析哪种方案为最优的决策方案。

解 (1) 在各个方案中找出最大收益值,如表 5-8 所示。

表 5-8 不同方案收益情况

设计方案	自然状态			各方案中的最大后悔值
	需求量好	需求量一般	需求量差	
方案 A	300	200	−75	300
方案 B	400	175	−150	400
方案 C	200	125	45	200

(2) 在所有方案的最大收益值中找最大值是 400t · km,因此,方案 B 为最优决策方案。

在现实环境下,由于客观状态变化快,不以人们的意志为转移。所以,大中取大法带有较大的冒险性。

复习思考题

1. 物流成本预测的意义有哪些?物流成本预测的内容包括什么?
2. 按预测所用方法分类,不同预测的分类结果包括哪两种?各自的含义是什么?
3. 简述物流成本预测的步骤。
4. 定量预测分析法有哪些?简述各自的适用范围。
5. 简述物流成本决策的基本程序。
6. 物流成本决策过程中应注意哪些问题?
7. 影响采购成本的因素有哪些?

实训题

1. 华鑫公司 2011 年第一季度的运输业务量为 400 000t · km,第一季度的预测值为 420 000t · km,该公司选择的预测平滑系数为 0.4。

要求:预测其 2011 年第二季度的运输量。

2. 利和公司 2011 年 1—5 月份的业务量和配送成本的资料，如表 5-9 所示。

表 5-9　利和公司业务数据

月份	业务量/万件	总配送成本/万元	月份	业务量/万件	总配送成本/万元
1	50	5	4	75	6.5
2	40	5	5	80	7
3	60	6			

若计划年度预计的业务量为 900 万件。

要求：采用直线回归预测法计算 2011 年该公司的总成本和单位成本。

3. ABC 公司配送全年销售额为 1.6 亿元，年配送费用是 2 600 万元，为销售额的 16.25%，发生如此高的费用是该公司坚持高质量的服务标准所致。公司在全国主要市场设有仓库 504 个之多，高级管理层认为配送费用开支过大，服务标准不必要求如此之高，他们请来专家，经研究决定撤销 204 个仓库，可使配送费用降到最低，年可节省费用 200 万元，但由于减少了仓库，用户不能就近及时收到配件，经计算机模拟将失去销售额的 20%。

要求：(1) 应如何决策？为什么？

(2) 公共仓储是相对自营仓储而言，请你设法说服某企业放弃自营仓储，而采用公共仓储。

案例分析

雀巢与家乐福的物流成本决策

生产厂家管理的库存方式(vendor-managed inventories，VMI)是一种以用户和供应商双方都获得最低成本为目的，在一个共同的协议下由供应商管理库存，并不断监督协议执行情况和修正协议内容，使库存管理得到持续改进的合作性策略。

连续补充库存方式(continuous replenishment program，CRP)是指供应方对销售时点(POS)信息和预先发货清单(ASN)信息进行分析，把握商品的销售和零售商的库存动向。在此基础上，决定什么时间，把什么类型商品，以什么方式向什么店铺发货。发货的信息预先以 ASN 形式传送给零售商，多频度、小数量进行连续库存补充。

EDI(电子数据交换)定义为一种电子传输方法，用这种方法，首先将商业或行政事务处理中的报文数据按照一个公认的标准，形成结构化的事务处理的报文数据格式，进而将这些结构化的报文数据经由网络，从计算机传输到计算机。

有效客户反应(efficient consumer response，ECR)是一种分销商与供应商为消除系统中不必承担的成本和费用，又可给客户带来更大效益而进行密切合作的供应链管理战略。

因供应商与零售商的价格对立关系以及系统和运作方式的不同，VMI很难有具体的合理协作运用。台湾雀巢与家乐福两家公司协议在ECR方面做更密切的合作。整体运作的重点在于，台湾雀巢建立整个计划的机制，总目标是增加商品的供应率，降低顾客（家乐福）库存持有天数，缩短订货提前期，以及降低双方物流作业的成本等。

就雀巢与家乐福既有的关系而言，只是单纯的买卖关系，唯一特别的是家乐福对雀巢来说是一个重要的顾客，所以设有相对应专属的专业人员，买卖也仍是家乐福具有十足的决定权，决定购买哪些产品与数量。在系统方面，双方各自有独立的内部ERP系统，彼此间不相容，在推动计划的同时，家乐福进行与供应商以EDI连线方式的推广计划，雀巢的VMI计划也打算以EDI的方式进行连线。

整体系统的构建就是为了改善上述的状况。在经费的投入上，家乐福方面主要是在EDI系统建设的花费，没有其他额外的投入；雀巢方面除了EDI建设外，还引进了一套VMI系统。

经过近半年的实际上线执行VMI运作后，雀巢对家乐福物流中心产品到货率由原来的80%左右提升95%（超越目标值），家乐福物流中心对零售店面产品到货率也由70%左右提升至90%左右，仍在继续改善中，库存天数由原来的25天左右下降至目标值15天以下，在订单修改率方面也由60%～70%的修改率下降至现在的10%以下。

除了在具体成果的展现上，对雀巢来说最大的收获却是在与家乐福合作的关系上。过去与家乐福是单向的买卖关系，所以顾客要什么就给什么，甚至是尽可能地推销产品，彼此都忽略了真正的市场需求，导致卖得好的商品经常缺货，而不畅销的商品却有很多库存。经过这次合作让双方更为相互了解，也愿意共同解决问题，并使各项问题的症结陆续浮现，有利于根本改进供应链的整体效率，同时掌握销售资料和库存量来作为市场需求预测和库存补货的解决方法的依据。另外，雀巢在原来与家乐福的VMI计划基础上，也进一步考虑针对降低缺货率以及促销合作等方面加强合作。

资料来源：http://www.cio.cn/kejian/jdkc/scm/html/k16.html.

思考题：

1. 分析本案例中所涉及的物流成本决策。
2. 家乐福在物流成本决策方面是否正确？
3. 家乐福的物流成本决策是否值得推广？

第六章

物流成本的预算与控制

本章结构图

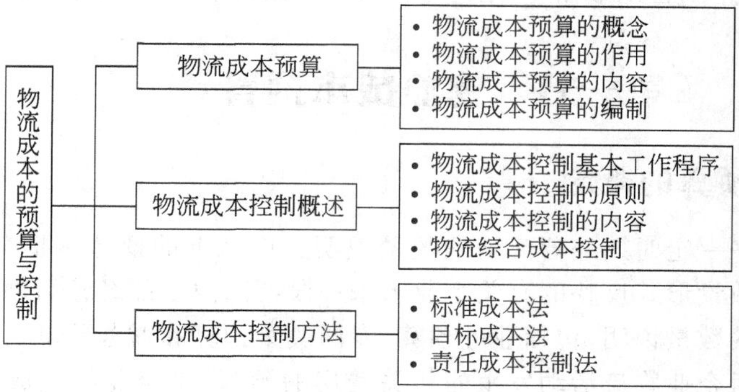

学习目标

- 熟悉物流成本预算的概念、内容和作用；
- 掌握物流成本预算的编制；
- 熟悉物流成本控制的原则、内容和方法。

引导案例

某运输企业的成本预算

某运输企业正在编制2009年的运输成本预算，由运输车队负责。根据2008年各项运输成本的数据，经过分析确定各项变动运输的变动成本率分别是：燃料费为0.8元/t·km，维修费为0.5元/t·km，轮胎费为0.6元/t·km，其他费用为0.45元/t·km。另外，根据上年实际情况，并考虑预算期的变化因素，确定预算期支付各项固定运输成本的数额如下：运输设备折旧费为

5.5万元，养路费为2.2万元，交通管理费为3.2万元，其他固定成本为1.1万元。经业务部门预测，公司2009年可能完成商品运输任务为250万t·km。

根据上述资料，财务部门编制了企业2009年度自营运输成本的预算表。于是，确定运输车队下一年度的运输成本预算总额为599.5万元，并以此金额对车队进行考核。预算编制完成后，交到企业总经理手中。总经理认为，2009年度的业务量预测250万t·km存在很大的不确定性，因此，如果运输车队的实际完成业务量高于或者低于该业务量，则是否还可以按照599.5万元的预算成本对车队进行考核。另外，有财务背景的总经理认为，财务人员在编制预算时，有相当多的基础资料，财务人员没有有效地利用起来，于是让财务人员重新编制了一份运输成本预算报告。

资料来源：鲍新中，崔巍. 物流成本管理与控制. 第2版. 北京：电子工业出版社，2010.

第一节 物流成本预算

一、物流成本预算的概念

预算是对企业未来一定时期经营活动的数量说明。广义上的预算是指全面预算，它是所有以货币及其他数量形式反映的有关企业未来一段期间内全部经营活动各项目标的行动计划与相应措施的数量说明，包括业务预算、专门决策预算和财务预算三大类。

物流成本预算是对企业物流活动发生的相关费用的预算，是企业物流成本计划的数量说明。物流成本预算是企业物流业务预算的主要内容，对于企业的物流部门来说，其所追求的目标是如何使有限的物流资源实现尽可能大的物流效果。为此，企业在进行物流活动时就必须做好预算工作。

二、物流成本预算的作用

作为物流成本计划的数量反映，物流成本预算是控制物流活动的重要依据和考核物流部门的业绩标准，其作用如下。

（一）建立成本目标

物流成本预算是物流成本计划的定量反映，它是根据对未来期间的物流成本预测和决策而编制的。物流成本预算明确建立了物流系统所要实现的成本目标，使计划目标具体化，便于个人与组织理解和把握，帮助其了解自身在企业整体工作中的地位和作用，从而强化了计划目标的指导性和激励性。

（二）协调企业活动

企业的总体经营目标，如降低成本，必须层层分解为各部门、人员和经营环节上的具体目标才能够得到落实。而最重要的是各部门、个人和经营环节的具体目标在方向上必须与总体经营目标保持一致，总体经营目标才有可能最终实现。

通过编制物流成本预算可以把各组织层次、部门、个人和环节的目标有机地结合起来，明确它们之间的数量关系，有助于各个部门和经营环节通过正式渠道加强内部沟通并互相协调，从整个物流系统的角度紧密配合，取得最大的经济效益。

（三）合理分配资源

一般来说，企业的物流资源是有限的，预算给物流各部门进行资源的分配提供了一种方法。预算编制要求管理者认真研究企业在物流活动中可能面临的问题和存在的潜力，以及可能存在的瓶颈，借以合理配置和最经济、合理地利用企业的物流资源。

（四）控制物流活动

在日常物流活动中，各项物流活动进展如何，是否符合预定进程，能否实现计划目标，都需要根据一定的标准进行分析和判断，以便及时采取措施。有了物流成本预算，有关部门和单位就可以以预算为依据，通过计量、对比，及时提供实际执行结果与预算标准之间的差异数额，分析其原因，采取有效的措施，保证预算任务和目标的顺利实现。

（五）评价工作业绩

物流成本预算在确立组织内部各部门、环节、个人行动目标的同时，也进一步明确了他们所承担的经济责任，使之能够被客观评价并具有可考核性，即通过实际完成数与预算数的比较分析，可以检查评价各部门、环节和个人的工作业绩。

三、物流成本预算的内容

物流成本的预算应根据物流系统成本控制与绩效考核的需要，分解到各部门、各个物流功能、各物流成本项目等，并在日常的成本核算过程中分别实施对这些形式的物流成本的核算，以便比较物流成本预算与实际物流成本发生额之间的差异，达到预算管理的目的。因此，物流成本预算的编制内容与物流成本的核算内容基本类似。

物流成本可按各种不同的划分标准进行分类核算，与此相适应，物流成本预算也可以按照各种不同的标准进行编制。例如，按照某物流功能（包装、运输、储存等）编制；按照每个物流部门（如仓库、运输队、装配车间等部门）编制；按照每个服务客户编制；按照每个产品编制；按照物流范围（供应、生产、销售、退货、废弃等）编制；按照每个物流成本项目（材料费、人工费、燃料费、办公费、维护费、利息费、折旧费等）编制；按照某一物流设备和工具编制等。在每一种形式的物流成本预算中，还可以按照更细的项目进行进一步的细化。

四、物流成本预算的编制

（一）物流成本预算编制的程序

一般而言，预算编制的程序模式包括自上而下式、自下而上式和上下结合式三种方式，它们分别适用于不同的企业环境和管理风格，并各具优缺点。

1. 自上而下式

在这种方式下，由企业物流管理部门按照战略管理需要制定预算，各物流分部只是预算执行主体。这种方式的最大好处在于能保证企业整体利益，同时考虑企业战略发展需要。但这种方式权力高度集中在管理部门，不能发挥各分部自身的管理主动性和创造性，给员工的感觉是“这是上面强加给我们的预算”，不利于“人本管理”及企业未来长远的发展。

2. 自下而上式

在这种方式下，由各物流分部编制并上报预算，管理部门只对预算负有最终审批权。这种方式的优点是有利于提高分部的主动性，充分体现了分权和人本管理，能使员工感觉到“这是我们自己的预算”。

但是这种方式也存在不足，太多的参与和讨论会导致犹豫不决和耽搁，同时不利于分部赢利潜能的最大发挥。如分部经理往往会故意压低其预算，只在上期基础上“适当”增长，以保持逐期增长的业绩。

3. 上下结合式

这种方式博采上述两者之长，在预算编制过程中，经历了自上而下和自下而上的往复。一般而言，预算目标应自上而下下达，预算编制则应自下而上地体现目标的具体落实，各责任部门通过编制预算，需要明确“应该完成什么，应该完成多少”的问题。

这种方式的优点是能够有效保证企业物流总目标的实现，又能发挥各分部的主动性，统一、明确地分解目标，体现了公平、公正的原则。

（二）物流成本预算编制的方法

1. 物流成本预算编制的一般方法

企业通常以上年的物流成本统计数据为基础并考虑物流作业量的变化以及成本的控制节约目标，制定新一年的成本预算，即采用固定预算、增量预算和定期预算的方法。

一般来说，物流成本预算的编制对象取决于物流系统绩效考核形式以及物流成本的核算形式。下面介绍几种按不同的成本对象编制物流成本预算的方法。

1）按物流范围编制物流成本预算

按照物流范围编制的物流成本预算可以规划出计划期内各物流领域中的物流成本支出数目，从而作为各个领域的物流运营者降低物流成本的目标。以制造企业物流系统为例，按物流范围编制的物流成本预算在内容上可以包括供应物流成本预算、生产物流成本预算、销售物流成本预算、退货物流成本预算和废弃物流成本预算等内容，如表 6-1 所示。

表 6-1　按物流范围编制的物流成本预算表

成本项目	上年实际数/元	预计增减/%	本年预算数/元
供应物流成本	80 000	－10	72 000
生产物流成本	120 000	－5	114 000
销售物流成本	150 000	＋8	162 000
退货物流成本	8 000	－50	4 000
废弃物流成本	10 000	－10	9 000
合　计	368 000	—	361 000

在如表 6-1 所示按物流范围编制物流成本预算时，应注意以下几个问题。

(1) 预计增减比率的确定。该增减比率要考虑到物流业务量的变化，一般来讲，当业务量预计增加时，物流成本预算也会有所增加；同时还要考虑物流成本控制和降低的因素。

(2) 对每一项物流成本预算，应采用一定的技术方法进行细化，例如，将供应物流成本预算细化为材料费、人工费、折旧费、办公费等。

(3) 不同领域的物流成本预算除了可按年度编制以外，也可先按季、月编制，然后汇总编制年度预算。如果企业物流量较大，且不同月份的物流业务量增减变化较为明显，最好先按季分月编制预算。

2）按物流功能编制物流成本预算

物流成本按物流功能分类，大体可以分为物品流通费、信息流通费和物流管理费。其中，物品流通费又可细分为包装费、运输费、仓储费、装卸费、流通加工费和配送费等。按不同的物流功能编制的费用预算能够将不同功能的物流成本指标落实到具体的物流部门，从而有利于明确责任，提高物流部门及人员降低物流成本的积极性。按物流功能编制物流成本预算，如表 6-2 所示。

表 6-2 按物流功能编制的物流成本预算表 元

成本项目		上年实际数	本年预算数
物品流通费	包装费	60 000	64 000
	运输费	200 000	250 000
	仓储费	160 000	180 000
	装卸费	50 000	60 000
	流通加工费	—	—
	配送费	—	—
	合计	470 000	554 000
信息流通费		10 000	11 000
物流管理费		40 000	40 000
总计		520 000	605 000

(1) 包装成本预算的编制

包装成本是指商品包装过程中所发生的费用，它可分为直接包装费和间接包装费。直接包装费是指与商品包装业务量大小直接有关的各种费用，包括直接材料费、直接人工费和直接经费。间接包装费是指与各种商品包装有关的共同费用，如间接人工费和间接经费等。由于直接包装费随包装件数的增减而成比例增减，因此，直接包装费一般属于变动费用。相反，间接包装费则属于固定费用，但也有一部分间接包装费是半变动费用，如电费、煤气费、水费等。

在编制某类商品的包装成本预算时，先分析各类费用的变化特点，将其分成变动费用和固定费用两类，然后编制预算数据。直接包装费可用商品的包装件数乘以该商品每件的直接包装费计算确定。间接包装费可根据历史水平，结合计划期业务量的变动确定一个费用总额，然后按标准在各种包装对象之间进行分摊。

(2) 运输成本预算的编制

运输成本包括营业运输费和自营运输费两个部分。营业运输费是指利用营业性运输工具进行运输所支付的费用，自营运输费则是用自备运输工具进行运输所发生的费用，这两种费用在支付对象、支付形式及项目构成方面都有较大的差别。因而，必须区别对待，分别编制预算。

首先看营业运输费预算的编制。在进行营业运输时，运输费是直接以劳务费的形式支付给承运单位(运输企业)的。营业运输费实质上是一种完全的变动费用，因此这种运输费预算的编制较为简单。如果企业采用汽车运输，运输费可用汽车标准运输率乘以运输吨公里计算确定；如果采用火车运输，运输费可用铁路标准运输率乘以运输吨公里数计算确定；水路、航空运输等的运输费，以此类推计算。

自营运输费尽管费用项目比较复杂，但在构成上可分为两类：随运输业务量增减而成比例增减的变动运输费，如燃料费、维修费、轮胎费等；不随运输业务量成比例变化的固定运输费，如运输工具的折旧费、保险费、养路费等。为了有效地实施预算控制，在编制自营运输费预算之前，须区分变动运输费和固定运输费，然后分别编制变动运输费和固定运输费预算，最后汇总形成运输费用预算数据。

【例 6-1】

某企业采用自营运输方式，预计本年度运输业务量将为 300 万 t·km。根据上年实际情况及本年变化因素，编制本年度运输成本预算如表 6-3 所示。

表 6-3　企业自营运输成本预算表

项　　目		变动费用率/(元/t·km)		运输费用/万元	
		上年实际	本年预计	上年实际	本年预算
变动运输费	燃料费	0.9	1	252	300
	维修费	0.5	0.4	140	120
	轮胎费	0.7	0.8	196	240
	其他	0.4	0.4	112	120
	小计	2.5	2.6	700	780
固定运输费	折旧费	—	—	20	20
	养路费			8	8
	管理费			3	3
	其他			2	2
	小计			33	33
合计		—	—	733	813

(3) 仓储成本预算的编制

仓储成本预算也是物流成本预算的重要组成部分。根据所使用的仓库是否归本企业所有，可将仓储形式分为自营仓储和营业仓储。由于自营仓储与营业仓储所支付的费用在形式与内容上都有很大的差别，不可等同对待。所以在编制仓储费预算时，也要分别编制营业仓储费预算和自营仓储费预算。

如果使用营业性仓储设备储存保管商品的话，只需向仓储企业支付一笔保管费，对于委托仓储的单位来说，所支付的保管费就是仓储费。仓储费的大小，往往因储存商品的价值大小、保管条件的好坏以及仓库网点所处的地理位置而有所不同。

自营仓储费预算的编制较营业仓储费预算的编制更为复杂。这是因为自营仓储费包括的内容比营业仓储费多，计算起来也比较麻烦。为编制自营仓储费预算，首先也要区分变动仓储费和固定仓储费。

一般来说，属于变动仓储费的有转库搬运费、检验费、包装费、挑选整理费、临时人工工资及福利费、库存物资损耗等；属于固定仓储费的有仓储设备折旧费、修理费、管理人员的工资及福利费、保险费等。仓储费用中也有一部分是半变动费用，如其他人工费、材料费、动力费、水费、取暖费等。

自营仓储费预算可按月、季和年度编制。不论是月度、季度，还是年度预算，费用的计算方法基本相同。可根据上年统计数据结合考虑预算期的变化因素进行计算，然后编成预算表。

(4) 装卸搬运成本预算的编制

装卸搬运费是指伴随商品包装、运输、保管、流通加工等业务而发生的商品在一定范围内进行水平或垂直移动所需要的费用。可以分为包装装卸搬运费、运输装卸搬运费、保管装卸搬运费和流通加工装卸搬运费等。如果在实际业务中单独计算装卸搬运费或进行这种分离很困难，也可以将装卸搬运费预算分别计算在相应的费用中。则装卸搬运成本预算就包括在相应的费用预算中。

可以独立计算的装卸搬运费预算，也需区分变动费用和固定费用，分别编制预算再汇总形成装卸搬运成本预算数据。

(5) 信息流通费预算的编制

信息流通费是指因处理、传输有关的物流信息而产生的费用。包括与订货处理、储存处理、为客户服务等有关的费用。在企业中，要将传输、处理的信息分为与物流有关的信息和物流以外的信息是十分困难的，但是把信息的传输处理所需要的费用进行上述分类，从物流成本的计算上讲却是十分重要的。物流信息流通费预算可以按其在全部信息费用中所占比例，结合物流业务量进行编制。

(6) 物流管理费预算的编制

物流管理费是指进行物流的计划、调整、控制、监督、考核等活动所需要的费用。它既包括企业物流管理部门的管理费，也包括作业现场管理费。物流管理费多属于固定成本，其预算可按部门分别编制后汇总形成物流管理费预算数据。

3) 按物流成本项目编制物流成本预算

物流成本项目包括物流人员工资、燃料费、动力费、租金、折旧费、材料费、修缮费以及各种杂费等。按物流成本项目编制的物流成本预算，与现行的财务会计核算系统接轨，在进行控制和评价考核时容易取得数据，从而有利于评价分析一定时期内物流系统的成本财务状况。而且，各物流成本项目也是按其他成本对象编制预算时具体细化的项目。但是这种编制方式却不利于物流系统的管理。

2. 物流成本预算编制的特殊方法

预算与控制密不可分。物流预算编制既是一个计划过程，同时也是确定控制标准的过程。而物流预算的执行过程也是根据预算对实际物流经营过程进行控制的过程，即预算控制。一般而言，企业的物流活动及其所处的环境并非如此简单明确，作为控制手段的预算也就要必须根据其特点而采用不同的形式。

实际上，管理人员在编制物流预算时，要考虑到预算控制的要求，针对不同企业和不同特点的物流经营活动进行有效控制的需要，使用比一般预算方法更先进的方法编制物流预算。

1）弹性预算

弹性预算是与固定预算相对的。采用固定预算方法为企业物流成本费用编制预算时，其中的变动费用明细项目是以预算期某一给定的业务量水平为基础来确定其预计金额的。这种固定预算编制方法有着明显的缺点：每当实际业务量与编制预算时所依据的业务量发生差异时，各费用明细项目的实际数与预算数就失去了可比的基础。

在实际中，由于市场行情的变化或季节性等原因，各月份的实际业务量常常与预算产生差异，致使无法准确地评价和考核物流费用预算的执行情况，从而也就难以对其实施预算控制。因此，为了保证物流预算控制的有效性，就有必要编制物流弹性预算。

弹性预算就是针对固定预算的上述问题，按照多种物流经营活动水平和收入、成本、费用与物流经营活动之间的数量关系来编制预算。具体来说，就是在编制物流成本费用预算时，预先估计到预算期间业务量可能发生的变化，编制出一套能适应多种业务量水平的成本费用预算，以便分别反映在各种业务量水平下所应开支的费用水平。

弹性预算的特点是，在企业物流规模和业务量水平不断发生变化时，预算数额能够随着业务量水平的变化而做机动的调整，使之仍然能够准确真实地反映某一特定物流经营规模和业务量水平上所应当发生的成本费用或应当取得的收入。因此，即使预算期内实际业务量与预计的业务量不一致，通过编制弹性预算，也能够提供与实际业务量水平相适应的预算额，从而能够使预算指标与实际业绩进行比较，有利于对这些物流经营活动进行有效的控制。

由于物流成本费用中均包含变动费用和固定费用两部分，因此在编制弹性预算时，应首先将有关预算中的全部成本费用分为固定和变动两部分。只要在相关范围内，固定费用不随业务量的增减而变动，因此，不论业务量多少都无须变动原先的预算数；对于变动费用，则应按不同的业务量对原定的预算数进行适当调整。

总成本预算的计算公式为：

$$Y = a + bX$$

式中：Y 为成本总额，元；a 为固定成本总额；b 为单位变动成本，元；X 为业务量。

【例 6-2】

假定某企业物流业务量（物流商品流转量）分别为 20 000 件、25 000 件、30 000 件到 35 000 件不等，物流成本的弹性预算如表 6-4 所示。

表 6-4 物流成本弹性预算表

成本项目	单位变动成本/(元/件)	物流成本/元			
		物流商品流转量			
		20 000 件	25 000 件	30 000 件	35 000 件
包装费	0.5	10 000	12 500	15 000	17 500
运输费	0.8	16 000	20 000	24 000	28 000
仓储费	0.4	8 000	10 000	12 000	14 000
装卸费	0.6	12 000	15 000	18 000	21 000
小计		46 000	57 500	69 000	80 000
固定成本总额		60 000	60 000	60 000	60 000
物流总成本		106 000	117 500	129 000	140 000

2）零基预算

零基预算是与增量预算相对的。按传统方法编制物流成本费用预算，一般是以基期的各种物流费用项目的实际开支数为基础，然后结合预算期内可能会使各种费用项目发生变动的有关因素，如业务量的增减等，从而确定预算期内应增应减的数额，即在原有的基础上增加或减少一定的百分率来编制物流预算，称为增量预算。

这种方法过分受基期的约束，往往不能做到实事求是、精打细算，会造成较大的浪费，使企业的物流资源运用效率下降。

20 世纪 60 年代美国人彼得·派尔提出了"以零为基础的编制预算和计划的方法"，即零基预算，被认为是管理间接费用的有效方法。按照零基预算的思想，企业在编制物流成本费用预算时，任何一个预算期，任何一种项目的开支数，不是从原有的基础出发，即不考虑基期的费用开支水平，而是以零为起点，从根本上考虑各种费用项目的必要性和开支数目。编制物流零基预算的具体方法，大体可以分为三个步骤。

(1) 提出物流预算目标

即由企业物流各部门和员工根据本企业在预算期内的总体经营目标和各部门应当完成的任务，在充分沟通酝酿的基础上提出必须安排的物流费用项目，并为每一物流费用项目编制一套开支方案，明确费用开支的目的和确切金额。

(2) 进行成本效益分析

即对每一个预算项目的所得与花费进行比较，以其计算、对比的结果衡量评价各预算项目的经济效益，在权衡各个物流费用开支项目轻重缓急的基础上决定对所有预算项目资金分配的先后顺序。

(3) 分配资金，落实预算

即根据以上确定的预算项目的先后次序，将企业物流活动在预算期内可动用的资金或其他经济资源在有关项目之间进行合理分配，既保证优先预算项目的资金需要，又要使预算期内各项物流经营活动得以均衡协调发展。

【例 6-3】

假定某公司采用零基预算法编制下一年度物流费用预算，具体过程如下。

第一步，由物流部门根据企业下年度利润目标、销售目标和成本目标以及物流部门具体承担的物流经营任务的要求，提出计划期各项费用及其水平，如表 6-5 所示。

表 6-5 计划期各项费用及其水平 元

物流部门人员工资及福利费	300 000	仓库挑选、整理、保管费	20 000
物流设施设备折旧费	60 000	广告宣传费	400 000
生产要素采购费用	40 000	物流信息费	200 000

第二步，根据有关历史资料，对各种费用进行成本效益分析。

生产要素采购费用和仓库挑选、整理、保管费属于变动性物流费用，与特定的业务量相联系，是完成计划规定的物流业务活动必不可少的开支。

物流设施设备折旧费和物流部门人员工资及福利费属于约束性固定成本，仍是企业必不可少的开支项目。

广告宣传费和物流信息费属于酌量性固定成本，根据以往有关的平均费用金额和相应的平均收益金额，计算成本效益比例，如表 6-6 所示。

表 6-6 计算成本效益比例

项目	平均费用金额/元	平均收益金额/元	成本效益比例/%
广告宣传费	20 000	600 000	30
物流信息费	15 000	300 000	20

第三步，安排各项费用的开支顺序。

生产要素采购费用和仓库挑选、整理、保管费是必须支出项目，需全额保证，列为第一层次。

物流设施设备折旧费和人员工资福利费，列为第二层次。

广告宣传费成本收益水平高于物流信息费，列为第三层次。

物流信息费列为第四层次。

最后，分配现有资金和落实预算，如果企业物流部门费用预算总额为 900 000 元，则分配结果如表 6-7 所示。

表 6-7　分配现有资金和落实预算　　元

项目	金额
生产要素采购费用	40 000
仓库挑选、整理、保管费	20 000
物流部门人员工资及福利费	300 000
物流设施设备折旧费	60 000
以上费用小计	420 000
广告宣传费	288 000
物流信息费	192 000

其中，广告宣传费＝(900 000－420 000)×30/50＝288 000(元)

物流信息费＝(900 000－420 000)×20/50＝192 000(元)

零基预算的优点是不受历史资料和现行预算的限制，一切物流业务活动及其费用开支都要像组织第一次创立一样，以零为起点来考虑其必要性和重要程度，然后重新分配企业的物流预算资金。因此，这种预算方式可以有效地压缩经费开支，提高资金的使用效果和合理性。当然，零基预算法的工作量较增量预算要繁重得多，所以企业可以每隔几年编制一次物流零基预算，而在其他时间仍编制增量预算。

3) 滚动预算

滚动预算是与定期预算相对的。通常情况下，物流成本预算的预算期是一年，以便和会计年度相配合，对预算执行结果进行分析和评价。但是，这种固定以一年为期的预算，在实际运用中存在诸多的缺陷。

比如，由于对预算年度中靠后月份的物流经营活动无法准确预测，企业在编制物流预算时只能对其进行大致的估计和推测，这就使预算数往往不能符合实际情况，给预算执行造成很大的困难。再如，固定期间的预算，在执行一段时期后，往往会使管理人员只考虑剩余月份的物流经济活动，因而缺乏长期打算。

为了解决定期预算的上述问题，企业可采用滚动预算的方法编制物流成本预算。这种方法要求预算始终保持 12 个月的时间跨度，其中前几个月的预算详细完整，后几个月的预算可以笼统概括一些。每过 1 个月(或季度)，就根据新的情况修订调整后几个月的预算使之逐渐细化，并在原有的预算期末补充一个月(或季度)的预算，逐期向后滚动。

滚动预算编制的示意图，如图 6-1 所示。

2010年度物流成本预算

第一季度			第二季度	第二季度	第四季度
1月	2月	3月	总额	总额	总额

↓

与第一季度实际成本进行差异对比分析

↓

2010第二季度至2011年第一季度的滚动预算

第二季度			第三季度	第四季度	第一季度
4月	5月	6月	总额	总额	总额

图 6-1　滚动预算编制示意图

由于滚动预算的预算期不是固定的，而是连续不断的，因此又被称为永续预算。这种预算方法符合企业持续经营的一般假设，使预算具有连续性和完整性，帮助管理者通过动态的预算过程对企业未来较长一段时间的物流经营活动做出详细而全面的考虑。

此外，滚动预算方法符合人们对事物的认识过程，允许对预算做出调整和修正以适应变化了的实际情况，从而提高了预算的科学性和有效性。

第二节　物流成本控制概述

物流成本控制是企业在物流活动中依据物流成本标准，对实际发生的物流成本进行严格审核监督，发现差距，采取相应的补救措施，从而使物流过程中的各项成本支出都限制在标准规定的范围内，实现预定物流成本目标的一系列活动。

物流成本控制是物流成本管理的重要环节，它贯穿于整个物流过程之中。物流成本控制制度，能够把事前物流成本预算、日常的物流成本控制有机结合起来，因此它是加强物流成本管理、提高物流效率的重要的一环。

一、物流成本控制基本工作程序

物流成本控制应贯穿于企业生产经营的全过程。一般来说，物流成本控制应包括以下几项基本程序。

(一) 制定物流成本标准

任何控制都要有控制标准,物流成本标准是物流成本控制的准绳,是控制各项物流开支和资源消耗的数量依据,是检查、衡量、评价实际物流成本水平的依据。

确定物流成本标准可以采用计划指标分解法、预算法、定额法等。在采用这些方法确定物流成本控制标准时,一定要进行充分的调查研究和科学计算,同时还要正确处理物流成本指标与其他技术经济指标的关系(如和质量、生产效率等关系),从完成企业的总体目标出发,进行综合平衡,防止片面性,必要时还应进行多种方案的择优选用。

(二) 监督物流实际成本的形成过程

物流成本管理要贯穿物流全过程,这就是根据控制标准,对物流成本形成的各个项目,经常地进行检查、评比和监督。不仅要检查指标本身的执行情况,而且要检查和监督影响指标的各项条件,如物流设施、设备、工人技术水平和工作环境等。所以,物流成本日常控制要与企业整体作业控制等结合起来进行。

物流相关费用的日常控制,不仅要有专人负责和监督,而且要使费用发生的执行者进行自我控制,还应当发动群众监督,调动全体职工的积极性,使成本的日常控制有群众基础。

(三) 揭示偏差并及时纠正不利偏差

在物流成本监督过程中,通过对实际成本和计划成本的比较,找出物流成本差异即核算确定实际物流成本脱离标准的差异,并分析差异的成因。并且针对物流成本差异发生的原因,明确责任的归属,分别情况,分清轻重缓急,提出纠正不利偏差的措施,加以贯彻执行。

对于小的偏差,可以由物流活动责任人克服困难并加以解决的,提请当事人解决就可以了;而对于重大偏差,特别是由外部原因引起的偏差,则要采取相应的系统措施加以纠正。

(四) 评价和激励

评价物流成本目标的执行结果,根据物流成本控制的业绩实施奖惩。

二、物流成本控制的原则

物流成本控制应遵循以下原则。

（一）经济原则

这是物流成本控制的最基本的原则。物流成本控制的目的是提高企业的经济效益，控制物流成本也是有代价的，要在保证控制有效的条件下，尽可能节省人力、物力、财力，控制方法的选用也要讲经济效益。

（二）全面原则

在物流成本控制中坚持全面性原则，具体来说有如下几方面的含义。

1. 全过程控制

物流成本控制不限于生产过程，而是从生产向前延伸到投资、设计，向后延伸到用户服务成本的全过程。

2. 全方位控制

物流成本控制不仅对各项费用发生的数额进行控制，而且还对费用发生的时间和用途加以控制，讲究物流成本开支的经济性、合理性和合法性。

3. 全员控制

物流成本控制不仅要有专职物流成本管理机构和人员参与，而且还要发挥广大职工群众在物流成本控制中的重要作用，使物流成本控制更加深入和有效。

（三）责、权、利相结合的原则

只有切实贯彻责、权、利相结合的原则，物流成本的控制才能真正充分发挥其效益。显然，企业管理当局在要求内部各部门和单位履行物流成本控制职责的同时，必须赋予其在一定范围内有决定某项费用是否可以开支的权利，否则，也就无法进行物流成本的控制。此外，还必须定期对物流成本绩效进行评估，据此实行奖惩，以充分调动各部门、单位及员工的积极性和主动性。

（四）目标控制原则

所谓目标控制原则，就是企业高层管理者以既定的目标作为管理人力、物力、财力和完成各项重要经济指标的基础。物流成本控制是目标控制的一项重要内容，即以目标物流成本为依据，对企业经济活动进行约束和指导，力求以最小的物流成本，获取最大的赢利。

（五）重点控制原则

所谓重点控制，就是要求管理人员不要把精力和时间平均分散在全部成本差异上，而应该突出重点，加强对异常差异的重点控制，提高物流成本控制的工作效率。

三、物流成本控制的内容

（一）事前控制

物流成本事前控制是指在物流活动或提供物流作业前对影响物流成本的活动进行规划、审核，确定目标物流成本。

某企业要使产品的运输成本符合运输计划的成本要求，在组织运输前，就要考虑到：要降低运输成本，首先要充分利用运力，车辆要满载，这样就对产品的包装有一定的要求；如果包装不符合要求，就要针对综合成本的控制考虑是否再包装，或更换运输工具，或改变运输方式等。

（二）事中控制

物流成本事中控制指在物流成本的形成过程中，随时对实际发生的物流成本与目标成本进行比较，及时发现差异并采取相应措施纠正，以保证物流成本目标的实现。

事中控制多用于对物流现场、过程的控制，主要由基层管理者或物流直接责任者执行，通常包括现场指导和监督两种控制形式。

事中控制主要是针对装卸活动缓慢、效率低下，产品装车不合规范，运输不准点等情况的现场指导和监督。

（三）事后控制

物流成本事后控制是在物流成本形成之后，对实际物流成本进行核算、分析和考核。事后控制通过实际物流成本与标准的比较，对差异及其形成原因进行分析和研究，为日后对物流成本有效控制提出积极改进意见和措施，进一步修订物流成本标准，改进各项物流成本控制制度，以达到降低物流成本的目的。

在一个成本控制期结束后，发现退货物流费用高于标准的退货物流费用，物流部门就应该查找费用高的原因，是：产品质量下降，销路受阻，有新的竞争者等，并迅速把研究结果反馈到相关部门（生产、销售部门等），以帮助解决这种状况，降低物流费用。

四、物流综合成本控制

物流成本控制的是提升企业物流竞争力的重要手段之一。目前中国物流市场的潜力是巨大的，但企业物流成本的控制不尽如人意。站在综合物流成本控制的角度来研究物流成本的控制，对提高我国企业整体经济效益将会发挥更大的作用。

物流成本控制也是现代供应链管理和运作中非常重要的环节，它强调物流成本管理要从原来简单的成本削减转换到核心能力和整体绩效的提升以及综合物流成本的降低层面上来。

（一）构建高效率的物流系统控制成本

物流的目的是按照顾客订货的要求把商品及时送到顾客手中。当然，更重要的是企业必须在满足顾客要求的前提下，尽量控制成本支出。为实现以上目标而建立的组织就是物流系统。

根据“物流成本冰山理论”我们知道，现行的物流成本管理只核算了冰山的一角即物流成本的一小部分。此外，经济活动中的效益悖反也同样存在于物流活动中，这一方面反映在物流成本与物流服务水准存在此消彼长的关系；另一方面物流的各项活动有时也处于效益悖反的状态。因此，构建高效率的物流系统就是要以综合成本为核心，按最低整体成本的要求，使整个物流系统化，它强调的是调整各要素之间的矛盾，把它们有机地结合起来，使物流总成本最小。

构筑高效率的物流系统包括建立合理的物流网点、建立合理的作业系统、建立合理的运输、配送系统等，这里所说的物流网点是指物流中心。

例如，对于厂家来说，顾客订货后，如果从工厂或工厂附近的仓库中送货就能满足顾客要求的话，则物流中心没有必要建立。但顾客对时间及订货量有要求，并要求不要从各个工厂分别送货而要一次送货的时候，物流中心的设置就成为必要。物流中心的设置以提高物流网点的效率为目标，在考虑“有效率的作业程序”的前提下，构筑作业系统。接下来，确立合理运输、配送系统。“使用怎样的运输手段”、“以怎样的路线来运输”，成为考虑的重要因素。

（二）建立独立的物流核算中心控制物流成本

所谓独立的物流核算中心，就是把物流部门剥离，让其成为独立的物流分公司，主要承担母公司和其他企业的物流业务。

通过建立独立的物流核算中心，成立物流分公司后使得原来的物流部门成为一个相对独立的运营实体或利润中心，它一方面对企业内部其他部门和机构提供相应的专业物流服务，同时收取合理的费用，获得收益；另一方面还可以兼营其他企业的物流业务，拓展经营领域。

建立独立的物流核算中心的最大的目的，就是要使目前难以计算的物流成本明确化，并借此控制物流成本。这种分公司形式的组织控制物流成本主要表现在：一方面由于物流分公司是一个近似自负盈亏的独立经营实体，因此在内部费用管理上会更为有效，消除重复投资、人力费用过大等现象，抑制物流成本上升的一些主要因素；另一方面可以明确物流成本，促进企业其他部门对各自的物流费用进行控制，提高各部门物流管理效率；还能够引入专业化的物流技术，优化物流过程。这样，必然会有利于控制物流成本，提高效益。

（三）构建现代信息系统控制物流成本

物流过程的控制和管理，需要一个可以支持有效的信息反馈和指令下达的神经中枢网络，实现这个神经中枢网络功能的系统就是现代信息系统。

在不断激烈的竞争中企业要取得成本上的竞争优势除了依靠企业内部物流的效率化，企业还必须与其他交易企业之间形成一种效率化的交易关系，即借助于现代信息系统的构建，一方面，使各种物流作业或业务处理能够正确、快速地进行；另一方面，能够由此建立起战略性的物流经营系统。

（四）利用一贯制运输和物流外包降低成本

降低物流成本从运输手段上讲，可以通过一贯制运输来实现，即将从制造商到最终消费者之间的商品搬运，利用各种运输工具的有机衔接来实现，运用运输工具的标准化以及运输管理的统一化来减少商品周转、转载过程中的费用和损失，并大大缩短商品在途时间。

在控制物流成本方面，还有一种行为是值得注意的，那就是物流的外包，或称第三方物流或合同制物流。它是利用企业外部的分销公司、运输公司、仓库或第三方物流公司执行本企业的物流管理或产品分销职能的全部或部分。

事实上，外包的利益不仅局限于降低物流成本上，企业也能在服务和效率上得到许多改进，如增强战略行动的一致性、提高顾客反应能力、降低投资需求、带来创新的物流管理技术和有效的渠道管理信息系统等。

（五）树立新的物流管理理念，实现“双赢”目标

树立新的物流管理理念，就是要从企业整体最优和物流系统最优的角度，通过有效组合来实现物流成本管理，保证利润的实现。包括从全过程的角度来降低物流成本；通过实现供应链管理、提高对顾客物流服务的水平来削减成本等。

对于一个企业来讲，控制物流成本不单是本企业的事，不但追求本企业物流的效率化，而且应该考虑从产品制成到最终用户整个供应链过程的物流成本效率化，物流设施的投资或扩建与否要视整个流通渠道的发展和要求而定。

第三节　物流成本控制方法

一、标准成本法

设定物流成本控制的标准，是物流成本管理控制过程的首要环节。建立适当的物流成本控制标准，可以为以后的差异分析、业绩考核及纠正偏差提供良好的基础。

（一）标准成本与标准成本法

标准成本是通过精确调查、分析与技术测定而制定的，是用来评价实际成本、衡量工作效率的一种预计成本。在标准成本中，基本上排除了不应该发生的“浪费”，因此被认为是一种在有效经营条件下“应该”实现的成本。标准成本要体现企业的目标和要求，主要用于衡量物流企业经营过程的工作效率和控制成本。

标准成本法是一个包括制定标准成本、计算和分析成本差异、处理成本差异三个环节的完整系统。它以标准成本为基础，把成本的实际发生额区分为标准成本和成本差异两部分，并以成本差异为线索进行分析研究，具体掌握差异的成因和责任，并及时采取有效措施消除不利的差异，实现对成本的有效控制。

小贴士

标准成本法是在泰勒的生产过程标准化思想影响下，于 20 世纪 20 年代在美国产生的。它是泰勒科学管理思想在成本管理中的具体体现，现在已经成为企业普遍采用的行之有效的成本控制方法。

（二）物流标准成本的分类

1. 理想标准成本和正常标准成本

标准成本按其制定时所根据的生产技术和经营管理水平，可以分为理想标准成本和正常标准成本。

理想标准成本是指在最优的物流运作条件下，利用现有的规格和设备能够达到的最低成本水平。它通常是根据理论上的生产要素耗用量。最理想的生产要素价格和可能实现的最高生产经营能力利用程度来制定的。采用这种标准成本不允许有任何的失误、浪费和损失存在。

正常标准成本是指在效率良好的条件下，根据下一期一般正常应该发生的物流运作要素消耗水平、正常价格和正常物流经营能力利用程度制定的标准成本。在制定这种标准成本时，把生产经营活动中一般难以避免的损耗和低效率等情况也计算在内，使之切合下一期的实际情况，成为切实可行的控制成本。这种标准成本的实现既非易事，也非高不可攀，而是经过努力可以达到。

2. 现行标准成本和基本标准成本

标准成本按其适用期，可以分为现行标准成本和基本标准成本。

现行标准成本是指根据其适用期应该发生的价格、效率和生产经营能力利用程度等预计的标准成本。现行标准成本是在现有生产技术条件下进行有效经营的基础上，根据下一期最可能发生的生产要素的消耗量、预计价格和预计生产经营能力利用程度制定的标准成本。

基本标准成本是指一经制定，只要生产的基本条件无重大变化，就不予变动的一种标准成本。这种标准成本一经制定，长期保持不变，它可以使各个时期的实际成本与统一的标准进行比较，以反映成本的变化。

（三）物流标准成本的制定

1. 物流直接材料标准成本的制定

物流直接材料标准成本，由物流直接材料用量标准和价格标准确定。即：

物流直接材料标准成本＝用量标准×价格标准

直接材料标准成本常见于物流活动中的包装和流通加工，因为这些活动往往需要使用各种材料。直接材料用量标准应根据企业物流作业流程状况和管理要求等制定，直接材料价格标准应能反映目前市价、未来市场的走势以及批量采购的优势。

价格标准应包括发票价格、运费、检验费用和正常损耗等，所以需要在征询采购部门的意见后制定，如表 6-8 所示。

表 6-8 物流直接材料标准成本

标　　准	材料甲	材料乙
价格标准		
发票价格/元	2.00	5.00
装卸检验费/元	0.06	0.40
每千克标准价格/元	2.06	5.40
用量标准		
图纸用量/kg	4.0	3.0
允许损耗量/kg	—	0.2
单产标准用量/kg	4.0	3.2
成本标准		
材料甲/元	8.24	
材料乙/元		17.28
单位产品材料标准成本/元	25.52	

2. 物流直接人工标准成本的制定

物流直接人工标准成本由物流工资率标准和物流人工用量标准确定。即：

物流直接人工标准成本＝工时标准×标准工资率

物流直接人工标准成本的制定基本上涉及物流活动的各环节，例如流通加工工人的工资标准和铲车司机的工资标准的制定。在制定标准成本时，如果是计件工资，标准工资率就是计件工资单价；如果是计时工资，标准工资率是单位工时工资，它可由标准工资总额除以标准总工时得到。工时标准的判定则需要根据现有物流运作技术条件，测算提供某项物流服务所需的时间，包括调整设备时间、直接服务操作时间、工间休息时间等，如表 6-9 所示。

表 6-9　物流直接人工标准成本

小时工资率	第一流通加工组	第二流通加工组
基本生产工人人数/人	50	30
每人每月工时/h	204	204
出勤率/%	95	95
月人平均可用工时/h	194	194
月总工时/h	9 700	5 820
月标准工资总额/元	99 910	37 830
标准(小时)工资率/(元/h)	10.3	6.5
单位服务工时		
理想作业时间/h	0.5	1.8
调整设备时间/	0.2	—
工间休息/h	0.2	0.1
其他/h	0.1	0.1
单位服务工时标准/h	1.0	2.0
直接人工标准成本/元	10.3	13.0
合计/元	23.3	

3. 物流服务费用标准成本的制定

物流服务费用标准成本可分为变动物流服务费用标准成本和固定物流服务费用标准成本。

1）变动物流服务费用标准成本

变动物流服务费用标准成本由变动物流服务数量标准和变动物流服务价格标准决定。数量标准可采用单位物流服务直接人工工时标准、机械设备工时标准或其他标准，但需要与变动物流服务费用存在较好的线性关系。价格标准即每小时变动物流服务费用的标准分配率，由变动物流服务费用预算除以数量标准总额得到，如表 6-10 所示。

表 6-10　变动物流服务费用标准成本

部　　门	第一流通加工组	第二流通加工组
变动物流服务费用预算		
运输/元	1 000	2 000
电力/元	300	1 400
消耗材料/元	5 000	2 800
间接人工/元	2 000	4 000
燃料/元	300	1 600
其他/元	200	200
合计/元	9 000	12 000
服务数量标准(人工工时)/h	6 000	10 000
每小时变动物流服务费用的标准分配率/(元/h)	1.5	1.2
单位物流服务直接人工标准工时/h	3	2
变动物流服务费用标准成本/元	4.5	2.4
合计/元	6.9	

在采用单位物流服务直接人工标准工时时，变动物流服务费用标准成本用公式表示为：

$$\text{变动物流服务费用标准成本}=\text{单位物流服务直接人工标准工时}\times\text{每小时变动物流服务费用的标准分配率}$$

式中：

$$\text{每小时变动物流服务费用的标准分配率}=\frac{\text{变动物流服务费用预算总额}}{\text{物流直接人工标准总工时}}$$

2）固定物流服务费用标准成本

固定物流服务费用标准成本由固定物流服务数量标准和固定物流服务价格标准决定。数量标准和价格标准的确定与变动物流服务费用中数量标准与价格标准的确定相同。在采用单位物流服务直接人工工时标准时，固定物流服务费用标准成本公式表示为：

$$\text{固定物流服务费用标准成本}=\text{某物流服务直接人工标准工时}\times\text{每小时固定物流服务费用的标准分配率}$$

式中：

$$每小时固定物流服务费用的标准分配率=\frac{固定物流服务费用预算总额}{物流直接人工标准总工时}$$

固定物流服务费用标准成本包括仓库租赁费和仓库管理人员工资等。在各部分固定物流服务费用标准成本确定后，将它们汇总得到固定物流服务费用的单位标准成本。

将所得的物流直接材料、直接人工和服务费用的标准成本汇总，就可以确定有关物流服务的完整物流标准成本，如表 6-11 所示。

表 6-11　固定物流服务费用标准成本

部　　门	第一流通加工组	第二流通加工组
固定制造费用		
折旧费/元	200	2 050
管理人员工资/元	700	1 200
间接人工/元	500	1 100
保险费燃料/元	200	300
其他/元	300	350
合计/元	2 000	5 000
服务数量标准(人工工时)/h	4 000	10 000
每小时固定物流服务费用的标准分配率/(元/h)	0.5	0.5
单位物流服务直接人工标准工时/h	3	2
固定物流服务费用标准成本/元	1.5	1.0
合计/元	2.5	

二、目标成本法

(一) 目标成本与目标成本法

目标成本是为了实现目标利润而必须达成的成本目标值，即生命周期成本下的最大成本容许值。目标成本使"成本"成为产品和服务开发过程中的积极因素，而不是事后消极结果。企业只要用待开发产品和服务的预计售价扣除边际利润，即可得到目标成本，然后的关键便是设计能在目标成本水平上满足客户需求并可提供的产品和服务。

为了更有效地实现企业的战略目标，使客户需求得到最大程度的满足，成本管理应从战略的高度分析，与战略目标相结合，使成本管理与企业经营管理全过程的资源消耗和资源配置协调起来，因而产生了目标成本法。

目标成本法是以实现目标利润为目的，以目标成本为依据，对企业经营活动中所发生的各种支出进行全面的管理。从本质上看，目标成本法是一种对企业的未来利润进行战略性管理的方法，也是战略成本管理的新工具。

小贴士

目标成本分析法是20世纪60年代由丰田公司发明的（Tanaka，1993），是一种基于特定的功能、质量和销售价格，在实现满意赢利水准的前提下的生命周期成本管理工具。自从这种工具产生以后就在日本企业中得到了广泛的应用。

（二）目标成本法的类型

从目标成本分析方法体系的划分看，目标成本法主要是根据供应链中贸易伙伴间的关系和顾客需求两个维度来区分，供应链成员企业间的关系不同，所选择的确定目标成本的方法也不一样。这样目标成本法就分为三种类型，即基于价格的目标成本法、基于价值的目标成本法、基于作业成本管理的目标成本法。

1. 基于价格的目标成本管理

基于价格的目标成本管理最适用于契约型供应链关系中的企业，即接受订单生产或供货的企业，而且供应链客户的需求相对稳定。在这种情况下，供应链企业所提供的产品或服务变化较少，也就很少引入新产品。目标成本法的主要任务就是在获取准确的市场信息的基础上，明确产品的市场接受价格和所能得到的利润，并且为供应链成员的利益分配提供较为合理的方案。

2. 基于价值的目标成本管理

基于价值的目标成本法以所能实现的价值为导向，进行目标成本的控制，即按照供应链上物流过程中各种作业活动创造价值的比例分摊目标成本。

这种按比例分摊的成本成为支付给供应链成员企业的价格。一旦确定了供应链作业活动的价格或成本，就可以运用这种目标成本法来识别能够在许可成本水平完成供应链作业活动的成员企业，并由最有能力完成作业活动的成员企业构建供应链，共同运作，直到客户需求发生进一步的变化，需要重构供应链为止。

基于价值的目标成本法适用于市场需求变化较快，需要供应链有相当的柔性和灵活性，特别是交易型供应链关系的情况。

3. 基于作业成本管理的目标成本管理

目标成本法的作用在于激发和整合成员企业的物流过程，以连续提升供应链的成本竞争力。因此，基于作业管理的目标成本法实质上是以成本加成定价法的方式运作，供应链成员企业之间的物流价格由去除浪费后的完成供应链作业活动的成本加市场利润构成。这种定价方法促使供应链成员企业剔除基于自身利益的无效作业活动。诚然，供应链成员企业通过“利益共享”获得的利益，必须足以使它们致力于供应链关系的完善与发展，而不为优化局部物流成本的力量所左右。

为有效运用基于作业成本法的目标成本法，要求供应链能够控制和减少总成本，并使得成员企业都能由此而获益。因此，供应链成员企业必须尽最大的努力以建立跨企业的供应链作业成本模型，并通过对整体供应链的作业分析，找出其中不增值部分，进而从供应链作业成本模型中扣除不增值作业，以设计联合改善成本管理的作业方案，实现供应链总成本的合理化。

基于作业管理的目标成本法适用于紧密型或一体化型供应链关系，要求供应链所有客户的需求是一致的、稳定的和已知的，通过协同安排实现供应链关系的长期稳定。

（三）物流目标成本的制定程序

物流目标成本的制定程序会因企业物流活动内容的不同而不同，但大体上可以分为五个阶段，即物流目标成本的初步确定、物流目标成本可行性分析、物流目标成本分解、实现物流目标成本、物流目标成本的追踪考核与修订物流目标成本。

1. 初步确定物流目标成本

传统产品设计和售价决定方法是先做市场调查后设计新产品，再计算出产品成本，然后再估计产品是否有销路，再加上所需利润计算出产品的售价。而目标成本法在产品计划与设计阶段就先做市场调查制定出目标收入，即最可能被消费者接受的售价，其次根据企业中长期计划制定目标利润，最后以目标收入减去目标利润即为产品的目标成本，其计算公式为：

$$物流目标成本=目标收入-物流目标利润$$

【例 6-4】

运输企业的平均营业利润率为 18%，运输作业的市场服务价格为 1 元/t · km，某运输企业预计本年运输作业量为 550 万 t · km。

则：

物流目标利润 = 预计营业收入 × 同类企业平均营业利润率

= 550 × 1 × 18% = 99(万元)

物流目标总成本 = 营业收入 − 目标利润 = 550 × 1 − 99 = 451(万元)

物流目标单位成本 = 目标总成本 / 作业量 = 451/550 = 0.82(元 / 万 t · km)

2. 对物流目标成本进行可行性分析

目标成本的可行性分析，是指对初步测算得出的目标成本是否切实可行做出分析和判断。包括分析预计服务收入、物流目标利润和目标成本。分析时,主要是根据本企业实际成本的变化趋势和同类企业的成本水平,充分考虑本企业成本节约的潜力,对某一时期的成本总水平做出预计,看其与目标成本的水平是否大体一致。

3. 物流目标成本的分解

所谓物流目标成本分解,是指经过测算,如果设立的物流目标成本是可行的,则将其从上而下按照企业的组织结构逐级分解,落实到有关的责任中心,目的是明确责任,确定各单位、部门的奋斗目标。物流目标成本的分解通常不是一次完成的,需要循环,通过反复修订以求得完善。

分解物流目标成本时,要根据企业物流组织结构和成本形成过程的实际情况,选择恰当的分解方法。具体的分解方法有以下几种。

(1) 按管理层次分解,将物流目标成本分解到各级责任中心、各具体责任人。即将物流目标成本按总公司、分公司、部门、班组、个人进行分解。这是一种自上而下的过程。

(2) 按管理职能分解。即将物流目标成本在同一管理层次按职能部门分解。例如,推广部门负责推广费用、配送部门负责配送费用、运输部门负责运输费用、劳资部门负责工资成本、后勤部门负责燃料和动力费用、行政部门负责办公费等。

(3) 按服务结构分解。即把服务成本分成各种材料消耗成本和人工成本,分派给各责任中心。

(4) 按服务形成过程分解。即按服务设计、服务材料采购、服务的提供、服务的推广的过程分解成本,形成每一过程的目标成本。

(5) 按成本的经济内容进行分解。即把服务成本分解成固定成本和变动成本;固定成本进一步分解成日常费、办公费、差旅费、修理费、折旧费等项目,把年度目标成本分解为季度或月份成本目标,甚至分解成旬或日的成本目标;把变动成本分解为直接材料费、直接人工费、各项变动费用。

4. 物流目标成本的实现

在建立了目标成本后,企业接下去的任务是实现目标成本,这就需要大量的管理工具以优化各作业环节。

例如,通过企业目前的物流成本与目标成本比较,计算出成本差距。然后通过运用价值工程、成本分析等方法寻求最佳的物流过程设计,用最低的成本达到客户需求的功能、安全性、品质等。如果此时计算出的最佳物流过程设计下的成本仍高于目标成本,则重复应用上述手段寻求最佳成本。

5. 物流目标成本的追踪考核与物流目标成本的修订

此项工作包括对企业物流活动的财务目标和非财务目标完成状况的追踪考核、调查客户的需求是否得到满足、市场变化对物流目标成本有何影响等事项,并根据上述各阶段物流目标成本的实现情况对其进行修订。

（四）物流目标成本控制——价值工程

物流目标成本确定后，企业就需组织由物流、技术、采购等相关方面人员设计物流过程与物流服务方式，想方设法来实现目标成本。其中，价值工程是评价设计方案的一种系统性、基础性的方法。

1. 价值工程的含义

企业物流成本的各项费用，虽然大多数是在物流经营过程中实际发生的，但企业的物流活动应该发生哪些费用，数量是多少，在很大程度上是由物流活动开始前的物流系统设计所决定的。因此，物流成本的控制，可以在物流系统设计阶段，通过对物流系统的价值工程分析，选择最佳方案并确定相应的最低目标成本。

价值工程是以功能分析为中心，使物流的各项作业达到适当的价值，即用最低的成本来实现和创造物流服务应具备的必要功能的一项有组织的活动。它有以下三个方面的含义。

(1) 价值工程是以尽可能少的成本去实现某项物流作业活动的必要功能或必要服务，以使物流作业或服务达到最佳价值。价值工程的真正目的在于既实现物流服务的必要功能，又要降低物流服务的寿命周期成本，追求物流服务的最佳价值。要实现这个目的，只能从提高功能和降低成本两个方面入手，根据物流服务成本和功能的内在联系通过科学的比较分析，从中找出最佳价值。

其中，功能是某项物流作业所具有的职能或所起的作用。功能首先以满足消费者的需求为前提条件，功能的提高是无限的，但它同时受客户需求和成本的制约。

成本则是指物流服务的寿命周期成本，即为实现物流服务的必要功能在整个物流服务过程中发生的成本。价值工程就是在保证物流服务必要功能的前提下，使其寿命成本最低。

价值是物流服务的功能与成本的比值，与通常的价值概念并不相同，这里的价值要从功能和成本的关系上来理解，它表明了以某种成本耗费取得某种物流功能价值是否合理、是否值得、是否必要，反映了物流服务物美价廉的程度。物流服务功能与成本之间的关系可用下式表示：

$$价值=功能/成本$$

即

$$V = F/C$$

或

$$V = (F_1 + F_2 + F_3 + \cdots)/C$$

式中：V 为价值；C 为成本；F 为物流服务的各项功能。

(2) 价值工程的核心问题是对物流服务活动进行功能分析。

开展价值工程既不能脱离成本的约束，片面追求高功能；也不能脱离客户的需求，片面追求低成本，造成物流服务的必要功能不足。

在物流过程和物流服务方式设计时，应着重对物流服务功能进行分析研究，通过功能分析可以了解到哪些功能是客户需要的，哪些功能是不必要的，哪些功能是过剩的，哪些功能是不足的，并在确定的实现必要功能的最优方案中提出有效改进方法，去掉不必要的功能，削减过剩的功能，补足不足的功能，从而使物流服务活动的功能更加合理。以达到既能满足客户需求，保证必要的功能，又能降低物流服务活动的寿命周期成本的目的。

(3) 价值工程作为一种的科学分析方法，是运用集体智慧的一项有组织的活动。

由于价值工程既要降低成本，又要提高功能，涉及企业物流经营活动的方方面面，因此，要有效开展价值工程活动就需要将各部门的专业人员组织起来，紧密配合，运用各方面的知识，充分发挥集体的力量，运用集体智慧。

2. 开展物流价值工程的步骤

价值工程是一个发现和解决问题的过程，物流价值工程活动的具体开展包括如下几个阶段。

(1) 正确选择对象。企业没有必要对所有的物流服务活动都进行价值分析，也没有必要对一项物流服务活动的所有方面都进行价值分析，而应该有所选择。一般而言，要选择那些频率比较高、服务量比较大或成本结构中过高的物流服务活动作为分析研究的对象。

(2) 根据对象的性质、范围和要求，收集可靠的信息。包括：企业的基本情况，如经营方针、产品品种、产量、质量等；有关的技术和经济资料，如本企业或同类物流服务活动的内容、方式、流程及成本的发生；客户的有关意见，如客户对物流服务的要求、目前所存在的问题等。

(3) 进行功能、成本和价值分析。

首先，要把价值工程的对象所具有的功能细致地加以研究，了解它们的作用。即分析对象在物流服务活动过程中所采取的每一流程、每道工序、每项作业对构成物流服务活动的最终价值起了什么作用，承担了什么职能，没有它们是否影响物流服务活动的使用价值，有无其他形式代替等。所有这些工作就是给每个分析对象的功能下定义的过程，实际上也是发现问题的过程。

其次，就是对已下定义的功能进行分类和整理，即搞清哪些是基本功能，哪些是辅助功能，哪些功能是客户需要的，哪些功能是客户不需要的，哪些功能过剩，哪些功能不足，以及各功能之间的关系。通过功能整理可以具体把握需要改进的功能范围，为进一步提出功能改进方案提供依据。

最后，要进行功能评价。首先是针对不同的分析对象进行评价，然后与现实成本相互比较，求出各分析对象的价值系数。

① 计算功能评价系数，其计算公式为：

功能评价系数＝物流服务某项环节的功能分数/全部物流服务的功能分数总和

从公式中可以看出，功能评价系数是反映某项物流服务功能重要程度的一个指标。根据价值工程原理，某项物流服务成本的高低应该与该物流服务功能重要程度相匹配。换句话说，某项物流服务的功能评价系数数值比其他物流服务的高，则应配以较高的成本。同理，假如某项物流服务的成本较高，但其功能在物流活动中相对较低，则说明这项物流服务的成本分配偏高，应予以改进。

功能的高低好差，通常是一个定性的概念，如何对其进行量化评价，是一项较难的工作。这里的功能评价系数的计算式所采用的量化方法，就是将各项物流服务的功能的重要性逐一进行一对一的比较，进而确定其相对的重要程度，然后汇总求出各自的功能，并据以求出各项物流服务的功能评价系数。

为使其评价客观一些，合理一些，实际当中，可由几个有关的专业人员（如物流管理人员、技术人员、材料采购人员、财务人员等）分别进行评价，然后用平均分数来表示物流服务的功能分数。

【例 6-5】

为改进某单位物流服务方式，对其物流服务活动按环节分为 8 个部分（分别以 A、B、C、D、E、F、G、H 表示）进行评价，各功能分数由 8 位专家（甲、乙、丙、丁、戊、己、庚、辛）进行评价（打分）。评价的结果汇总如表 6-12 所示。

表 6-12 功能评价系数汇总表

物流服务环节	各专家评价结果										
	甲	乙	丙	丁	戊	己	庚	辛	小计	平均得分	评价系数
A	6	5	6	7	7	5	6	7	49	6.125	0.218 8
B	7	6	4	7	6	4	6	5	45	5.625	0.200 9
C	2	2	3	1	3	3	3	4	20	2.500	0.089 3
D	5	6	5	6	4	3	4	3	36	4.500	0.160 7
E	0	1	1	0	2	2	1	2	9	1.125	0.040 2
F	3	2	3	2	2	4	4	2	22	2.750	0.098 2
G	4	4	5	3	4	5	3	4	32	4.000	0.142 9
H	1	2	1	2	1	2	1	1	11	1.375	0.049 1
合计	28	28	28	28	28	28	28	28	224	28	1.000 0

② 计算成本系数，其计算公式为：

成本系数＝物流服务某环节成本/该物流服务各环节总成本

成本系数反映当前的各环节现实成本（即当前各环节的单位变动成本）在总成本中所占比重。成本系数计算结果，如表 6-13 所示。

表 6-13　各物流环节现实成本及其价值系数计算表

物流服务环节	功能评价系数	成本系数	价值系数	现实成本/元	按功能评价系数分配目标成本/元	成本应降低额/元
①	②	③	④＝②÷③	⑤	⑥＝目标成本×②	⑦＝⑥－⑤
A	0.2188	0.30	0.79231	85	65.6	－19.4
B	0.2009	0.22	0.9132	70	60.3	－9.7
C	0.0893	0.08	1.1163	40	26.8	－13.2
D	0.1607	0.02	8.0350	38	48.2	＋10.2
E	0.0402	0.06	0.6700	24	12.1	－11.9
F	0.0982	0.20	0.4910	35	29.5	－4.5
G	0.1429	0.10	1.4290	40	42.9	＋2.9
H	0.0491	0.02	2.4550	8	14.7	＋6.7
合计	1.0000	1.00	—	340	300	－40

③ 计算价值系数，其计算公式为：

价值系数＝功能评价系数/成本系数

计算价值系数，是为了系统反映各环节的功能与成本之间的匹配情况。从理论上讲，如果其价值系数接近于 1（如 B 环节和 C 环节的情况），表明两者是基本相适应的；如果某环节的价值系数偏大（如 D 环节、H 环节和 G 环节的情况），则说明其成本匹配不足；如果某环节的价值系数过于偏小（如 A 环节、E 环节和 F 环节的情况），则说明其成本匹配过剩。

显然，物流服务环节的价值系数过于偏小者，应是成本控制的重点，如表 6-13 中第四列所示。

④ 根据功能评价系数将产品的目标成本在各零件之间进行分配，其计算公式为：

某物流服务环节的目标成本＝该环节的目标成本×功能评价系数

如表 6-13 中第七列所示。

⑤ 计算各零件的成本应降低额，以确定各物流环节按功能评价系数和产品目标成本要求应升降的幅度，如表 6-13 第八列。

(4) 拟订降低成本的措施，确定最优方案

寻求最优的改善方案是价值工程活动的关键，功能成本分析法，并非只是计算出各物流环节的目标成本和确定其成本降低额，重要的是如何对成本控制的重点环节采取必要的措施与方法，使其合理地实现降低任务。

根据上面计算和分析的结果，按客户的需求，提出若干改进价值的新方案，再把各种方案进行分析和评价，选择功能不变使成本更低或功能更高的最优方案。原则上应选择价值系数大于1或小于1的物流服务环节作为改善对象，因此可将上例中物流服务环节C、D(价值系数都小于1，尤其是D偏低，有降低成本的潜力)列为提高或降低成本分配的对象。

(5) 求出目标成本

即根据筛选出的最优方案进行目标成本的计算，也就是将物流服务的目标成本按功能评价系数分配给各有关的物流服务环节，算出各物流服务环节的目标成本，作为对物流服务成本水平实行有效事前控制的依据。

三、责任成本控制法

(一) 责任成本与责任成本法

责任成本是指责任单位能对其进行预测、计量和控制的各项可控成本之和。按照谁负责谁承担的原则，以责任单位为计算对象来归集，所反映的是责任单位与各种成本费用的关系。

责任控制在各类企业中应用广泛。责任成本法是将各责任单位、责任人的责任成本与其自身的经济效益密切联系，将降低成本的目标落实到各个具体物流部门及个人，可促使责任单位主动寻求降低成本的方法，也使物流成本的控制有了切实的保障。

因此，采用责任成本法，对于合理确定与划分各物流部门的责任成本，明确各物流部门的成本控制责任范围，进而从总体上有效地控制物流成本有着重要的意义。

(二) 成本责任单位的划分

确定责任的前提是划分成本责任单位。责任单位的划分不在于单位大小，凡在成本管理上需要、责任可以分清、其成本管理业绩可以单独考核的单位都可划分为责任单位。

1. 横向责任单位

横向责任单位是企业为了满足生产经营管理上的需要，设置的平行职能机构。它们之间的关系是协作关系，而非隶属关系。

横向责任单位主要包括供应部门、生产部门、劳资部门、设计部门、技术部门、设备管

理部门、销售部门、计划部门和质量管理部门等。

2. 纵向责任单位

纵向责任单位是企业及其职能部门为了适应分级管理需要，自上而下层层设置的各个管理层次。纵向责任单位之间虽然是隶属关系，但因其在成本的可控性上有其各自的责任与职权，所以有必要在各层级之间明确界定各自的成本责任与权力。

以运输为例，其纵向责任单位分为公司总部、分公司、车队、单车(司机)等。

(三) 责任成本的计算与考核

为了明确各责任单位成本的控制结果，必须定期对其进行责任成本的计算与考核，以便对各责任单位的工作做出正确的评价。

1. 责任成本的计算方法

1) 直接计算法

直接计算法是将责任单位的各项责任成本直接加和汇总，以求得该单位责任成本总额的方法。其计算公式为：

某责任单位责任成本＝该单位各项责任成本之和

这种方法的特点是计算结果较为准确，但是工作量较大(需逐笔计算出各项责任成本)，此法适合于所有的责任成本。

2) 间接计算法

间接计算法是以本责任单位发生的全部成本为基础，扣除该责任单位的不可控成本，再加上从其他责任单位转来的责任成本的计算方法。其计算公式为：

某责任单位责任成本＝该责任单位发生的全部成本－该责任单位的不可控成本
＋其他责任单位转来的责任成本

这种方法不需要逐笔计算各责任单位的责任成本，所以计算工作量比直接计算法小。在运用此法时，应合理确认该单位的不可控成本与其他责任单位转来的责任成本。

2. 责任成本评价考核的依据

在实际工作中，对责任单位的责任成本评价考核的依据是责任预算和业绩报告。责任成本的业绩报告是按各责任单位责任成本项目，综合反映其责任预算数、实际数和差异数的报告文件。

在进行责任预算指标分解时，其方式是从上级向下级层层分解下达，从而形成各责任成本单位的责任预算；在编制企业报告时，其方式是从最基层责任单位开始，将责任成本实际数逐级向上汇总，直到企业最高管理层。

业绩报告应按责任单位进行编写，每一级责任单位的责任预算和业绩报告，除最基层只编报本级的责任成本之外，其余各级都应包括所属单位的责任成本和本级责任成本。在业绩报告中，应列出各项责任成本的实际数、预算数和差异数，以便对比分析。

3. 责任成本报告

责任成本报告是根据会计记录编制的反映责任成本预算实际执行情况，揭示责任成本预算与实际执行差异的报告。责任成本报告的形式主要有报表、数据分析和文字说明等。将实际责任成本、预算责任成本及其差异用报表予以列示是责任成本报告的基本形式。

复习思考题

1. 物流成本预算有什么作用？
2. 物流成本预算的内容和程序是什么？
3. 什么是弹性预算？如何编制？
4. 什么是零基预算？如何编制？
5. 什么是滚动预算？如何编制？
6. 简述物流成本控制的基本工作程序。
7. 物流成本控制的原则是什么？
8. 试分析物流成本控制的方法。

实训题

某企业 2010 年的正常物流业务量为 50 000 人工工时，物流费用如表 6-14 所示。根据资料以 10％为间隔，编制物流业务量在 80％～120％之间的物流费用弹性预算。

表 6-14　正常业务量的物流费用资料　　元

费用项目	费用金额	费用项目	费用金额
变动费用：		固定费用：	
包装费	150 000	折旧费	100 000
运输费	120 000	物流信息费	40 000
装卸费	80 000	物流管理费	60 000
仓储费	50 000		

案例分析

斯美特物流成本的控制

斯美特作为制面行业的一颗新星，已走过了漫长的岁月，如今，物流成本的控制正促使其快速地向前发展。

在实际工作中，物流成本的控制可以按照不同的对象进行。其一就是以物流成本的形成过程为控制对象，即从物流系统（或企业）投资建立、产品设计（包括包装设计）、物资采购存储和销售，直到售后服务，凡是发生物流成本费用的环节，都要通过各种物流技术和物流管理方法，实施有效的成本控制。这种成本控制就是物流成本的纵向控制。

一、 投资阶段的物流成本控制

投资阶段的物流成本控制主要是指企业在厂址选择、物流系统布局规划、设备购置等过程中对物流成本进行的控制。其内容包括以下三方面。

第一，合理选择厂址。厂址选择合理与否，往往很大程度上决定了以后物流成本的高低。长春斯美特把廉价的土地使用费、廉价的劳动力和良好的外部环境作为选择厂址的第一要素，在远离原料（面粉、纸箱、棕榈油、蔬菜食品等）地点选点建厂（德惠），造成物流（配送、运输、采购、设备维护等）成本的上升。同时其竞争对手（榆树的锦丰、四平的白象、双城的华丰及未来长春的康师傅）同一竞争要素的存在，使长春斯美特在此方面物流成本上的优势就显得很黯淡。

第二，合理设计物流系统格局。如何选择物流中心和配送中心（分公司）的位置、如何规划运输和配送系统、如何设计物流的运营流程等，对于整个系统投入运营后的成本耗费有着决定性的影响。长春斯美特公司既是物流中心又是配送中心，配送运输辐射东北三省及内蒙古自治区，公司设计出了较完备的运营流程，公司已走出了过去的投资性怪圈，逐渐形成了自己独特的以资本为纽带的第三方运输配送和以业务推进为基础的流程机制。

第三，优化物流设备的购置。物流设备的投资是为了提高物流工作效率和降低物流成本。企业发展到一定阶段往往需要购置一些物流设备，采用一些机械化、自动化的设备（叉车、自动流程传送、托盘等）。但在进行设备投资时，一定要注意投资的经济性，要研究机械化、自动化的经济临界点。长春斯美特在成立初期，因其规模和生产能力的限制，没有购置必要的物流设备，随着企业的进一步发展，公司配置了与其规模和生产能力相匹配的叉车、托盘、网络仓库等物流设备，避免了设备的持有成本，降低了物流成本。

二、 产品设计阶段的物流成本控制

物流过程中发生的成本大小，与物流系统中所服务产品的形状、体积和重量等密切相

关，同时还与这些产品的组合、包装形式、重量及大小有关。特别是对于制造业来说，产品设计对物流成本的重要性尤为明显。具体地说，产品设计阶段的物流成本控制主要包括如下几方面的内容。

第一，产品体积和形态的优化组合。产品体积和形态对物流成本有着直接的影响，如方便面规格和包数的不同，直接影响了纸箱成本的核算，改变了生产的批量，同时对运输工具也提出了较大的要求，进而影响到物流成本控制。因此，在设计产品的形态和体积的时候，必须考虑如何降低纸箱的成本，如何提高生产批量，如何降低运输成本等后续影响。

第二，产品批量的合理化。当把数个产品集合成一个批量保管或发货时，就要考虑到物流过程中比较优化的容器容量，例如长春斯美特根据产品的批量化要求，设计出适合公司要求的托盘(1.2m×1.2m)，组织了适合公司要求的集装货车(7.2m、9.6m 的高栏车和 12m 集装箱车等)。

第三，成品损耗率。企业在设计产品时，还必须考虑产品的包装材料，耐压力，搬运、装卸、运输途中的损耗对产品设计的影响。

三、 供应阶段的成本控制

供应与销售阶段是物流费用直接发生的阶段，这也是物流成本控制的重要环节。供应阶段的物流成本控制主要包括以下内容。

第一，优化供应商。企业进货和采购的对象很多，每个供应商的供货价格、服务水平、供货地点、运输距离等都会有所区别，其物流成本也就会受到影响。企业应该在分析多个供应商供货质量、服务水平和供货价格的基础上，充分考虑其供货方式、运输距离等对企业物流成本的综合影响，从多个供货对象中选取综合成本较低的供货厂家，以有效地降低企业的物流成本。

第二，运营现代化的采购管理方式。及时制(just in time，JIT)采购和供应是一种有效的降低物流成本的物流管理方式，它可以减少供应库存量，降低库存的持有成本，而库存持有成本是供应物流成本的一个重要组成部分。另外，MRP(物料需求计划)采购、供应链采购、招标采购、全球采购等采购管理方式的运用，也可以有效地加强采购供应管理工作。对于斯美特来说，集中采购也是一种有效的采购管理模式。例如：有些体积小重量小的物品可以通过总公司的规模化批量采购来降低成本，进而实现分公司的批量低成本调拨。

第三，控制采购批量和再订货点。每次采购批量的大小，对订货成本与库存持有成本有着重要的影响。采购批量大，则采购次数减少，总的订货成本就可以降低，但会引起库存持有成本的增加；反之亦然。因此，在采购管理中，对订货批量的控制是很重要的。可以通过相关数据分析，计算其主要采购物资的最佳经济订货批量点和再订货点，从而使得订货成本与库存持有成本之和最小。

第四，供应物流作业的效率化。企业进货采购对象及其品种很多，接货设施和业务处理讲求效率。例如,斯美特公司的各分公司需购多种不同物料时,可以分别购买、各自订货,也可由总公司根据各分公司进货要求,由总公司统一负责采购和仓储的集中管理,在各分公司有用料需要时,由总公司仓储部门按照固定的线路,把货物集中配送到各分公司。这种有组织的采购、库存管理和配送管理,可使公司物流批量化,减少繁杂的采购流程,提高配送车辆和各分公司进货工作效率。

第五,采购损耗的最小化。供应采购过程中往往会发生一些途中损耗,运输途耗也是构成企业供应物流成本的一个组成部分。运输中应采取严格的预防保护措施尽量减少途耗,避免损失、浪费,降低物流成本。

第六,销售、供应物流互补化。销售和供应物流经常发生交叉,这样可以采取共同装货、集中发货的方式,把销售商品的运输与外地采购的物流结合起来,利用回程车辆运输的方法,提高货物运输车辆的使用效率,降低运输成本。同时,还有利于解决交通混乱,促使发货、订货业务集中化、简单化,促进搬运工具、物流设施和物流业务的效率化。

四、 生产阶段的物流成本控制

生产物流的组织与企业生产的产品类型、生产业务流程以及生产组织方式等密切相关,因此生产物流成本的控制是与企业的生产管理方式不可分割的。在生产过程中有效控制物流成本的方法主要包括以下几方面。

第一,生产工艺流程的合理布局。企业生产工艺流程的合理布局对生产起着非常重要的作用,布局的合理与否直接关系着产品成本的高低,同时对减少工作环节、提高工作效率、增强员工的责任心等方面有重要的作用,对于斯美特公司制面来说,就必须按照制面的工艺流程来工作。

第二,合理安排生产进度。企业的生产进度与采购、销售、仓库、消费、成品率等息息相关,生产进度加快,原材料的采购进度就要提速,成品率就会降低,仓库持有成本就会上升,同时预示着销售周期的缩短,消费数量的增加。

第三,实施物料领用控制。对于斯美特制面来说,必须严格地实施物料领用的控制,生产的批量与领用物料的批量相对称,多领用的原材料必须在第一时间内回归仓库,这样降低了原料的损耗,使生产与采购、调拨、销售的信息对称,减少了库存,盘活了公司的流动资金。

第四,节约物料使用。勤俭节约是中华民族的传统美德,也是我们每一个人的优良作风。勤俭节约不仅是斯美特公司的企业文化,更是斯美特人的立家之本。

第五,减少半成品和产品库存。产品库存量的大小直接影响着库存持有成本的高低,同时影响着产品的销售风险。

五、 销售物流阶段的成本控制

销售物流活动作为企业市场销售战略的重要组成部分,不仅要考虑提高物流效率、降低物流成本，而且还要考虑企业销售政策和服务水平。在保证客户服务质量的前提下，通过有效的措施，推行销售物流的合理化，以降低销售阶段的物流成本。主要的措施包括以下几方面。

第一，加强订单管理，与物流相协调。订单的重要特征表现在订单的大小、订单的完成效率等要素上。订单的大小和完成效率往往会有很大的区别，在有的企业中，很多小批量多次数订单(自提订单)往往会在数量上占了订单总数的大部分，它们对物流和整个物流系统的影响有时会很大。因此，为了提高物流效率、降低物流成本，在订单上必须充分考虑商品的特征和订单周期及其他经营管理要素的需要。

第二，销售物流的大量化。这主要通过延长备货时间，以增加运输量，提高运输效率，减少运输总成本。例如，公司把产品销售配送从"一日配送"改为"三日配送"或"周指定配送"就属于这一类。这样就可以更好地掌握货物的配送数量，大幅度提高配货满载率。为了鼓励运输大量化，在持续满足货物需求的前提下，可以采取增大一次订购批量折扣或给予更多的促销的办法，促进销售，降低小批量手续费，节约的成本由双方分享。

第三，商流与物流相分离。现在，商流与物流分离的做法已经被越来越多的企业所采纳。其具体做法是订货活动与配送活动相分离，由销售系统负责订单的签约，而由物流系统负责货物的运输和配送。运输和配送的具体作业，可以由自备车队完成，也可以通过委托运输的方式来实现，这样可以提高运输效率，节省运输费用。

此外，还可以把销售设施与物流设施分离开来，如把企业所属的各销售网点(分公司)的库存进行集中统一管理，在最理想的物流地点设立仓库，集中发货，以压缩物流库存，解决交叉运输，减少中转环节。这种"商物分流"的做法，把企业的商品交易从大量的物流活动中分离出来，有利于销售部门集中精力搞销售。而物流部门也可以实现专业化的物流管理，甚至面向社会提供物流服务，以提高物流的整体效率。

第四，增强销售物流的计划性。以销售计划为基础，通过一定的渠道把一定量的货物送到指定地点。方便面属季节性消费品，随着季节的变化可能会出现运输车辆过剩或不足，或装载效率下降等因素。为了调整这种波动性，可事先同客户商定时间和数量，制定出运输和配送计划，使公司按计划供货。

第五，物流共同化。物流已是一个社会化的行业，它的规模效应已初见端倪，企业的单个物流必须融入社会物流之中，从而享受社会物流带来的规模效益。

资料来源：斯美特物流成本的控制.北京物资流通，2008，(1).

思考题：

1. 分析斯美特在各个阶段的物流成本控制重点和难点。
2. 斯美特物流成本控制的案例带给我们哪些启示？

第七章

运输成本管理

本章结构图

- 运输成本管理
  - 运输成本概述
    - 运输的概念与方式
    - 运输成本的概念与构成
    - 影响运输成本的因素
  - 运输成本核算
    - 运输成本的分类和核算
    - 运输实际费用的计算
  - 降低运输成本的途径
    - 运输系统优化
    - 提高装载效率
    - 选择运输手段
    - 选择运输方式
    - 减少运输事故

学习目标

- 熟悉运输成本的概念与构成；
- 掌握影响运输成本的因素及其核算；
- 熟悉降低运输成本的途径。

引导案例

我国物流运输成本的比重

国家发展和改革委员会、国家统计局及中国物流与采购联合会发布的《2007年全国物流运行情况通报》显示，2007年全国社会物流总费用为45 406亿元，其中，运输费用为24 708亿元，占社会物流总费用的54.4%；2007年全国社会物流总费用构成情况如图7-1所示。

另外，国家发改委、国家统计局和中国物流与采购联合会还对2006年度

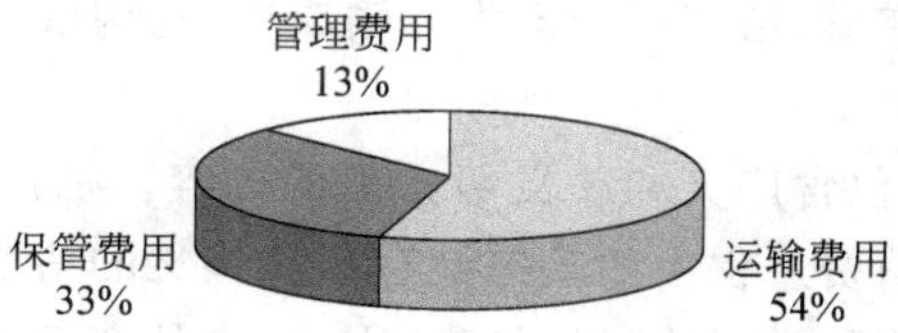

图 7-1 2007 年全国社会物流总费用构成

全国重点工业、流通业的企业物流状况和物流企业的经营情况进行了统计调查。调查结果显示：全国工业、流通各行业的企业运输费用占企业全部物流费用的比重在 38.2%～76.8%之间。

由此可以看出，运输成本在物流总成本中所占比重最大，降低运输成本，对降低物流总成本有非常重要的意义。

资料来源：http://www.clb.org.cn/Print/InfoPrint.aspx?ID=42797.

第一节 运输成本概述

一、运输的概念与方式

（一）运输的概念及功能

1. 运输的概念

运输是物品借助于运力在空间上所发生的位置移动。我国国家标准《物流术语》对运输的解释是“用专用运输设备将物品从一个地点向另一地点运送。其中包括集货、分配、搬运、中转、装入、卸下、分散等一系列操作”。

运输是现代物流系统中的核心功能，物流部门通过运输实现了物品由供应地向需求地的转移，使商品实现其使用价值，从而满足社会的需要。随着现代化大生产的发展，社会分工越来越细，产品种类越来越多，从而使物资交换更加频繁。

如果没有运输，商品交换就难以实现，企业在经营中，无论是原材料的需求，还是产品的输出，都离不开运输。一旦运输发生问题，就会导致流通过程中的产品发生积压、变质或过期，给企业带来巨大损失。

2. 运输的功能

运输具有如下功能。

（1）物品转移

运输的首要功能是将物品从原产地转移到指定地点，运输的主要目的就是要以最少的时间和费用实现物品的移动，同时，物品在运输过程中的损失必须降低到最低程度。通过位置移动，物品发生了增值，增值部分即为运输成本，它构成了产品价格的一部分。

(2) 物品储存

运输的物品储存功能包含广义和狭义两方面的内容。从广义的角度看，运输也是储存，是社会产品从生产到消费过程中的动态储存。从狭义的角度看，处于运输阶段中的物品，有时也需要借用运输工具进行临时性储存，因此，物品储存也是运输的功能之一。

如果移动中的物品需要短时间的储存，而卸货和装货的成本会超过将物品储存在运输工具中的费用，此时，可以将运输工具暂时当做储存工具。当然，一般情况下用运输工具储存物品的费用比较昂贵，但如果考虑装卸成本、有限的储存能力的话，这种储存方法可能是必要和合理的。

(二) 运输方式及其特点

现代运输的方式有很多，常见的运输方式有以下五种。

1. 铁路运输

铁路运输是一种使用铁路列车运送客货的运输方式，它是陆地长距离运输的主要方式。

铁路运输有许多优点：货车在固定轨道线路上行驶，可以自成系统，一般不受气候条件的影响，可以保障全年正常运输，而且运载量大，速度较快，安全可靠，运输成本低。

铁路运输的主要缺点是：只能在固定轨道上行驶，缺乏灵活性，货物运输的起点和终点常常需要汽车进行转运，从而增加了搬运次数；铁路运输经济里程一般在200km以上。

2. 公路运输

公路运输是一种主要使用汽车在公路上进行客货运输的运输方式，它是最普及的一种运输方式。主要承担近距离、小批量的货运。

公路运输的优点是机动灵活、简捷方便，尤其在短途货物集散运输上，比铁路、航空、水运具有更大的优越性，可以实现"门到门"的运输；尽管其他运输方式各有特点和优势，但或多或少都要依赖公路运输来完成最终两端的运输任务。

公路运输也具有一定的局限性，如：载重量小，不适宜装载重件、大件货物，不适宜长途运输；车辆运行中震动较大，容易造成货物毁损，同时运输费用较水运和铁路运输高；公路运输的经济里程一般在200km以内。

3. 水路运输

水路运输是一种利用船舶通过海上或内河航道运送客货的运输方式，包括海洋运输和内河运输两种形式，适宜大批量、远距离运输。

水路运输的优点是运输量大、运输成本低、对货物的适应性强。

水路运输也存在着以下缺点：运输速度慢，周期长，易受气候和自然条件影响，风险较大，运输范围受到限制，一般需要铁路和公路补充运输。

4. 航空运输

航空运输是一种利用飞机通过空中航线运送客货的运输方式，以快速而著称，适宜小批量的贵重物品、邮件及鲜活商品的运输。航空运输具有其他运输方式所不能比拟的优越性：它的运输速度最快，可节约包装、利息等费用，安全性、准确性高，不受地面条件影响，可深入内陆地区。

航空运输的局限性主要表现在：运输成本较其他运输方式更高，运量有限，容易受恶劣气候的影响。

5. 管道运输

管道运输是货物在管道内借助高压气泵的压力向目的地输送的一种运输方式。它是运输通道和运输工具合二为一的特殊运输方式，主要用于输送天然气、原油、石油成品、化学品等气体、液体或粉状浆状物品。

管道运输的优点是：不受地面气候的影响，可以连续不断地运输，运输的货物无须包装，货物毁损小，运输成本低。

管道运输的局限性是：单向运输，机动灵活性差，运输的货物仅局限于气体、液体等流体货物，固定投资大。

二、运输成本的概念与构成

（一）运输成本的概念

货物运输就其性质来说，是一种特殊的生产过程，其产品就是货物的位移。运输成本就是企业在完成特定货物位移的物流运输活动中所发生的各种费用，如工资、燃料费、折旧费、管理费、利息费、各种损失等。

（二）运输成本的构成

不同运输方式的运输成本构成有所不同，按照我国《企业会计准则》，不论何种运输方式，运输成本均可分为营运成本和期间费用两大类。

1. 营运成本

营运成本是指与运输营运生产直接有关的各项支出。包括直接从事运输营运生产活动人员的工资和福利费，在运输营运生产过程中实际消耗的各种燃料费、材料费、折旧费、修理费、过路费、养路费、运输管理费、交通工具养护费等。

2. 期间费用

期间费用包括管理费用和财务费用。

(1) 管理费用,指企业运输管理部门为管理和组织运输营运生产活动的各项费用。包括管理人员工资福利费、办公费、差旅费等。

(2) 财务费用,指企业为筹集运输生产资金而发生的各项费用。主要包括企业营运期间发生的利息支出。

小贴士

美报称运输成本增加开始对全球化经济产生影响

新华网华盛顿2008年8月3日电 美国《纽约时报》网站3日发表文章指出,短期内廉价石油将难以重现,运输成本增加对全球物流产生影响,从而也开始对全球化经济产生影响。

文章认为,石油价格从10年前的每桶约10美元的低位上涨到目前的每桶125美元左右,作为全球运输润滑剂的廉价石油已经不复存在,从而使得集装箱运输成本也远不止翻番。过去多年来,经济全球化使得企业生产和销售的各个环节得以在全球范围内分布和配置,从而实现资源的最佳组合以及生产营销的最高效率,而这一切有赖于相对廉价的运输成本。

《纽约时报》的文章援引美国国际经济研究所所长伯格斯滕的话说,如果石油价格保持在高位,那么在不同国家和不同生产部门之间将会出现重大的生产重组。此外,他认为传统的消费模式也会受到冲击,经济增长也会受到影响。

文章还举例说明,在高油价时代随着运输成本的增加,过去一些厂商习以为常的全球化生产供应链已被打破,一些厂商在经营活动中已经更多地考虑本土化或当地化运营,以尽可能减少运输成本。

不过,文章也指出,很多经济学家认为,即便石油价格保持上涨趋势,经济全球化也不会逆转。此外,一些经济学家和商界人士也认为,运输成本只是国际贸易以及跨国企业投资经营活动的一个决定因素,不应以偏概全,过分夸大其影响。

三、影响运输成本的因素

影响运输成本的因素有如下几项。

1. 运输距离

运输距离是影响运输成本的主要因素,它直接对人工、燃料和维修保养等变动成本发生作用。运输距离越长,运输总费用越高,这是毋庸置疑的。但是,就单位运输成本而言,其变化却是递减的,即单位运输成本是随着运输距离的延长而逐渐降低的。

由于运输固定成本是不会随着运输距离的变化而变化,变化的只是变动成本,随着运输距离的增加,分摊到单位距离上的固定成本是逐渐减小的,而单位变动成本基本保持不变，从而使总的单位运输成本也逐渐减小。

2. 运输重量

运输货物的重量是影响运输成本的另一个重要因素。在运输距离相同时，运输货物越重，运输费用越高。与运输距离的影响类似，单位重量的运输成本也是随运输重量的增加而减少的。

这种关系对企业物流管理部门的启示是：小批量的物品应整合成更大的运输量，以期利用规模经济性。

3. 运输时间

企业对缩短运输时间、降低运输成本的要求越来越强烈，这主要是因为在竞争日益激烈的情况下，只有不断降低各方面的成本，加快商品周转，才能提高企业经营效率，实现竞争优势。运输时间和运输成本是不同运输方式相互竞争的重要条件，运输时间与成本的变化必然带来所选择的运输方式的改变。

缩短运输时间与降低运输成本是一种此消彼长的关系，如果要利用快速的运输服务方式，就有可能增加运输成本；同样，运输成本下降有可能导致运输速度减慢。所以，如何有效地协调这两者间的关系，使其保持一种均衡状态，是企业选择运输方式时必须考虑的重要因素。

4. 货物密度

货物密度对运输成本的影响是把重量和空间两方面因素结合起来考虑的。一般来说，企业物流运输作业人员应设法增加产品密度，以便能更好地利用装载车辆的容积，使车辆能装载更多重量的货物。增加货物包装密度，可以将更多单位的产品装载到具有固定容积的车辆中去，从而降低运输成本。

当然，在某种情况下，由于车辆已经满载，即使再增加产品的密度也无法再增加利益。尽管如此，努力增加产品密度通常会使运输成本降低。

5. 装卸搬运

采用较好的装卸搬运方式，能减少装卸搬运过程中的货物损耗的几率及装卸搬运的次数。如在装卸搬运的过程中采用机械化作业，能提高装卸效率，减少搬运过程中的货物损失，从而降低运输成本；采用集装化装卸，能使每次装卸搬运的货物数量增加，从而减少装卸搬运次数，也可以降低运输成本。

6. 事故损失

在运输过程中如果发生运输事故，会造成企业财产损失甚至人员伤亡，同时也会耽误运输时间，相关费用必然增加。专业运输企业则要对货主进行事故赔偿，又需付出一笔额外的费用，从而使运输费用上升。

企业若想在发生事故时降低损失金额，必须通过向保险公司投保来预防可能发生的意外，以降低发生事故时的损失，这样也会增加货物运输费用。

7. 运输需求

运输需求在地域上的不平衡往往会造成在货物运输时的回程空驶，或回程货运量不足，从而使车辆的吨位利用率和里程利用率降低，使运输成本增加。

8. 货物属性

如果承运物资属易损、易腐、易燃、易爆或贵重物品，则在运输中容易造成毁损。为了避免可能发生的毁损，企业需要采取相应的保护性包装，对于特种货物，还要在运输过程中采取特殊的运输工具或方式，并且需要一定的保险和防护措施，这些都势必会引起运输成本的增加。

第二节　运输成本核算

一、运输成本的分类和核算

下面以汽车运输为例来分析运输成本的分类和核算。

（一）汽车运输成本的分类

1. 按运输成本性质分类

运输成本的消耗，主要取决于运输距离的长短，即运输成本中相当一部分是随车量行驶里程的变动而变动的，有一部分是随产量的变动而变动的，这两部分成本，称为相对变动成本。还有一部分成本，在一定的产量和行驶里程内不变化，称为固定成本。所以，运输成本可分为以下三类。

1）固定成本

固定成本是指在一定的产量范围内，与行驶里程和产量基本无关的那一部分相对固定的成本支出，如管理人员的工资及其提取的职工福利费、营运间接费用、管理费用、按规定比例计提的工会经费和其他费用。

2）车千米变动成本

车千米变动成本是指随行驶里程变动的成本，包括营运车辆耗用燃料、营运车辆耗用轮胎、营运车辆维修费、按行驶里程计提的营运车辆折旧费等。这些成本费用，无论车辆是空驶或重载均会发生，而且随行驶里程的变动而变动。

3）吨千米变动成本

吨千米变动成本是指随运输周转量的变动而变动的成本。如吨千米燃料附加、按营运收入和规定比例计算缴纳的养路费、运输管理费（由于营运收入是周转量的正比函数，因此养路费与运输管理费是周转量的间接正比函数)以及按周转量计算的行车补贴等。某项费用属于固定成本还是变动成本,与采用的费用核算方法有关。

例如,营运车辆按生产法计提折旧时,其折旧费是变动成本;但按使用年限法计提折旧时,则属于固定成本。汽车运输成本构成内容按成本性态进行分类,便于分析汽车运输成本升降的原因,并有助于进行量本利决策分析。

2. 按生产要素分类

按生产要素分类,可以反映企业在一定时期内同类性质费用的全部支出,便于按费用性质归类管理。可以将运输成本分成:材料费、燃料费、动力费、低值易耗品、工资、福利费、固定资产折旧、固定资产修理费、其他费用。

(二) 汽车运输成本项目的核算内容

1. 核算对象

如果企业车辆的车型较多,可以按不同的燃料和类型进行分类,作为成本核算对象;如果企业的车型较少,可以不进行分类,直接一并作为成本核算对象。

2. 计算单位

汽车运输成本的计算单位,是以汽车运输工作量的计量单位为依据的,即实际运送的货物吨数乘以运距,通常称为货物周转量,计量单位为“吨千米”。为方便起见,通常以“千吨千米”作为成本的计算单位。

大型车组的成本计算单位可以为“千吨位小时”,集装箱车辆的成本计算单位为“千标准箱千米”。集装箱以 20ft 为一个标准箱,小于 20ft 的,每箱按一标准箱计算;大于 20ft 小于 40ft 的集装箱,每箱按 1.5 标准箱计算。

其他特种车辆,如冷藏车、油罐车等的运输业务,其运输工作量仍以“千吨千米”为成本计算单位。

3. 运输成本项目的设置

汽车运输成本项目分为车辆直接费用和营运间接费用两部分。

1) 车辆直接费用

(1) 人工费用

人工费用指按规定支付给营运车辆司机的工资和按比例计算的福利费。运输企业营运人员的工资多采用计时工资,工资额的大小往往与工资水平、出勤天数、工龄长短等因素相关。

有固定车辆的司机及其随车工作人员的工资、行车津贴等,应由有关车型的运输成本负担,按实际发生额直接计入成本的人工费用项目;没有固定车辆的后备司机的工资及津贴,应按营运车辆的吨位或营运车日,分配计入有关车辆的分类运输成本。其分配公式为：

营运车辆工资分配率(元/车日)=应分配的司机工资总额÷总营运车日数

某车型应分摊的工资额=该车型实际总营运车日数×营运车辆工资分配率

【例 7-1】

某企业为便于管理，将其自营运输车辆分为四个大的类型。其中载重量为 5t 的运输车辆配备有 2 个固定司机和 1 个后备司机。某月采用计时工资制计算的固定司机、后备司机的工资分别为 2 000、2 100 和 1 800 元；其中后备司机当月总营运车日为 30 车日，在该车型上的营运时间为 6 车日。

福利费的计提比例为 14%，则该月此车型的人工费用为：

工资费用=2 000+2 100+1 800÷30×6=4 460(元)

福利费=4 460×14%=624.4(元)

人工费用合计=4 460+624.4=5 084.4(元)

(2) 燃料费

燃料费根据行车路单或其他有关燃料消耗报告所列的实际消耗量和单价计入成本。需要注意的是，燃料实际消耗量与当月车辆行驶总公里所完成的运输周转量要相符合。

实际计算过程中，实行满油箱制核算的企业，在月初、月末油箱加满的前提下，车辆当月加油的累计数即为当月燃料实际消耗数；实行实地盘存制的企业，在月底实地测量车辆油箱存油数，结合行车路单加油记录计算各车当月实际消耗的燃料。具体数据可采用以下公式计算：

当月实际消耗数=月初车存数+本月领用数-月末车存数

营运车辆在企业以外的油库加油，其领发数量不作购入和发出处理的企业，应依据相关发票直接计入分类的运输成本。

【例 7-2】

资料如例 7-1，该企业对运输车辆油耗计算实行实地盘存制，其中载重 5 吨的车辆月初的油箱存油数为 85L，月末存油数为 45L，当月领用油料 1 060L，若该机动车使用的燃油单价为 5 元/L，则该车型当月的燃油成本为：

当月油耗=85+1 060-45=1 100(L)

燃油成本=1 100×5=5 500(元)

(3) 轮胎费

运营车辆耗用的外胎、内胎、垫带的费用支出及轮胎翻新费按实际领用数和发生数计入当月成本。如一次领用轮胎较多时，可在一年内分月摊入各月运输成本。

【例 7-3】

资料如例 7-1，该型号车领用轮胎若干，总成本计 2 400 元，按企业会计核算的要求，该轮胎费用在一年内分期摊销。则当月的轮胎费用为：

轮胎费＝2 400÷12＝200(元)

(4) 修理费

运营车辆进行日常维修和修复旧件所发生的材料费、人工费用，在发生时直接计入修理当月的成本；车辆的大修费用，可采用按月预提或分摊的办法计入各月成本。

【例 7-4】

资料如例 7-1，当月对载重量为 5t 的营运车辆进行日常养护，其间发生材料费用 400 元，修理人工费用 500 元，同时该月完成对该车型部分车辆的大修理，共发生修理费 28 800 元。

按相关制度的要求，该大修理费用在 24 个月内分期摊销，则当月该车型的修理费用为：

修理费＝400＋500＋28 800÷24＝2 100(元)

(5) 车辆折旧费

企业一般采用行驶里程法或使用年限法计算并提取营运车辆的折旧费。折旧计算公式如下：

单位里程折旧额＝固定资产原始价值×(1－预计净残值率)/预计行驶千米数

当年或当月应提折旧＝单位里程折旧额×当年或当月实际行驶千米数

【例 7-5】

资料如例 7-1，该企业载重量为 5t 的运输车辆的原始价值为 40 万元，预计净残值率为 5%，预计总行驶公里数为 200 万 km，当月实际行驶里程为 12 000km，则该车型当月应计提的固定资产折旧为：

单位里程折旧额＝400 000×(1－5%)/2 000 000＝0.19(元)

当月应提折旧＝0.19×12 000＝2 280(元)

(6) 缴纳或支付的营运费用和保险费用

营运费用和保险费用是指企业为保证正常的营运活动而缴纳的养路费、运输管理费、税金和车辆保险费等支出。企业按年缴纳或支付的这些费用应在相关年度内分摊，若按月支付，则直接列入支付月份的成本。

【例 7-6】

资料如例 7-1，该企业以银行存款支付当月养路费 500 元、运输管理费 300 元，支付全年车船使用税 600 元、车辆保险费 3 600 元、市内路桥费 2 400 元。则应计入当月成本的各项费用为：

各项费用＝500＋300＋(600＋3 600＋2 400)÷12＝1 350(元)

(7) 事故损失费

因行车事故所发生的损失在扣除保险公司的赔偿和其他人的赔偿后，按损失净额计入当月运输成本。

【例 7-7】

资料如例 7-1，该车型在月内的某次运输中发生意外事故，货物损失及车辆修复支出共计 28 000 元；按保险条款的约定，保险公司同意赔偿 16 000 元。则当月应计入成本的事故损失费为：

事故损失费＝28 000－16 000＝12 000(元)

(8) 其他营运费

营运车辆在营运过程中发生的不属于以上项目的行车杂费，应于发生时根据实际数计入运输成本。

2）营运间接费用

企业在营运期间发生的各项间接费用，按其实际数额计入发生月份的成本。

企业各月汇总当月发生的各项直接费用和营运间接费用，即可计算该月运输业务的总成本和单位成本。

【例 7-8】

资料如例 7-1～例 7-7，若该企业载重量为 5t 的运输车辆当月实际作业量为 35 643t·km，不考虑营运间接费用，其营运总成本和单位成本为：

营运总成本 ＝ 人工费用 ＋ 燃油费 ＋ 轮胎费 ＋ 修理费 ＋ 折旧费
＋ 营运和保险费用 ＋ 事故损失费
＝ 5 084.4 ＋ 5 500 ＋ 200 ＋ 2 100 ＋ 2 280 ＋ 1 350 ＋ 12 000
＝ 28 514.4(元)

单位成本 ＝ 28 514.4 ÷ 35 643 ＝ 0.8(元 /t·km)

实际中，企业在进行运输成本的核算时，一般将运输成本简单地划分为固定成本和变动成本两个部分，固定成本，如修理费、养路费等按特定的计算方法或实际发生数计算，而变动成本部分则根据历史消耗水平，测算出单位吨公里成本，然后结合实际运输业务量(吨千米)计算其成本。如：

燃料成本＝每吨千米消耗燃油成本×实际运行吨千米数

人工工资＝每千米工资费用×实际行驶千米数

在计算出营运的实际固定成本和变动成本后，合并两个部分成本数据即可形成某一成本计算对象(本例中载重量为5吨的运输车辆)当期的运营成本。若需要计算确定某一运输业务的成本,则可将其固定成本分摊计算到每天,变动成本部分按实际运输里程计算即可。

【例 7-9】

某企业的物流运输采用自营运输,其下属的运输公司经营活动中与成本有关的数据如下。

(1) 设备原始价值:长途运输牵引机的购买价格为每台24万元,挂车的购买价格为每台12万元;牵引机的折旧年限为5年,挂车的折旧年限为8年,按预计行驶千米计算的单位里程折旧额为1.5元。

(2) 燃料消耗:柴油价格为5元/L,油料消耗为25L/100km,吨千米附加为1L/100t·km。

(3) 人工:为该车配备的专职驾驶员长途运输的工资费用为0.4元/公里。

(4) 保险:支付全年的交通事故责任强制保险4 480元,第三者责任险5 400元,车损险2 600元。

(5) 其他按月支付的费用有:养路费4 500元,大修费1 080元,轮胎费780元,保养费1 200元,车船使用税18元,印花税14元,营业税金及附加845元,土地使用税32元,运输管理费800元,防洪基金50元,其他支出925元。

(6) 本次运输从甲地至乙地,往返600km,需2个工作日,一辆20吨货车去时载货重20t,回时顺路带货4t。该次运输实际发生差旅费80元,行车补贴0.05元/公里,路桥费520元。

根据上述数据,对此次运输成本的计算过程如下。

第一部分　变动成本的计算

吨公里数:300×20+300×4=7 200(t·km)

油料消耗:25×6+1×72=222(L)

① 燃料费:5×222=1 110(元)

② 人工费:0.4×600=240(元)

③ 差旅费:80元

④ 行车补贴:0.05×600=30(元)

⑤ 路桥费:520元

小计:1 764元

第二部分　固定成本的计算

① 折旧费:1.5×600=900(元)

② 养路费及运管费:4 500+800=5 300(元)

③ 轮胎费及保养费:780+1 200=1 980(元)

④ 大修费：1 080 元

⑤ 税费：18＋14＋845＋32＝909(元)

⑥ 防洪基金：50 元

⑦ 保险及其他：(4 480＋5 400＋2 600)÷12＋924＝1 964(元)

小计：11 283 元

除运输车辆的折旧外，其他费用每月按 30 天计算的每日固定成本为

$$(5\ 300+1\ 980+1\ 080+909+50+1\ 964)\div 30=376.1(\text{元})$$

本次运输发生的固定成本：376.1×2＝752.2(元)

根据以上计算结果，整理列式如表 7-1 所示。

表 7-1　运输成本计算表

元

变动成本项目	金额	固定成本项目	金　额
燃料费	1 110	折旧费	900
人工费	240	养路费及运营费	5 300÷30×2＝353.33
差旅费	80	轮胎飞机保养费	1 980÷30×2＝132
行车补贴	30	大修费	1 080÷30×2＝72
路桥费	520	税金	909÷30×2＝60.6
		防洪基金	50÷30×2＝3.33
		保险及其他	1 964÷30×2＝130.93
变动成本小计	1 764	固定成本小计	1 652.20
本次运输任务的总成本为：1 764＋1 652.20＝3416.20			

对上述计算结果进行分析可知：单位固定成本与营运里程数呈反向变化，营运里程越长，单位固定成本就越低。这是因为总的固定成本是平均分摊到营运里程上的。因此，大多数的自有车队管理者在分析如何提高车辆利用率问题时，考虑的都是把固定成本分摊到更多的行驶里程数上。

变动成本随着运行里程数增长而呈正向、同比例增长。运行里程越长，变动成本越高。车队的管理者应努力提高单位燃料行驶里程数，因为其潜在的节省费用相当可观。

二、运输实际费用的计算

下面以远洋运输成本计算为例分析运输实际费用的计算。

（一）核算资料

某远洋运输公司，其甲货船第 5 航次航行于国外某航线，自 6 月开航至 7 月 20 日结束。甲船于 6 月末为未完航次，当时的“航次成本计算单”所列费用见表 7-2。

表 7-2　6 月份甲船航次成本计算单　　元

航次运行费用	燃料	港口费	货物费	航次其他费用	6 月份分配该船舶固定费用	6 月份分配该船舶集装箱固定费用
532 000	400 000	30 000	100 000	2 000	600 000	20 000

甲船第 5 航次尚未结束，计未完成航次成本 1 152 000 元，由于该航次尚未结束，不分配营运间接费用。

甲船于 7 月份航次结束，当月甲船第 5 航次的运行费用以及 7 月份船舶固定费用、集装箱固定费用、营运间接费用见表 7-3。

表 7-3　7 月份甲船航次成本计算单　　元

航次运行费用	燃料	港口费	货物费	航次其他费用	7 月份分配该船舶固定费用	7 月份分配该船舶集装箱固定费用
528 000	350 000	25 000	150 000	3 000	682 000	372 000

（二）核算过程

甲船 7 月份船舶固定费用 682 000 元，按航次营运天数分配，由该月第 5 航次和第 6 航次负担（第 5 航次为已完航次，第 6 航次为未完航次）。其计算如下：

甲船 7 月份每天船舶固定费用：682 000 元/31 天＝22 000（元/天）

甲船第 6 航次负担固定费用：22 000 元/天×11 天＝242 000（元）

该公司 7 月份的集装箱固定费用为 372 000 元，按重箱标准箱天 3 100 箱天计算分配由甲船第 5 航次和第 6 航次负担（其中，第 5 航次使用集装箱 2 000 箱天；第 6 航次使用集装箱 1 100 箱天）。其计算如下：

每箱天固定集装箱费用 ＝ 372 000 元 /31 天 ＝ 120（元 / 箱天）

甲船第 5 航次 7 月份使用集装箱应负担的费用 ＝ 120 元 / 箱天 × 2 000/ 箱天
＝ 240 000（元）

甲船第 6 航次 7 月份使用集装箱应负担的费用 ＝ 120 元 / 箱天 × 1 100 箱天
＝ 132 000（元）

甲船第 5 航次已完成航次成本见表 7-4。

表 7-4　甲船第 5 航次已完成航次成本　　元

项目	航行费用	燃料	港口费	货物费	航次其他费用	分配船舶固定费用	分配船舶集装箱固定费用	甲船第 5 次直接费用合计
6 月份	532 000	400 000	30 000	100 000	2 000	600 000	20 000	1 684 000
7 月份	528 000	350 000	25 000	150 000	3 000	440 000	240 000	1 736 000
合计	1 060 000	750 000	55 000	250 000	5 000	1 040 000	260 000	3 420 000

该公司 7 月份的营运间接费用共为 10 000 000 元，7 月份各船已完航次运行费用合计 1 000 000 元。营运间接费用按月份已完航次直接费用比例计算分配。计算如下：

7 月份营运间接费用分配率 = 1 000 000/10 000 000 × 100% = 10%

甲船第 5 航次应分配营运间接费用 = 3 420 000 元 × 10% = 342 000(元)

甲船第 5 航次总成本 = 3 420 000 元 + 342 000 元 = 3 762 000(元)

设甲船第 5 航次完成运输周转量 313 500Mt · m，则其单位成本可计算如下：

单位运输成本=3 762 000 元/313 500Mt · m=12(元/Mt · m)。

根据上述结果，可按船名或航线编制“船舶已完航次成本汇总表”。

以上是从财务成本核算规定与要求的角度，介绍了海运企业财务成本的核算方法和成本报告的编制方法。在实际工作中，海运企业的成本核算除财务成本核算方法外，还有许多计算方法，这些方法没有统一的规定，完全是根据企业内部经营管理的需要计算成本，因此所得成本可称为管理成本。

第三节　降低运输成本的途径

一、运输系统优化

运输系统优化主要包括以下内容。

1. 运输线路优化

企业一般不可能改变现有的公路网、铁路网以及航空、海运线路等，但可以对现有运输资源进行合理的运输线路优化。即在现有的运输网络线路中找到运输的最佳路线，减少迂回运输、对流运输、重复运输、空载运输、过远运输等不合理运输，尽可能缩短运输时间和运输距离，从而使运输成本降低。

2. 减少中转环节

在运输活动中还包括装卸、搬运、包装等环节，每经过一次中转，都会发生相应的成本费用支出。因此，在货物运输的规划中，应尽量减少中转环节以降低运输成本。对有条件直运的，尽可能组织直达、直拨运输，使物资不进入中转仓库，越过不必要的环节，由产地直运销地或直接运送给用户,减少二次运输。

3. 直达运输

直达运输,是指越过商业、物资仓库环节或铁路交通中转环节,把货物从产地或起运地直接运到销地或直接运送给客户,减少中间环节的一种运输方式。直达运输方式通常适用于某些体积大、笨重的生产资料运输,如矿石、钢材的运输等。

在商业部门,一些消费品运输可视货物的具体情况不同,越过不同的中间环节直送到批发商或零售商手中;出口货物也多采用直达运输方式运输,出口商品实行由产地直达口岸的办法运输。

4. "四就"直拨运输

"四就"直拨运输,是指企业在组织货物运输过程中,当地生产或由外地调运的货物,不运进批发仓库,而是采取直拨的办法,把货物直接分拨给批发、零售商店或用户。"四就"即就厂直拨、就车站(码头)直拨、就库直拨、就车(船)过载。

这种方式可以减少一道中间环节,在时间与费用方面收到双重的经济效益。

二、提高装载效率

提高装载效率,是组织合理运输、提高运输效率、降低运输成本的重要内容。它一方面最大限度地利用车辆载重吨位;另一方面,充分使用车辆装载容积。其主要做法有以下几种。

1. 组织轻重配装

即把实重货物和轻泡货物组装在一起,既可充分利用车船装载容积,又能达到装载重量,以提高运输工具的使用效率,降低运输成本。

2. 实行解体运输

对一些体大笨重、不易装卸又容易碰撞致损的货物,如自行车、缝纫机、科学仪器和机械等可拆卸装车,分别包装,以缩小所占空间,并易于装卸和搬运,以提高运输装卸效率,降低运输成本。

3. 高效的堆码方法

根据车船的货位情况和不同货物的包装形状,采取各种有效的堆码方法,如多层装载、骑缝装载、紧密装载等,可以提高运输效率。当然,推进物品包装的标准化,逐步实行单元化、托盘化,是提高车船装载技术的一个重要条件。

三、选择运输手段

运输手段有以下几种。

1. 拼装整车运输

这种方式是指企业在利用铁路进行货物运输时，将不同品种发往同一到站、同一收货人的零担托运货物，由企业自己组配，放在一个车皮内，以整车运输的方式托运到目的地；或把同一方向、不同到站的零担货物，集中组配在一个车皮内，运到一个适当的车站再中转分运。

因为铁路货运中的整车和零担两种托运方式的运价差别很大，采用拼装整车运输的方法，可以减少一部分运输费用。

2. 实施托盘化运输

托盘化运输是指利用托盘作为单元载货运输的一种方法，其关键在于全程托盘化，即一贯托盘化。所谓一贯托盘化就是把保管、发货、运输、进货、保管形成一条龙工序，以托盘为基本用具，不改变货物状态，始终一贯地用机械搬运装卸来处理货物。

一贯托盘化运输的好处是：使企业交易单位标准化，输送用具能有效地返回，减少装卸场地，用机械装卸解放重体力劳动，减少装卸中的货物损伤，缩短运输时间等。

3. 实施集装箱运输

安全、快捷、低价本身就是集装箱运输相对于传统运输方式的主要优点。采用集装箱方式运输的货物的装卸费用下降是生产力发展的必然趋势，也是集装箱运输市场能得以迅速扩展的根本性理由。

集装箱运输也是单元化运输的一种形式，集装箱主要适用于大宗货物的长途运输。

四、选择运输方式

运输方式有以下几种。

1. 选择合适的运输工具

通过对不同运输工具的运输成本的特征进行分析比较，可以为企业选择最经济、最合理的运输方式提供依据。运输工具的选择，一般要考虑两个基本因素：运输速度问题和运输费用问题。从物流运输的功能来看，速度快是物品运输服务的基本要求。

但是，速度快的运输方式，其运输费用往往较高。同时，在考虑运输的经济性时，不能只从运输费用本身来判断，还要考虑因运输速度加快，缩短了物品的备运时间，使物品的库存减少，从而减少了物品的保管费以及加快了企业资金的周转等因素。因此，运输方式或运输工具的选择，应该是在综合考虑上述各种因素后，寻求运输费用与保管费用及其他相关费用总和最低的运输方式或运输工具。

2. 多式联合运输

多式联合运输简称多式联运，是指充分利用铁路、汽车、船舶和飞机等各自的特点并把它们中的两种以上组合起来加以有效利用，完成门到门运输的方式。

这种运输方式将汽车的机动灵活与铁路、水运的成本低廉以及飞机快速的特点组合起来，克服了地理、气候、物流设施的差异影响，通过优势互补，实现运输的效率化、成本低廉化。主要适用于中长距离、跨国、跨地区的联合运输。

3. 参加共同运输

参加共同运输计划通常意味着有一个货运代理、公共仓储或运输公司为在相同市场中的多个货主安排集运。提供共同运输的公司通常具有相同送货目的地的大批量和长期的送货约定。在这种安排下，集运公司通常为满足客户的需要而完成增值服务，诸如分类、排序、进口货物的单据处理等。

五、减少运输事故

运输事故的损失必将造成运输成本不必要的增加，尽可能预防和减小运输事故损失是十分必要的。

1. 加强日常防范

在运输管理中，要做好事故防范工作，加强驾驶员的安全教育，避免驾驶员违章操作，如疲劳驾驶、超速行驶等；还要做好运输工具的日常维护保养工作，定期检查、修理运输工具，确保运输工具各种性能处于良好状态。

2. 积极购买保险

运输事故风险是客观存在的，运输事故的发生将导致经济损失甚至是人员伤亡。购买保险是风险转移的最佳方式，运输保险的种类有陆上货物运输保险、水上货物运输保险、航空货物运输保险和特种货物运输保险等，一旦发生运输事故，可以得到保险公司的赔偿。

3. 做好理赔工作

发生运输事故造成经济损失或人身伤亡，可以要求保险公司赔款或者支付保险金，以减少运输事故经济损失。向保险公司理赔时注意做到以下几点：

（1）事故发生后应及时通知保险公司或其代理人；

（2）向保险公司提供必要的运输货物单据，如发票、提单、装箱单、修理单据等；

（3）保持与保险公司的经常联系，及时了解保险公司对事故进行的审核与赔偿答复等具体情况。

复习思考题

1. 什么是运输？运输有哪些功能？
2. 我国的运输方式有哪几种？各有何特点？

3. 什么是运输成本？它由哪些部分构成？

4. 影响运输成本的因素有哪些？

5. 如何降低运输成本？

实训题

某企业的物流运输采用自营运输，以每台车为单位分别核算运输成本。企业的1台载重量为10t的货车某月与成本有关的数据资料如下。

(1) 运输车辆：原始价值为20万元，预计净残值率为4%，预计总行驶公里数为100万km，当月实际行驶里程为8 000km，企业按行驶里程法计提车辆折旧。

(2) 燃料消耗：油料消耗按18L/100km计算，吨公里附加按1L/100t·km计算，柴油价格为5元/L。

(3) 人工：为该车配备的专职驾驶员工资费用率为0.3元/km，福利费的计提比例为14%。

(4) 修理：该月完成对车辆的大修理，共发生修理费5 400元。按相关制度的要求，该大修理费用在1年内分月摊销。

(5) 保险：支付全年的交通事故责任强制保险4 480元，第三者责任险3 600元，车损险2 000元。

(6) 其他按月支付的费用有：养路费2 050元，大修费680元，轮胎费560元，保养费720元，车船使用税16元，印花税12元，营业税金及附加625元，土地使用税20元，运输管理费800元，防洪基金50元，其他支出2 800元。

(7) 当月完成运输任务共54 000t·km，实际发生差旅费600元，支付路桥费6 300元，行车补贴按0.05元/km计算。

要求：根据以上资料计算该车辆当月运输总成本及单位成本。

案例分析

是自建仓库还是租赁

美国一家干货生产企业为满足遍及美国的1 000家连锁店的需要，建造了6座仓库，并拥有了自己的车队。随着经营业务的发展，企业决定扩大配送系统，计划在芝加哥投资7 000万美元再建造一座新仓库并配以新型的物料处理系统，这个计划提交董事会讨论时，却发现这样不仅成本高，而且就算仓库建造起来也还是满足不了需要。

于是，企业把目光投向租赁公共仓库，经过调查发现，如果企业在附近租赁公共仓库，增加一些必要的设备，再加上原有的仓库设施，企业所需的仓储空间就足够了，而且仅需投资20万美元的设备购置费、10万美元的外购包装费，加上租金，总投资远远没有7 000万美元之多。

资料来源：http://www.linktuneschool.com/news/64_589.html.

思考题：

1. 该企业采用的是哪种配送成本控制的策略？
2. 该企业是如何完成物流配送从而降低配送成本的？

第八章

配送成本管理

本章结构图

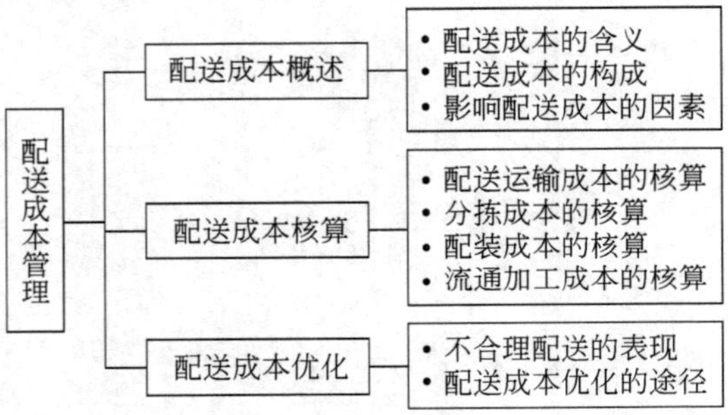

学习目标

- 掌握配送成本的含义、构成及其影响因素；
- 熟悉配送成本的核算及不合理配送的表现；
- 掌握配送成本优化的途径。

引导案例

沃尔玛利用配送系统节约成本

沃尔玛之所以能够快速发展成为世界零售业之最，很大程度上与它强大的物流系统分不开，在物流配送运营过程中，尽可能地降低成本是其经营的哲学。作为世界第一连锁商业集团，沃尔玛是如何利用物流配送中心节省成本的呢？

1. 重视配送系统建设和完善

沃尔玛的企业理念就是“以最佳服务、最低的成本，提供最高质量的服务”。

而要为商店和顾客提供最迅速的服务离不开配送系统的支持，据资料显示2000年沃尔玛仅配送系统投资就达1 600亿美元，近年来其在物流方面的投资额正随着业务的增长在不断增长。严格有效的物流配送体系确保了沃尔玛在效率和规模成本方面的最大竞争优势，也促进了公司顺利进行扩张。

2. 完美的补货系统降低成本

为做到在配送方面降低成本，沃尔玛建立了一个"无缝"链接的配送系统，指的是产品从工厂到商店的货架这一链条尽可能平滑、顺畅运转，顾客无论在商场买走什么商品，都会得到及时补充。降低成本的同时，也能够为各分店和顾客提供最迅速的服务。

3. 安全运送，合理配装

在整个配送系统中，送货运输费用最高，为了节省送货费用、降低运输成本，沃尔玛的配送车辆是一种尽可能大的卡车，每辆车每周每一次行驶可达7 000～8 000km。沃尔玛认为保证安全无事故是节约成本最重要的环节，因此其口号是"安全第一，礼貌第一"。沃尔玛采用全球卫星定位系统对车辆进行定位，以提高整个系统的效率，有利于降低成本。在送货方面的另一个策略就是合理配装，把车装满，产品从车厢的底部一直装到最高；按照运行时间表进行配送运输，降低运输成本的同时，还可以节省时间提高效率。

4. 与供应商的"双赢"

据了解，沃尔玛降低配送成本的一个方法就是把这种配送成本和供应商伙伴们一起来进行分担，沃尔玛就从整个供应链中，节省了配送中心的成本费用。另外，供货商的供货运输也可以采用沃尔玛的运输系统，商场需求批量大的货物可以从工厂直接运抵商场，大大节省了产品流通过程中的仓储成本和转运成本。

总而言之，所有的这些措施有机地组合在一起，使沃尔玛的集中配送形成了最经济合理的安排，从而使沃尔玛的配送中心能高效、合理、低成本而且服务水平高地进行运作。而沃尔玛配送中心的高效率低成本的运营，使得它在零售业的发展更加成功。

资料来源：http://blog.china.alibaba.com/article/i3589108.html.

第一节 配送成本概述

一、配送成本的含义

配送成本是指在配送活动的备货、储存、分拣及配货、配装、送货、送达服务及配送加工等环节所发生的各项费用的总和，是配送过程中所消耗的各种活劳动和物化劳动的货币表现。通俗地说，也就是为了将货物送达客户手中所发生的一切费用的总和。

通过配送，物流活动的目的才得以最终实现，而且配送活动不仅能增加产品的价值，还有助于提高企业的竞争力。但完成配送活动是需要付出代价的，配送活动需要资本和劳动的投入，这些资本和劳动的投入成为了配送的成本。

小贴士

配送是与市场经济相适应的一种先进的物流方式，是物流企业按订单或配送协议进行配货，经过统筹规划，在指定的时间，将指定的货物送达指定地点的一种供应方式。

从整个物流系统来讲，配送几乎包括了所有的物流功能要素，是物流活动的一个缩影或在某小范围中物流全部活动的体现。

二、配送成本的构成

配送成本按不同性质分类，其构成有所不同，具体如图 8-1 所示。

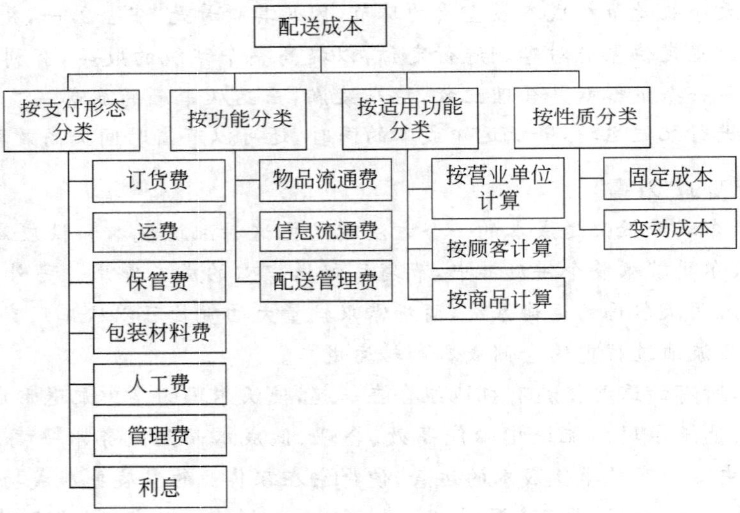

图 8-1　配送成本的分类

三、影响配送成本的因素

影响配送成本的因素有以下几项。

1. 时间

配送作业的持续时间影响着配送作业对仓储设施设备的占用时间，影响设施的固定资产投入成本；配送作业时间的长短，影响车辆配载效率，也影响配送线路的优化，直接影响配送成本的控制。

2. 距离

距离是构成配送运输成本的重要因素。距离越远，意味着运输成本越高，运输设备与员工配备成本越高。

3. 配送物的数量、重量

数量和重量增加会使配送作业量增大，总成本上升。但是大批量的配送作业也会使作业效率得到提高，单位产品配送成本下降，外包配送可能得到的价格优惠更多。

4. 货物种类及作业过程

不同的货物种类可能造成的配送作业过程不同，技术要求不同，承担的责任也不同。因而不同的货物种类对配送成本会产生较大的影响，如不同包装方式的物品，标准化程度或装卸活性指数不同，直接影响配送作业成本。

5. 外部成本

配送作业时可能需要利用企业外的资源，如租用装卸搬运设施设备、不同地区的交通管制状况、基础设施完备情况，都会影响企业配送成本的大小。

配送成本费用的核算是多环节的核算，是各个配送环节或活动的集成，在实际核算时，涉及具体的配送活动，应当对相应的配送环节活动进行核算。配送各个环节的成本费用核算都具有各自的特点，应分别根据其特点采用不同的方法核算费用。

配送成本费用的计算由于涉及多个环节的成本计算，每个环节应当计算各成本计算对象的总成本。总成本是指成本计算期内成本计算对象的成本总额，即各个成本项目金额之和。

第二节　配送成本核算

配送成本费用总额是由各个环节的总成本组成的，即集货、分拣、配货、配装、配送运输、送达服务及流通加工等可能存在的各环节成本的总和。

需要指出的是，在进行配送成本费用核算时，要避免配送成本费用重复交叉。夸大或减小费用支出，会造成配送成本费用核算不真实，不利于配送成本费用的管理。不同企业的配送涉及的作业环节有所不同，本节以配送运输成本、分拣成本、配装成本和流通加工成本为重点介绍配送成本的核算方法。

一、配送运输成本的核算

（一）配送运输成本项目及内容

配送运输成本是指配送车辆在配送货物过程中，所发生的各种车辆费用和配送间接费用。

车辆费用是指配送车辆从事配送生产所发生的各项费用,包括下列项目。

(1) 工资,指支付给配送车辆司机的基本工资、附加工资及工资性津贴。

(2) 职工福利费,指按规定的工资总数及规定比例计提的职工福利费。

(3) 燃料费,指配送车辆运行所消耗燃料,如汽油、柴油等的费用。

(4) 轮胎费,指配送车辆耗用的外胎、内胎、垫带的费用支出以及轮胎的翻新费用和修补费。

(5) 修理费,指配送车辆进行各级保养和修理所发生的工料费用、修复旧件费用和行车耗用的机油费用。

(6) 大修费,指配送车辆计提的大修基金,以及车辆大修竣工后调整的费用差异和车辆超、亏大修里程定额差异应调整增减的费用。

(7) 折旧费,指配送车辆按规定计提的折旧费。

(8) 养路费,指按规定向公路管理部门缴纳的营运车辆管理费。

(9) 公路运输管理费,指按规定向运输管理部门缴纳的营运车辆管理费。

(10) 车船使用费税,指企业按规定向税务部门缴纳的营运车辆使用税。

(11) 行车事故损失,指配送车辆在配送过程中,因行车肇事所发生的事故损失。

(12) 其他费用,指不属于以上各项的车辆费用,如行车杂支、随车工具费、防滑链条费、中途故障救济费、司机和助手劳动保护用品费、车辆清洗费、冬季预热费、由配送方负担的过桥费等。

配送间接费用是指配送运输管理部门为管理和组织配送运输生产所发生的各项管理费用和业务费用,包括:配送运输管理部门管理人员的工资及福利费;配送运输部门为组织运输生产活动所发生的管理费用及业务费用,如取暖费、水电费、办公费、差旅费和保险费等;配送运输部门使用固定资产的折旧费用、修理费用;直接用于生产活动,构成营运成本但不能直接计入成本项目的其他费用。

上述车辆费用和配送管理费用构成了配送运输成本项目。配送运输成本在配送总成本构成中所占比例很大,应进行重点管理。

(二) 配送运输成本计算方法

配送运输成本计算方法,是指配送运输车辆在生产过程中所发生的费用按照规定的成本计算对象和成本项目,计入配送运输成本的方法。其来源如下。

(1) 工资及职工福利费:根据"工资分配汇总表"和"职工福利费计算表"中各车型分配的金额计入成本。

(2) 燃料:根据"燃料发出凭证汇总表"中各车型耗用的燃料金额计入成本。配送车辆在本企业以外的油库加油,其领发数量不作为企业购入和发出处理的,应在发生时按照配送车辆领用数量和金额计入成本。

(3) 轮胎：轮胎外胎采用一次摊销法的，根据"轮胎发出凭证汇总表"中各车型领用的金额计入成本；采用按行驶轮胎里程提取法的，根据"轮胎摊取费计算表"中各车型应负担的摊提额计入成本；发生轮胎翻新费时，根据付款凭证直接计入各车型成本或通过待摊费用分期摊销；内胎、垫带根据"材料发出凭证汇总表"中各车型成本领用金额计入成本。

(4) 修理费：辅助生产部门对配送车辆进行保养和修理的费用，根据"辅助营运费用分配表"中分配各车型的金额计入成本。

(5) 折旧：根据"固定资产折旧计算表"中按照车辆种类提取的折旧金额计入各分类成本。

(6) 养路费及运输管理费：配送车辆应缴纳的养路费和运输管理费，应在月终计算成本时，编制"配送营运车辆应缴纳养路费及管理费计算表"，据此计入配送成本。

(7) 车船使用税、行车事故损失和其他费用：如果是通过银行转账、应付票据、现金支付的，根据付款凭证等直接计入有关的车辆成本；如果是在企业仓库内领用的材料物资，根据"材料发出凭证汇总表"、"低值易耗品发出的凭证汇总表"中各车型领用的金额计入成本。

(8) 营运间接费用：根据"营运间接费用分配表"计入有关配送车辆成本。

(三) 配送运输成本计算表

物流配送企业月末应编制配送运输成本计算表，以反映配送总成本和单位成本。配送运输总成本是指成本计算期内成本计算对象的成本总额，即各个成本项目金额之和。单位成本是指成本计算期内各成本计算对象完成单位周转量的成本额。按各成本计算对象计算的成本降低额，是指用该配送成本的上年度实际单位乘以本期实际周转量计算的总成本，减去本期实际总成本的差额。它是反映该配送运输成本由于成本降低所产生的节约金额的一项指标。

按各成本计算对象计算的成本降低率，是指该配送运输成本的降低额，与上年度实际单位成本乘以本期实际周转量计算的总成本之比的百分比，它是反映该配送运输成本降低幅度的一项指标。

各成本计算对象的降低额和降低率的计算公式如下：

成本降低额＝上年度实际单位成本×本期实际周转量－本期实际总成本

成本降低率＝成本降低额/(上年度实际单位成本×本期实际周转量)×100％

配送运输成本计算表的格式见表 8-1。

表 8-1 配送运输成本计算

元

编制单位			年 月	
项 目	计算依据	配送车合计	配送营运车辆	
			车辆 A	…车辆 N…
1. 车辆费用				
工资				
职工福利				
燃料				
轮胎				
修理费				
折旧				
养路费				
车船使用税				
行车事故损失				
其他				
2. 营运间接费用				
3. 配送运输总成本				
4. 周转量/Mt・m				
5. 单位成本/(元/Mt・m)				
6. 成本降低率				

二、分拣成本的核算

分拣成本是指分拣机械及人工在完成货物分拣过程中所发生的各种费用。

(一) 分拣成本项目和内容

1. 分拣直接费用

分拣直接费用包括以下内容。

(1) 工资，指按规定支付给分拣作业工人的标准工资、奖金、津贴等。

(2) 职工福利费，指按规定的工资总额和按标准计提的职工福利费。

(3) 修理费，指分拣机械进行保养和修理所发生的工料费用。

(4) 折旧费，指分拣机械按规定计提的折旧费。

(5) 其他费用，指不属于以上各项的费用。

2. 分拣间接费用

分拣间接费用是指配送分拣管理部门为管理和组织分拣生产，需要由分拣成本负担的各项管理费用和业务费用。

上述分拣直接费用和间接费用构成了配送环节的分拣成本。

（二）分拣成本的计算方法

配送环节分拣成本的计算方法，是指分拣过程所发生的费用，按照规定的成本计算对象和成本项目，计入分拣成本的方法。其来源如下。

（1）工资及职工福利，根据“工资分配汇总表”和“职工福利费计算表”中分配的金额计入分拣成本。

（2）修理费，辅助生产部门对分拣机械进行保养和修理的费用，根据“辅助生产费用分配表”中分配的分拣成本金额计入成本。

（3）折旧费，根据“固定资产折旧计算表”中按照分拣机械提取的折旧金额计入成本。

（4）其他费用，根据“低值易耗品发出凭证汇总表”中分拣成本领用的金额计入成本。

（5）分拣间接费用，根据“配送管理费用分配表”计入分拣成本。

（三）分拣成本计算表

物流配送企业月末应编制配送分拣成本计算表，以反映配送分拣总成本。分拣总成本是指成本计算期内成本计算对象的成本总额，即各个成本项目金额之和。分拣成本可按表 8-2 进行计算。

表 8-2　分拣成本计算表　　元

编制单位			年　月	
项　　目	计算依据	合计	分 拣 品 种	
			货物 A	…货物 N…
1. 分拣直接费用				
工资				
福利费				
修理费				
折旧				
其他				
2. 分拣间接费用				
分拣总成本				

三、配装成本的核算

配装成本是指在完成配装货物过程中所发生的各种费用。

（一）配装成本项目和内容

1. 配装直接费用

(1) 工资，指按规定支付的配装作业工人的标准工资、资金、津贴。

(2) 职工福利费，指按规定的工资总额和提取标准计提的职工福利费。

(3) 材料费，指配装过程中消耗的各种材料，如包装带、纸箱等所发生的费用。

(4) 辅助材料费，指配装过程中耗用的辅助材料，如标志、标签、笔墨等所发生的费用。

(5) 其他费用，指不属于以上各项的费用，如配装工人的劳动保护用品费等。

2. 配装间接费用

配装间接费用指配送配装管理部门为管理和组织配装生产所发生的，由配装成本负担的各项管理费用和业务费用。上述配装直接费用和配装间接费用构成配装成本。

（二）配装成本的计算方法

配装成本的计算方法，是指配装过程中所发生的费用，按照规定的成本计算对象和成本项目，进行计算的方法。其来源如下。

1. 工资及福利费

根据“工资分配汇总表”和“职工福利费计算表”中分配的配装成本的金额计入成本。计入产品成本中的直接人工费用的数额，是根据当期“工资结算汇总表”和“职工福利费计算表”来确定的。

“工资结算汇总表”是进行工资结算和分配的原始依据。它是根据“工资结算单”按人员类别(工资用途)汇总编制的。“工资结算单”应当依据职工工作卡片、考勤记录、工作量记录等工资计算的原始记录编制。“职工福利费计算表”是依据“工资结算汇总表”确定的各类人员工资总额，按照规定的提取比例计算后编制的。

2. 材料费用

根据“材料发出凭证汇总表”、“领料单”及“领料登记表”等原始凭证，将配装成本耗用的金额计入成本。在直接材料费用中，材料费用数额是根据全部领料凭证汇总编制“耗用材料汇总表”确定的；在归集直接材料费用时，凡能分清某一成本计算对象的费用，应单独列出，以便直接计入该配装对象的产品成本计算单；属于几个配装成本对象共同耗用的直接材料费用，应当选择适当的方法，分配计入各配装成本计算对象的成本计算单中。

3. 辅助材料费用

根据“材料发出凭证表”、“领料单”中的金额计入成本。

4. 其他费用

根据“材料发出凭证汇总表”、“低值易耗品发出凭证”中配装成本领用的金额计入成本。

5. 配装间接费用

根据“配送间接费用分配表”计入配装成本。

（三）配装成本计算表

物流配送企业月末应编制配送环节配装成本计算表，以反映配装总成本。只有进行有效的配装，才能提高送货水平，降低送货成本。表 8-3 为配装成本计算表。

表 8-3 配装成本计算表 元

编制单位　　　　年　月

项　目	计算依据	合计	配装品种	
			货物 A	…货物 N…
1. 配装直接费用				
工资				
职工福利费				
材料费				
辅助材料费				
其他				
2. 分拣间接费用				
配装总成本				

四、流通加工成本的核算

（一）流通加工项目的内容

1. 直接材料费用

流通加工的直接材料费用，是指流通加工产品加工过程中直接消耗的材料、辅助材料、包装材料以及燃料和动力等。与工业企业相比，流通加工的直接材料费用，占流通加工成本的比例不大。

2. 直接人工费用

流通加工成本中的直接人工费用，是指直接进行加工生产的生产工人的工资总额和按工资水平总额提取的职工福利费，生产工人工资总额包括计时工资、计件工资、奖金、津贴和补贴、加班工资、非工作时间的工资等。

3. 制造费用

流通加工制造费用是物流中心设置的生产加工单位，为组织和管理生产加工所发生的各项间接费用，主要包括流通加工生产单位管理人员的工资及福利费，生产加工单位房屋、建筑物、机器设备等的折旧费和修理费，生产单位固定资产租赁费、机物料消耗、低值易耗品摊销、取暖费、水电费、办公费、差旅费、保险费、检验费、季节性停工和机器设备修理期间的停工损失，以及其他制造费用。

（二）流通加工成本项目的归集

1. 直接材料费用的归集

在直接材料费用中，材料和燃料费用数额是根据全部领料凭证汇总编制"耗用材料汇总表"来确定的。外购动力费用根据有关凭证确定。在归集直接材料费用时，凡能分清某一成本计算对象的费用，应单独列出，以便直接计入该加工对象的产品成本；属于几个加工成本对象共同耗用的直接材料费用，应当选择适当的方法，分配计入各加工成本计算对象的成本计算单。

2. 直接人工费用的归集

计入产品成本中的直接人工费用的数额，是根据当期"工资结算汇总表"和"职工福利费计算表"来确定的。"工资结算汇总表"是进行工资结算和分配的原始依据。它根据"工资结算单"按人员类别（工资用途）汇总编制。"工资结算单"应当依据职工工资卡片、考勤记录、工作量记录等工资计算的原始记录编制。"职工福利费计算表"是依据"工资结算汇总表"确定的各类人员工资总额，按规定的提取比例计算后编制的。

3. 制造费用的归集

制造费用是通过设置制造费用明细账，按照费用发生的地点来归集的。制造费用明细账按照加工生产单位开设，并按费用明细账项目设专栏组织核算。流通加工制造费用的格式可以参考工业企业的制作费用一般格式。由于流通加工环节的折旧费用、固定资产修理费用等占成本的比例比较大，其费用归集尤其重要。

（三）流通加工成本计算表

物流配送企业月末应编制流通加工成本计算表，以反映配送总成本和单位成本。配送环节的流通加工成本是指成本计算期内成本计算对象的成本总额，即各个成本项目金额之和。表 8-4 为流通加工成本计算表。

表 8-4　流通加工成本计算表　　元

编制单位　　　　　　年　月

项　目	计算依据	合计	流通加工品种	
			货物 A	…货物 N…
直接材料				
直接人工				
制造费用				
合计				

第三节　配送成本优化

一、不合理配送的表现

不合理配送表现在以下几个方面。

（一）配送资源筹措不合理

配送是通过集中筹措资源的规模效益来降低资源筹措成本，使配送资源筹措成本低于客户自己筹措资源的成本，从而取得优势。如果不是集中多个用户的需要进行批量资源筹措，而仅仅是为个别用户代购代筹，对用户来讲，不仅不能降低资源筹措费，相反却要向配送企业多支付一笔代购代筹费，因而是不合理的。

（二）库存决策不合理

配送应充分利用集中库存总量低于各用户分散库存总量的优势，降低客户平均分摊的库存成本。如果库存决策不合理，库存量过大，库存成本就会增加；如果库存量过少，就会给客户造成缺货损失，影响配送中心的服务水平。

（三）配送价格不合理

一般配送的价格会低于客户自己进货的价格加上提货、运输、进货的成本总和，这样才会使客户有利可图。由于配送具有的较高服务水平，价格稍高，客户也是可以接受的，但这不是普遍的原则。如果配送价格普遍高于客户自己的进货价格，损伤了客户利益，就是一种不合理表现;价格制定得过低,使配送企业处于无利或亏损的状态,也是不合理的。

（四）配送与直达决策不合理

一般的配送总是增加了环节,但是这个环节的增加,可降低用户平均库存水平,这不但抵消了增加环节的支出,而且还能取得剩余效益。但是如果客户使用批量大,可以直接通过社会物流系统批量进货,与通过配送中转送货相比可能更节约费用。所以,在这种情况下,不直接进货而通过配送,就属于不合理范畴。

（五）送货过程运输不合理

配送与客户自提相比有优势,尤其是对于多个小客户来讲,可以集中配装一车送几家,这比一家一户自提大大节省运力和运费。如果不能利用这一优势,仍然是一户一送,车辆达不到满载,就属于不合理。此外,不合理运输的若干表现形式,在配送中都可能出现,使配送不合理。

（六）经营观念不合理

在配送实施中,经营观念不合理,使配送优势无从发挥,损坏了配送企业的形象,这是在准备开展配送时,尤其需要注意克服的不合理现象。例如,配送企业利用配送手段,向客户转嫁资金和库存困难,在库存过大时,强迫客户接货,以缓解自己的库存压力;在资金紧张时,长期占用客户资金;在资源紧张时,将客户委托资源挪作他用获利等。上述几种不合理的配送形式都会使配送成本增加,会使配送企业丧失原有的领先优势,所以对配送成本控制要有系统的观念。

二、配送成本优化的途径

通过配送,才能最终使物流活动得以实现,而且通过配送,不仅可以增加产品的价值,还有助于提高企业的竞争力。对配送的管理就是在配送的目标(即满足一定的顾客服务需求)与配送成本之间寻求平衡。

优化配送的目的是提高配送效率,降低配送成本,把低成本、高效率、优质服务作为配送合理化的目标:在一定的配送成本下尽量提高顾客服务水平,或在一定的顾客服务水平下使配送成本最小。

配送成本优化的途径主要有以下几点。

（一）优化配送业务

优化配送业务的方法主要有实行混合配送、差异化配送、合并配送、延迟配送以及标准化配送等策略。

1. 混合策略

混合策略是指配送业务一部分由企业自身完成。这种策略的基本思路是，尽管采用纯策略(配送活动要么全部由企业自身完成，要么完全外包给第三方物流完成)容易形成一定的规模经济，并使管理简化，但由于产品品种多变、规格不一、销量不等等情况，采用纯策略的配送方式超出一定程度不仅不能取得规模效益，反而还会造成规模不经济。而采用混合策略，合理安排企业自身完成的配送和外包给第三方物流完成的配送，能使配送成本最低。

【例 8-1】

一家家电厂商在 H 省的配送以前采用的是商流、物流一体化配送模式。产品销售部门要进行商品交易，还要负责配送活动，导致物流环节过多、手续复杂，无法快速响应市场需求。

为此，企业决定把配送业务外包，将原来在 H 省的 7 个配送仓库全部撤销，只设一个配送中心，并由第三方公司负责配送。该企业在 H 省的物流外包前后库存成本的变化，如表 8-5 所示。

表 8-5　两种配送模式下库存成本对比表

项　　目	自营配送/元	外包配送/元	成本节约/元	节约比例/%
库存资金成本	58 581	19 477	39 104	66.75
仓储成本	20 721	24 545	−3 824	−18.45
管理成本	12 660	3 120	9 540	75.36
库存总成本	91 962	47 142	44 820	48.74

可见通过对配送业务实行外包，残品的库存成本降低了 48.74%，接近一半。

2. 差异化策略

差异化策略的指导思想是：产品特征不同，顾客服务水平也不同。

当企业拥有多种产品线时，不能对所有产品都按同一标准的顾客服务水平来配送，而应按产品的特点、销售水平来设置不同的库存、不同的运输方式以及不同的储存地点，忽视产品的差异性会增加不必要的配送成本。

【例 8-2】

某生产化学品添加剂的公司，为降低成本，按各种产品的销售量比重进行了分类：A 类产品的销售量占总销售量的 70%以上，B 类产品占 20%左右，C 类产品则为 10%左右。

对 A 类产品，公司在各销售网点都备有库存，B 类产品只在地区分销中心备有库存而在各销售网点不备有库存，C类产品连地区分销中心都不设库存，仅在工厂的仓库才有存货。经过一段时间的运行，事实证明这种方法是成功的，企业总的配送成本下降了20%之多。

3. 合并策略

合并策略包含两个层次，一是配送方法上的合并；另一个则是共同配送。

(1) 配送方法上的合并

企业在安排车辆完成配送任务时，充分利用车辆的容积和载重量，做到满载满装，是降低成本的重要途径。如今产品品种繁多，不仅包装形态、储运性能不一，在密度方面，往往也相差甚远。一车上如果只装密度大的货物，往往是达到了载重量，但容积空余很多；只装密度小的货物则相反，看起来车装得满，实际上并未达到车辆载重量。

这两种情况实际上都造成了浪费。实行合理的轻重配装，容积大小不同的货物搭配装车，就可以不但在载重方面达到满载，而且也可充分利用车辆的有效容积，取得最优效果。最好是借助电脑计算货物配车的最优解。

(2) 共同配送

共同配送是一种配送设施上的共享，也称集中协作配送。它是几个企业联合起来集小量为大量，共同利用同一配送设施的配送方式，其标准运作形式是：在中心机构的统一指挥和调度下，各配送主体以经营活动(或以资产)为纽带联合行动，在较大的地域内协调运作，共同对某一个或某几个客户提供系列化的配送服务。

这种配送有两种情况。

第一种是中小生产企业、零售企业之间分工合作实行共同配送，即同一行业或在同一地区的中小型生产、零售企业在单独进行配送的运输量少、效率低的情况下进行联合配送，不仅可减少企业的配送费用，配送能力得到互补，而且有利于缓和城市交通拥挤状况，提高配送车辆的利用率。

第二种是几个中小型配送中心之间的联合，针对某一地区各配送中心所配物资数量少、车辆利用率低等情况，几个配送中心将用户所需物资集中起来，共同配送。

【例 8-3】

日本花王公司在配送成本的控制上精打细算，有很多有效的措施，例如共同配送组合运输。

花王公司通过商品共同配送组合运输系统解决了货车往返途中的空载问题。开始时，花王公司主要与其原材料供应商进行组合运输，即花王公司将产品从工厂或总公司运抵销售公司后，与当地供应商联系，将生产所需要的原材料装车运回工厂。后来，商品组合运输的对象范围逐渐扩大，其他企业都可以利用花王公司的车辆运载商品。

例如，静冈花王每天早上8点钟卸完货物后，装载清水公司的拉面或电机零部件并运到清水公司位于东京的客户批发店。现在参与花王组合运输的企业达 100 多家,花王工厂与销售公司之间商品运输近 80%都是组合运输。

4. 延迟策略

传统的配送计划安排中,大多数的库存是按照对未来市场需求的预测量设置的,这样就存在着预测风险,当预测量与实际需求量不符时,就出现库存过多或过少的情况,这样就会增加配送成本。

延迟策略的基本思想就是对产品的外观、形状及其生产、组装、配送应尽可能推迟到接到顾客订单后再确定。一旦接到订单就要快速反应,因此采用延迟策略的一个基本前提是信息传递要非常快。

一般来说,实施延迟策略的企业应具备以下几个基本条件。

(1) 产品特征:模块化程度高,产品价值密度大,有特定的外形,产品特征易于表述,定制后可改变产品的容积或重量。

(2) 生产技术特征:模块化产品设计,设备智能化程度高,定制工艺与基本工艺差别不大。

(3) 市场特征:产品生命周期短,销售波动性大,价格竞争激烈,市场变化大,产品的提前期短。

实施延迟策略常采用两种方式:生产延迟(或称形成延迟)和物流延迟(或称时间延迟)。而配送中往往存在着加工活动,所以实施配送延迟策略既可采用形成延迟方式,也可采用时间延迟方式。具体操作时,常常发生在诸如贴标签(形成延迟)、包装(形成延迟)、装配(形成延迟)和发送(时间延迟)等问题上。

【例 8-4】

美国一家生产金枪鱼罐头的企业就通过采用延迟策略来改变配送方式,降低了库存水平。历史上这家企业为提高市场占有率曾针对不同的市场设计了几种标签,产品生产出来后运到各地的分销仓库储存起来。

由于顾客偏好不一,几种品牌的同一产品经常出现某种品牌因畅销而缺货,而另一些品牌却滞销压仓。为了解决这个问题,该企业改变了以往的做法,在产品出厂时都不贴标签就运到各分销中心储存,当接到各销售网点的具体订货要求后,才按各网点指定的品牌标志贴上相应的标签,这样就有效地解决了此缺彼涨的矛盾,从而降低了库存。

5. 标准化策略

标准化策略就是尽量减少因品种多变而导致的附加配送成本,尽可能多地采用标准零部件、模块化产品。采用标准化策略要求厂家从产品设计开始就要站在消费者的立场去考虑怎样节省配送成本,而不要等到产品定型生产出来了才考虑采用什么技巧降低配送成本。

不管采用何种策略，都要充分地考虑各种因素，以期达到配送成本最低、满意度较高的配送服务的目的。

（二）优化配送作业效率

优化配送作业，提高作业效率是整个配送中心是否能够高效率、低成本运转的关键。优化配送作业的目的是提高配送效率，降低配送成本，加快流通速度，尽量减少资金占用，把低成本、高效率、优质服务作为目标。主要包括以下几方面。

1. 入货、发货时商品检验的效率化

对于配送而言流通的速度是一个非常关键的检验标准，也是配送成本控制的一个主要方面。如何科学地对入货、发货时商品进行检验是提高配送作业效率的关键环节之一。

根据配送中心的规模和发展趋势，应该积极采用现代技术来提高入货、发货时商品检验的效率。例如自动识别技术、条形码（分为商品条形码和物流条形码）等。

特别是近 10 年来，条形码的广泛普及以及便携式识别终端性能的提高，使物流作业效率得到大幅提高，即在客户订货信息的基础上，在进货商品上按要求贴附条形码，商品进入中心时用扫描仪读取条形码检验商品；或在企业发货信息的基础上，在检验发货商品时同时加贴条形码，这样企业的仓库保管以及发货业务都在条形码管理的基础上进行。

随着零售企业的不断崛起，不少大型零售企业都在建立自己的配送中心，由自己的配送中心将商品直接运送到本企业的各支店或店铺。采用这种配送形态的企业，一般都在商品上贴附含有配送对象店铺名称的条形码，从而在保证商品检验作业合理化的同时，实现企业配送作业的效率化。

2. 保管、装卸作业的效率化

装卸作业是配送中出现频率较高的一项作业活动，装卸作业的效率的高低直接影响到配送整体效率。由于装卸对劳动力的需求量大，需要使用相关装卸设备，现代配送中心都极力导入自动化作业，在实现作业快速化的同时，削减作业人员、降低人力费。当然机械化程度要与货物作业输送量相适应，否则也会造成成本的增加。

保管、装卸作业的效率化不但应该体现在速度上，还应该体现在作业质量上。如何合理地设置商品存放位置、对于不同商品如何合理安排出库顺序等都关系到商品在配送中心的质量控制，以及装卸作业中对商品的损伤等，都直接影响到配送的成本。要用最恰当的保管、装卸作业方式，力求减少作业次数，合理配制及使用装卸设备，做到节能、省力、减少损失、降低成本，提高保管、装卸作业效率，以获得较好的经济效益。

3. 备货作业的效率化

充足的商品储备是提高配送中心供给实力的一个有效手段，但是同时也是资金积压的一个重要方面，希望用最少的资金得到一个最理想的存货水平是所有配送中心成本优化的目标之一。因此在备货过程中的订货、商品运送、库存水平等的控制就成为配送中心成本管理的一个关键。

配送中心中最难实行自动化的是备货作业，由于业种不同、商品的形状不同，备货作业的自动化有难有易，但即使容易实行备货自动化的商品或产业，也需要大量的资金投入，因此，当中心内商品处理量不多时投资难以收回。

但是，各企业都在极力通过利用构筑高效的备货自动化系统，节省人力资源。例如，很多先进的企业即使使用人力，也都纷纷采用数码技术提高备货作业的效率。

4. 分拣作业的效率化

分拣作业是配送中心的一个重要而且繁重的工作，这一程序安排是否得当，流程是否科学，将在很大程度上决定配送作业的质量，影响配送成本。合理地提高这一过程的机械化作业程度、减少作业差错率是十分必要的。

尤其是面对零售业多品种、少批量的订货，配送中心的分拣量大大增加，与此同时，对配送服务和质量的要求也越来越高，致使一些大型连锁商业公司把拣货和分拣视为大难题。随着感测技术（激光扫描）、条码及计算机控制技术等的使用，自动分拣已经广泛地用于配送中心。

小贴士

我国的邮政等系统使用自动分拣设备已多年；医药行业、化妆品制造业也已广泛使用全自动分拣系统（如日本资生堂、花王等）；流通领域特别是连锁商业的配送中心都广泛采用电子标签拣货系统，从而大大提高了分拣作业的效率，减轻了作业强度，而且使差错率大幅下降。

（三）优化配送信息系统

配送成本管理手段之一就是借助于信息系统、导入自动化仪器来构筑信息系统，力图做到配送中心内作业的信息化，顺畅的信息化能够节省人力资源，简化配送作业，最终降低配送成本。

一方面要有战略远见舍得投入；另一方面要开发其功能充分发挥它的作用。配送信息系统最主要的功能就是录入客户资料，并按客户的要求进行资料预处理，生成所需要的各种单据，如订车单、装车单等，迅速准确地传递到相关部门，此外还可以为客户提供货物当前状态的查询、订单查询、结算单查询等。

借助于现代信息系统的构筑，一方面使各种配送作业或业务处理能准确、迅速地进行；另一方面，能由此建立配送经营战略系统。具体地讲，通过将企业订购的意向、数量、价值等信息在网络上进行传输，从而使生产、流通全过程的企业或部门分享由此带来的利益，充分应对可能发生的各种需求，进而调整不同企业间的经营行为和计划，这无疑在整体上，实现控制配送成本的可能性。也就是说，现代信息系统的构筑为彻底实现配送成本的降低，而不是向其他企业或部门转嫁成本奠定了基础。

优化配送中心的信息系统不仅对配送活动具有支持保障的作用，而且具有连接整个供应链和使整个供应链活动效率化的功能。建立配送中心信息系统，提供迅速、准确、及时、全面的配送信息是配送中心提升运营效率、提高服务水平、降低成本、获得连续正常运作的关键一环。

【例 8-5】

烟草行业是最适合开展物流配送的行业之一。自 2000 年以来，由于市场竞争日趋激烈，我国各省烟草专卖局(公司)纷纷开展城乡卷烟销售网络的建设，形成“以我为主、归我管理、由我调控”的卷烟销售体系，基本上解决了卷烟销售体外循环的问题。

为了建设完善的卷烟销售网络，各局(公司)根据卷烟商业企业的特点，结合目前国际上新型的“流通网络”管理思想，应用 IC 卡控制、远程数据通信、数据库等信息技术，建立起了以业务配送中心、专卖业户管理中心、信息管理中心三个中心为基本框架，IC 卡专卖管理为系统依托，计算机信息管理为技术支撑手段的运营模式。

如国家烟草总局的试点单位南通烟草公司、黑龙江齐齐哈尔烟草公司等公司的烟草配送体系采用 STAR-701 作为 IC 卡数据采集设备，该系统通过 IC 卡进行数据处理，既保证了数据安全、快捷地采集，又使数据的录入工作从繁重的手工操作中解放出来，差错率基本降低为零，运行后都取得了良好的社会效益和经济效益。

(四) 优化配送成本管理目标

对于配送中心经营的总目标，从表面上看，可能是以更高的服务质量且以更低的成本完成向各个顾客的配送。但这只是管理上的目标，还需要从更深层次去分析，即从财务的角度去分析，并且导入目标成本管理，建立目标成本管理体系。设定一些具体指标，如成本、现金流量、净投资回报率、库存、净利润等分目标来进行具体的控制。

实现这些目标时，要以总目标“经济效益”为基准。降低库存成本、流通加工成本和运输成本，通常是用牺牲对顾客的服务水平和提高供应商的库存成本运输成本为代价的，可能会出现配送中心的成本、费用在减少，商品的周转率、资金周转率在加快，但与此同时供应商所提供的商品的价格在上升，来自客户的埋怨越来越多的情况。

因此，配送中心在运营中，应在成本和服务之间进行权衡，在设计目标成本时，尽量使目标成本和服务共同迈上一个台阶。

另外，现金流量对正常运营起着关键性的作用，在条件允许的情况下，配送中心要加快资金周转率，同时保持充足的现金流量，这样更有利于配送中心在竞争中降低成本，获得竞争优势。

目标管理的重点应该放在控制影响成本降低的瓶颈因素。因为在很多时候，配送中心在许多方面的运营都是良好的，但往往由于某一环节的制约而影响整个配送中心甚至整个供应链的成本。

举个例子来说，配送中心的分拣速度慢，这一瓶颈将导致配送中心的车辆闲置，司机、押运人员闲置，顾客由于等待而造成缺货成本等。如果深入分析，就会发现只要将发货单上的商品按货位号打印就能使分拣速度加快。

目标管理要求配送中心的运营以总目标为准绳，对各个分目标进行有效的整合，同时结合各个时期的不同指导方针，对某些目标有所侧重。善于发现瓶颈因素，将更有利于分目标的实现，很多时候瓶颈的消除，会使总目标轻而易举地实现。

（五）优化配送成本核算方法

不同的客户对配送服务的需求不同，企业提供给不同客户的服务成本也不同。当然，不同客户带来的利润也是不同的。通常企业利润中有相当大的比例来源于少数客户，即所谓的“二八原则”：80％ 的利润来源于 20％ 的客户，而 80％ 的服务成本集中在 20％的客户身上。

企业在向特定客户提供配送服务时会发生很多与该客户相联系的成本，如装卸费、运输费等。企业应该注意比较客户服务的成本和收益，提供不同的服务组合。而传统成本计算法不将每个客户作为成本对象来计算与其相关的成本，就不利于对特定客户服务的获利情况进行分析。

面对日益激烈的市场竞争，企业也要改变经营战略，优化配送成本核算方法建立作业成本核算体系也是必须考虑的。应该由原来的以产品为核心转向以市场为核心。这就要求企业以满足客户的需求为导向，一切围绕客户开展。

小贴士

客户成本核算法，就是以客户作为成本对象进行成本计算，能分析出企业向特定客户服务的获利能力。客户成本计算完毕后，再将所有与客户相关的收入和成本进行比较。这种分析能使管理人员了解各客户对企业赢利水平的影响，有助于企业选择合适的客户类型，优化配送成本的组合。

（六）优化配送中心管理模式

随着企业规模的扩大，企业应把配送中心作为一个责任中心来对待，并考虑划分出若干责任区域指派配送经理进行管理。在财务控制上，根据分部经理的职权不同，把责任中心分为成本中心、收入中心、利润中心和投资中心 4 种。

(1) 成本中心：其经理人员仅对成本负责的责任中心。

(2) 收入中心：其经理人员仅对收入负责的责任中心。

(3) 利润中心：其经理人员要对成本和收入同时负责的责任中心。

(4) 投资中心：其经理人员不仅要对成本和收入负责，同时还要对投资负责的责任中心负责。

为了指导各责任中心管理者，并评估其经营业绩和该中心的经营成果，实施责任中心管理的关键是制定一个业绩计量标准，包括制定决策规则、标准和奖励制度。利用这个标准，公司可以表达希望各中心应该如何做，并对它们的业绩进行判断和评价。但同时要注意加强监控避免过度浪费，反而造成配送中心总成本的增加。

复习思考题

1. 简述配送成本的构成。
2. 影响配送成本的因素有哪些？
3. 如何进行配送成本的核算？
4. 不合理配送的表现有哪些？
5. 简述如何优化配送成本。

实训题

访问一家配送中心，调查了解其配送成本的组成及核算方法，并分析其优化配送成本的措施及存在的问题。

案例分析

案例 1 "帕累托原理"在物流配送成本控制中的应用

帕累托(Pareto)是 19 世纪意大利的社会学家，他利用图表显示：国家财富的 80%掌握在 20%的人手中。这种 80/20 的关系，即是帕累托原理。因此，对不同产品的配送成本可以区别对待，采取差异化策略管理配送成本。

深圳某化学添加剂公司，为降低成本，按各种产品的销售比重进行了分类，A 类产品的销售量占总销售量的 70%以上，B 类产品占 20%左右，C 类产品则为 10%左右。A 类产品在各销售网点都备有库存，B类产品只在地区分销中心备有库存而在各销售网点不备有库存，C类产品连地区分销中心都不设库存，仅在工厂的仓库才有库存。经过一段时间的运营，事实证明这一方法是成功的，企业总的配送成本下降了20%。

资料来源：http://www.docin.com/p-469489721.html.

思考题：

1. 该企业采用的哪种配送成本控制的策略？
2. 该原理还可以用在物流成本优化的哪些方面？

案例2 长虹公司的配送方案

长虹公司是我国家用彩色电视机最大的厂商之一，1998年长虹将设置在全国各地的分公司处理的保管和配送等业务，从各分公司中分离出来，设置配送中心，在那里制定有计划地、集中地处理的物流战略计划。

长虹公司过去采取的方法是：将工厂装配好的产品，直接运到各地从事经营的商店，暂时保管，然后再根据客户顾客的订货，配送到客户所在地。不管配送件数多少，各分店中都必须配备通货人员和卡车。运输费用占物流费用的70%以上。长虹面临这种成本压力，决定采用分离设置配送中心的物流计划。配送中心建立在分公司集中的大城市内，一个中心可承担约20个分公司的商品配送业务。建立配送中心，分公司的车辆和送货人员就可以压缩，这样，就能用较少车辆运送大量货物。

资料来源：http://blog.china.alibaba.com/article/i25811194.html.

思考题：

结合配送成本分析其方案的可行性及优缺点。

第九章

仓储与库存持有成本管理

本章结构图

- 仓储与库存持有成本管理
  - 仓储成本概述
    - 仓储成本的含义
    - 仓储成本的构成
    - 仓储成本核算项目
    - 降低仓储成本的途径
  - 仓储成本管理
    - 仓储成本管理中经济核算的内容
    - 仓储工作的经济核算指标
    - 仓储成本管理中的经济效益分析
  - 库存持有成本管理
    - 库存持有成本的含义
    - 库存持有成本的构成
    - 影响库存持有成本的因素
    - 库存持有成本的优化

学习目标

- 熟悉仓储成本的含义、构成和核算项目；
- 掌握降低仓储成本的途径；
- 掌握仓储成本管理的经济核算内容和指标；
- 掌握库存持有成本的含义、构成及其影响因素；
- 熟悉库存持有成本优化方法。

引导案例

李总应该如何存储海鲜

李总在繁华的海滨城市开了一家海鲜酒店。由于商店制作海鲜产品的菜肴干净卫生，新鲜度也很高，又处于有利的地理位置，该酒店经营一直很火。海鲜的一个重要“风味”就体现在“鲜”字上，于是李总的酒店中摆设了许多海鲜饲养池，饲养海鲜。

但问题是在酒店里存储的海鲜数量是有限的，而且占用大量资金和营业面积，还要高薪聘请饲养员。如果进货过多，占用资金就多，而且一时卖不掉的海鲜还有损耗，这样就造成了很大的库存费用。反之，进货过少，又会失去很多生意。李总左右为难，他迫切需要掌握顾客具体的需求品种和需用量，用来制定相应的库存策略以降低运营成本，从而应对激烈的市场竞争。

资料来源：黄世一. 物流成本核算与分析. 北京：清华学出版社. 2010.

第一节　仓储成本概述

一、仓储成本的含义

我国国家标准《物流术语》对仓储的解释是："利用仓库及相关设施设备保护、管理、储存物品的一系列活动。"仓储在物流系统中起着缓冲、调节和平衡的作用，是物流系统的功能要素之一。仓储的目的是克服产品在生产与需求之间的时间差异，使物资发挥时间上的效果。

仓储成本是指在保护、管理、储存物品的相关物流活动中所发生的各种费用。仓储成本管理的任务是用最低的费用在合适的时间和合适的地点取得适当数量的存货。在企业的物流总成本中，仓储成本是一个重要组成部分。对各种仓储成本的合理控制能增加企业的利润，反之就会增加物流总成本，冲减企业利润。

二、仓储成本的构成

（一）仓储设施使用成本

按照仓储空间的取得方式不同，仓储设施使用成本可分为自有仓库使用成本、租赁仓库使用成本、公共仓库使用成本。

1. 自有仓库

自有仓库属于企业的固定资产，企业可以长期使用，并且多次参加企业的经营过程不改变其实物形态，它的价值随着固定资产的使用逐步、分次地转移到成本中去，并最终从企业收入中得到补偿。因此，自有仓库使用成本就是企业自有仓库的折旧费，在仓储成本中属于固定成本。

2. 租赁仓库

租赁仓库通常只提供存储货物的空间，很少或根本不提供其他物流服务。企业通过支付租金获得仓储设施设备的使用权，然后在仓库中自行开展仓储作业活动。

租赁仓库使用成本就是企业支付的仓库租金，通常根据企业在一定时期内租用仓库的空间大小计算。租赁仓库合同一般期限较长，租赁仓库合同一旦订立，企业不论是否使用仓库，都需支付租金。在租赁期内，租金不会随企业库存水平的变化而变化，因此租赁仓库的租金费用也属于固定成本。

3. 公共仓库

企业利用公共仓库通常是与公共仓库订立短期合同，根据使用的仓储空间、时间长短及提供的物流服务支付费用。公共仓库使用成本为一定时期支付给公共仓库的保管费和服务费，属于委托物流费，一般随库存数量的变化而变化，因此，这一费用在仓储成本中属于变动成本。

（二）仓储作业成本

企业利用自有仓库和租赁仓库时，还会发生仓储作业成本，按作业内容可分为出入库作业成本、验货作业成本、场所管理作业成本、日常养护与管理作业成本、备货作业成本、装卸搬运作业成本、流通加工作业成本等。

1. 出入库作业

出入库作业包括根据入出库清单或客户订单，对入出库物品进行登记，制作相应的单据并进行部门间的信息传递，以及为入库物品贴附便于仓储管理的条形码等。

2. 验货作业

验货作业包括根据入出库清单或客户订单，对即将入出仓库的物品进行数量、种类和规格的核对及物品质量方面的检验。

3. 场所管理作业

仓库内的场所管理有两种形式：一种是固定型管理，即利用信息系统将货架进行分类、编号、贴附货架代码，事先确定各货架内存放的物品；另一种管理方式是自由型管理，即所有物品按顺序摆放在空的货架上，不事先确定各类物品专用的货架。

一般而言，固定型管理适用于非季节性物品，而自由型管理由于周转较快，入出库频繁，适用于季节性或流行性变化较快的物品。

4. 日常养护与管理作业

为保证物品的完好，减少物品的损耗，企业应对在库的物品进行日常养护，并预防盗窃、灾害等事件的发生。

5. 备货作业

备货作业是指在接受订货指令、发出货票的同时，备货员按照发货清单在仓库内寻找、提取所需物品的作业。备货作业的进行方式有四种：全面分拣、批处理分拣、分区分拣、分拨分拣。

6．装卸搬运作业

装卸是指将物品以人力或机械装入运输工具等设施设备或从运输工具等设施设备卸下的作业，搬运是指在小范围内将物品进行位置移动的作业。

装卸搬运是仓储活动转换联结的桥梁，它贯穿整个仓储活动的始终。

7．流通加工作业

流通加工作业是在物品从生产领域向消费领域流动过程中，为了促进销售，维护产品质量和提高物流效率而对物品进行的简单加工，包括对物品进行包装、分割、计量、组装、贴附标签等简单作业。

三、仓储成本核算项目

仓储成本是因为储存或持有存货而产生的，是由投入仓储保管活动中的各种要素的费用构成的，它与所持有的平均库存量大致成正向关系。而仓储成本在物资仓储过程中又表现为具体的费用。

（一）固定资产折旧和租赁费

独立经营的仓库以自己拥有所有权的仓库和设备对外承接仓储业务，附属仓库一般都进行相对独立的核算。两类仓库都需要按年提取折旧费计入当期仓储成本。固定资产主要指建筑物、堆场、道路、运输工具、仓储机械设备等高值投资，这些投资在仓库建设时一次性投入，通过逐年折旧方式收回。固定资产折旧年限一般在5～20年。

企业仓储与设施不足时，可以向社会租赁仓库及设备设施。对外承租的固定资产每年需要缴纳租赁费，例如仓储企业所使用的铁路线和码头不属于仓储企业，则应按协议规定来支付这些设施的租赁费用。固定资产折旧和租赁费是仓储企业的固定成本，与仓储业务量呈反比关系，即仓储业务量增加时，单位平均固定成本减少；当仓储业务量减少时，单位平均固定成本增加。

（二）设备维修费

设备维修费主要指用于大型设备设施的定期大修理费用。每年的大修理基金从仓储经营收入中提取，提取额度为设备投资额的3%～5%，专项用于设备大修理。大修理费属于仓储固定成本。

（三）工资和福利费

工资和福利等指发给仓储企业内各类人员的工资、奖金和各种补贴，以及由企业缴纳的住房公积、医疗保险、养老保险等费用。福利费可按实发工资的一定标准计算提取。计提的工资和福利费都要计入当期的仓储成本。其中仓储管理人员的工资和福利费列入管理费用，属于固定成本；一般人员的工资和福利费是直接人工费，属于变动成本。

（四）仓储保管费

仓储保管费包括：

(1) 仓储生产经营耗用的能源费、水费。

(2) 仓库的货架货柜、装卸搬运生产使用的工具等低值工具的耗费。

(3) 绑扎、衬填、苫盖、包装等材料的耗费。

(4) 进出仓短途搬运装卸费、盘点倒垛费、加工费、重型机械使用费等耗费。

(5) 因保管不善等原因造成的物品残损费。

因仓储保管发生的费用较多，多数属于与仓库业务量有关的变动成本或固定成本，有的属于两者皆有的混合成本。这时应配合相应的数学模型进行分解，使其归类到两种不同的成本类型中去，以利分析计算。

（五）管理费用、财务费用和营销费用

管理费用是仓储企业为组织和管理仓储经营业务所发生的费用。包括行政办公费、公司经费、工会经费、职工教育费、排污费、绿化费、信息咨询费、审计费、土地使用费、业务费、劳保费以及坏账准备等。附属仓储企业分摊的管理费包括仓储设备的保险费、公司分摊到仓储企业的管理费，仓储部门管理人员的工资福利费和办公费、人员培训费、水电费等。

财务费用主要指仓储企业使用投资基金所要承担的利息，即资本成本。当资金为借款时，直接支付利息。如果使用自有资金也应当对资金支付利息，将利息计入经营成本。

营销费用包括企业宣传、业务广告、仓储促销、交易等仓储经营业务活动的费用支出。

以上三种费用在财务会计核算中都作为期间费用，在仓储成本分析中都属于固定成本。

（六）保险费

保险费是仓储企业对于意外事故或者自然灾害造成存储物损坏所要承担赔偿责任进行保险所支付的费用。保险费一般是根据风险评估或承担的程度直接加以征收。

风险的评估或承担的风险取决于存储物和存储设施这两方面的性质。例如，存储物丢失或损坏的风险高以及易燃的危害性存储物将会导致相对较高的保险费用。保险费用还受到存储设施内的预防措施的影响，例如保安摄像机和自动喷水灭火系统等。一般来说如果没有专门约定，仓储物资的财产险由客户承担，仓储保管人仅承担责任险投保。

（七）税费

许多国家将存储物列入应税财产，高水平库存导致了高税费的开支。税率和评估方法通常随地点而不同。一般情况下，税金是根据一年内某个特定日子的存储物水平或某一段时间内的平均存储物水平征收的。有些地方对存储物税金不做任何评估，按存储物价值的百分比来确定税金。由仓储企业承担的税费也可看做费用支出。包括仓储营业税或企业所得税在仓储中的分摊以及仓库场地的房地产税。

四、降低仓储成本的途径

可通过以下途径降低仓储成本。

（一）采用"先进先出"方式，减少仓储物的保管风险

"先进先出"是储存管理的准则之一，它能保证每个被储物的储存期不致过长，减少仓储物的保管风险。有效的先进先出方式主要有以下几种。

1. 贯通式（重力式）货架系统

利用货架的每层形成贯通的通道，从一端存入物品，另一端取出物品，物品在通道中自行按先后顺序排队，不会出现越位等现象。贯通式（重力式）货架系统能非常有效地保证先进先出。

2. "双仓法"储存

指给每种被储物都准备两个仓位或货位，轮换进行存取，再配以必须在一个货位中出清后才可以补充的规定，则可以保证实现"先进先出"。

3. 计算机存取系统

采用计算机管理，在存货时向计算机输入时间记录，编入一个简单的按时间顺序输出的程序，取货时计算机就能按时间给予指示，以保证"先进先出"。这种计算机存取系统还能将"先进先出"保证不做超长时间的储存和快进快出结合起来，即在保证一定先进先出的前提下，将周转快的物资随机存放在便于存储之处，以加快周转，减少劳动消耗。

（二）提高储存密度，提高仓容利用率

这样做的主要目的是减少储存设施的投资，提高单位存储面积的利用率，以降低成本、减少土地占用。具体有下列三种方法。

1. 采取高垛的方法以增加储存的高度

具体方法有采用高层货架仓库、集装箱等，都可比一般堆存方法大大增加储存高度。

2. 缩小库内通道宽度以增加储存有效面积

具体方法有采用窄巷道式通道，配以轨道式装卸车辆，以减少车辆运行宽度要求，采用侧叉车、推拉式叉车，以减少叉车转弯所需的宽度。

3. 减少库内通道数量以增加有效储存面积

具体方法有采用密集型货架，采用不依靠通道可进车的可卸式货架，采用各种贯通式货架，采用不依靠通道的桥式起重机装卸技术等。

（三）采用有效的储存定位系统，提高仓储作业效率

储存定位的含义是被储存物位置的确定。如果定位系统有效，能大大节约寻找、存放、取出的时间，节约不少物化劳动及活劳动，而且能防止差错，便于清点及订货。储存定位系统可采取先进的计算机管理，也可采取一般人工管理。行之有效的方式主要有以下两种。

1. "四号定位"方式

"四号定位"是用一组四位数字来确定存取位置的固定货位的方法，是我国手工管理中采用的科学方法。这四个号码是库号、架号、层号、位号。这就使每一个货位都有一个组号，在物资入库时，按规划要求，将物资编号，记录在账卡上，提货时按四位数字的指示，很容易将货物拣选出来。这种定位方式可对仓库存货区事先做出规划，并能很快地存取货物，有利于提高速度，减少差错。

2. 电子计算机定位系统

电子计算机定位系统是利用电子计算机储存容量大、检索迅速的优势，在入库时，将存放货位输入计算机。出库时向计算机发出指令，并按计算机的指示人工或自动寻址，找到存放货，拣选取货的方式。一般采取自由货位方式，计算机指示入库货物存放在就近易于存取之处，或根据入库货物的存放时间和特点，指示合适的货位，取货时也可就近就便。这种方式可以充分利用每一个货位，而不需要专位待货，有利于提高仓库的储存能力，当吞吐量相同时，可比一般仓库减少建筑面积。

（四）采用有效的监测清点方式，提高仓储作业的准确程度

对储存物资数量和质量的监测有利于掌握仓储的基本情况，也有利于科学控制库存。在实际工作中稍有差错，就会使账物不符，所以，必须及时且准确地掌握实际储存情况，经常与账卡核对，确保仓储物资的完好无损，这是人工管理或计算机管理必不可少的。此外，经常的监测也是掌握被存物资数量状况的重要工作。监测清点的有效方式主要有以下几种。

1. “五五化”堆码

“五五化”堆码是我国手工管理中采用的一种科学方法。储存物堆垛时，以“五”为基本计数单位，堆成总量为“五”的倍数的垛形，如梅花五、重叠五等。堆码后，有经验者可过目成数，大大加快了人工点数的速度，而且很少出现差错。

2. 光电识别系统清点法

在货位上设置光电识别装置，通过该装置对被存物的条形码或其他识别装置(如芯片等)扫描，并将准确数目自动显示出来。这种方式不需人工清点就能准确掌握库存的实有数量。

3. 电子计算机监控系统

用电子计算机指示存取，可以避免人工存取容易出现差错的弊端，如果在储存物上采用条形码技术，使识别计数和计算机连接，每次存、取一件物品时，识别装置自动将条形码识别并将其输入计算机，计算机会自动做出存取记录。这样只需向计算机查询，就可了解所存物品的准确情况，因而无须再建立一套对仓储物实有数的监测系统，减少查货、清点工作。

(五) 加速周转，提高单位仓容产出

储存现代化的重要课题是将静态储存变为动态储存，周转速度一快，会带来一系列的好处：资金周转快，资本效益高，货损货差小，仓库吞吐能力增加，成本下降等。具体做法诸如采用单元集装存储，建立快速分拣系统，都有利于实现快进快出，大进大出。

(六) 采取多种经营，盘活资产

仓储设施和设备的巨大投入，只有在充分利用的情况下才能获得收益，如果不能投入使用或者只是低效率使用，只会造成成本的加大。仓储企业应及时决策，采取出租、借用、出售等多种经营方式盘活这些资产，提高资产设备的利用率。

(七) 加强劳动管理

工资是仓储成本的重要组成部分，劳动力的合理使用，是控制人员工资的基本原则。我国是具有劳动力优势的国家，工资较为低廉，较多使用劳动力是合理的选择。但是对劳动进行有效管理，避免人浮于事、出工不出力或者效率低下也是成本管理的重要方面。

(八) 降低经营管理成本

经营管理成本是企业经营活动和管理活动的费用和成本支出，包括管理费、业务费、交易成本等。加强该类成本管理，减少不必要支出，也能实现成本降低。当然，经营管理

成本费用的支出时常不能产生直接的收益和回报,但也不能完全取消,但是加强管理是很有必要的。

第二节 仓储成本管理

一、仓储成本管理中经济核算的内容

仓储活动的经济核算是对仓储经营活动的物化劳动消耗与经营成果进行核算。通过核算和对比分析,力求以较少的经营开支,取得较大的经济效益。核算的内容包括如下几个方面。

(一)仓储经营成果的核算

仓库的基本职能是保管货物。在同等条件下,如果保管的货物越多,保管质量越好,劳动消耗与财产耗费就越少,经营成果也就越大。

(二)仓储劳动消耗的核算

仓储劳动消耗包括活劳动消耗和物化劳动消耗。活劳动消耗是核算工资、奖金等支出的依据,活劳动消耗的考核目标是提高劳动生产率。物化劳动消耗是核算仓储经营中物质资料的消耗,包括固定资产的折旧,货物在保管、养护、包装和进出库装卸等过程中所使用的材料、能源及家具、管理费用等的消耗。仓储劳动消耗是以仓储成本来核算的,因此仓储成本核算是仓储活动经济核算的一项重要的内容。仓储成本在核算时,一般以吨保管成本为核算单位,为此必须按照财务制度的规定正确处理生产费用的分摊和折旧的计算及成本的划分范围。

(三)资金的核算

为了使仓储业务正常运转,企业需要备有一定的流动资金,用于支付日常的易耗材料的添置,例如仓库需要有一定数量的货物苫垫、养护、包装、劳保等材料。除此之外,设施和设备使用的折旧期较长,在折旧费全部返回之前,投入的资金也被占用。因此,企业在经营过程中,始终存在被占用的资金。资金核算就是要在完成同样的业务量并保证仓储质量的情况下,使企业被占用的资金最少。

进行资金核算,首先应确定当前固定资产的价值和与生产经营相适应的流动资金的需要量。为了提高固定资产投资资金利用率,基建投资应按规定及时组织验收并尽快投入使用;设备应根据需要进行购置,购进的设备应尽快调试,并投入运行。在国外,为了提高固定资产投资资金的利用率,往往采用加速折旧的方法。对于企业流动资金的核定,应

根据仓储业务量最低需要的日常流动资金额确定。当然，最低需要的数额与仓储企业的管理水平有密切的关系，随着管理水平的提高，企业能逐步找到最佳的日常使用材料的储备数量，这一数量同时也保证资金占用较低。

（四）赢利核算

企业的生存靠赢利，因此企业经营所追求的目标是获取最大利润，以扩大再生产，并提高职工的待遇，国家也将从赢利中增加税收。在非垄断的市场经济中，企业获利并不能靠提高仓储价格来实现，这样会失去市场；而应该主要靠改进仓储服务来提高仓储质量，并通过可以信赖的宣传媒体，使用户了解企业。当然，根据市场的需求情况，制定出合理的仓储价格也是非常重要的。为了了解企业的赢利情况，必须对一些赢利指标进行考核，例如考核企业的成本赢利率、资金赢利率和仓储收入赢利率等。

二、仓储工作的经济核算指标

仓储活动经济核算指标应该包括价值方面的指标、质量方面的指标、费用方面的指标及效益方面的指标等。

（一）商品存储量指标

表明商品存储量的指标有仓库单位面积货物储存量。具体的计算公式为：

仓储单位面积货物储存量＝核定存储量(t)/仓库有效面积(m^2)

核定存储量可以通过实测统计确定，仓库有效面积指仓库建筑面积扣除办公、通道等不能用于存储物的面积后的仓库存货面积。

（二）商品存储质量指标

表明商品存储质量的指标有以下几个。

1．账物相符率

账物相符率是指仓库账册上的货物存储量与实际仓库中保存的货物数量之间的相符合程度，一般在对仓储货物盘点时，逐笔与账面数字核对。统计时所用公式为：

账物相符率(%)＝(账物相符笔数/库存货物总笔数)×100%

账物相符率指标反映仓库的管理水平，是避免企业财产损失的重要手段。

2．收发货差错率

收发货差错率的计算公式为：

收发货差错率(%)＝收发货差错累计数/收发货总笔数×100%

这是仓储管理的质量指标，用于衡量收发货的准确性，保证仓储的服务质量。仓库收发差错率一般应控制在0.05%。

3. 货物保管损失

货物保管损失是一项直接损失，一般以吨保管损失费用计。其计算公式为：

保管损失(元/t)=保管损失金额(元)/平均储存量(t)

(三) 仓储费用指标

1. 平均储存费用

平均储存费用是指保管每吨货物一个月平均的费用开支。保管费是指前面所述的仓储成本中的各项费用的总和。平均储存费用是仓库经济核算的主要经济指标之一。

它可以综合地反映仓库的经济成果、劳动生产率、技术设备利用率、材料和燃烧节约情况等，同时也反映企业的管理水平。

2. 成本指标

成本指标是指标体系中的一项经济指标，反映劳动生产率的高低，技术设备的利用率，材料、燃料的消耗及仓储管理水平的高低等。为有效地控制成本开支，必须明确保管费用的开支项目和范围，对于那些日常性的消耗品开支可以采用包干使用的方法。仓库的保管费用应包括生产性费用(如装卸、搬运和堆码的劳务费，库场建筑、设备的折旧和修理费，小型机具、苫垫材料等低值消耗品分摊费，燃料、电力等能耗费)、管理性费用(如经营管理人员的劳务费用、安全管理费用、办公费用等)，以及一些代理业务的必要开支。保管成本的计算方法为：

保管成本=当月保管费用(元)/当月平均货物储存量(t)

(四) 劳动效率指标

1. 平均收发货时间

平均收发货时间是指仓库收发一票货所用平均时间，这是一项提高仓储劳动效率、改进服务质量的指标。一般仓库的收发货时间控制在一个工作日之内，而对于大批量、难以验收的收发货业务可适当延长时间。

收、发货时间的界定为：收货时间自单证和货物到齐开始计算，经验收入库，至将入库单交保管会计登账为止；发货时间自仓库接到发货单开始，经备货、包装、填单，直至办妥出库手续止。

2. 人平均劳动生产率

人平均劳动生产率即职工的平均劳动工作量，反映了物料仓储及进出库数量与劳动力消耗比值。仓库劳动生产率可分为保管员劳动生产率、装卸工人劳动生产率及全员劳动生产率。人均劳动生产率的计算方法为：

人均劳动生产率＝保管(装卸)货物数量/保管(装卸)人员数

(五) 资金使用指标

表明资金使用的指标是资金利用率，是指仓库企业所得净利润与全部资金占用之比，反映了仓库资金使用效果。计算公式为：

资金利用率＝利润总额/(固定资产平均占有＋流动资金平均占有)

(六) 利润指标

仓储企业的利润指标主要有六个。

1. 利润总额

利润总额是经济核算的重要指标，反映了企业利润的实现情况，是企业经济效益的综合指标。其计算公式为：

利润总额＝报告期仓储总收入额－周期仓储总支出额

或者

利润总额＝仓库营业收入－储存成本和费用－税金
＋其他业务利润＋营业外收支净额

2. 收入利润率

收入利润率是仓储企业实现利润与实现的收入之比。计算公式为：

收入利润率＝利润总额/仓储营业收入×100％

3. 人均实现利润

人均实现利润是指报告期内实现的利润总额与企业仓储全员人数之比，反映了企业的生产效果。计算公式为：

人均实现利润＝报告期利润总额/报告期平均全员人数

4. 每吨货物利润

每吨货物利润的计算公式为：

每吨货物利润＝报告期利润总额(元)/报告期货物储存总额(t)

5. 仓储费率

物料仓储费率由储存费率、进出库装卸搬运费和其他业务费率构成。储存费率可根据货物的种类、数量、作业的难易程度、货物的价值等因素综合考虑制定，以(t·天)作为储存费率的单位。在储存过程中需要其他辅助材料(如苫垫、托盘等)时，另外增加辅助材料的使用费。对于长期储存的仓库，一般采用固定的仓储费率；对于中转型仓库，为了加速库场的周转，一般采用递增费率的方法。

仓储企业一般根据业务的不同制定不同的作业费率。如进出库场的装卸、搬运费率及设备使用费率和劳动力费率。

6. 其他费率

因物料保管及客户要求所进行的对仓储物的加工等作业，其作业费率根据加工项目、数量及难易程度分别制定相应的费率标准，一些特殊的加工可以采用协议或合同的方式规定。

仓储成本经济效益分析的实质就是仓储经济指标的分析，它包括仓储营运能力和仓储获利能力分析。对这两个指标的分析，能较全面地反映仓储成本和效益，为仓储成本管理和决策提供依据。

三、仓储成本管理中的经济效益分析

（一）仓储经济效益分析的项目

仓储经营的基本动机就是追求利润最大化，所以，必须对仓储经营能力的各个方面，包括运营能力、偿债能力、获利能力及对社会贡献能力的全部信息加以详尽的了解与掌握，以便及时发现问题，采取对策，规划和调整市场定位目标、策略，消除影响仓储经济效益增长的不利因素，进一步发掘潜力，优化投资组合，为经济效益的持续增长及成本的持续降低奠定基础。

尽管不同的利益主体进行经济效益分析有着各自的侧重点，但就仓储而言，经济效益分析的内容可以归纳为营运能力分析、获利能力分析和社会偿债能力分析三个方面。营运能力是经济效益目标实现的物质基础，偿债能力是经济效益目标实现的稳健性保证，获利能力既是营运能力与偿债能力共同作业的结果，同时也对营运能力与偿债能力的增强发挥着强大的推动作用。三者相辅相成，构成仓储经济效益分析的基本内容。社会贡献能力连接仓储目标与社会责任，是评价物流经济效益与社会经济效益是否协调增长的重要经济指标。

（二）营运能力分析

仓储的营运能力可概括为仓储基于外部市场环境的约束，通过内部人力资源和作业资源的配置组合而对实现经济效益目标所产生作用的大小。无疑，营运能力的大小对获利能力的持续增长与偿债能力的不断提高产生决定性影响。

1. 人力资源分析

人作为仓储作业的主体和仓储获利的原始创造者，其素质水平的高低对仓储营运能力的形成具有决定性的作用。而分析、评价仓储人力的着眼点首先在于如何充分调动经营管理者的积极性、能动性，从而通过员工作业经营效率的提高奠定仓储营运能力持续、稳定增长的基础。人力资源分析通常采用劳动效率指标。劳动效率是指物流服务营业净额与平均员工人数(可以视不同情况具体确定)的比值,公式为:

劳动效率=仓储服务营业净额/平均员工人数

式中:

仓储服务营业净额=营业收入-营业折扣与折让

对物流劳动效率进行考核评价主要是采取比较的方法。例如,将实际劳动效率与本企业仓储计划水平、历史先进水平或同行业平均先进水平等指标进行对比,进而确定实际劳动效率与计划、历史先进水平或同行业平均先进水平的差异程度,分析原因,以采取适宜对策,进一步发掘仓储人力资源劳动效率提高的潜能。单就劳动效率指标而言,指标越高说明人力资源的利用越好。

2. 作业资源分析

仓储拥有或控制的作业资源表现为各项资产的占用。因此,作业资源的营运能力实际上就是物流的总资产及其各个构成要素的营运能力。

1) 总资产周转率

仓储的总资产营运能力集中反映在总资产的营业水平,即周转率方面。总资产周转率是指营业收入净额与平均资产总额的比值。即:

总资产周转率=营业收入净额/平均资产总额

总资产周转率也可以用周转天数表示。即:

总资产周转天数 =计算期天数 / 总资产周转率

=(计算期天数 × 平均资产总额)/ 营业收入净额

资产平均周转额应按分析期的不同分别加以确定,并应当与分子的营业收入净额在时间上保持一致。如

月平均占用额 =(月初 + 月末)/2

季平均占用额 =(1/2 季初 + 第一月末 + 第二月末 + 1/2 季末)/3

年平均占用额 =(1/2 年初 + 第一季末 + 第二季末 + 第三季末 + 1/2 年末)/4

如果资金占用的波动性较大,应采用更详细的资料进行计算,如按照各月份的资金占用额计算。如果各期资金占用额比较稳定,波动不大,上述季、年的平均资金占用额也可以直接用(期初+期末)/2 来计算。

总资产周转率综合反映了仓储整体资产的营运能力,一般来说,周转次数越多或周转天数越短,表明其周转速度越快,营运能力也就越大。

为了更加深入地剖析总资产的周转情况及其快慢的影响因素,必须进一步分析流动资产与固定资产的周转情况。在此,必须指出的是,营业收入的直接来源是流动资产的周转额,固定资产的作用是对流动资产有效规模的推动及对流动资产价格转换能力与转换效率(即流动资产周转速度和流动资产利润率)的影响。所以,对仓储流动资产的考核应

着眼于营业收入实现状况，而对固定资产的考核则侧重于其利用效率的考察。

2）流动资产周转率

仓储流动资产营运能力的大小主要体现为流动资产营业率，在流动资产周转速度方面公式为：

流动资产周转率(次数)＝营业收入净额/流动资产平均占用额

流动资产平均占用额的计算方法与资产占用总额的方法相同(其中的应收账款应按剔除坏账准备后的净额计算)。

小贴士

流动资产周转率分析，主要在于说明以下两个问题。

(1) 流动资产实现营业的能力，即周转额的大小。在一定时期，流动资产周转速度越快，表明计算期内实现的周转额越多，对经济效益目标的贡献程度越大。流动资产利润率＝营业利润率×流动资产周转率。

(2) 流动资产投资的节约与浪费情况。流动资产占用额与流动资金周转速度有着密切的制约关系。在营业额既定的条件下，流动资产周转速度越快，流动资产的占用额就越少。反之，则越多。流动资产相对节约或浪费额＝分析期实际销售额×(分析期流动资产实际占用率－基期实际或分析期计划流动资产占用率)，正值表示不浪费，负值表示不节约。其中，流动资产占用率＝流动资产平均占用额/销售净收入＝1/流动资产周转率(次数)，该指标一般按年度水平计算。

流动资产周转率也可以用周转天数表示，公式为：

流动资产周转天数 ＝ 计算期天数 / 计算期流动资产周转次数

计算期天数 ＝ 流动资产平均占用额 / 营业收入净额

周转天数缩短，表明周转速度加快，反之则表示周转速度减缓。为了对流动资产的周转状况做出更加详尽的分析，并进一步揭示影响流动资产周转速度变化的影响因素，在对流动资产总体周转情况分析的基础上，还可以对各构成要素，如应收账款、存货等的周转率进行考察，以查明流动资产周转率升降的原因所在。

3）应收账款周转率

应收账款周转率是指商品或产品赊销收入净额与应收账款平均余额的比值，它反映着应收账款流动程度的大小。

应收账款周转率(次数)＝赊销收入净额/应收账款平均余额

式中

赊销收入净额＝营业收入－现销收入－营业折扣与折让

应收账款平均余额的确定同前。即：

应收账款周转天数 =计算期天数 / 应收账款周转次数

=(计算期天数×应收账款平均余额)/赊销收入净额

应收账款周转率反映了仓储应收账款变现速度的快慢及管理效率的高低,周转率高表明:①收账迅速,账龄期限较短;②资产流动性较大,短期偿债能力强;③可以减少收账费用和坏账损失,从而相对增加物流流动资产的投资收益。

同时借助应收账款周转天数与物流信用期限的比较,可以更好地评价客户的信用程度及仓储原定信用条件的合理性。

利用上述公式计算分析应收账款周转率时需要注意以下几个问题。

(1) 公式中的应收账款包括会计核算中的"应收账款"与"应收票据"等全部赊销账款在内。

(2) 应收账款余额应为扣除坏账准备后的净额,否则水分较大。

(3) 如果应收账款余额的波动性较大,应尽可能使用更详尽的计算资料,如按各月份应收账款余额来计算其平均占用额。

(4) 分子、分母的数据应注意其时间的对应性。

4) 存货周转率

存货周转率是指营业成本与存货平均资金占用额的比。计算公式为:

存货周转率(次数) = 销货成本 / 平均存货额

存货周转天数 = 计算期天数 / 存货周转率(次数)

= (计算期天数 × 平均存货额)/ 销货成本

式中的销货成本是指营业进价成本或营业制造成本。

存货周转率的快慢,不仅反映出采购、储存、作业、营业各环节管理工作状况的好坏,而且对仓储物流的偿债能力及获利能力产生决定性的影响。一般来讲,存货周转率越高,表明分析期变现速度越快,周转额越大,资产占用水平越低,成本费用越节约。因此,通过存货分析,有利于找出存货管理存在的问题,尽可能降低资金占用水平,提高存货投资的变现能力和获利能力。

在计算存货周转率时应注意以下几个问题。

(1) 分子采用销货成本而不是营业收入净额,这主要是为了剔除毛利对周转率的虚假影响,因为存货是按成本计价的,分子、分母应当保持口径一致。

存货周转率通常能够反映仓储存货流动性的大小和存货管理效率的高低。但存货周转率过高也可能意味着仓储存货不足而引起脱销。反之,在存货周转率过低时,应当进一步分析存货的质量结构,弄清存货中是否包含有实际价格远低于账面价格的即将报废或已损坏的原材料、商品、产品等。

(2) 为了进一步判明存货的内部结构,还可以分别对原材料、半成品、产成品及库存商品计算周转率,借以分析各构成部分对整个存货周转率的影响。

(3) 在其他条件不变的前提下，存货周转得越快，所实现的周转额也就越大，利润数额、水平相应越高。所以该指标也可以衡量仓储物流的获利能力，当然也可以作为分析偿债能力的辅助指标。

(4) 采用不同的存货计价方法，对存货周转率具有较大的影响，因此，在计算、分析时应保持口径一致。当存货计价方法变动时，应加以说明，并计算这一变动对周转率的影响。

3. 固定资产分析

严格地讲，仓储服务收入并不是由固定资产的周转价格带来的，仓储服务收入只能直接来自流动资产的周转。而且固定资产要完成一次周转必须经过整个折旧期间，因此，用营业收入除以固定资产占用额来反映固定资资产的周转速度有很大的缺陷，即它并非固定资产的实际周转速度。

但如果从固定资产对推动流动资产周转速度和周转额的作业来看，固定资产又与仓储的营业收入有着必然的联系，即流动资产投资规模、周转额的大小及周转速度的快慢在很大程度上决定于固定资产的作业经营能力及利用效率。因此，结合流动资产的投资规模、周转额、周转速度来分析固定资产的营运能力还是非常有价值的。

考核固定资产营运能力主要采用以下指标：

固定资产营业率＝营业收入净额/固定资产平均占用额

＝(流动资产平均占用额/固定资产平均占用额)

×流动资产周转率

式中的固定资产平均占用额按固定资产原值计算，否则会因折旧方法或折旧年限的不同而产生人为的差异，导致该指标缺乏可比性。

可见，固定资产营运能力分析在于说明仓储是否以相对节约的固定资产投资推动尽可能快的流动资产规模及其周转速度，最终通过流动资产投资规模的扩大和周转速度的加快，为仓储实现更多的营业收入。该指标越高，说明固定资产的营运能力越高，反之就越低。

(三) 获利能力分析

对效益的不断追求是仓储资金运动的动力源泉与直接目的，也是仓储成本控制的根本所在。因此，所谓获利能力实际上就是指仓储的资金增值能力，通常体现为仓储收益数额的大小与水平的高低。

一般来说，仓储获利能力的大小是由其经常性的经营理财业绩决定的。那些非经常性的事项以及其他特殊事项虽然也会对仓储损益产生某些影响，但不能反映出仓储真实水平的获利能力。

在分析仓储获利能力时，应尽可能剔除那些非经常性因素对仓储获利能力的虚假影响。其主要分析指标如下。

1. 服务利润率

仓储服务利润率是指利润与营业收入净额比值。

从利润表来看，仓储物流的利润可以分为五个层次：营业收入毛利、经营利润、营业利润、利润总额以及利润净额。其中利润总额或利润净额包含着非营业利润因素，所以能够更直接反映营业获利能力的指标是毛利率、经营利润率和营业利润率。由于仓储服务是主营业务活动，因此，经营利润数额、水平的高低对仓储的总体获利能力有着举足轻重的影响。同时，通过考察经营利润占整个利润总额比重的升降，可以发现仓储经营理财状况的稳定性、面临的危险或可能出现的转机迹象。因此经营利润和仓储营业收入净额之比是营业利润率中的主要指标。

2. 成本利润率

成本利润率是指利润与成本的比值。同利润一样，成本也可以分为几个不同的层次：经营成本(经营费用＋营业税金及附加)、营业成本(经营成本＋管理费用＋财务费用＋其他业务成本)、税前成本(营业成本＋营业外支出)和税后成本(税前成本＋所得税)。

因此，在评价仓储成本开支效果时，必须注意成本与利润之间层次上的对应关系，即经营利润与经营成本、营业利润与营业成本、税前利润与税前成本和利润净额与税后成本彼此对应。这不仅符合收益与成本的匹配关系，而且能够有效地揭示出仓储各项成本的使用效果。其中经营成本利润率(经营利润/经营成本)最具有代表性，反映了仓储主要成本的利用效果，是仓储成本管理的着眼点。

在各项收益及税率不变的条件下，如果经营成本利润率很高而税前成本利润率却很低，通常表明仓储的管理费用、财务费用及营业外支出开支过多，仓储管理应对这些成本进行深入分析，查明原因，堵塞超支、浪费的漏洞。反之，若经营成本利润率与税前成本利润率均很低，则意味着仓储成本过高，应采取措施加以控制。当经营成本利润率与税前成本利润率均比较高时，说明成本管理取得了良好的经济效益。

为了对各项具体成本的使用状况加以深入评价，仓储还可以根据各项成本利润率指标的内在关系进行更具体的分解、考察。

3. 资产利润率

资产利润率是指利润与资产平均占用额的比值。

从静态角度来看，仓储资产获利能力的大小主要反映为资产利润率的高低。通过资产利润率分析，有助于评价仓储经营理财业绩的高低，揭示影响资产利润率提高的因素所在。对资产获利能力可以从三个相互联系的方面进行分析。下面以流动资产获利能力为例进行具体分析。

1）总资产利润率

与仓储总资产运用直接对应的是息税前利润总额、利润总额与利润净额。因此，评价总资产获利能力的指标有三个：总资产息税前利润率、总资产利润率和总资产净利润率。

总资产息税前利润率 = 息税前利润总额 / 平均总资产额

总资产利润率 = 利润总额 / 平均总资产额

总资产净利润率 = 利润净额 / 平均总资产额

总资产息税前利润率主要是从仓储物流各种资金来源(资本＋负债)的角度对资产的使用效益进行评价的。因此,不仅所有者非常关心这项指标,同样也是债权人评价仓储物流资产获利能力的重要指标。在债权人看来,只要仓储总资产的息税前利润率大于负债利息率,其债务本息的偿还还是能够得到保证的。

对所有者来讲仓储仅仅提高息税前利润率是远远不够的,因为较高的总资产息税前利润率只能保证降低或避免不能偿付债务本息的风险,但能否使资本得到保值增值以及程度如何却无法从总资产息税前利润率上得到回答。从所有者角度,在分析了总资产息税前利润率的基础上,更需要对总资产利润率与总资产净利润率进行考察。

2）流动资产利润率

流动资产投资与其周转是仓储利润的主要来源。因此,分析流动资产的利润率有助于揭示仓储利润增长是否具有稳定的基础。仓储物流的流动资产主要用于仓储各项正常的营业活动,因此考核流动资产获利能力的指标主要有两项：流动资产经营利润率和流动资产营业利润率,其中最重要的是流动资产经营利润率。

动资产经营利润率 ＝经营利润 / 流动资产平均占用额

流动资产营业利润率 = 营业利润 / 流动资产平均占用额

3）固定资产利润率

如同营运能力分析中所提到的,单独考核流动资产的获利能力也不是完全适当的。因此,对流动资产获利能力的分析、考核必须结合固定资产进行。计算公式为：

固定资产经营利润率 = 经营利润 / 固定资产平均占用额
＝(流动资产平均占用额 / 固定资产平均占用额)
×流动资产经营利润率

固定资产营业利润率 = 营业利润 / 固定资产平均占用额
＝(流动资产平均占用额 / 固定资产平均占用额)
×流动资产营业利润率

4. 净资产利润率

净资产利润率是利润净额与净资产的比值。如果分子用利润总额计算,则称为总资本利润率。仓储物流筹资、投资的最终目的是实现所有者财富最大化,从静态角度讲,首先就是最大限度地提高净资产利润率。因此,净资产利润率不仅是仓储获利能力指标的核心,而且也是整个经济效益指标体系的核心。

净资产作为一个有机的整体,不应当单独地考核其中某一构成部分的收益水平,因为在所有者看来，无论是实收资本、资本公积金还是留存效益，都是其完整的权益所在，否则对指标数值会产生一些虚假的影响。因此，所谓净资产是就净资产利润率整体而言的。计算公式为：

$$净资产利润率 = 总资产息税前利润率 + (负债 / 净资产利润率) \times (总资产息税前利润率 - 负债综合利息率)$$

$$净资产净利率 = 净资产利息率 \times (1 - 所得税率)$$

从公式可以看出，在税率不变的前提下，净资产利润率取决于三方面因素：资产获利能力、产权比率和负债利息率，其中资产获利能力和资产营运能力(周转率)密切关联。因此，如果仓储净资产净利率是建立在良好的营运能力、偿债能力及获利能力的前提之上，那么这种净资产利润率净利率的基础便是稳定可靠的，否则，就是不稳定、不可靠的。

5. 资产保值增值率

无论从所有者，还是从债权人方面考虑，物流的经营决策者都必须尽可能使所有者的资产得以保全并使之不断增值，从而降低风险，维护所有者权益，提高物流的市场价值。

所谓资本保值增值率是指所有者权益的期末总额与期初总额的比值。即：

资本保值增值率＝期末所有者权益总额/期初所有者权益总额

如果资本保值增值率大于100％说明所有者权益增加，否则意味着所有者权益遭受损失。公式中的所有者权益包括实收资本、资本公积金和留存收益，即仓储的权益资本或净资产。上市物流股票市价的升降尽管也对投资所有者的权益产生影响，但由于这种影响发生在仓储物流外部并不是属于投资者一个人的事情，因此从物流角度，在计算资本保值增值率时不考虑此类因素。

影响资本保值增值率变动的因素主要有三个：一是经营的盈亏；二是剩余收益支付率的变动；三是仓储通过增减资本调整资本结构。在前两种情形下，通过期末与期初净资产总额比较无疑可以准确地判断仓储净资产的增值保值状况。但在第三种情形下，用期末和期初净资产总额的升降变动来衡量资本的增值保值水平便会产生一定程度的不可比性。对此，仓储可以通过计算单位或单位净资产的增值保值率加以弥补。

第三节　库存持有成本管理

一、库存持有成本的含义

库存持有成本是指和库存数量相关的成本，它由许多不同的部分组成，通常是物流成本中较大的一部分。为了维持企业的正常生产经营活动，企业必须储备一定数量的库存，但是当库存占用企业资金的比例过大时，就会降低企业的获利性，因为采购、储存要发生各种费用支出，这些费用支出就构成了企业库存的持有成本。

库存成本管理的目标受企业总目标的约束,如果适当地增加库存能减少其他形式的成本,并且其节省的成本额超过了库存成本的增加额,那么企业将会选择增加库存持有成本。

二、库存持有成本的构成

库存持有成本是在建立库存系统时或采取经营措施时所造成的资本占有的结果。库存系统的成本主要有进货成本、订货成本、保管成本、缺货成本、在途存货成本和库存风险成本。

(一) 进货成本

进货成本是指在进货途中为进货所花费的全部支出,即购买成本加上运杂费,运杂费包括运费、包装费、装卸费、租赁费等。

(二) 订货成本

订货成本是指进行每次订货时所发生的各种费用,主要包括差旅费、通信费、运输费以及有关跟踪订单系统的成本

(三) 保管成本

保管成本是指在保管过程中为保管物品而发生的全部费用,包括:出入库时的装卸搬运费、检验费等;保管用具用料费用;仓库房租水电费用;保管人员的工资费用;保管过程中的货损货差;保管物品占用资金的银行利息等。

(四) 缺货成本

缺货成本不是仓库存货发生的成本支出项目,而是作为一项平衡库存大小,从而进行库存决策的一种成本比较方法。缺货成本是指由于库存供应中断而造成的损失,包括原材料供应中断造成的停工损失、产成品库存缺货造成的延迟发货损失和丧失销售机会的损失(还应包括商誉损失)。

1. 安全库存的存货成本

为了防止因市场变化或供应不及时而发生存货短缺的现象,企业会考虑保持一定数量的安全库存及缓冲库存,以防在需求方面的不确定性。但是,安全库存的确定往往很难,安全库存太多就增加了库存成本,而安全库存不足则有缺货或失销的危险。安全库存的决策就是要寻找一个缺货成本和安全库存成本两者的综合成本最小值。

2. 缺货成本

缺货成本是由于外部和内部中断供应所产生的。当企业的客户得不到全部订货时,

称为外部缺货；而当企业内部某个部门得不到全部订货时，称为内部缺货。如果发生外部缺货，将导致以下情况的发生。

(1) 延期交货。如果企业延期交货，就会发生特殊订单处理费用和运输费用，延期交货的特殊订单处理费用要高于普通处理费用。由于延期交货经常是小规模装运，运输费率相对来说比较高。

(2) 失销。由于缺货，可能造成一些用户会转向其他供应商。也就是说，许多公司都有生产替代产品的竞争者，当一个供应商没有客户所需的商品时，客户就会从其他供应商那里订货，在这种情况下，缺货导致失销，对于企业来说，直接损失就是这种商品的利润损失。因此，可以通过计算这批商品的利润来确定直接损失。

除了利润的损失以外，失销还包括当初负责相关销售业务的销售人员所付出的努力的损失，这就是机会损失。一般很难估计一次缺货对未来销售的影响。

（五）在途存货成本

在途存货成本与运输方式有关。如果企业以目的地交货价销售商品，就意味着企业要负责将商品运达给客户，当客户收到订货商品时，商品的所有权才转移。从财务的角度来看，在途商品仍是销售方的库存。因为这种在途商品在交给客户之前仍然属于企业所有，运货方式及所需的时间是储存成本的一部分，企业应该对运输成本与在途存货成本进行分析。

一般来说，在途存货成本要比仓库中的存货成本小，在实际中，需要对每一项成本进行仔细分析，才能准确计算出实际成本。

（六）库存风险成本

库存风险成本是指由产品变质、短少、损害或报废等相关的费用构成的库存成本，它反映了存货的先进价值下降的可能性。仓库为履行合同所造成的违约金、赔偿金也构成库存风险成本。

1. 废弃成本

废弃成本是由于再也不能以正常的价格出售而必须处理掉的成本。废弃成本是产品的原始成本和残值之间的差额，或者是正常销售价格和为了清除这种产品而降价销售的价格之间的差额。

2. 损坏成本

损坏成本是仓库营运过程中发生的产品损毁而丧失使用价值的那一部分产品的成本。而在搬运过程中发生的损坏应被看成一种产量成本，与库存水平无关，不应计入持有成本。

3. 移仓成本

移仓成本是指为避免废弃而将库存从一个仓库所在地运至另一个仓库所在地时产生的成本。将产品运到另一个可以销售出去的地方销售可以避免废弃成本,但会增加额外运输成本。通常该部分费用应计入持有成本,而在实际操作中一般计在运输费用中,但通过对运费单账的统计分析,可以将转运成本分离出来。

4. 损耗成本

损耗成本则多是因为盗窃造成的产品缺失而损失的那一部分产品成本。这部分也是因保持库存而产生,因此应计入持有成本。

三、影响库存持有成本的因素

(一) 库存投资的机会成本率

影响库存持有成本的首要因素是库存投资的机会成本率。企业在库存上投资的资金来源不同,其计价成本率也不同。库存投资是以丧失其他投资机会为代价的,因此,必须以其他投资机会的回报率作为计算持有成本的依据。如果企业资金充足,可将银行存款用于库存投资,这种情况下,银行存款利率就是库存投资的机会成本率;如果企业资金短缺,要通过出售股票来获得资金对库存进行投资,则应以出售股票预期的利率为库存投资的机会成本率;如果通过银行贷款的方式,则贷款利率为库存投资的资金机会成本率。

一般而言,企业资金越充足,库存持有成本中资金成本率越低;企业资金越短缺,库存持有成本中资金成本率越高。所以,资金充足的企业可以保持一个较高水平的库存来满足市场的需要;而资金短缺的企业,总是想办法降低库存水平,减少库存对资金的占用。

(二) 库存周转率

库存周转率也是影响库存持有成本的重要因素之一。从理论上讲,库存持有成本与库存周转率成反比关系,库存周转率越高,库存占用资金的时间越短,库存持有成本越低。库存周转率越高,对物流系统的要求也越高,一味地提高库存周转率,可能导致批量成本、运输配送成本、缺货成本的增加大于持有成本的减少,总的成本上升。

(三) 仓库的类型和存货水平的变动情况

库存所使用的仓库类型不同,其库存持有成本也不一样。通常企业可以通过三种方式获取仓储空间:利用企业自有仓库、租赁仓库和公共仓库。在这三种类型的仓库中,企业自有仓库和租赁仓库的费用与企业的库存水平没有直接关系,而与仓库规划和仓储作业方式有关,所以应当属于仓储运作成本,而不是库存持有成本;公共仓库的收费通常是按转进和转出仓库的产品数量以及储存的库存数量来计算，所以公共仓库收费中的存储费用与库存水平有直接关系，应当属于库存持有成本中的保管成本。

四、库存持有成本的优化

（一）定量订货法

1. 什么是定量订货法

定量订货法是指当库存量下降到预定的最低库存量(订货点)时，按规定数量(一般以经济订货批量为标准)进行订货补充的一种库存控制方法。当库存量下降到订货点 R 时，即按预先确定的订购量 Q 发出订货单，经过缴纳周期(订货至到货间隔时间) LT，库存量继续下降，到达安全库存量 S 时，收到订货 Q，库存水平上升。

该方法主要靠控制订货点 R 和订货批量 Q 两个参数来控制订货，达到既最好地满足库存需求，又能使总费用最低的目的。在需要固定、均匀和订货缴纳周期不变的条件下，订货点 R 由下式确定：

$$R=LT\times D/365+S$$

式中，D 为每年的需要量。

2. 经济订货批量

经济订货批量(economic order quantity，EOQ)是简单、理想状态的一种。通常订货点的确定主要取决于需要量和订货缴纳周期这两个因素。在需要固定均匀、订货缴纳周期不变的情况下，不需要设安全库存，这时订货点为

$$R=LT\times D/365$$

式中：R 为订货点的库存量；LT 为缴纳周期，即从发出订单至该批货物入库间隔的时间；D 为该商品的年需求量。

订货批量 Q 依据 EOQ 的方法来确定，即总库存成本最小时的每次订货数量。通常，年总库存成本的计算公式为：

年总库存成本＝年购置成本＋年订货成本＋年保管成本＋缺货成本

不允许缺货的条件下：

年总库存成本＝年购置成本＋年订货成本＋年保管成本

即

$$TC=DP+DC/Q+QH/2$$

式中，TC 是年总库存成本；D 为年需求总量；P 为单位商品的购置成本；C 为每次订货成本，元/次；H 为单位商品年保管成本，元/年($H=PF$，F 为年仓储保管费用率)；Q 为批量或订货量。

经济订货批量就是使库存总成本达到最低的订货数量，它是通过平衡订货成本和保

管成本两方面得到。其计算公式为：

$$\mathrm{EOQ}=\sqrt{\frac{2CD}{H}}=\sqrt{\frac{2CD}{PF}}$$

（二）定期订货法

1. 什么是定期订货法

定期订货法是按预先确定的订货时间间隔按期进行订货，以补充库存的一种库存控制方法。其决策思路是：每隔一个固定的时间周期检查库存项目的储备量，根据盘点结果与预定的目标库存水平的差额确定每次订购批量。这里假设需求为随机变化，因此，每次盘点时的储备量都是不相等的，为达到目标库存水平 Q_0 而需要补充的数量也随着变化。这样，这类系统的决策变量应是：检查时间周期 T、目标库存水平 Q_0。

2. 定期订货法的内容

1）订货周期的确定

订货周期一般根据经验确定，主要考虑制定生产计划的周期时间，常取月或季度作为库存检查周期，但也可以借用经济订货批量的计算公式确定使库存成本最有利的订货周期。计算公式为：

$$\text{订货周期}=1/\text{订货次数}=Q/D$$

2）目标库存水平的确定

目标库存水平是满足订货周期加上提前期的时间内的需求量。它包括两部分：一部分是订货周期加提前期内的平均需求量；另一部分是根据服务水平保证供货概率的保险储备量。计算公式为：

$$Q_0=(T+L)r+S$$

式中：T 为订货周期；L 为订货提前期；r 为平均日需求量；S 为保险储备量。

依据目标库存水平可得到每次检查库存后提出的订购批量：

$$Q=Q_0-Q_t$$

式中 Q_t 为在第 t 期检查时的实有库存量。

3. 定量订货法与定期订货法的区别

定量订货法与定期订货法的区别在于以下几点。

(1) 提出订购请求时点的标准不同 。定量订购库存控制法提出订购请求的时点标准是，当库存量下降到预定的订货点时，即提出订购请求；而定期订购库存控制法提出订购请求的时点标准则是，按预先规定的订货间隔周期，到了该订货的时点即提出请求订购。

(2) 请求订购的商品批量不同。定量订购库存控制法每次订购商品的批量相同，都是事先确定的经济批量；而定期订购库存控制法每到规定的请求订购期，订购的商品批量都不相同，要根据库存的实际情况计算后确定。

(3) 库存商品管理控制的程度不同。定量订购库存控制法要求仓库作业人员对库存商品进行严格的控制，精心的管理，经常检查、详细记录、认真盘点；而用定期订购库存控制法时，对库存商品只要进行一般的管理，简单的记录，不需要经常检查和盘点。

(4) 适用的商品范围不同。定量订购库存控制法适用于品种数量少、平均占用资金大的、需重点管理的 A 类商品；而定期订购库存控制法适用于品种数量大、平均占用资金少的、只需一般管理的 B 类、C 类商品。

（三）ABC 管理法

ABC 管理法又叫 ABC 分析法，就是以某类库存物资品种数占物资品种数的百分数和该类物资金额占库存物资总金额的百分数大小为标准，将库存物资分为 A、B、C 三类，进行分级管理。

ABC 管理法的基本原理：对企业库存（物料、在制品、产成品）按其重要程度、价值高低、资金占用或消耗数量等进行分类、排序，一般 A 类物资数目占全部库存物资的 10%左右，而其金额占总金额的 70%左右；B 类物资数目占全部库存物资的 20%左右，而其金额占总金额的 20%左右；C 类物资数目占全部库存物资的 70%左右，而其金额占总金额的 10%左右。

A 类是年度货币量最高的库存，A 类的品种数可能只占库存总品种数的 15%，但用于它们的成本却占到总成本的 70%～80%。

B 类是年度货币量中等的库存，B 类的品种数占全部库存总品种数的 30%，其价值占总价值的 15%～25%。

C 类是年度货币量较低的库存品种，它们的价值可能只占全部年度货币量的 5%，但其品种数却占库存品种总数的 55%。

（四）关键价值分析管理法

ABC 分类法的不足之处在于，C 类货物有时得不到应有的重视，导致整个装配线的停工。关键价值分析（CVA）的基本思想是把存货按照关键性分成三至五类，即：

(1) 最高优先级。这是经营的关键性货品，不允许缺货。

(2) 较高优先级。这是指经营活动中的基础性货品，但允许偶尔缺货。

(3) 中等优先级。这多属于比较重要的货品，允许合理范围内的缺货。

(4) 较低优先级。经营中需用这些货品，但可替代性高，允许缺货。

（五）物料需求计划

1. 物料需求计划的含义

物资需求计划(material requirement planning,MRP)是指根据产品结构各层次物品的从属和数量关系,以每个物品为计划对象,以完工时期为时间基准倒排计划,按提前期长短区别各个物品下达计划时间的先后顺序,是一种工业制造企业内物资计划管理模式。MRP是根据市场需求预测和顾客订单制定产品的生产计划,然后基于产品生成进度计划,组成产品的材料结构表和库存状况表,通过计算机计算所需物资的需求量和需求时间,从而确定材料的加工进度和订货日程的一种实用技术。

2. 物料需求计划的特点

物料需求计划具有如下特点。

(1) 需求的相关性——由产品结构文件(BOM)即可推算出各种零部件和原材料的数量,这种根据逻辑关系推算出来的物料数量称为相关需求。不但品种数量有相关性,需求时间与生产工艺过程的决定也是相关的。

(2) 需求的确定性——MRP的需求都是根据主产进度计划、产品结构文件和库存文件精确计算出来的,品种、数量和需求时间都有严格要求,不可改变。

(3) 计划的复杂性——MRP要根据主产品的生产计划、产品结构文件、库存文件、生产时间和采购时间,把主产品的所有零部件需要数量、时间先后关系等准确计算出来。当产品结构复杂,零部件数量特别多时,其计算工作量非常庞大,人力根本不能胜任,必须依靠计算机实施这项工程。

3. 制定物料需求计划所需的基础数据

制定物料需求计划一般需要如下基础数据。

(1) 主生产计划,它指明在某一计划时间段内应生产出的各种产品和备件,它是物料需求计划制定的一个最重要的数据来源。

(2) 物料清单,它指明了物料之间的结构关系,以及每种物料需求的数量,它是物料需求计划系统中最为基础的数据。

(3) 库存记录,它把每个物料品目的现有库存量和计划接受量的实际状态反映了出来。

(4) 提前期,决定着每种物料何时开工、何时完工。

（六）JIT库存控制方法

1. JIT的含义及特点

JIT(just in time)意为准时制。JIT是一种倒拉式管理即逆着生产工序,由顾客需求开始,订单→产成品→组件→配件→零件或原材料,最后到供应商。

JIT 的特点如下。

(1) 它把物流、商流、信息流合理组织到一起,成为一个高度统一、高度集中的整体。

(2) 体现了以市场为中心,以销定产,牢牢抓住市场的营销观念,而不是产品先生产出来再设法向外推销的销售观念。

(3) 生产活动组织严密,平滑顺畅,没有多余的库存,也没有多余的人员。

(4) 实现库存成本大幅度下降。

2. JIT 中的库存控制策略

JIT 对减少库存提出了一种新思路:把库存看成一条河水的深度,把库存中存在的问题看成河底的石头,水深时,要想弄清楚石块就必须潜入水中调查,但如果减少水量,石块就会自动显现出来;对库存来说,若减少库存,存在的问题——浪费就会凸显,就能针对问题提出解决方法,使问题得以全面解决。JIT 实行生产同步化,使工序间在制品库存接近于零,工序间不设置仓库,前一工序加工结束后,使其立即进入后一工序,装配线与机械加工几乎同时进行,产品被一件件连续地生产出来。

JIT 在采购时不仅考虑价格与费用之间的关系,还考虑了许多非价格的因素,如与供应商建立良好的关系、利润共享,以减少由于价格的波动对企业带来的不利影响,选择能按质、按时提供货物的供应商,保证 JIT 生产的有效运行。这样,JIT 就有效地控制了原材料库存,从根本上降低了库存。

复习思考题

1. 如何理解经济订货批量的含义,它适用于那些情况?
2. 一般情况下,ABC 库存管理应该如何对库存进行分类?
3. CVA 和 ABC 库存管理的方法的异同,以及它们的作用?
4. 物料需求计划的特点,它有哪些主要作用?
5. 仓储活动会产生哪些成本?(举例说明)
6. 对仓储成本如何进行经济核算,它有哪些指标?

案例分析

服装供应链

中国的服装品牌企业目前的营销方式中,代理制还是占主要地位。代理商在传统的供应链体系中担任的是对品牌服装企业的零售业务负责的角色,其与品牌企业的关系是既互相依存，也相互博弈。

越来越多的服装企业意识到，独立地进行生产和销售已经不能适应快速发展的市场和不断变化的顾客需求，保持长远竞争优势的关键在于战略伙伴关系的建立，把主要精力放在本企业的关键业务上，将非关键业务转由优秀的其他企业完成。这样形成一条从供应商到制造商再到分销商和零售商的贯穿所有企业的供应链，通过优势互补来获得整体竞争优势，从而达到双赢的目的。因此，20 世纪 80 年代发展起来的供应链管理这种新的管理思想和管理方法日益成为关注的热点。供应链管理体现出了全局性战略管理、快速反应市场需求、高度柔性、低风险等优势。

服装供应链基于服装行业的供应链运作模式。它是传统的服装制造企业、面辅料供应商、服装分销商和零售商为了快速响应顾客的不确定性需求，获取最大化利润而结成的一种动态联盟。在以顾客为中心的供应链运作过程中，即使在同一个销售旺季或淡季期内，服装制造企业所获得的关于顾客对某款型服装产品的订单波动也相当大；或者当服装制造企业按照订单在最短的时间内生产出产品发往各分销商处，又会面临着大量的退货、换货。这样不可避免地增大了服装供应链的生产、供应、库存管理和市场营销风险，甚至导致了生产、供应、营销的混乱，使企业无法准确地把握市场需求信息，难以准确地制定企业的能力需求计划和生产计划，容易造成生产能力过剩、库存过多或者缺货现象，从而使整个供应链的运作成本居高不下，顾客的满意度低。

代理商大部分是以建立、提升自身销售业绩为目标，注重对终端消费者的消费习惯、消费行为、消费需求的研究，并根据这些研究结果展开订货、销售等营销过程，因此在与供应链的关系中存在着博弈的关系。

当品牌企业发展到某个阶段，营销在供应链上越来越占有支配地位，因此作为营销的代表之一，代理商的地位也越来越重要，代理商在整个经营的过程中就会有将库存的风险转移给服装生产品牌企业的趋势。代理商经常会要求品牌企业对自己开展的业务进行支持，要求不再是在销售季节前购买大量的商品，而是订少量的产品，然后定期根据销售情况，决定补货量，从而引起了制造和物流的改变。这种改变，可以使代理商降低库存的风险，却增加了品牌企业的风险。

服装品牌企业为了规避库存风险，最佳解决方案就是快速反应。快速反应是在纺织服装行业中，快速有效地满足消费者的变化需求。品牌企业将服装供应链上的成员（纱线制造商——面料制造商——服装制造商——服装代理商）有效地维系在一起，提供柔性制造，满足代理商的要求。它强调商品和信息的双向流动，首先将信息传输到供应链的上游，可以加速生产、提前运送服装产品到客户端，因此，能够快速地对变化的市场需求做出反应。因为库存降低了，商品价格就可以得到降低，并维持整个供应链上适当的生产水平。

由于销售环境的变化，代理商想要获得更多的赢利，而获得赢利，就要保证低库存率、高更换率以及快速反应力，因此必须遵循少量、多款的产品策略。同时这种方式可以认为是在创造一种稀缺，从而诱发对顾客的无形的购买吸引力，越是不容易得到的，就越能激发人的购买欲望。对于同一种款式的服装，代理商零售店的库存最好只有几件，这样既能减少可能形成的库存，又能换来顾客再次光顾时果断的购买速度，培养一大批忠实的追随者。小批量供应和预示供货紧张的做法，都刺激了顾客访问店铺的频率，对于代理商的销售即赢利是很好的推动。

而这种小批量、多款式的经营策略对于服装品牌企业而言无疑增加了企业赢利的难度。在这一点上，代理商与品牌企业间也存在着博弈关系，尤其是中小品牌或是渠道没有完全建立好的新品牌，一到订货会就头痛，都说现在小批量、多款式是趋势，但对于有加工环节的服装企业来说，从订货开始，就增加了他们的采购成本，而之所以会这样，是因为代理商要将自己的风险减到最低。

代理商与品牌企业的关系犹如两个人的恋爱一样，开始时都是把自己最好的一面展示给对方，但随着合作的深入，各自的利益导致各种博弈的开始。取得双赢，应该是这种关系得以维系的最佳解决途径，这就需要在很多时候代理商和品牌企业的视线要投向同一个方向。这个方向就是最终消费者。

供应链运作成功的基本点在于切实地为最终消费者提供优质的、令人满意的消费环境，因为供应链的最终结果应该是将产品送到相关的消费者手中，并获得最高的客户满意度。最终且最大限度地惠及消费者，才能真正给企业和代理商带来收益。工业化大生产，大规模的零售业态，给消费者带来了琳琅满目的服装产品，提供了越来越多的选择，但消费者用于消费的时间和精力却越来越少，而且消费过程中出现的各种各样的问题往往把人搞得筋疲力尽，不胜其烦。因此，合理的供应链系统，应该简化顾客的购买和使用过程，做到这一点不仅可以降低成本，而且还能节约双方的时间，从而获得最好的供应链绩效。因此代理商的小批量、多款式的需求是零售的趋势。

以顾客为中心既是营销管理的精髓，也是企业的根基和出发点。成功的企业离不开成功的营销管理，离不开成功的以顾客为中心的顾客关系管理。在这个顾客为王的时代，以顾客为中心又是一门识别顾客、满足特定消费群、精准供应品定位进而实现企业利润目标的艺术。既然供应链管理是一种资源组织方式，就要通过供应链的整合为顾客创造价值，顾客需求就是决定是否采取供应链管理模式及采取什么形式的供应链管理模式的首要因素。正确的目标市场选择和供应品定位能使企业处于有利的、与自己资源能力相匹配的竞争地位，目标市场选择和供应品定位的改变也会改变对企业经营系统的要求，运营管理模式也需要做出相应调整。

随着消费的升级，客户在消费中考虑的主要因素已经不仅仅是服装产品本身或者产品价格，而是为整个产品所提供的一系列配套服务。看上去再合理的供应链体系，如果不能带给消费者最好的效率和最少的麻烦，则这个供应链体系是不成功的。

企业在供应链上明确定位，专注于核心业务，建立核心竞争力，在核心竞争力构建的基础上，将非核心业务外包给其他专业的企业，能更有效地集中利用资源，强化主业，并通过企业间的合作，增加业务的弹性。供应链协同强调供应链内成员改变经营观念，紧密合作，共担风险，共享利益。

随着全球化经济和国际化市场的形成，以及信息技术的高速发展和广泛应用，企业无边界经营的趋势越来越明显。市场竞争日益加剧，而企业间的竞争规则也开始被改写。原有的管理思想已不能完全满足新的竞争形式，以顾客为中心的现代经营理念已逐步取代了以生产和产品为中心的经营理念。谁能够以敏锐的洞察力发现顾客的需求并在最短的时间内以最低的成本、最满意的服务满足这种需求，谁就会在竞争中获胜。

资料来源：http://wenku.baidu.com/view/ec569ba70029bd64783e2c8f.html.

思考题：

1. 从库存成本的角度思考，库存是谁的库存？
2. 服装供应链上的库存成本的内涵是什么？
3. 案例中提到的“双赢”是什么？如何做到“双赢”？

第十章

物流成本绩效评价

本章结构图

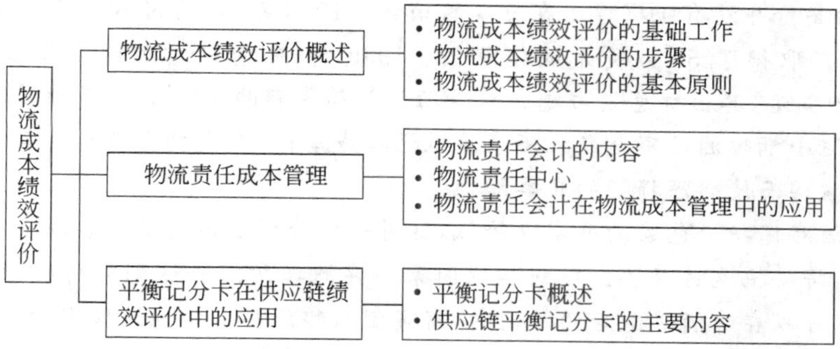

学习目标

掌握物流成本绩效评价的基础工作及步骤；

了解物流责任会计的内容，掌握物流责任中心的内容；

熟悉平衡记分卡的含义、内容及应用程序。

引导案例

靠物流成本绩效管理占领市场的酒神成功之路

美国的德克斯酿酒厂在美国分销德克斯拉格（酿造后再贮藏成熟的一种啤酒）和布朗淡色啤酒，并且已经经营了3年。虽然在美国它还没确立起一种国家名牌，但在日本却已为其创建了一个每年200亿美元的市场。

Taiyou资源有限公司是其石油公司的一家国际附属企业，在这个公司的总裁Hishumoha访问德克斯酿酒厂之前，该酿酒厂还没有立即将其啤酒出口到日本的计划。Hishumoha认为，日本消费者会喜欢这种啤酒，并说服德克斯酿酒厂与Coha贸易公司会面，讨论在日本的营销业务。德克斯酿酒厂建议将啤酒空运到日本，并通过广告宣传其进口啤酒具有独一无二的新鲜度。

这种做法不仅是一个令人感兴趣的营销战略，而且也是一种独一无二的物流作业，因为高成本，还没有哪家酿酒厂通过航空将啤酒空运到日本。

德克斯酿酒厂于1988年11月装运了它的第一箱德克斯拉格到达日本，并在最初的几个月里，使用了各种航空承运人。最后，日本金刚砂航空公司，被选为德克斯酿酒厂唯一的航空承运人。金刚砂公司之所以被选中，是因为它向德克斯酿酒厂提供了增值服务。金刚砂公司通过其日本报关局可以直接快速办理清关手续。这些服务有助于保证产品完全符合新鲜度要求。

德克斯拉格的高价并没有阻碍啤酒在日本的销售。1988年，即其进入日本市场的第一年，德克斯酿酒厂取得了50万美元的销售额。1989年，销售额增加到100万美元，1990年则为130万美元，其出口总量占德克斯酿酒厂总销售额的10%。德克斯酿酒厂又改变包装，通过装运小桶啤酒而不是瓶装酒来降低运输成本；虽然小桶重量与瓶装啤酒相等，但减少了玻璃破碎而使啤酒损毁的几率降低。

此外，小桶啤酒对保护性包装的要求也较低，这进一步降低了装运成本。在不久的将来，德克斯酿酒厂，将要把这种啤酒出口到其他国家。啤酒之所以能达到新鲜要求，是因为这样的物流作业可以在啤酒酿造后的一周内，将啤酒从酿酒厂直接运达顾客的手中，而海外装运啤酒的平均订货周期为40天。啤酒的新鲜度使之能够超过一般价值定价，高于海运装运的啤酒价格的5倍。虽然德克斯拉格在美国是一种平均价位的啤酒，但在日本，它是一种高价产品。德克斯酿酒厂通过物流控制了总成本，并在日本已为其创建了一个每年200亿美元的市场。

资料来源：黄世一. 物流成本核算与分析. 北京：清华大学出版社，2010.

第一节 物流成本绩效评价概述

物流成本绩效评价是应用数理统计等方法，通过建立物流成本综合评价指标体系，设立相应的评价标准，运用定量和定性相结合的方法，对企业一定期间物流成本管理情况和物流获利能力等进行综合的评价。

开展物流成本绩效评价有利于全面了解企业物流成本管理情况，及时发现物流活动中存在的问题，充分调动部门和员工的积极性，不断提高企业物流的获利能力，同时也可为企业制定物流发展战略提供可靠的依据。

一、物流成本绩效评价的基础工作

企业要进行物流成本绩效评价，必须完善一系列基础工作，包括责任中心的划分、绩效评估指标的确定、内部转移价格的合理确定、绩效报告的编制和报告制度以及奖惩制度的设定等。

（一）合理划分责任中心，明确规定责权范围

实施物流成本绩效评估制度，首先要按照分工明确、责任分明、成绩便于考核的原则，合理划分物流责任中心；其次必须依据各个物流责任中心的特点，明确规定其责权范围，使每个物流责任中心在其权限范围内，独立自主履行其职责。

（二）定期编制责任预算，明确各物流责任中心的考核标准

在明确责任中心及其责权范围之后，应定期编制责任预算，使物流活动的总体目标按各物流责任中心绩效分解、落实和具体化，并以此作为它们开展日常物流经营活动的准则和评估其工作成果的基本标准。

绩效考核标准应当具有时控性、可计量性和协调性等特征，即考核内容只应为物流责任中心能够控制的因素。考核指标的实际执行情况，要能比较准确地计量和报告，并能使各个物流责任中心在完成物流活动总目标的过程中，明确各自的目标和任务，以实现局部和整体的统一。

（三）区分各个物流责任中心的可控和不可控费用

对各个物流责任中心工作成果的评估与考核，应仅限于能为其工作好坏所影响的可控项目，不能把不应由它负责的不可控项目列为考核项目。为此，要对企业所发生的每项物流成本判别责任归属，分别落实到各个物流责任中心，并根据可控费用来科学地评估各物流责任中心的成绩。

（四）建立健全的物流责任记录、报告系统

要建立一套完整的物流责任日常记录制度，建立计量和考核有关责任预算执行情况的信息系统，以便为计量和考核各物流责任中心的实际经营绩效提供可靠的依据，并能对各物流责任中心的实际工作绩效起反馈作用。一个良好的报告系统，应当具有相关性、适应性和准确性等特征，即报告的内容要能适应各级管理人员的不同需要，只列示可控范围内的有关信息，报告的时间要适合报告使用者的需要，报告的信息要有足够的准确性，保证评估和考核的正确合理性。

（五）制度合理而有效的奖惩制度

要求对每个物流责任中心制定一台既完整又合理有效的奖惩制度，根据其实际工作成果好坏进行奖惩，做到功过分明，奖惩有据。奖惩制度及其执行包括以下内容：

(1) 奖惩制度必须结合各物流责任中心的预算责任目标制定，体现公平、合理、有效的原则；

(2) 要形成严格的考评机制，包括建立考评机构、确定考评程序。审查考评数据、依照制度进行考评和执行考评结果；

(3) 要把过程考核与结果考核结合起来。即把即时奖惩与期间奖惩结合起来。

二、物流成本绩效评价的步骤

评价是指根据确定的目标来测定评价对象系统的属性，并将这种属性变为客观定量的数值或者主观效用的行为。评价过程包括确定评价目的、建立评价组织、评价参照系统、获得评价信息、形成价值判断等主要步骤。

(一) 确定评价工作实施机构

1. 建立评价组织机构

评价组织机构直接组织实施评价。评价组织机构负责成立评价工程组，并选聘有关专家组成专家咨询组。如果委托社会中介机构实施评价，应先同选定的中介机构签订委托书，然后由中介机构成立评价工作组。无论谁来组织实施评价，对工作组及专家咨询的任务和要求都应该给予明确。

2. 参加评价工作的成员应具备的基本条件

参加评价工作的成员应具有较丰富的物流管理、财务会计、资产管理及法律等专业知识。专家咨询组的专家还应具有一定的工程技术方面的知识，熟悉企业物流成本绩效评价业务，有较强的综合分析判断能力。评价工作主持人员应具备较长时间的经济管理工作背景，并能坚持原则、秉公办事。专家咨询组的专家应在物流领域中具有高级技术职称，有一定的知名度和相关专业的技术资格。

(二) 制定评价工作方案

由评估工作组制定评估工作方案，确定以下内容。

1. 评估对象

不同的企业可能具有不同的物流活动，因此必须首先确定企业的具体物流环节，明确评估工作的对象。当对物流企业进行成本绩效评估时，评估对象就是整个物流企业。

2. 评估目标

物流成本绩效评估目标是整个评估工作的指南和目的。一般来说，不同的评价对象、不同的评价指标、不同的评价标准以及评价方法都取决于不同的评价目标，没有明确的评价目标，整个评价体系将失去价值。

对企业来说，绩效评价主要有三个目标。

（1）监督。监督就是为了将现行的物流系统绩效同以往物流系统进行比较和分析，并将绩效评估报告提供给管理者和客户。

（2）控制。控制就是通过追踪现行的物流系统绩效，根据物流系统的标准体系来确定改进物流程序及运作方式的方向。

（3）引导与激励。引导与激励就是通过物流绩效评估对物流组织以及物流人员的绩效做出评价，以便引导和激励物流组织以及物流人员向正确的方向和目标发展，实现优化物流运作效率的目的。

3. 评估指标

评估指标是评估对象对应于评估目标的具体考核内容，是评估方案的重点和关键。评估指标分为物流作业评估指标、物流企业评估指标等。

企业绩效评价体系可以从以下几个方面来构建。

1）与物流资源有关的绩效评价

与物流绩效有关的资源包括能源、原材料和物流技术（指人们在物流活动中所使用的各种工具、设备、设施，以及方法、技能和作业程序等）。

与物流资源有关的绩效评价包括对能源的利用率、原材料的利用率、物流资源对环境的影响（如原材料废品的回收率、废气包装物的回收率等）、物流运作流程、物流设备设施的配置、网络化等先进技术使用情况的评价等。这些指标从物流资源方面反映了企业的近期物流绩效、长远物流绩效，以及社会效益、环保等情况。

2）财务绩效评价

财务绩效评价指标，能综合反映企业财务状况和经营绩效。主要财务指标包括反映物流成本的指标和能衡量企业效益的指标。物流成本指标包括物流成本率、库存周转率等。库存周转率越高，说明库存占压资金越少。

反映企业效益的指标包括流动比率、相对市场份额增加率、净资产收益率等。其中，流动比率越大，说明该企业的生存能力越强。

3）服务质量水平评价

反映服务质量水平的主要绩效指标有订货的满足率、准时交货率、销售破损率、客户的保持率、客户的获得率等。

4）安全性评价

物流的货物必须安全地放置和安全地运输。安全性评价指标主要包括仓库、工厂、运输等的安全措施是否完备。

5）持续竞争能力评价

持续竞争能力评价指标包括稳定性、研究开发投入率、员工专业化比率、员工持续学习能力等。其中稳定性主要是指物流系统参与主体之间的关系是否稳定，有无长期合作协议。研究开发投入率反映了企业的技术开发、技术创新的能力，可采用企业研究与开发的经费与销售收入之比来表示。员工专业化比率、员工持续学习能力从侧面反映了企业的管理水平和员工的素质。这些指标都是企业保持竞争力，不断发展、不断成长的关键指标。

4. 评估标准

评价标准是企业绩效评价的标尺，是判断企业绩效优劣的基准，是考核绩效时避免主观随意性不可缺少的条件。企业在对绩效进行衡量时，可以结合自身的情况综合利用以下几个标准。

1）基本标准

基本标准就是以计划标准为尺度，将物流绩效指标的实际水平同计划指标进行比较，这种比较可以反映物流绩效计划的完成情况，同时从另一个侧面也能反映该企业的管理水平。

2）历史标准

历史标准指将物流绩效指标的实际水平与历史同期水平（或最好水平）进行比较。这种纵向的对比，可以反映出物流绩效指标的发展动态，并为进一步提高物流绩效提供决策依据。

3）行业标准

行业标准即将物流绩效指标的实际水平与同行业的先进水平进行对比，通过这种横向的比较，可以了解自身所处的位置，找到差距，为制定新的物流发展战略奠定基础。

行业标准包括国内标准和国际标准。国内标准主要根据国民经济行业分类设立的国家标准，结合国有企业的实际分布状况，划分为100多个行业，每个评价指标又划分为优秀、良好、平均、较低、较差五档水平值，每个企业都用自己所属行业的标准进行评价。由于行业标准本身体现了各自行业的利润率水平、市场环境、经营特点以及行业政策等因素，所以，运用行业标准进行绩效评价能够比较充分地体现每个企业的行业特性。

4）顾客标准

顾客标准即用顾客对企业物流过程服务的满意程度来衡量该企业的物流绩效。顾客的满意度是评价现代企业服务水平的关键因素，也是企业改进企业物流服务水平的依据。

5. 评估方法

有了评估指标和评估标准，还需有一定的方法对评估指标和评估标准进行实际运用，以取得公正合理的评估结果。在物流成本绩效评估中常采用定量方法。

6. 报告形式

根据评估目标，确定最终需要形成的绩效评估报告形式，如成本-服务报告、趋势报告等。

（三）收集、核实及整理基础资料和数据

选择物流行业同等规模的评价方法及评价标准值，收集连续几年的会计决算报表、相关统计数据及定性评价的基础材料，并确保资料的真实性、准确性和全面性。

（四）进行评价计分

运用计算机软件计算评价指标的实际分数，这是物流成本绩效的关键步骤。按照核实准确和会计决算报表及统计数据计算定量评价指标的实际值，根据选定的评价标准，计算出各项基本指标的得分，形成“企业物流成本绩效初步评价计分表”；利用修正指标对初步评价结果进行修正，形成“企业物流成本绩效基本评价计分表”；根据已核实的定性评价基础材料，参照绩效评议指标参考标准进行评议指标打分，形成“企业物流成本绩效评议计分汇总表”。将“企业物流成本绩效基本评价计分表”和“企业物流成本绩效评议汇总表”进行校正、汇总，得出综合评价的实际分数，形成企业“企业物流成本绩效得分总表”；根据基本评价的四部分(财务效益、资产营运、偿债能力、发展能力)得分情况，计算各部分的分析系数。对评价的分数和计分过程进行复核，为了确保记分的准确无误，必要时用手工进行计算校验。

（五）形成评价结论

将绩效评价的基本得分与物流产业中的相同行业及同规模的最高得分进行比较，将四部分内容的分析系数与相同行业的比较系数进行比对，对企业物流成本绩效进行分析判断，形成综合评价结论，并听取企业有关方面主要负责人的意见，然后进行适当的修正和调整。

（六）撰写评价报告

评价报告主要内容包括评价结果、评价分析、评价结论及相关附件等，送专家咨询组征求意见。评价项目主持人签字，报送评价组织机构审核认定。如果是委托中介机构进行评价须加盖单位公章。

（七）评价工作总结

将评价工作背景、时间地点、基本情况、评价结果、工作中的问题及措施、工作建议等形成书面材料，建立评价工作档案，同时报送企业备案。

三、物流成本绩效评价的基本原则

绩效评价需要遵循科学性、合理性原则，这样才更具有有效性和指导性。

1. 系统优化原则

衡量企业绩效的指标应是互相联系和互相制约的。指标之间的横向联系，反映不同侧面的相互制约关系；指标之间的纵向关系，反映不同层次之间的包含关系。同层次指标之间要避免相互之间有内在的联系，不同层次间尽量避免有相似意义的重复指标。

另外物流系统运行中有一个典型的特点就是存在“效益悖反”现象，如不同活动（运输、仓储等一系列活动）之间存在着目标冲突；不同的产权主体之间存在着利益冲突（都以维护自身利益最大化为目标），一个主体或一个活动的目标的实现可能影响另一个主体或一个活动目标的实现。企业的物流绩效评价应当从系统的整体出发，从提高物流服务水平的角度对物流运作活动的整体做出评价。

2. 客观性与全面性原则

评价本身不是目的，而是为了更好地把握物流系统现状，确定改进方向，以及为系统物流人员薪酬的确定提供依据。所以，设计评价指标体系时，首先要有科学的理论作指导，使评价指标体系能够在基本概念和逻辑结构上严谨、合理，同时又要反映评价对象的客观实际情况。

3. 定量与定性相结合的原则

定量指标具有客观、精确的优点，但在评价中有些重要的方面很难进行定量考核，所以加入一些定性的、能反映绩效的关键指标会使得评价更具有科学性。

4. 可比性原则

可比性是指该企业不同时期相同指标之间的对比（在指标体系和各项指标、各种参数的内涵和外延保持稳定的条件下），以及同行业之间的比较，即纵向比较和横向比较。没有可比性，评价就失去了实际意义。

5. 目标导向与激励原则

企业绩效评价的目的不是单纯评出其优劣程度，而是为了更好地把握物流系统现状，确定改进方向，并引导和激励被评价对象向正确的方向和目标发展，实现预定的战略目标。所以企业绩效评价体系的设计目标和激励制度是必不可少的。

6. 时效性与实用性原则

时效性是指为了及时了解企业运营的效益与业绩，适应瞬息万变的市场要求，应及时进行评价，并且要简、明、快，形成快速的有效反馈。实用性是指有可比较的基准数据且易于获取。评价绩效，数据是最佳的衡量工具，所以必须将过去的记录、预算目标、同行业水准等作为比较的基准数据。另外，评价指标所需的数据要易于采集，否则，评价工作将难以进行或者代价太大。

第二节 物流责任成本管理

物流责任会计就是根据不同级别的物流管理人员和管理部门应负的责任，收集、汇总和报告有关的会计资料的一种会计制度。它是物流管理制度的一个组成部分，也是物流系统成本控制的有效手段。

一、物流责任会计的内容

物流责任会计首先要明确物流责任中心的划分，然后以各个物流责任中心为对象，收集和报告它们的计划数据和执行过程中的实际数据，并加以控制，分析和评估其成就，以促使物流的计划和控制不断地相互作用。物流责任会计包括如下基本内容。

(1) 事前编制责任预算或责任成本预算。这是将物流系统的总预算(或物流成本总预算)按各责任中心分别落实编制的一种预算，其目的是使各物流责任中心的负责人了解其在预算过程中须完成的事项。

(2) 事中进行日常控制和核算。在责任预算的执行过程中，对各层次日常业务进行控制，及时纠正，保证预算的实现。同时，进行日常的成本统计核算。

(3) 事后进行绩效考核。责任预算执行完毕后，客观考核各责任中心的工作成果，并编制预算报告。

因此，建立物流责任会计就是要通过各个责任层次去监督控制内部物流活动，并将物流活动组成一个有机的整体，使各个部门和环节为实现物流系统总目标担负其各自应负的责任，完成各自的任务。同时通过各物流责任中心的信息反馈，使物流系统决策部门随时掌握情况，及时发现问题和解决问题，降低物流成本，提高物流系统效益。

二、物流责任中心

物流责任中心是指由一个主管人员负责，承担着规定责任并具有相同权力的内部物料单位。作为物流活动中心，必须有十分明确的、由其控制的物流活动范围。

企业物流经营上划分的责任中心，按其经营活动的特点不同，一般可以区分为物流成本中心、物流利润中心、物流投资中心。其中从企业物流成本管理的角度看，物流成本中心是物流成本管理中业绩考核的重点单位。

(一) 物流成本中心

1. 物流成本中心的含义

物流成本中心是完成各种物流活动所需的全部费用，包括产品在实物运动过程中包装、运输、储存、流通加工、物流信息等各个环节所支出的人力、物力、财力的总和。物流成本中心只着重考核其所发生的成本或费用，而不考核或不会形成可以用货币计量的收入。

2. 物流成本中心的绩效考核方法

1）对比分析

物流成本中心工作成绩的评价和考核，主要是通过一定期间实际发生的物流成本与其预定指标的对比来实现的。物流成本中心与企业物流费用中心的区别在于：前者的活动可以为企业提供一定的物质成果，企业能够对它们进行货币计量；后者主要是为企业提供一定的专业性服务（如会计部门、法律部门、人力资源部等服务部门），一般并不能直接产生可以用货币计量的成果。

基于上述情况，通过一定的方法和程序为各个物流成本中心所确定的成本差异，就成为评价和考核其工作业绩好坏的重要指标。对成本中心应以其可控成本作为考核评价的主要依据。

【例 10-1】

华伟公司实行绩效考评制度，对企业各个职能部门进行划分，其中物流中心下属的仓库被定为成本中心。对该中心的业绩考核是以实际发生的成本同其"责任预算"所确定的预计数进行对比来实现的。

2010 年年底仓库成本中心的业绩评价报告见表 10-1。

表 10-1 仓库成本中心业绩评价报告 元

项 目	预算成本	实际成本	差 异
可控成本：			
直接工资	168 000	186 750	18 750
管理人员工资	42 000	44 000	2 000
维修费	31 800	42 560	10 760
物料费	156 800	147 900	－8 900
搬运费	12 000	7 800	－4 200
其他	8 000	6 578	－1 422
合计	418 600	435 588	16 988
不可控成本：			
设备折旧	60 000	68 000	—
库房折旧	80 000	80 000	—
其他	9 000	9 800	—
合计	149 000	157 800	—
总计	567 600	593 388	16 988

2）价值链分析

价值链是企业为了给顾客提供有价值的产品或劳务而发生的一系列在顾客看来有价值的活动。价值链分析从三个方面进行：行业价值链分析、企业内部价值链分析和竞争对手价值链分析。通过行业价值链分析，了解企业在整个行业价值链中的位置，探索利用上、下游价值链管理成本的可能性；通过企业内部价值链分析，了解成本的构成，努力消除不增值作业，减少浪费；通过竞争对手价值链分析，了解竞争对手和企业自身在竞争中的优势和劣势、面临的机遇和挑战。

3）战略定位分析

战略定位分析使企业了解其所应进入的行业、所立足的市场、应开发的产品，从行业、市场和战略的角度确定企业在竞争中所应采取的战略，并制定相应的成本控制计划，确保企业在既定的行业和市场中保持竞争优势。

4）成本动因分析

成本动因是指引起物流成本的原因。每一个创造价值的活动都有一组独特的成本动因，用以解释价值创造活动的成本。成本动因分为结构性成本动因、执行性成本动因和作业性成本动因三个层次，物流成本中心管理强调前两个层次的成本动因。

结构性成本动因是指决定组织基础经济结构的成本动因，包括企业垂直一体化程度、服务经验、服务质量及经营投资规模等因素；执行性成本动因是限定企业作业程序的成本动因，它包括职工对企业投入的向心力、全面质量管理、经营能力运用、仓库布局、服务结构和上、下游企业价值链连接关系等因素；作业性成本动因则是在上述成本动因既定的情况下进行具体操作而引起成本的因素。通过成本动因分析，找出影响企业成本的动因，确定成本计划，通过控制成本动因，重组价值链来管理成本。

（二）物流利润中心

物流利润中心是指既负责物流收入，又负责物流支出，并负责管理一定数量资产的物流责任单位。即对物流收入、成本的发生都能加以控制的责任单位。作为物流利润中心，其领导者必须具有控制物流服务价格、物流业务和所有相关费用的权力。

物流利润中心可分为两类：一是实际物流利润中心；二是内部人为物流利润中心。前者是能直接对外发生经济往来，在银行独立开户的相对独立的责任单位，其成本和收入都是实实在在的。后者是在企业内部各部门之间提供物流服务，其收入按内部转移价格结算，物流成本按其实际发生额转移，因而其收支都是虚构的。

近几年来，我国企业内部经济责任制已取得很大成绩，在企业内部和物流系统内部结算以及内部利润核算上获得了许多有益的经验，并日臻完善，所有这些为物流利润中心的确定打下了坚实的基础。

（三）物流投资中心

物流投资中心是指既负责收入、成本，又负责投资的物流责任单位，它不但要计算利润，还要计算投资回报率。物流投资中心的控制区域和权责范围一般比物流利润中心要大，它拥有物流投资决策权。物流投资中心是企业最高层次的责任中心，具有最大的决策权，也承担最大的责任。一般而言，大型企业集团中承担母公司物流业务的物流子公司往往都属于物流投资中心。

三、物流责任会计在物流成本管理中的应用

（一）物流成本中心的成本管理

一个物流系统可以划分成几个物流成本中心。物流成本中心可以是货主企业的整个物流系统，可以是物流系统中的每个部门（仓储部门、运输部门、行政管理部门等），也可以进一步划分成物流作业班组，甚至是每个作业人员。通过将物流成本总预算按照每个成本中心一步步细化，并明确责任，使得每个责任中心和责任人员明确自身的成本管理职责，并对其进行相应的绩效考核。从这样的角度看，物流成本费用中心的责任会计管理又是预算管理的一部分，其不同之处在于以下两点。

(1) 物流责任成本管理更注重于各级责任中心的预算和考核，更加强调责任人和责任中心，它是按照各级责任成本中心进行层层的预算细化管理。

(2) 物流成本中心管理所分析和考核的是各责任中心的可控成本，对于责任中心无法控制的成本，不进行预算和考核，或者进行单独的预算与管理。

（二）物流利润中心的成本管理

物流利润中心不仅要考核责任中心的成本，还需要考核其收入。对于物流系统内部的某个部门来说，本来可能是一个成本中心，通过内部结算价格的确定，将其确定为一个内部人为利润中心，这对于责任中心的成本控制来说也具有一定的促进作用。这样做可以提高每个部门的经营意识，了解物流成本的节约对自己部门绩效的重要性，从而促使它们改善自己的管理和物流技术，降低自身的物流成本。

1. 应注意解决的问题

在利用人为利润中心管理来进行物流成本控制的过程中，应注意解决以下两个问题。

(1) 对于几个责任中心共同负担的费用，应根据一定标准，按照谁受益谁负担，受益多的多负担，受益少的少负担的原则分配。一定要避免由于共同费用分配不合理而挫伤各个责任中心的积极性。

(2) 内部转移价格的制定要合理。这是合理评估各物流责任中心工作成绩，促进各

单位努力提高物流效率、降低物流成本的重要保证。合理确定内部结算价格是加强物流系统内部资金、成本、利润管理的一种有效措施，是客观评估各利润中心工作成绩的重要手段。

2. 物流内部结算价格

物流内部结算价格是指运输、装卸、包装、仓储等人为利润中心之间相互提供物流业务的结算价格。内部结算价格一般可分为成本定价和利润定价两大类。

1）成本定价法

成本定价法是依据实际成本或标准成本来制定内部转移价格。一般依据标准成本进行定价。因为在实际成本定价下提供方可能向需求方转嫁不利成本差异，不利于分清责任。按标准成本定价则可以克服这一缺陷，但它不符合利润中心要考核收益、评定利润的要求。

2）利润定价法

利润定价法是指各利润中心之间结算物流业务时除成本外，还要加上一定的利润结算。其中成本加成定价是最常见的一种，它是指在标准成本基础上加上一定比例的利润确定转移价格，另外，也可以参考市场价格来制定内部转移价格。

3. 责任会计的作用

责任会计是在企业实行分权管理体制后，以企业内部责任单位为主体，以提高经济效益、降低成本、保证企业计划顺利落实为目的，以各责任单位(或个人)的经济责任为对象，利用价值形式并采用专门的会计方法对各责任单位的行为及结果进行核算、考核与评估的会计。成本是由费用的发生额决定的，而费用发生额是由其各自的发生源——经济活动决定的，对责任单位的控制就是控制费用的发生源。通过物流责任会计核算与管理，一方面可以使物流成本显现；另一方面也可以加强物流成本的控制与管理。物流责任会计为管理物流成本提供理论基础和有效的运作方法。

第三节　平衡记分卡在供应链绩效评价中的应用

供应链管理对绩效评价提出了新的要求。较之传统绩效评价，供应链评价注重组织的未来发展。绩效管理注重前馈性，注意力更多地放在对外部增值链的测控，更关注供应链的长期发展和短期利润的有效组合。采用平衡记分卡法，从客户角度、供应链内部流程角度、未来发展性角度和财务价值角度对供应链绩效进行评价，并从一个崭新的角度分析供应链的绩效评价问题。

一、平衡记分卡概述

平衡记分卡分为四个方面，代表了三个利害相关的群体：股东、客户、员工，确保企业组织从系统观的角度进行战略的实施。

1. 客户角度

企业为了获得长远的财务业绩,就必须创造出客户满意的产品和服务。平衡记分卡给出了两套绩效评价方法:一是企业对客户服务所期望达到的绩效而采用的评价指标,主要包括市场份额、客户保有率、客户获得率、客户满意率等;二是针对第一套绩效评价方法的各项指标进行逐层细分,制定出评分表。

2. 流程角度

从流程角度进行战略的实施是平衡记分卡突破传统绩效评价的显著特征之一。传统绩效评价虽然加入了生产提前期、产品质量回报率等评价,但是往往停留在单一部门绩效上。仅靠改造这些指标,只能有助于组织生存,不能形成组织独特的竞争优势。平衡记分卡从满足投资者和客户需要的角度出发,从价值链上针对内部的业务流程进行分析,提出了四种绩效属性:质量导向的评价、基于时间的评价、柔性导向评价和成本指标评价。

3. 改进角度

从改进角度进行战略实施的观点为其他领域的绩效突破提供手段。平衡记分卡实施的目的和特点之一就是避免短期行为,强调未来投资的重要性。同时并不局限于传统的设备改造升级,更注重员工系统和业务流程的投资。注重分析满足需求的能力和现有能力的差距,将注意力集中在内部技能和能力上,这些差距将通过员工培训、技术改造、产品服务得以弥补。相关指标包括新产品开发循环期、新产品销售比率、流程改进效率等。

4. 财务角度

企业各个方面的改善只是实现目标的手段,而不是目标本身。企业所有的改善都应通向财务目标。

平衡记分卡将财务方面作为所有目标评价的焦点,如图 10-1 所示。如果说每项评价方法是综合绩效评价制度这条纽带的一部分,那么因果链上的结果还是归于“提高财务绩效”。

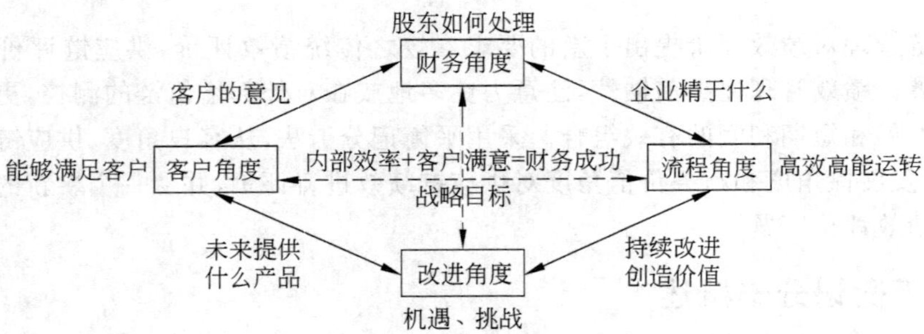

图 10-1 平衡记分卡框架结构

二、供应链平衡记分卡的主要内容

根据供应链运作的特点，供应链平衡记分卡主要从四个评价角度即客户导向、供应链内部运作、未来发展、财务价值进行评价分析。供应链平衡记分卡不但集成了前人所研究的平衡记分卡的特点和方法，还在其他三个方面进行了扩展。

(1) 增加了未来发展性角度，涵盖了平衡记分卡的革新和学习的评价，包括了供应链成员关系以及供应链资源的评价。

(2) 在实时的基础上对所有关键指标进行监测。

(3) 在实现财务价值的主要战略目标的前提下，偏重于对运作流程的评价。

供应链平衡记分卡的指标体系及其相关逻辑关系，与一般的平衡记分卡相似。供应链平衡记分卡的四个角度分别代表了供应链、客户、供应链企业的利益，从整体上把握供应链战略和供应链运作的内在关系，变单纯的绩效评价为绩效管理，这也使四个角度的目标和任务都具有新的特点，如表 10-2 所示。

表 10-2 供应链平衡记分卡的四角度目标及任务

客户导向角度
任务：在正确的时间，正确的地点，将正确的产品和服务以合理的价格和方式交付给特定的客户，以满足和超过客户的期望 关键问题：供应链经营所提供的产品或服务是否增加客户的价值，达到客户满意 关键成功因素： (1) 建立和保持与客户的密切关系 (2) 快速响应并满足客户的特定需求 (3) 提高供应链客户群的价值
供应链内部运作角度
任务：能够在合理的成本下，以高效率的方式进行生产 关键问题：供应链内部流程的增值活动的效率有多高，能否更好地实现核心竞争力 关键成功因素： (1) 实现较低的流程运作成本 (2) 具有较高的运作柔性——响应性 (3) 提高经营中增值活动的比例，缩短生产提前期
未来发展角度
任务：集成供应链内部的资源，注重改进创新，抓住发展机遇 关键问题：供应链管理系统是否具备这种机制？ 关键成功因素： (1) 集成合作伙伴，稳定战略联盟 (2) 加强信息共享，减少信息不对称，提高信息及时效果，降低信息放大效应 (3) 研究可能的生产、组织、管理各方面技术

续表

财务价值角度
任务：突出供应链的竞争价值，达到供应链伙伴的赢利最大化 关键问题：供应链伙伴对供应链的贡献率是否从供应链整体的角度考虑的 关键成功因素： (1) 实现供应链资本收益最大 (2) 保证各伙伴在供应链中发挥各自的贡献率 (3) 控制成本以及良好的现金流

通过对表10-2的阅读，融合供应链平衡记分卡的四角度特征以及供应链运作所涵盖的范围，解读供应链平衡记分卡在各个角度的目标与任务。

1. 客户导向角度

供应链的目标之一是为整个供应链中的客户提供持久稳定的收益。因此，供应链管理的核心之一就是进行客户管理，了解客户的需求以及评价满足客户需求的程度的大小，据以调整供应链的经营方法和策略。因此评价指标的选择应集中于体现客户意志、反映客户需求，既可以是反映客户价值、客户反馈的一般指标，也可以是集中于客户价值等特定范畴的指标，如服务质量、柔性、成本等。

2. 供应链内部运作角度

客户绩效指标很重要，但必须在将其目标转化为内部流程指标后才能得以实现。优秀的客户绩效来自组织的流程决策和运作。供应链内部运作角度就是回答如何经营才能满足或超越客户需求的问题。供应链哲学的本质是将企业内部和企业之间的功能进行集成、共享和协调，达到减少浪费和提高供应链绩效的目的。

由于供应链流程牵涉供应链成员的生产运作，这样的指标就将不同成员的绩效联系成为供应链的整体效果。这一联系使得供应链成员企业对于各自的运作有了明确的目标，其所做的改进也将有利于整个供应链的改进。就供应链运作角度而言，实现此目标主要有四个目的：减少提前期，提高响应性，减少单位成本，构成敏捷企业。为此，设计有如下几个指标。

1）供应链有效提前期率

供应链有效提前期率反映了供应链在完成客户订单过程中有效的增值活动时间在运作总时间中的比率。其中包括两个指标：供应链响应时间和供应链增值活动总时间。前者的计算如下：

$$\text{供应链响应时间}=\text{客户需求及预测时间}+\begin{matrix}\text{预测需求信息传递到}\\\text{内部制造部门时间}\end{matrix}+\text{采购、制造时间}+\begin{matrix}\text{制造终结点运输到最终客户的平均}\\\text{提前期(或者订单完成提前期)}\end{matrix}$$

后者的计算则是供应链运作的相关部门增值活动的时间加合。所以供应链有效循环期率为：

供应链有效循环期率＝供应链增值活动总时间÷供应链响应时间

该指标体现了减少供应链内部运作的非增值时间和流程浪费的空间的大小。通常情况下，企业之间的传递空间和时间很大部分为非增值活动所占用，很多资源被大大地浪费了。达到精益的供应链必须保证合作企业之间的信息共享以及合作机制的完备，达到流畅的无缝连接，减少无谓的时间和空间的浪费。

同种性质的指标还包括库存闲置率，即供应链中库存闲置的时间和库存移动时间的比率。其中，闲置时间包含以物料、在制品、产品库存等不同形式在供应链运作中的总停滞和缓冲时间；库存移动时间则是指库存在加工、运输、发运中的总时间。该指标表现了库存在整体运作中的时间占用，提供了库存经营效率的提高空间。

2）供应链生产时间柔性

该指标定义为由市场需求变动导致非计划产量增加一定比例后供应链内部重新组织、计划、生产的时间。据国外研究者对某行业的调查，其最优秀的制造商已经将整体时间柔性绩效降低到两个星期以下。

3）供应链持有成本

供应链持有成本考察的是物流系统运作的有效性和成本的集约性。它包括了采购、库存、质量以及交货失误等方面的内容。供应链采购成本的评价包括订货、发运、进货质量控制的总和。供应链库存成本包括供应链过程中发生的原材料、在制品、完工产品库存成本以及滞销和在途库存成本等。供应链质量成本是指在运作过程中由于质量问题而导致的成本，包括产品残缺成本、维修成本和质量保证成本。

4）供应链目标成本达到比率

该指标从单一产品和流程的角度分析其在质量、时间和柔性上的流程改进是否达到预定的目标成本。非财务指标很难达到准确分析业务改进的幅度，只有量化指标得到相应才能说明事物的本质。

3. 未来发展角度

供应链发展的未来有赖于集成合作伙伴关系的发展，稳定战略联盟，加强信息共享，提高信息及时效果。研究可能的生产、组织、管理各方面的技术创新，把握发展机遇。

4. 财务价值角度

实现供应链资本收益最大，保证各伙伴在供应链中发挥各自的贡献率，控制成本以及良好的现金流，财务价值应该体现出供应链的竞争价值，达到供应链伙伴的赢利最大化。

复习思考题

1. 物流成本绩效评价的基础工作有哪些?
2. 简述物流成本绩效评价的步骤。
3. 物流责任中心有哪些种类?
4. 如何利用平衡记分卡确定物流企业的绩效评估指标体系?

实训题

1. 甲公司是一家中型机械厂,属于机械制造行业,是机电设备专业骨干制造厂,是国有二级企业,现有职工 1 500 人,固定资产约 3 亿元。机械厂制定了“十一五”规划,希望企业在下一个五年中能够高速发展。但是目前企业整体管理水平较低,不能适应高速发展的需要。企业主要问题有两个:首先是如何规范、高效的管理,企业的管理层缺乏系统的思路和方法;其次,对目前企业管理中存在的亟须解决的问题,企业管理层没有统一的认识。

请你针对上述实训题给出企业绩效评价解决方案的主要思路,并说明其实施与推进过程。

2. 乙公司要从位于 S 市的工厂直接装运 500 台电视机送往位于 T 市的一个批发中心。这批货物价值为 150 万元。T 市的批发中心确定这批货物的标准运输时间为 2.5 天,如果超出标准时间,每台电视机每天的机会成本是 30 元。乙公司的物流经理设计了下述三个物流方案,请从成本角度评价这些运输方案的绩效。

(1) A 公司是一家长途货物运输企业,可以按照优惠费率每公里 0.05 元/台来运送这批电视机,装卸费为每台 0.10 元。已知 S 市到 T 市的公路运输里程为 1 100 公里,估计需要 3 天的时间才可以运到(因为货物装卸也需要时间)。

(2) B 公司是一家水运企业,可以提供水陆联运服务,即先用汽车从甲公司的仓库将货物运至 S 市的码头(20 公里),再用船运至 T 市的码头(1 200 公里),然后再用汽车从码头运至批发中心(17 公里)。由于中转的过程中需要多次装卸,因此整个运输时间大约为 5 天。询价后得知,陆运运费为每公里 0.06 元/台,装卸费为每台 0.10 元,水运运费为每百台 0.6 元。

(3) C 公司是一家企业,可以提供全方位的物流服务,报价为 22 800 元。它承诺在标准时间内运到,但是准点的百分率为 80%。

3. 丙公司创立于 20 世纪 50 年代,原是一家军工企业,经过多次改制、重组后,现为上市公司。主要生产装载机、压路机等工程机械产品。拥有员工三千多名,其中大专以上占28.1%，拥有职称人数占19.6%；整体年龄偏大，50岁以上的有五百多人。

该公司目前存在以下问题。

第一，公司聘请外部咨询公司制定了企业的中长期发展战略，制定了研发、营销、采购、生产等各部门的部门分战略，然后由企业发展部作为主要负责部门，组织各职能部门，使用目标责任制考核办法将年度任务进行分解。每个分公司和部门都承担了十几个经营指标，并且公司和各部门负责人都签订了经营责任状，规定了完成经营指标后的奖惩。由财务部、企业发展部每月对指标进行考核、打分、汇总。但是在这种考核进行一段时间后，发现即使确定了绩效考核指标，整个公司的执行能力也没有大幅提高，各个部门的考核指标完成得都不算太差，但是公司总体的经营计划总是无法完成。

第二，整个公司的工作流程还有待于优化，部门与部门之间工作融合的程度还不够，虽然各岗位都有岗位说明书，但是遇到一些需要配合的事情，经常会相互扯皮。

第三，公司的整体薪资水平在同行业属中等偏上，但是从普遍情况来看，操作工的流动性较小，相对满意程度较高；高层人员，尤其是技术人员的流动却明显大得多，满意程度也低得多。如何提高高级技术人员的积极性、降低他们的流动性是让企业高层头痛的事。

请你针对上述问题：

(1) 采用平衡记分卡，确定关键绩效评价指标体系。

(2) 说明关键绩效评价指标体系的建立和分解内容。

(3) 如何优化薪酬及激励制度？

案例分析

平衡记分卡在沃尔沃集团的应用

自从1999年与雷诺汽车(Renault)公司的兼并计划被取消，整个沃尔沃集团经历了重大的变革。首先，公司把大量的时间与资源花在了阐明沃尔沃集团各个子公司的远景与战略上。1999年年初，沃尔沃汽车(VCC)公司提出了新远景："成为世界上最理想、最成功的专业汽车品牌。"基于该远景，为公司的每个部门都阐明了详细的战略。通过以行动为基础的商业计划，这些战略在整个公司得以实施。

在阐明战略的过程中，公司的管理层意识到沃尔沃集团的预算和计划体系无法提供可靠的预测。管理控制体系没有正确的估计技术、产品以及成为市场上的有力的竞争者所需要的进程。公司需要一个灵活的管理控制工具，该工具能够模拟现实情况并且能够对商业环境中的变化做出快速的反应。这些因素导致公司开始引入了"新计划过程"。

新计划过程是一种报告和控制，在该过程中公司一年中至少准备长期和短期预测，同时还要把关注的焦点放在目标和当前的经营计划上。新计划过程不强调预算安排，甚至会传递这样一种信息:"不需要预算。"依照管理的要求,预算已经成为一种形式,一种对有效控制经营起阻碍作用的每年一次的仪式。

利用新计划过程,沃尔沃想把关注的焦点从细节转向目标。沃尔沃认为决策的制定应该尽可能地靠近客户。这要求有一个能够提供早期预警信号的管理控制体系,一旦现实情况开始偏离预期,就应该采取积极决策行动来使公司朝着已经确定的目标调整。沃尔沃的管理控制是通过测量各个部门的业绩指标来进行的。业绩指标用图形显示在记分卡上。业绩指标应该是相关的和易于测量的,并且它们应该包含有货币或者非货币的参数。而且,它们在短期预测和长期预测中应该与财务业绩或者资本使用之间有直接的或者间接的联系。

每一个业绩指标都对应相应的目标。目标设定过程应该开始于对部门理想状况的清晰定义。通常情况下,在业务发展和战略阐明过程中这个步骤已经完成了。下一步是引导部门朝着理想情况发展。关键的成功要素指标变成可测量的目标。目标应该是有可能实现的、便于理解的、能够分解为次要目标并能够应用于公司不同部门的。应该设定完成每个目标的最后期限,对目标实现的过程能够进行短期或长期的预测。

长期预测每季度进行一次,短期预测按月进行分解。长期预测是针对未来两年的,这样,包括过去的两年,就有一年的时间段在被关注的范围内。用这种方法,可以警告沃尔沃公司的管理层注意将要发生的变化,并采取相应的行动策略。在一年当中,绩效的评估是连续不断地对每一个绩效指标都进行经常的预测和控制。

VCC 业绩报告包括 VCC 公司各部门提交的报告。在业绩指标的基础上通过记分卡对每一个部门进行监督(指标事先由 VCC 的质量管理人员确定)。除了记分卡,还要对趋势、差异以及值得关注的事件发表评论,对任何差异都要提出一个行动计划。这种报告不仅要用书面形式加以记录,而且在每月举行的会议上还要对 CEO 或者 CFO 进行口头陈述。根据 VCC 业绩报告,沃尔沃集团的管理层了解到许多业绩指标的完成情况,包括利润、客户的满意程度、质量、成本以及营运资本等。

通过不断比较真实业绩与预期业绩,公司总是可以保证有一套行动计划来完成确定的目标。按照沃尔沃的规定,这些特点构成了业绩报告和年度预算之间的主要区别。但是,存在一个扩展的目标设定过程,在此过程中值得注意的是短期和长期目标总是保持不变,而预期目标却经常随着实际情况的改变而进行修正。因此,也可以看到补救行动计划是如何较好地完成的。

资料来源:平衡记分卡案例. http://blog.sina.com.cn/s/blog_5c58efea0100asrl.html.

思考题:

1. 分析评价平衡记分卡在沃尔沃集团的应用效果。
2. 通过这个案例我们可以学到什么?

第十一章

物流作业成本管理

本章结构图

- 物流作业成本管理
  - 作业成本法概述
    - 作业成本法的产生与发展
    - 作业成本法的基础理论
  - 物流作业成本管理
    - 物流业实施作业成本管理的基础工作
    - 作业基础信息系统规划
    - 作业基础成本制度与现行制度的整合
    - 作业成本核算流程
    - 计算方法

学习目标

了解作业成本法的产生与发展；

掌握作业成本管理的基础理论；

掌握物流作业成本管理的核算流程和方法。

引导案例

某仓储配送型物流公司同时为五个客户提供货物运输、配送、流通、加工以及其他相关增值服务。五个客户的货物都储存在同一个配送中心内，配送中心内的人员、装卸搬运机器设备以及其他设备都是共用的，配送作业也往往是共同实施的。五个客户的货物种类有所不同，客户要求提供的服务内容和服务质量也有所区别。

请问：公司是不是应该为五个客户单独地核算他们各自发生的物流成本，以有利于定价和改善物流服务质量？如果需要，共同发生的仓储成本、配送成本甚至行政管理成本如何分摊给五个客户？能不能按照五个客户各自的流转货值的比例进行分配？

资料来源：鲍新中，崔巍．物流成本管理与控制．第2版．北京：电子工业出版社，2010.

第一节 作业成本法概述

企业乃至供应链的物流系统是由一系列物流作业组成的，随着物流管理越来越受到重视，物流作业管理也成为现代物流管理的重要组成部分。作业成本管理为物流作业管理提供了有效的成本核算和控制工具，企业可以利用作业成本管理所得到的信息，对物流作业流程进行改善，实行有效的作业管理，从而实现物流成本最低和作业流程最优的目标。

一、作业成本法的产生与发展

旨在改变传统成本会计的作业成本(activity-based costing，ABC)法适应了新制造环境，提出了新的核算观念和管理方法，是企业管理和成本核算的一次突破，能很好地解决传统成本方法在新制造环境下出现的种种问题。ABC 和基于 ABC 的作业成本管理(activity-based costing Management，ABCM)，在美、日和西欧诸国的企业，尤其是竞争激烈和人工成本很低的高新技术企业，得到了广泛应用，成为成本管理的新选择。

作业是指在一个组织内为了某一目的而进行的耗费资源的工作，是作业成本管理的核心要素。作业成本法是一种通过追踪所有作业活动，计量作业和成本对象的成本，评价作业业绩和资源的利用情况的成本计算和管理方法。它以作业为中心，根据作业对资源耗费的情况，将资源的成本分配到作业中，然后根据产品和服务所耗用的作业量，最终将成本分配到产品与服务中去。

美国会计学家埃里克·科勒教授于 1941 年在《会计论坛》杂志上发表论文，首次对作业、作业账户设置等问题进行了讨论。随后，乔治·斯托布斯教授在具有重大影响的《作业成本计算和投入产出会计》一书中，对“作业”、“成本”、“作业成本计算”等概念作了全面阐述，引发了 20 世纪 80 年代以后西方会计学者对传统的成本会计系统的全面反思。

1988 年，哈佛大学的罗宾·库珀连续发表了《一论 ABC 的兴起：什么是 ABC 系统?》、《二论 ABC 的兴起：何时需要 ABC 系统?》、《三论 ABC 的兴起：需要多少成本动因并如何选择?》和《四论 ABC 的兴起：ABC 系统看起来到底像什么?》。他与罗伯特·卡普兰一起对作业成本管理的现实意义、运作程序、成本动因选择、成本库的建立等重要问题进行了全面深入的分析，奠定了作业成本管理研究的基石。

此后，在英、美等国家对作业成本管理的研究日益引起人们的关注，研究作业成本管理的文章纷纷出现，作业成本理论日趋完善，在冶金、电信、制药、电子设备等行业的应用也逐步开展了起来。

作业成本法引入了许多新概念，图 11-1 显示了作业成本计算中各概念之间的关系。

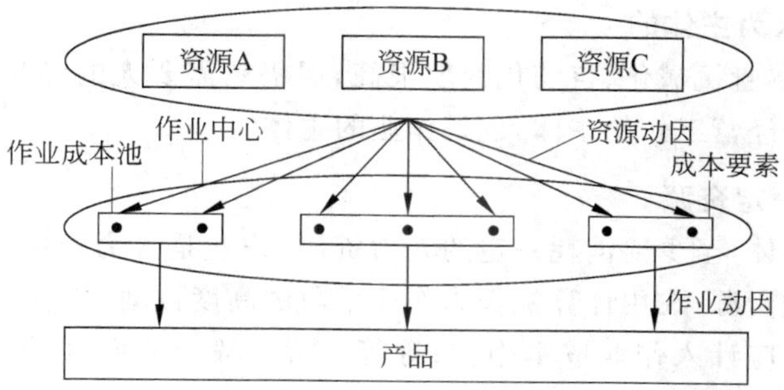

图 11-1 作业成本模型

资源按资源动因分配到作业或作业中心，作业成本按作业动因分配到产品。分配到作业的资源构成该作业的成本要素（图中的黑点），多个成本要素构成作业成本池（中间的小方框），多个作业构成作业中心（中间的椭圆）。成本动因包括资源动因和作业动因，分别是将资源和作业成本进行分配的依据。

小贴士

作业或作业中心是成本归集和分配的基本单位。作业中心可由一组性质相似的作业组成。由于作业消耗资源，因此伴随作业的发生，作业中心也被称为作业成本库。

二、作业成本法的基础理论

一般认为，作业成本管理是一个以作业为基础的管理信息系统。它以作业为中心。作业的划分从产品设计到物料供应，从工艺流程的各个环节、总装、质检到发运销售全过程，通过对作业及作业成本的确认计量，最终计算出相对准确的产品成本。同时，通过对所有与产品相关联作业的跟踪，为消除不增值作业、优化作业链和价值链、增加需求者价值，提供有用信息，促进最大限度的节约，提高决策、计划、控制能力，以最终达到提高企业竞争力和获利能力，增加企业价值的目的。

作业成本管理不仅可以提供相对准确的成本信息，还可依据作业链和价值链的分析，进行作业管理，满足经营控制的需要。正是在这样的观念下，作业成本管理已从单纯的成本会计系统，发展为应用更为广泛的成本管理系统。作业成本管理的基本原理是：作业消耗资源，产品消耗作业；生产导致作业的产生，作业导致成本的发生。

（一）作业的内涵

企业进行作业成本核算，最关键的是要理解作业的各项内涵。

1. 作业是以人为主体的

现代企业中，尽管机械化、自动化程度很高，但仍然需要人的参与。人仍然是现代企业中各项具体生产经营工作的主体，也是作业的主体。

2. 作业消耗一定资源

作业以人为主体，至少要消耗一定的人力资源；作业是人力作用于物的工作，因而也要消耗一定的物质资源；在用计算机作为作业手段的高度自动化生产条件下，计算机因使用而耗费的价值也应计入作业成本中去；等等。就一般企业而言，资源消耗包括直接材料、直接人工和各种间接费。

3. 区分不同作业的标志是作业目的

在一个完备的企业中，现代化程度越高，生产经营过程的可区分性就越强。这样，可以把生产经营过程按照每一工作的特定目的区分为若干作业，每项作业负责完成该作业职权范围内的每项工作，这些工作互补并且互斥，构成了完整的生产经营过程。

作业目的不同于某一项具体工作的目的，如采购作业，负责适时为生产提供材料，但就该作业内部看，仍然包括若干项具体工作，有人负责与供应商建立固定联系，有人处理款项结算与材料交接，有人负责材料运输，等等。之所以把这些工作确定为一项作业有其深层次的原因，这个原因就是作业动因，因为这些具体工作都可以归属为由该作业动因而发生。所谓作业动因，是指作业贡献于最终产品或劳务的方式和原因。

4. 增值作业和非增值作业的划分

对于一个生产经营程序设置有欠合理的企业，作业可以区分为增值作业和非增值作业。这里，非增值作业虽然也消耗资源，但并不是合理消耗，它对企业提供产品或劳务并不直接作出贡献。如企业内部产品的搬运作业，以搬运距离作为动因消耗资源，但这种搬运作业可以通过采用缩短搬运距离即紧凑经营过程的方式予以逐步消除，因而一般被确定为非增值作业。

5. 作业的范围可以被限定

从会计角度看，由于作业区分的依据是作业动因，而作业动因对于特定企业是客观的，因此作业范围是能够得到本质上的限定的。

6. 作业成本计算的目的

作业成本计算的目的不是将共同成本分配到产品，而是对用于各种作业的资源进行计量和定价。它首先要确认耗用企业资源的所有作业，然后把辅助资源的费用追溯到对应的作业中，直到将企业的全部辅助资源费用都对应到相应的作业中为止。最后按照一定方法分配到产品中去。

综上所述，作业是指基于一定目的，以人为主体，消耗一定资源的特定范围内的工作。

这种拓展了内涵的作业观，使作业管理手段可以广泛地与作业成本分析联系起来，从而能够改良成本会计理论与实务。

（二）作业划分

对作业可从不同角度进行分类分析。杰弗・米勒和汤姆・沃尔曼两位现代制造过程的研究者将作业分为以下四类。

1. 逻辑性作业

逻辑性作业是指订购、执行和确保材料移动的作业。忙于逻辑性作业的全体人员包括场地巡视工人及从事接收、运输、数据登记、计算机处理和会计工作的人员。

2. 平衡性作业

平衡性作业是将原材料、人工和机器供应与需求配比的作业。采购、材料计划、生产控制、预测和计划的人员执行平衡性作业。

3. 质量作业

质量作业是确保生产和规范一致的作业。质量控制、间接工程技术、采购等人员从事质量作业。

4. 变化作业

变化作业是使生产信息现代化的作业。涉及计划、程序规范标准和材料清单的制造人员以及质量工程师从事变化作业。

（三）成本动因

作业成本管理认为，成本动因是决定成本发生、资源耗费的真正原因。针对传统成本在制造费用分摊上不精确的情况，它采用两阶段成本分摊方法来计算各种成本标的的成本，从而获得更为准确的产品成本信息。

为了更准确地衡量产品成本，作业成本管理采用多重动因分摊成本。掌握成本动因是运用作业成本管理的关键，因此，选择适当的成本动因非常重要。

1. 成本动因的分类

一般而言，成本动因是指导致成本发生的任何因素，即成本的诱致因素。出于可操作性考虑，成本动因必须能够量化。可量化的成本动因包括生产准备次数、零部件数、不同的批量规模数、工程小时数等。成本动因主要可分为资源动因和作业动因。

1）资源动因

资源动因反映了作业中心对资源的消耗情况，是资源成本分配到作业中心的标准。在分配过程中由于资源是一项一项地分配到作业中去的，于是就产生了作业成本要素。

将每个作业成本要素相加就形成了作业成本库。通过对作业成本要素和作业成本库进行分析,可以揭示哪些资源需要减少,哪些资源需要重新配置,最终确定如何改进和降低作业成本。

2）作业动因

作业动因是将作业中心的成本分配到产品、劳务或顾客中的标准,它也是将资源消耗与最终产出相沟通的中介。通过实际分析,可以揭示哪些作业是多余的,应该减少,整体成本应该如何改善,如何降低。

布林逊在《成本会计》一书中将成本动因分为以下两类：一是积极性成本动因,是指能够产生产品、收入或利润的作业,例如销售订单、生产通知单等；二是消极性成本动因,是指引起不必要的工作和利润减少的作业,例如重复运送产品等。

2. 确定成本动因的个数要考虑的因素

1）成本动因与实际制造费用的相关程度

在既定的精确度下,运用相关程度较高的成本动因时,成本动因的数目就较少；反之,如果缺少与实际制造费用相关程度较高的成本动因,为达到一定的精确度水准,必须增加成本动因的数量。

2）产品成本的精确度和产品组合的复杂程度

倘若对产品成本的精确度要求比较高,则成本动因的数目必然增加,反之,则会减少。产品复杂程度低,则多个作业成本可汇集在同一作业成本库中,反之,则汇集比较困难,所要求的成本动因数目也相应增加。

3. 选择成本动因要考虑的因素

1）成本与效益的关系

即要考虑成本动因的资料是否易于获得。若在现有的成本系统内即可获得,则成本不会太高；反之,需要另设新的系统收集资料,则成本会大增,此时,必须做成本效益分析。

2）成本动因与实耗资源成本的相关程度

相关程度越高,产品成本被歪曲的可能性就越小。

3）会计的行为面

在选择成本动因时,必须考虑组织中心的行为。成本动因相关程度的确定可运用经验法和数量法。经验法指依据各相关作业经理的经验,对一项作业中可能的成本动因做出评估。比如最有可能成为成本动因的,权数为 6；可能程度属于中等的,权数为 3；可能性较小者,权数为 1。然后各成本动因的权数依各经理给定的权数加权平均,取较高者进行数量方法测试。所谓数量法即是指利用回归分析,比较各成本动因与成本间的相关程度。

（四）作业成本管理的成本计算程序

1. 确认和计量耗用企业资源的成本

将能够直观地确定为某特定产品或服务的资源成本划为直接成本，直接计入该特定产品或服务成本，其余部分则列为作业成本。

2. 确认和计量耗用资源的作业

作业是指为提供服务或产品而耗用企业资源的相关生产经营管理活动。如订单处理、产品设计、员工培训、材料处理、机器调试、质量检查、包装、销售、一般管理等。

3. 计量作业成本

根据资源耗用方式的不同将间接资源成本分配给相关作业，计算出各项作业的成本，即作业成本。

4. 选择成本动因

一项作业的成本动因往往不止一个，应选择与实耗资源相关程度较高且易于量化的成本动因作为分配作业成本、计算产品成本的依据，如：人工小时、机器小时、机器准备次数、产品批数、收料次数、物料搬运量、订单份数、检验次数、流程改变次数等。

5. 汇集成本库

即将相同成本动因的有关作业成本合并汇入"同质成本库"，动力与维护费用可归入一个成本库。

6. 作业成本分配

其计算公式为：分摊成本＝某作业成本（库）分配率×被某产品耗用成本动因数量

7. 计算产品成本

将分配某产品的各作业成本（库）分摊成本和直接成本（直接人工及直接材料）合并汇总，计算该产品的总成本，再将总成本与产品数量相比，计算该产品的单位成本。

第二节　物流作业成本管理

商品价值是在一系列的作业活动（包括采购、制造、加工、配送、销售等）中形成的。企业通过连续的作业活动为消费者创造和提供价值，同时实现自身的价值增值。同样，贯穿供应链的所有物流作业也形成了一条联系链上所有企业的作业链，并且对该供应链的价值增值过程产生重要影响。因此，物流管理是对以流程为基础的价值增值过程的管理，企业要实现物流作业链的整体最优，就必须站在供应链的角度对物流作业环节进行作业分析和管理。

作业成本管理可为企业物流成本的核算提供重要的成本信息，同时也为企业的物流管理引入作业管理的观念，通过对产品、价值(作业)链、作业和资源的分析，可为改善企业的物流管理提供重要的信息，有效地促进物流管理的发展。

一、物流业实施作业成本管理的基础工作

物流企业要引入作业成本管理制度，需要从系统设计的角度考虑该制度实施的一系列准备工作。

(一) 明确实施目的

作业成本管理的实施可以是有多种目的的，因此物流企业在设计作业成本管理制度时，首先要做深入的需求分析，根据需求分析的结果来决定制度实施的目的，再依据明确的目的，来进行详细的设计。需要注意的是：实施的目的不同，作业成本管理制度的设计方式也会有所不同。

如果实施的目的是降低成本，则可能需要针对作业收集比较详细的作业成本信息；如果作业成本管理的目的在于协助做出策略性的营销决策，则可能需要收集较多的有关产品或者客户方面的成本信息。另外，对于物流部门来说，作业成本制度的实施也可能与整个企业作业成本法的实施相结合，在整个企业范围内推行作业成本制度，以达到更高层次的目的。

(二) 确定实施的范围

一般来说，作业成本管理实施目的的确定就决定了作业分析的范围，而作业分析范围的大小会影响到投入时间和人力的多少。为了避免贸然地进行全面实施而导致成效不佳，企业也可以先以小规模先导示范的方式进行。先导示范法先对组织中有限的范围进行研究。范围的选择可以考虑下列因素：

(1) 实施地点的多少；
(2) 所有或部分成本标的；
(3) 所有或部分的作业；
(4) 全部或部分的会计期间；
(5) 历史的或者预算的成本数；
(6) 单一期间或者产品生命周期观点。

(三) 所需要的基础资料

构建一套作业成本管理模型，首先要收集与此模型相关的公司内各单位的有关资料，主要包括：

（1）公司组织结构图；
（2）公司会计科目设置；
（3）成本会计制度及其相关的记录表格；
（4）工作说明书；
（5）厂房配置图；
（6）作业流程等。

（四）作业与成本动因分析的基本方式

收集了上述基本资料之后，就可以采用一定的方式进行作业与成本动因分析。进行作业和成本动因分析的基本方法包括观察、记录时间、问卷、访谈、工作抽查五种。

1. 观察

观察需要对此项工作有经验的人来进行，以便迅速地收集到与作业有关的资料。但使用这种方法能收集到的资料相对较少，一般只能作为补充收集手段。

2. 记录时间

让员工使用工作日志之类的工具，记录执行某项工作所使用的时间。当员工对填写记录表不够积极时，应考虑给予一定的激励以获取正确的信息。

3. 问卷

问卷调查可以当作访谈前的准备工作，也可以当成主要的信息收集工具。要注意问卷的题目必须完整清楚，以避免资料收集不够完整或受访者误解题意而提供错误的信息。

4. 访谈

访谈法是一种最主要的且被普遍采用的信息收集方法。其优点在于通过双向的访谈，一方面可以收集到可以信赖的信息；另一方面可以教育使用者。缺点是相当费时。访谈的问题主要包括：部门内的各项重要作业是什么？作业所需要的资源有哪些？作业为什么发生？绩效考核指标是什么？确认成本标的（可能是客户、产品或其他部门）等。

5. 工作抽查

工作抽查是指以观察的方式衡量员工从事某一特定作业的时间。使用这种方式要注意抽查的时段要具有代表性。

对作业与成本动因的分析往往是混合使用以上各种方法。总的来说，需要的信息越准确，花费的时间和成本就越高，企业可以根据所需信息的精确程度来选择适当的分析方法。

（五）作业成本制度与会计制度

普通的会计制度都是建立在对外公布财务报告的规定基础上的，而作业成本法的实施则是为了更好地做好企业的成本管理。因此,会计科目的设置需要分类到更细的层次,如按照客户单位或者内部各部门进行分类等。企业会计科目设置得好坏可以看其会计科目的设置,尤其是为了配合作业成本制度的实施,会计科目就更加应该加以详细的分类,包括各项成本费用发生的单位等。

总分类账是建立作业成本制度、成本分配流程的起点。但在设计作业成本制度时要注意,分类账往往是为了编制财务报表而编制的,因此在进行成本分配之前需要将总分类账做适当的调整和细化,调整和细化的基本原则有下列两条。

1. 分解至部门层次

大部分的作业资料都是直接从部门取得的,所以将资源成本分解到各个部门层次有助于把资源成本分配到作业上。

2. 调整不符合经济事实的项目

因为作业成本管理的主要目的是改善营运状况而不是财务报告目的,所以不需要符合一般公认会计原则。例如:可以按照实际的使用年限而不是法定的会计使用年限来计提折旧;将研发费用逐期分摊而不是作为当期费用等。

二、作业基础信息系统规划

作业成本制度可以提供较为准确的成本资料,企业除了可以利用这些成本资料做出较佳的定价决策外,也可以据以从事作业基础的成本管理。然而,作业成本制度的成功实施有赖于许多财务性和非财务性资料的提供。当一个企业准备实施作业成本制度时,却经常发现它现有的信息系统无法提供所需要的资料,或者是要费很大周折才能获得这些资料。究其原因,主要是传统会计信息系统很少衡量一个企业中各项作业的活动水平及其消耗的资源数量。因此,企业要应用作业成本制度,加强成本管理,首先必须改善现有的会计信息系统,以收集实施作业成本制度所需要的各种资料信息。可以把为实施作业成本制度而建立的信息系统称为作业基础信息系统。

(一) 作业基础信息系统设置的目的

一个良好的作业基础信息系统必须能够收集并提供及时准确的成本信息,来使管理者达到以下几项基本的目的:

(1) 满足客户的需求,包括及时运交客户所需的货品以及提供货品的市场销售分析;
(2) 将库存控制在一定的水平,避免缺货或者存货过多;
(3) 有效率地使用人力、机械以及设备等资源;
(4) 制定合理的服务价格。

（二）作业基础信息系统应具有的特点

为了达到上述目的，一个作业基础信息系统必须具备以下几个特点：

1．资料归集涵盖的范围要广泛

包括各项作业的成本动因数量及其所消耗的资源数量等。

2．包含各种详细的成本分类方式

成本可以按照产品、服务、客户、订单或者是部门加以归属，也可以按照其成本性态分成固定成本和变动成本。

3．同时收集财务性和非财务性的资料，以作为成本分摊的基础

作业成本制度所使用的成本动因往往是非财务性的。因此，在该制度下所收集的成本信息不能仅仅偏重于财务信息，而需要两者兼顾。

4．富有弹性

可以适时地提各种成本管理决策分析所需要的不同信息。

（三）建立作业基础信息系统的步骤

作业基础信息系统的建立，大致上可以按照下列步骤进行。

1．分析信息系统所需要收集的资料项目

为了实现作业基础信息系统的既定目的，首先需要确定所需要收集的资料项目。基本步骤为：探讨管理者所需要进行的重要管理决策；辨认各管理决策所涉及的成本标的；辨认各成本标的所使用的作业活动；辨认各作业活动所耗用的资源；辨认各作业活动的成本动因。

经过上述步骤，一个企业可以决定其作业基础信息系统必须对哪些资源和成本动因的耗用数量进行衡量并记录。

2．设计作业基础信息系统

设计包含交易处理程序以及软硬件设施的信息系统时，在提供上述资料需求的前提下，再按照下列步骤进行：将系统依照企业的重要活动划分为各个应用子系统；决定资料产出所需满足的信息需求；确定资料的交流关系；确定资料来源；确定收集及记录资料的方法。

3．作业基础信息系统的实施

作业基础信息系统与企业传统的或者原有的信息系统可以并存使用。也就是说，一方面使用作业基础信息系统从事管理决策；另一方面仍然使用传统的信息系统从事财务信息的收集和对外报告。其配合使用的方法又可以有两种，一种是新系统完全独立；另一种是两者彼此进行整合，如图 11-2 所示。

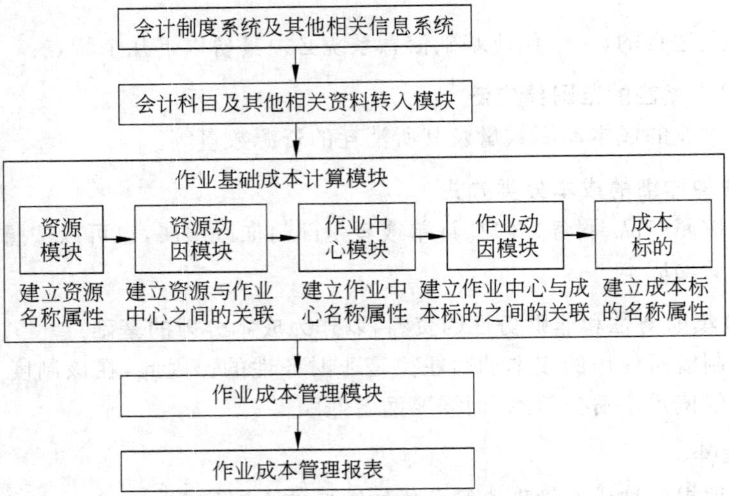

图 11-2 作业基础成本管理系统基本框架

三、作业基础成本制度与现行制度的整合

（一）作业资料

前面已经介绍，在处理作业资料之前，首先必须明确建立作业成本制度的目的，因为目的不同会导致作业认定的差异。作业资料的处理可以按以下两种方式进行组织。一是依照部门将作业分类。一般而言，依部门将作业分类是最合乎大多数人需求的一种选择，对部门内的作业按照工作内容自上而下一层一层地分解开。二是依照业务程序将作业分类。如果按照作业流程分类，就可以按照作业的顺序，依次在作业模块中建立。

这两种作业组织方式的选择，完全依赖于使用者想如何将资源成本归属到作业，以及如何将作业成本归属到成本标的。作业的组织可以完全按照设计者的想法以及管理者的需求，有些作业成本也可以不直接分摊给成本标的，而是先将成本分摊至另一项作业，再通过该作业将成本分摊下去。

关于作业方面的信息，可能还包含了成本以及绩效或者其他方面的信息，如果能同时将这些信息融入作业基础成本模式中，便可以利用这些非财务信息进行作业管理或分析。因此，使用者就可以收集一些关于作业的属性资料结合到作业模块中，如表 11-1 所示。运用这些属性资料，就可以追踪关键作业（例如有附加值或者无附加值作业）、作业的成本动因、所属程序及绩效评估指标等。最后在产生管理报表的时候，也可以通过属性将作业分类，使管理者可以缩小应注意资料的范围。

表 11-1 作业属性资料表

作业代码	作业名称	成本动因	附加值程度	绩效评估指标	程序
A0001	作业 1				
A0002	作业 2				
A0003	作业 3				
A0004	作业 4				

（二）成本标的资料

在资源与作业资料都加以组织之后，最后要进行成本标的资料的组织。成本标的模块的组织，完全视使用者的决策需求或者报表报告的目的而确定。成本标的不仅仅限于产品，客户、部门、市场、区域等都可以作为成本标的。使用者可以为不同的成本标的建立资源与作业，再分别建立与作业之间的关联，就可以按照不同的需求产生不同成本标的管理报表。

（三）成本归属路径

资源、作业以及成本标的三者彼此之间的归属和分摊方式是作业成本制度实施的关键所在，也就是要将资源模块组的成本信息与作业模块组的成本信息相结合。不同模块之间的账户可以定义其相关联的归属成本。

（四）作业基础管理报表

系统所提供的标准管理报表种类及其报表内容，可以经由三种方式产生：直接显示在画面上、直接打印产生和存档。作业基础管理报表的形式很多，具体如下。

(1)归属关系报表。此报表显示资源、作业和标的之间的起点及对应终点信息，包括名称、动因数量、成本资料等。

(2) 成本组成要素报表。此报表反映成本标的或者某项作业的成本组成来源信息。

(3) 动因报表。此报表反映模块中的资源动因与作业动因的所有信息。

(4) 闲置产能报表。此报表反映闲置产能状况的信息，只要产能有未被充分利用的情况就加以反映。

(5) 模块结构层次报表。此报表反映各模块之间的结构层次信息，包括项目名称、层次、形态以及成本信息等。

(6) 绩效评估报表。此报表反映哪些账户有绩效评估指标。

(7) 资源组成报表。此报表反映账户的成本组成要素有哪些。

在各种报表中,归属关系报表是说明资源账户或作业账户之间的成本流向的,其成本归属对象会以汇总方式列出,由此可以清楚地看出资源账户或作业账户的成本究竟流向何处。成本组成报表则是说明一个作业账户或成本标的账户的成本是从哪些账户汇集而来的,可以了解哪种成本来源所占的比例较大,从而发现和指出改善之处。

(五) 作业基础成本管理

前面比较详细地阐述了如何建立作业基础成本信息系统,以及如何收集资料进行成本的分摊。但是,成本分摊并不是实施作业成本制度的最终目标,实际上,实施作业成本制度的真正的目标还是成本管理,而不是分摊。

根据许多公司的现有资料无法进行有效的成本管理。如果按照前面的原则建立起作业基础成本信息系统,然后逐月统计各作业的累积成本,以及相关的成本动因数量,则可以通过作业成本的每月变动及分析,清楚地看出究竟哪些作业消耗公司的资源较多。

通过每月收集的资料,利用作业基础成本信息系统,可以统计产生出许多作业基础管理报表,做以下的分析。

1. 作业附加价值分析

定期评估每项作业所产生的附加价值,尽量去除没有附加价值的作业,尤其是那些消耗公司大量资源,而又不具有附加价值的作业。

2. 作业成本标准的设定

为了达到管理物流成本的目的,可以选定每项作业的成本比较标杆,以显示出作业的营运效率。对没有效率的作业应想办法降低该项作业的累积成本。标杆的选定可以依据公司内部的历史资料或者行业平均值来确定。

3. 客户获利能力分析

公司应分析每一个客户的获利能力。为达到这个目的,公司必须逐月统计每个客户对每项作业所耗用的物理量,以不同客户作为成本标的。作业基础信息系统可以由公司自行开发,也可以购买软件供应商的作业成本套装软件。

四、作业成本核算流程

作业成本核算收集、分配物流成本的流程如图 11-3 所示。

【例 11-1】

一家汽车配件供应商,为了发掘成本降低的潜力,决定采用作业成本核算,计算物流成本。其核算步骤如下。

(1) 确定物流系统中涉及的各个作业,如表 11-2 所示。

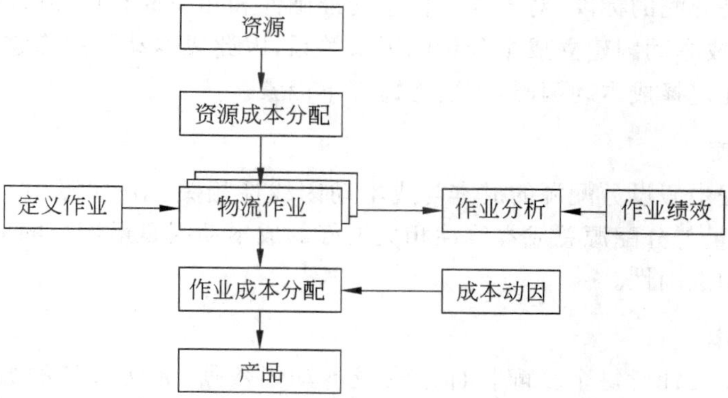

图 11-3　物流作业成本核算流程

表 11-2　确 定 作 业

	活动 1	活动 2	活动 3	活动 4	活动 5	活动 6
计划管理	计划编制	档案管理				
采购	价格管理	谈判	发订单	委托采购		
储运	入库检验	仓库租赁	流通加工	报关、运输	搬运、装卸	流通加工
供货	运输	搬运、装卸				
供应商建设	月供应会	年供应大会	访问	评审		

(2) 确定企业物流系统中涉及的资源费用，如表 11-3 所示。

表 11-3　确定资源费用

	费用 1	费用 2	费用 3	费用 4	费用 5	共同费用
计划管理	材料费					人工费、办公用品等低值易耗品、水电费等
采购	差旅费	业务招待费				
储运	资金占用费	仓库租赁费	搬运器具折旧	包装用材料	报关运输费	
供货	运输费	搬运器具折旧	包装用材料			
供应商建设	会议费	业务招待费	差旅费	评审费		

(3) 确认资源动因，将资源分配到作业。以人工费为例，将其分配到各个作业成本池，可选择工时为资源动因。

(4) 确认作业动因，将作业成本分配到产品或服务中。以采购成本池为例，将其分配到各个产品时，可选用采购材料在各个产品中所占的比例为作业动因。

成本动因是分配的标准，对于成本信息的准确性和相关性有重要影响，是进行成本分析的基础，通过成本动因建立成本分析的因果关系，因此成本动因的确定是作业成本实施的重要内容。在选择成本动因时，需要考虑以下因素。

1. 相关程度

在分配过程中假设分配源的成本与成本动因线性相关。在实际中，存在多个成本动因，成本动因数量与分配源总成本线性相关最好的成本动因是最恰当的成本动因，这样能保证成本信息的准确性。

2. 实行成本

一次分配需要针对每个分配目标采集成本动因数据，无法采集的数据则无法分配。确定成本动因时，必须考虑成本数据的采集成本，保证相关的数据易于获取。如果数据采集成本太大，则可能使作业成本管理无法实施。

3. 行为导向

不同的成本动因有不同的分配结果，不同的成本分配结果以及基于分配结果的管理决策（如奖金）会对组织和员工的行为产生导向作用，因此必须仔细分析成本动因的行为导向作用。企业可以利用成本动因的行为导向功能，把员工的行为导向有利于降低成本的方向。

五、计算方法

确定了各项成本的归集和分配方案后，具体的核算比较容易操作。对这一部分内容，现举实例进行说明。

【例 11-2】

某企业的采购物流活动由订货传输、订货处理、订货选择、订货运输、顾客递送五项作业构成，其中总人工成本为 16 万元，总折旧费为 1.57 万元。

核算步骤主要包括以下三步。

(1) 确认各项作业所消耗的资源种类。也就是确认一项作业所包含的成本要素。在这里以“订货处理”作业为例进行说明。“订货处理”作业消耗两种资源：工资和折旧。

(2) 确立各类资源的资源动因。将资源分配到各受益作业，据此计算出作业中该成本要素的成本额。据统计，企业采购物流活动中有 30%的员工全职从事订货处理，故可得出“订货处理”作业所消耗的“工资”要素成本额为 4.8 万元。“订货处理”作业所消耗的折旧成本额占总采购物流活动折旧费的 70%，可以得出“订货处理”所耗折旧要素成本额为 1.099 万元。

(3) 开列作业成本单。汇总各成本要素，得出作业成本库的总成本额。

以“订货处理”作业为例，开列成本计算单，如表 11-4 所示。

表 11-4 成本计算单

成本要素项目	数额/元	百分比/%
工资	48 000	81
折旧	10 990	19
总成本库	58 990	100

采用类似方法，可分别开列其他四项作业——订货传输、订货选择、订货运输、顾客递送的作业成本单，汇总这些成本单就可计算出采购物流活动的成本。

如果把基于作业成本管理的核算结果与基于传统会计核算的结果进行比较，会发现作业成本管理的核算结果要大出许多，说明利用作业成本法核算物流成本能达到揭示"物流冰山"的目的，是物流成本核算的有力工具。

复习思考题

1. 简述作业成本法产生的历史背景，如何理解作业的内涵？
2. 成本动因是如何进行分类的？
3. 确定和选择成本动因应考虑哪些因素？
4. 简述作业成本法成本计算程序。
5. 物流企业实施作业成本管理应做好哪些基础工作？

案例分析

东风汽车公司作业成本法实施案例

东风汽车股份有限公司由东风汽车公司独家发起，采取公开募集方式于 1999 年 7 月 15 日创立。公司总股本 10 亿股，其中国有法人股 7 亿股，流通股 3 亿股。"东风汽车"股票于 1999 年 7 月 27 日在上海证券交易所上市交易。目前总资产及销售收入达 70 亿元，净资产 40 亿元。公司以汽车产业的核心——"整车与动力"为主业，以拥有完全自主知识产权、总体性能在国内处于领先地位的"东风"系列轻型商用车和采用引进技术生产、性能卓越的东风康明斯柴油发动机为主导产品。

一、东风汽车股份公司目前成本管理状况

1. 企业成本管理手段落后，成本信息失真严重

在成本控制和管理方面，仍局限于传统成本管理观念，认为成本管理就是管产品生产

成本，只注重产品生产过程的成本管理，忽视对生产经营全过程的成本管理。同时，成本管理的方法落后于市场经济的要求，企业长期偏重于成本的事后核算，忽视事前、事中的成本预测、计划和成本控制，加上企业财会人员素质不高，先进的成本管理方法和手段在企业中应用得非常少。

2. 成本核算方法落后

公司主要采用传统的标准成本法进行核算，计算各产品制造成本，并以此为基础进行产品赢利能力分析。

二、作业成本管理问题的提出

随着汽车制造行业的竞争者增多，汽车生产商之间的竞争变得异常激烈。汽车产品的价格也不断下降，汽车行业赢利水平逐渐降低，部分产品已经处于保本点水平，而管理者要求的分产品赢利能力尤其是成本分析不能及时准确核算。

此时，汽车产品已经从单纯的生产过程转向生产和经营过程。一方面，产品品种多达200个，且经常变化，消耗物料品种达上万种，工时或机器台时在各生产车间很难精确界定，使用传统成本核算方法无法准确核算成本，也无法为企业生产决策提供准确的成本数据；另一方面，企业中的行政管理、研究开发、物流、采购供应、营销推广和公关宣传等非生产性活动大大增加，由此发生的间接成本在总成本中所占的比重不断提高，而此类成本在传统成本法下又同样难以进行合理的分配；再一方面，随着社会分工的精细，本公司的部分半成品或在制品也直接对外出售，要求对半成品或在制品的成本进行核算才能制定营销价格。随着管理工作的逐步深入，贯穿全员成本管理，公司基层管理部门要求对作业中心、班组及个人就成本项目进行业绩评价，这就要求必须有按作业核算的成本数据作参考制定目标成本。如此一来，以直接人工为基础来分配间接制造费用和非生产成本的传统成本法变得不适用，公司必须寻找其他更为合理的成本核算和成本管理方法。经调研分析选定实施作业成本法。

三、作业成本管理在东风汽车股份公司的应用

（一）作业成本管理在东风汽车股份公司的应用阶段

（1）以车架作业部为试点进行作业成本管理的试用；

（2）对车架作业部的作业成本管理进行分析与考评；

（3）完善作业成本管理在东风汽车股份公司推广应用的计划；

（4）建立责任成本中心，以责任成本中心为对象推行作业成本管理；

（5）构建以战略成本管理理念为指导，以预算成本为标准成本，作业成本与责任成本相结合，成本管理与价值管理相结合，成本中心与利润中心相统一的新型成本管理体系。

（二）车架作业部推行ABC的必要性和可行性分析

1. 车架作业部推行ABC的必要性

（1）通过实施ABC提供的及时有效成本信息，可以为产品定价等经营决策问题、成本控制问题提供科学的决策指导。

（2）车架作业部以其多品种、单件小批量的生产方式，决定了传统成本计算必然导致各种产品成本之间的成本交互补贴，造成产品成本失真现象。ABC可以较好地解决这一问题。

（3）公司高级管理人员的认同和大力支持以及较高素质的财务会计人员，是实施ABC的有利条件，也是实施作业管理的良好基础。

2. 车架作业部推行ABC的不利条件

（1）车架作业部的自动化程度不高，基本上都是人工操作，从而实施ABC的效果可能打折扣。

（2）车架作业部的基础数据，尤其是非财务基础数据资料缺乏，例如设备调整准备次数、调运次数或重量、各产品在各作业中心实际消耗的工时数等缺乏，给ABC的实施造成困难。

（三）车架作业部ABC设计

（1）车架作业部在股份公司的作业部中其工艺流程较为复杂，但过程非常清晰，对此进行实地调查，绘制车架作业部作业流程图。

（2）编写车架作业部作业成本核算的设计说明。根据作业成本法理论，分析分配资源费用时选择的资源动因，将车架作业部发生的所有资源耗费分配至相关的作业中心，并设计说明书。

（3）划分车架作业部的作业中心。掌握了车架作业部耗费的资源费用后，根据对生产工艺流程的了解进行作业的划分。首先对生产工艺流程进行描述，确定各流程主要任务，接下来将任务归集到作业。每个作业均可细分为许多子作业或子任务，如架冲作业可以进一步细分为天车、钻清、成型等子任务。作业的详尽划分对作业设计和管理是有好处的，但是同时也增大了计量成本。因此，定义作业时要防止两种倾向：一是防止定义限定性过于详尽的作业，因为这样不仅不能得到更多的有用信息，反而有可能造成分析的紊乱，于管理不利；二是避免过于宽泛地定义作业，因为这样的定义难以揭示改善的机会，无法达到促进企业降低成本的目的。根据生产工艺流程归集建立作业并确定成本动因后，可以根据作业“质的相似性”原则作进一步合并，选择主要作业，建立作业中心。

建立作业中心时，一般是首先确定一个核心作业，然后将上下游工序中一些次要任务或作业与之合并，归集为一个作业中心。在每一个作业中心中，都有一个或多个同质成本动因，应该从中选择一个最具代表性的成本动因作为计算成本动因分配率的基础。选择成本动因时，主要考虑成本动因与作业中心资源消耗的相关程度、计量成本等因素。

经过详尽的分析，可以为车架作业部建立作业中心划分明细表。

(四) 车架作业部 ABC 与 ABM 的实施

根据实地调查所掌握的相关资料以及车架作业部的生产工艺特点，选取了 2002 年 1—7 月份为成本核算期间，选取该期间从材料供应、加工生产到形成产品的整个过程的产品为成本核算对象。

(1) 资源费用数据的收集、整理。通过资源凭证的填制可实现资源费用的整理和收集，将各项目的具体耗费情况填写在《资源费用一览表》上。

(2) 将资源费用在各个作业中心分配、归集。根据《资源费用一览表》，将车架作业部 7 月份消耗的资源费用仔细归集分配至 1—7 个作业中心，得到资源费用分配表。

(3) 计算成本动因分配率，计算产品作业成本。用作业中心归集的月资源费用除以成本动因量，得到每月的成本动因分配率；根据完工产品计算卡，逐一确定产品经过哪些作业中心；按月把各种产品流经各作业中心成本动因量乘以动因分配率的积相加，便得到各种产品的作业成本，完成作业成本计算表。

(4) 计算产品成本和单位产品成本。将产品作业成本加上产品消耗的材料成本，得出产品总成本；产品总成本除以产品数量得到单位产品成本。

资料来源：东风汽车公司作业成本法实施案例. http://wenwen.soso.com/z/q173676675.html.

思考题：东风汽车股份公司如何进一步完善作业成本法在企业内部的实施？

中华人民共和国国家标准《企业物流成本构成与计算》（GB/T 20523—2006）

1 范围

本标准规定了物流成本计算对象、物流成本构成、物流成本计算思路和方法等内容。

本标准针对企业物流成本计算工作，适用于所有在国家工商管理部门注册的生产流通（包括物流）企业。

2 规范性引用文件

下列标准中的条款通过本标准的引用而成为本标准的条款。凡是注日期的引用文件，其随后所有的修改单（不包括勘误的内容）或修订版均不适用于本标准，然而，鼓励根据本标准达成协议的各方研究是否可使用这些文件的最新版本。凡是不注日期的引用文件，其最新版本适用于本标准。

3 物流成本内涵及计算对象

3.1 物流成本内涵

物流成本指物流活动中所消耗的物化劳动和活劳动的货币表现。即产品在包装、运输、储存、装卸搬运、流通加工、物流信息、物流管理等过程中所耗费的人力、物力和财力的总和以及与存货有关的资金占用成本、物品损耗成本、保险和税收成本。

本标准中与存货有关的资金占用成本包括负债融资所发生的利息支出即显性成本和占用自有资金所产生的机会成本即隐性成本两部分内容。

3.2 物流成本计算对象

本标准中以物流成本项目、物流范围和物流成本支付形态作为物流成本计算对象。

3.2.1 成本项目类别物流成本

成本项目类别物流成本指以物流成本项目作为物流成本计算对象，具体包括物流功能成本和存货相关成本。其中，物流功能成本指在包装、运输、仓储、装卸搬运、流通加工、物流信息和物流管理过程中所发生的物流成本。存货相关成本指企业在物流活动过程中所发生的与存货有关的资金占用成本、物品损耗成本、保险和税收成本。

3.2.2 范围类别物流成本

范围类别物流成本指以物流活动的范围作为物流成本计算对象，具体包括供应物流、企业内物流、销售物流、回收物流和废弃物物流等不同阶段所发生的各项成本支出。

3.2.3 形态类别物流成本

形态类别物流成本指以物流成本的支付形态作为物流成本计算对象。具体包括委托物流成本和企业内部物流成本。其中,企业内部物流成本其支付形态具体包括材料费、人工费、维护费、一般经费和特别经费。

4 物流成本构成

4.1 物流成本项目构成

按成本项目划分,物流成本由物流功能成本和存货相关成本构成。其中物流功能成本包括物流活动过程中所发生的包装成本、运输成本、仓储成本、装卸搬运成本、流通加工成本、物流信息成本和物流管理成本,存货相关成本包括企业在物流活动过程中所发生的与存货有关的资金占用成本、物品损耗成本、保险和税收成本。具体内容见表1。

表1 企业物流成本项目构成表

		成本项目	内容说明
物流功能成本	物流运作成本	运输成本	一定时期内,企业为完成货物运输业务而发生的全部费用,包括从事货物运输业务的人员费用、车辆(包括其他运输工具)的燃料费、折旧费、维修保养费、租赁费、养路费、过路费、年检费、事故损失费、相关税金等
		仓储成本	一定时期内,企业为完成货物储存业务而发生的全部费用,包括仓储业务人员费用,仓储设施的折旧费、维修保养费、水电费、燃料与动力消耗等
		包装成本	一定时期内,企业为完成货物包装业务而发生的全部费用,包括包装业务人员费用,包装材料消耗,包装设施折旧费、维修保养费,包装技术设计、实施费用以及包装标记的设计、印刷等辅助费用
		装卸搬运成本	一定时期内,企业为完成装卸搬运业务而发生的全部费用,包括装卸搬运业务人员费用,装卸搬运设施折旧费、维修保养费、燃料与动力消耗等
		流通加工成本	一定时期内,企业为完成货物流通加工业务而发生的全部费用,包括流通加工业务人员费用,流通加工材料消耗,加工设施折旧费、维修保养费,燃料与动力消耗费等
	物流信息成本		一定时期内,企业为采集、传输、处理物流信息而发生的全部费用,指与订货处理、储存管理、客户服务有关的费用,具体包括物流信息人员费用,软硬件折旧费、维护保养费、通信费等
	物流管理成本		一定时期内,企业物流管理部门及物流作业现场所发生的管理费用,具体包括管理人员费用,差旅费、办公费、会议费等
存货相关成本	资金占用成本		一定时期内,企业在物流活动过程中负债融资所发生的利息支出(显性成本)和占用内部资金所发生的机会成本(隐性成本)
	物品损耗成本		一定时期内,企业在物流活动过程中所发生的物品跌价、损耗、毁损、盘亏等损失
	保险和税收成本		一定时期内,企业支付的与存货相关的财产保险费以及因购进和销售物品应缴纳的税金支出

4.2 物流成本范围构成

按物流成本产生的范围划分，物流成本由供应物流成本、企业内物流成本、销售物流成本、回收物流成本以及废弃物物流成本构成。具体内容见表2。

表2 企业物流成本范围构成表

成本范围	内容说明
供应物流成本	指经过采购活动，将企业所需原材料（生产资料）从供给者的仓库运回企业仓库为止的物流过程中所发生的物流费用
企业内物流成本	指从原材料进入企业仓库开始，经过出库、制造形成产品以及产品进入成品库，直到产品从成品库出库为止的物流过程中所发生的物流费用
销售物流成本	指为了进行销售，产品从成品仓库运动开始，经过流通环节的加工制造，直到运输至中间商的仓库或消费者手中的物流活动过程中所发生的物流费用
回收物流成本	指退货、返修物品和周转使用的包装容器等从需方返回供方的物流活动过程中所发生的物流费用
废弃物物流成本	指将经济活动中失去原有使用价值的物品，根据实际需要进行收集、分类、加工、包装、搬运、储存等，并分送到专门处理场所的物流活动过程中所发生的物流费用

4.3 物流成本支付形态构成

按物流成本支付形态划分，企业物流总成本由委托物流成本和内部物流成本构成。其中内部物流成本按支付形态分为材料费、人工费、维护费、一般经费和特别经费。具体内容见表3。

表3 企业物流成本支付形态构成表

成本支付形态		内容说明
企业内部物流成本	材料费	资材费、工具费、器具费等
	人工费	工资、福利、奖金、津贴、补贴、住房公积金等
	维护费	土地、建筑物及各类物流设施设备的折旧费、维护维修费、租赁费、保险费、税金、燃料与动力消耗费等
	一般经费	办公费、差旅费、会议费、通信费、水电费、煤气费等
	特别经费	存货资金占用费、物品损耗费、存货保险费和税费
委托物流成本		企业向外部物流机构所支付的各项费用

5 物流成本计算

5.1 物流成本表表式

本标准中物流成本计算以物流成本项目、物流范围和物流成本支付形态三个维度作为成本计算对象。物流成本表包括成本项目、范围和支付形态三个维度，具体包括主表企业物流成本表(表 4)和附表企业内部物流成本支付形态表(表 5)。

表 4　企业物流成本表(主表)

编制单位：　　　　　　　　年　　月　　　　　　　　　　　　　　　元

<table>
<tr><th colspan="3" rowspan="2">范围及支付形态
成本项目</th><th colspan="3">供应物流成本</th><th colspan="3">企业内物流成本</th><th colspan="3">销售物流成本</th><th colspan="3">回收物流成本</th><th colspan="3">废弃物物流成本</th><th colspan="3">物流总成本</th></tr>
<tr><th>内部</th><th>委托</th><th>小计</th><th>内部</th><th>委托</th><th>小计</th><th>内部</th><th>委托</th><th>小计</th><th>内部</th><th>委托</th><th>小计</th><th>内部</th><th>委托</th><th>小计</th><th>内部</th><th>委托</th><th>合计</th></tr>
<tr><td rowspan="9">物流功能成本</td><td rowspan="6">物流运作成本</td><td>运输成本</td><td></td><td></td><td></td><td></td><td></td><td></td><td></td><td></td><td></td><td></td><td></td><td></td><td></td><td></td><td></td><td></td><td></td><td></td></tr>
<tr><td>仓储成本</td><td></td><td></td><td></td><td></td><td></td><td></td><td></td><td></td><td></td><td></td><td></td><td></td><td></td><td></td><td></td><td></td><td></td><td></td></tr>
<tr><td>包装成本</td><td></td><td></td><td></td><td></td><td></td><td></td><td></td><td></td><td></td><td></td><td></td><td></td><td></td><td></td><td></td><td></td><td></td><td></td></tr>
<tr><td>装卸搬运成本</td><td></td><td></td><td></td><td></td><td></td><td></td><td></td><td></td><td></td><td></td><td></td><td></td><td></td><td></td><td></td><td></td><td></td><td></td></tr>
<tr><td>流通加工成本</td><td></td><td></td><td></td><td></td><td></td><td></td><td></td><td></td><td></td><td></td><td></td><td></td><td></td><td></td><td></td><td></td><td></td><td></td></tr>
<tr><td>小计</td><td></td><td></td><td></td><td></td><td></td><td></td><td></td><td></td><td></td><td></td><td></td><td></td><td></td><td></td><td></td><td></td><td></td><td></td></tr>
<tr><td colspan="2">物流信息成本</td><td></td><td></td><td></td><td></td><td></td><td></td><td></td><td></td><td></td><td></td><td></td><td></td><td></td><td></td><td></td><td></td><td></td><td></td></tr>
<tr><td colspan="2">物流管理成本</td><td></td><td></td><td></td><td></td><td></td><td></td><td></td><td></td><td></td><td></td><td></td><td></td><td></td><td></td><td></td><td></td><td></td><td></td></tr>
<tr><td colspan="2">合计</td><td></td><td></td><td></td><td></td><td></td><td></td><td></td><td></td><td></td><td></td><td></td><td></td><td></td><td></td><td></td><td></td><td></td><td></td></tr>
<tr><td rowspan="5">存货相关成本</td><td colspan="2">资金占用成本</td><td></td><td></td><td></td><td></td><td></td><td></td><td></td><td></td><td></td><td></td><td></td><td></td><td></td><td></td><td></td><td></td><td></td><td></td></tr>
<tr><td colspan="2">物品损耗成本</td><td></td><td></td><td></td><td></td><td></td><td></td><td></td><td></td><td></td><td></td><td></td><td></td><td></td><td></td><td></td><td></td><td></td><td></td></tr>
<tr><td colspan="2">保险和税收成本</td><td></td><td></td><td></td><td></td><td></td><td></td><td></td><td></td><td></td><td></td><td></td><td></td><td></td><td></td><td></td><td></td><td></td><td></td></tr>
<tr><td colspan="2">其他成本</td><td></td><td></td><td></td><td></td><td></td><td></td><td></td><td></td><td></td><td></td><td></td><td></td><td></td><td></td><td></td><td></td><td></td><td></td></tr>
<tr><td colspan="2">合计</td><td></td><td></td><td></td><td></td><td></td><td></td><td></td><td></td><td></td><td></td><td></td><td></td><td></td><td></td><td></td><td></td><td></td><td></td></tr>
<tr><td colspan="3">物流总成本</td><td></td><td></td><td></td><td></td><td></td><td></td><td></td><td></td><td></td><td></td><td></td><td></td><td></td><td></td><td></td><td></td><td></td><td></td></tr>
</table>

5.2　物流成本计算方法

5.2.1　基本思路

5.2.1.1　可从现行成本核算体系中予以分离的物流成本

对于现行成本核算体系中已经反映但分散于各会计科目之中的物流成本，企业在按照会计制度的要求进行正常成本核算的同时，可根据本企业实际情况，选择在期中同步登记相关物流成本辅助账户，通过账外核算得到物流成本资料；或在期末(月末、季末、年末)通过对成本费用类科目再次进行归类整理，从中分离出物流成本。

表 5　企业内部物流成本支付形态表(附表)

编制单位：　　　　　　　　年　　月　　　　　　　　　　　　　元

<table>
<tr><th colspan="3">内部支付形态
成本项目</th><th>材料费</th><th>人工费</th><th>维护费</th><th>一般经费</th><th>特别经费</th><th>合计</th></tr>
<tr><td rowspan="9">物流功能成本</td><td rowspan="6">物流运作成本</td><td>运输成本</td><td></td><td></td><td></td><td></td><td></td><td></td></tr>
<tr><td>仓储成本</td><td></td><td></td><td></td><td></td><td></td><td></td></tr>
<tr><td>包装成本</td><td></td><td></td><td></td><td></td><td></td><td></td></tr>
<tr><td>装卸搬运成本</td><td></td><td></td><td></td><td></td><td></td><td></td></tr>
<tr><td>流通加工成本</td><td></td><td></td><td></td><td></td><td></td><td></td></tr>
<tr><td>小计</td><td></td><td></td><td></td><td></td><td></td><td></td></tr>
<tr><td colspan="2">物流信息成本</td><td></td><td></td><td></td><td></td><td></td><td></td></tr>
<tr><td colspan="2">物流管理成本</td><td></td><td></td><td></td><td></td><td></td><td></td></tr>
<tr><td colspan="2">合计</td><td></td><td></td><td></td><td></td><td></td><td></td></tr>
<tr><td rowspan="5">存货相关成本</td><td colspan="2">资金占用成本</td><td></td><td></td><td></td><td></td><td></td><td></td></tr>
<tr><td colspan="2">物品损耗成本</td><td></td><td></td><td></td><td></td><td></td><td></td></tr>
<tr><td colspan="2">保险和税收成本</td><td></td><td></td><td></td><td></td><td></td><td></td></tr>
<tr><td colspan="2">其他成本</td><td></td><td></td><td></td><td></td><td></td><td></td></tr>
<tr><td colspan="2">合计</td><td></td><td></td><td></td><td></td><td></td><td></td></tr>
<tr><td colspan="3">物流成本合计</td><td></td><td></td><td></td><td></td><td></td><td></td></tr>
</table>

5.2.1.2　无法从现行成本核算体系中予以分离的物流成本

对于现行成本核算体系中没有反映但应计入物流成本的费用即存货占用自有资金所产生的机会成本，根据有关存货统计资料按规定的公式计算物流成本。

5.2.2　具体方法和步骤

5.2.2.1　可从现行成本核算体系中予以分离的物流成本

对现行成本核算体系中已经反映但分散于各会计科目之中的物流成本，应按以下步骤计算。

第一步，设置物流成本辅助账户，按物流成本项目设置运输成本、仓储成本、包装成本、装卸搬运成本、流通加工成本、物流信息成本、物流管理成本、资金占用成本、物品损耗成本、保险和税收成本二级账户，并按物流范围设置供应物流、企业内物流、销售物流、回收物流和废弃物物流三级账户，对于内部物流成本，还应按费用支付形态设置材料费、人工费、维护费、一般经费、特别经费费用专栏。上述物流成本二级账户、三级账户及费用专栏设置次序，企业可根据实际情况选择。

第二步，对企业会计核算的全部成本费用科目包括管理费用、营业费用、财务费用、生产成本、制造费用、其他业务支出、营业外支出、材料采购、应缴税金等科目及明细项目逐一进行分析，确认物流成本的内容。

第三步，对于应计入物流成本的内容，企业可根据本企业实际情况，选择在期中与会计核算同步登记物流成本辅助账户及相应的二级、三级账户和费用专栏，或在期末（月末、季末、年末）集中归集物流成本，分别反映出按物流成本项目、物流范围和物流成本支付形态作为归集动因的物流成本数额。

第四步，期末（月末、季末、年末），汇总计算物流成本辅助账户及相应的二级、三级账户和费用专栏成本数额，按照表4、表5的内容要求逐一填列。

5.2.2.2　无法从现行成本核算体系中予以分离的物流成本

对于现行成本核算体系中没有反映但应计入物流成本的费用即存货占用自有资金所产生的机会成本，其计算步骤如下。

第一步，期末（月末、季末、年末）对存货按在途和在库两种形态分别统计出账面余额。

第二步，按照公式"存货资金占用成本＝存货账面价值×企业内部收益率（或一年期银行贷款利率）"计算出存货占用自有资金所产生的机会成本，并按供应物流、企业内物流和销售物流分别予以反映。

第三步，根据计算结果，按照表4、表5的内容要求填列。

5.3　物流间接成本分配原则

在计算物流成本时，对于单独为物流作业及相应的物流功能作业所消耗的费用，直接计入物流成本及其对应的物流功能成本，对于间接为物流作业消耗的费用，为物流作业和非物流作业同时消耗的费用、为不同物流功能作业共同消耗的费用以及为不同物流范围阶段消耗的费用，应按照从事物流作业或物流功能或物流范围阶段作业人员比例、物流工作量比例、物流设施面积或设备比例以及物流作业所占资金比例等确定。

5.4　物流成本表的填写要求

5.4.1　企业物流成本表（主表）（表4）

5.4.1.1　生产企业和流通企业

生产企业一般应按供应物流、企业内物流、销售物流、回收物流和废弃物物流五个范围阶段逐一进行填列。

流通企业一般应按供应物流、销售物流、回收物流和废弃物物流四个范围阶段逐一进行填列。

若某阶段未发生物流成本或有关成本项目无法归属于特定阶段的，则按实际发生阶段据实填列或填列横向合计数即可。

对于委托物流成本，若无法按物流范围进行划分的，填列横向合计数即可，若采用不分成本项目的整体计费方式对外支付的，则填列纵向合计数即可。

上述直接填写合计数的，应对合计数内容在表后做备注说明。

5.4.1.2 物流企业

对于物流企业，不需要按物流范围进行填列，只按成本项目及支付形态填写物流成本总额即可。

5.4.2 企业内部物流成本支付形态表(附表)(表 5)

对于运输成本、仓储成本、装卸搬运成本，对应的支付形态一般为人工费和维护费；对于物流信息成本，对应的支付形态一般为人工费、维护费和一般经费；对于包装成本、流通加工成本，对应的支付形态一般为材料费、人工费和维护费；对于物流管理成本，对应的支付形态一般为人工费和一般经费；对于资金占用成本、物品损耗成本、保险和税收成本，对应的支付形态一般为特别经费。凡成本项目中各明细项目有相应支付形态的，均需填写；无相应支付形态的，则不填写。

5.5 钩稽关系

《企业物流成本表》(主表)(表 4)中“物流总成本——内部”一列中各项成本数值应等于《企业内部物流成本支付形态表》(附表)(表 5)中“合计”一列中各项成本数值。

参考文献

一、图书

1. 邓凤祥.现代物流成本管理[M].北京：经济管理出版社，2003.
2. 朱伟生.物流成本管理[M].北京：机械工业出版社，2004.
3. 傅桂林.物流成本管理[M].北京：中国物资出版社，2007.
4. 现代物流管理课题组.物流成本管理[M].广州：广东经济出版社，2007.
5. 赵忠玲.物流成本管理[M].北京：经济科学出版社，2007.
6. 余景选，洪耀忠.成本管理[M].杭州：浙江人民出版社，2008.
7. 余艳琴.物流成本管理[M].武汉：武汉大学出版社，2008.
8. 张国庆.物流成本管理[M].合肥：合肥工业大学出版社，2008.
9. 李伊松，易华.物流成本管理.(第2版)[M].北京：机械工业出版社，2009.
10. 孙定兰.物流成本管理[M].武汉：华中科技大学出版社，2009.
11. 陈文.物流成本管理[M].北京：北京理工大学出版社，2009.
12. 赵刚.物流成本分析与控制[M].成都：四川人民出版社，2009.
13. 顾煜.物流成本控制与优化[M].北京：中国物资出版社，2009.
14. 鲍新中，崔巍.物流成本管理与控制.(第2版)[M].北京：电子工业出版社，2010.
15. 王欣兰.物流成本管理[M].北京：清华大学出版社，2010.
16. 陈洁.物流成本管理[M].北京：中国水利水电出版社，2010.
17. 云虹.物流成本管理[M].北京：人民交通出版社，2010.
18. 冯耕中，李雪燕，汪寿阳.物流成本管理[M].北京：中国人民大学出版社，2010.

二、推荐网站

1. 中华人民共和国交通运输部网：http://www.moc.gov.cn/.
2. 中华人民共和国铁道部网：http://www.china-mor.gov.cn/.
3. 商务部网站：http://www.mofcom.gov.cn/.
4. 中国海关网：http://www.customs.gov.cn/.
5. 国家海洋局：http://www.soa.gov.cn/soa/index.htm.
6. 中国应急物流网：http://www.cnel.cn/.
7. 中国物流与采购网：www.cflp.org.cn.
8. 中国物流网：www.china-logisticsnet.com.